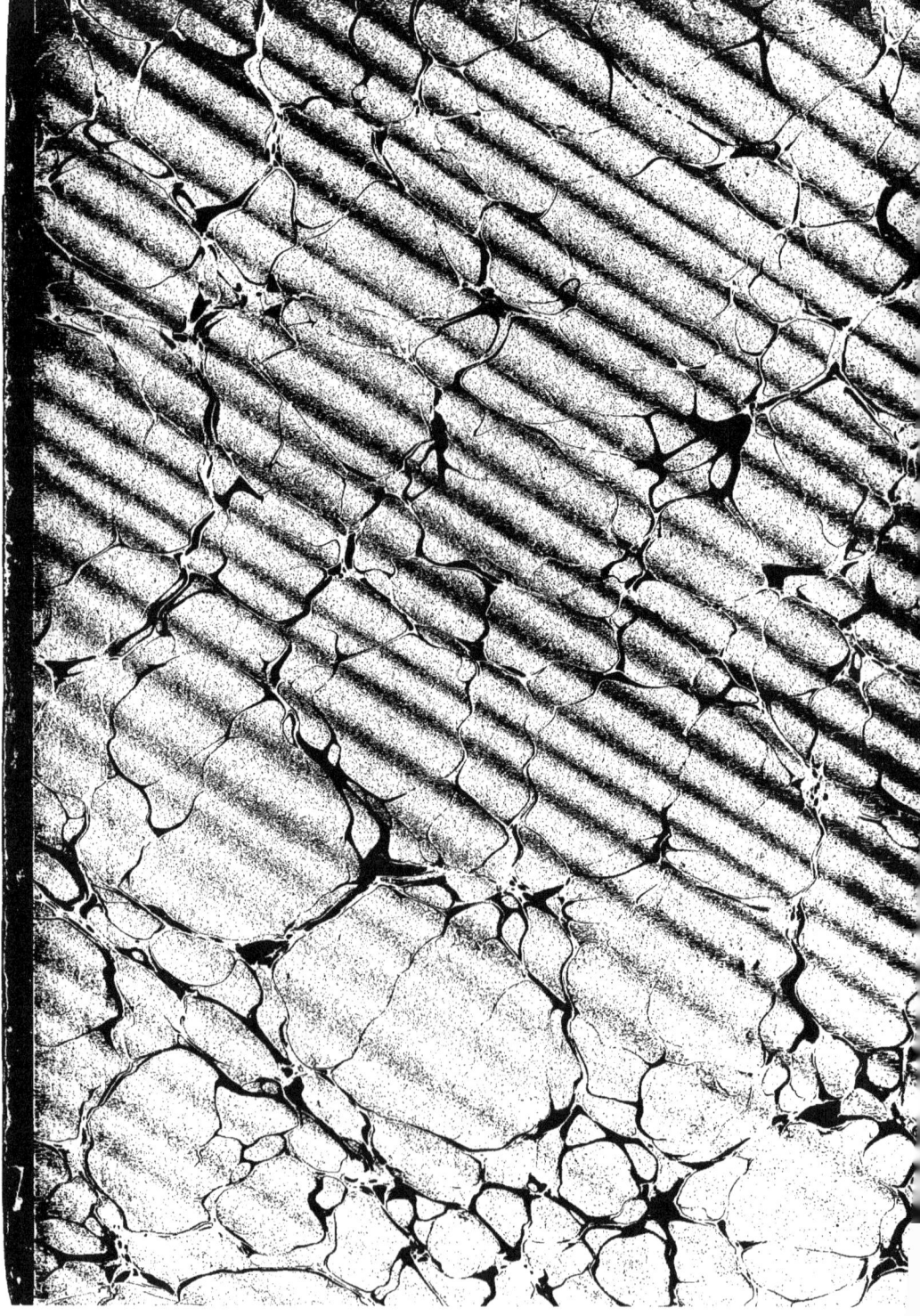

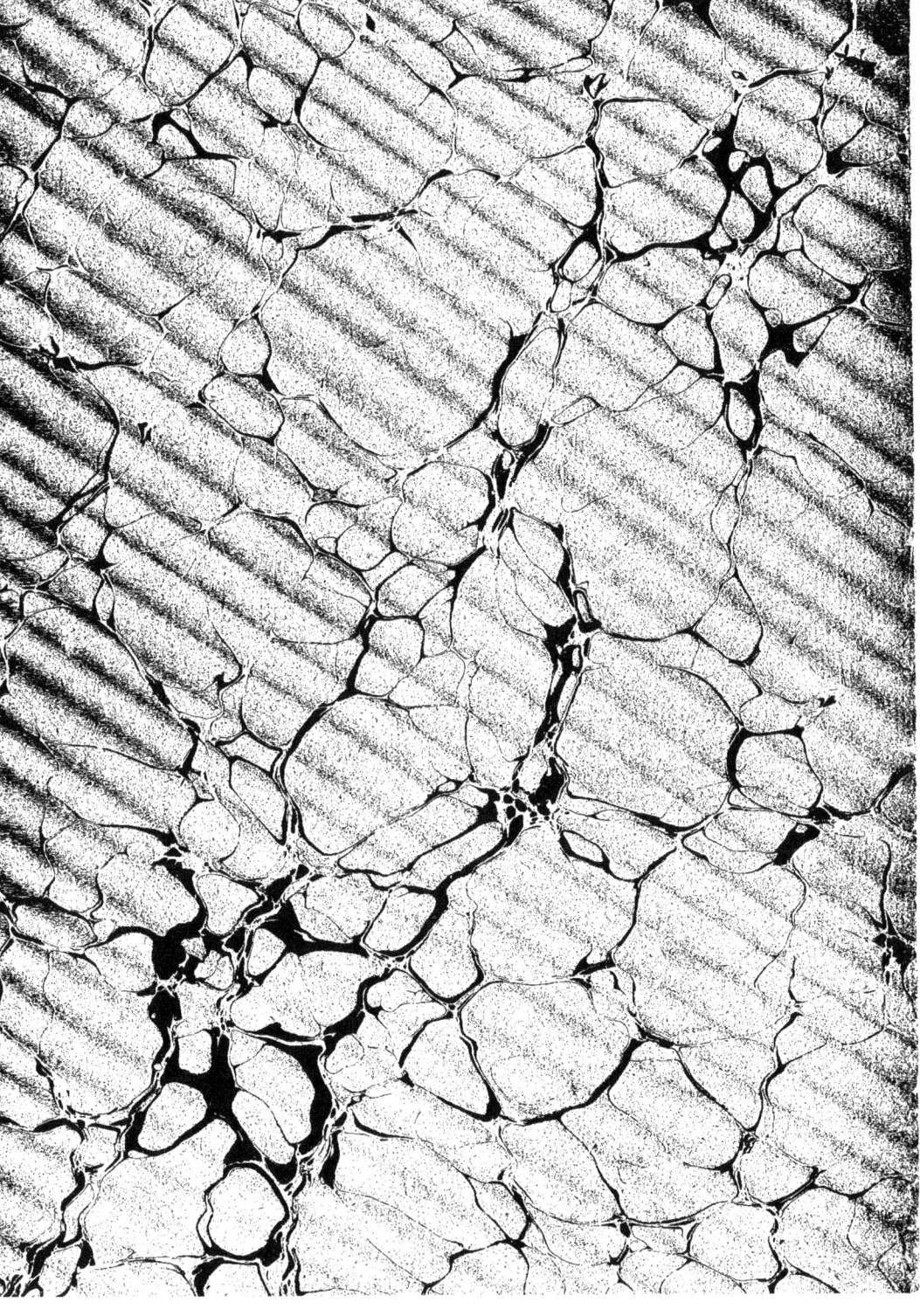

HENRI DE NOUSSANNE

LES GRANDS NAUFRAGES
· DRAMES DE LA MER ·

HACHETTE & Cie

LES
GRANDS NAUFRAGES
DRAMES DE LA MER

Surpris au banc de pêche, les Islandais sombrent ensemble dans la mer glacée.

HENRI DE NOUSSANNE

LES
GRANDS NAUFRAGES
DRAMES DE LA MER

QUARANTE-CINQ RÉCITS INÉDITS ENTIÈREMENT RÉDIGÉS D'APRÈS
LES DOCUMENTS RELATANT LES CATASTROPHES QUI ONT EU LE PLUS
DE RETENTISSEMENT DANS TOUS LES TEMPS ET TOUS LES PAYS,
ET NOTAMMENT LES NAUFRAGES MODERNES LES PLUS TRAGIQUES
ILLUSTRÉS DE DOUZE PLANCHES EN COULEURS
D'APRÈS LES AQUARELLES D'ALFRED PARIS

HACHETTE ET Cⁱᵉ. — PARIS, MCMIII

Droits de traduction et de reproduction réservés.

Il faut que la France crée un peuple de marins qui voué d'avance à son métier héroïque, le préfère à tout; qui, dès les premières années, bercé par la Mer, n'aime que cette grande nourrice et ne la distingue pas de la Patrie elle-même.

Michelet.

Au Lecteur

> O flots, miroir des Dieux!
> (HOMÈRE.)

La mer est la maîtresse qui enseigne le mieux la réflexion, le sang-froid, l'héroïsme.

Le marin, son élève, se hausse par elle à une hauteur morale que le reste des hommes atteint rarement. Sa vie est un perpétuel défi à tous les périls dont le menacent les forces de la nature, et lui seul, pourtant, avec tranquillité, s'abandonne à la traîtrise du flot.

Sur le bâtiment qui l'emporte, humble barque de pêche ou fier transatlantique, il n'est bientôt plus qu'un point dans l'espace. Atome pensant, perdu sur un atome flottant entre l'immensité du ciel et l'immensité des eaux, il est à la merci d'une toile que le vent arrache, d'une chaudière qui éclate, d'un gouvernail qui se rompt, et rien ne l'effraye ni ne l'arrête. Il est parti : A Dieu vat!

Il avance, les yeux fixés sur l'extrême horizon, vers l'au delà de la mer, ou sur le ciel, vers l'au delà de la terre. Il a, pour se guider dans sa course à l'inconnu, l'observation des astres et une étoile ou l'aiguille d'un cadran, qui, par l'effet d'un prodige inexpliqué, lui désignent sans cesse le Nord. Une loi mystérieuse dirige sur la mer le marin que si souvent menacent de mystérieux hasards. Le mystère l'entoure, le domine et lui plaît. Il s'y absorbe et, dans l'abîme éternellement ouvert sous sa marche, il veut voir, il ne voit que le reflet du ciel.

Sa foi et son courage lui valent de remplir un rôle d'une importance unique dans la destinée des nations, et de vivre avec une âme agrandie par des spectacles dont il sent l'incomparable beauté.
Sur son bâtiment

Enveloppé de vents, de vagues et d'étoiles,

il va prendre aux îles équatoriales, aux continents étrangers, les épices, les aromates, les métaux de prix, les soieries rares ; il déploie sous des cieux nouveaux le pavillon de sa nation ; il porte aux pays lointains la langue et la pensée de sa race.

Et, pour lui, la route est libre et l'horizon l'invite. Il fait bon vivre. La terre natale est loin... Qu'importe !... Quelle quiétude sur l'eau maternelle !

Mais combien peu durent les heures de paix ! Ce calme n'est que d'un jour. Le vent se lève, mue les flots berceurs en vagues déchaînées et cingle son visage du souffle terrifiant du large.

Le marin, l'être minuscule, agrippé à quelques planches ballottées par la mer démontée, est inaccessible à l'épouvante. Il lutte et résiste. En vain le ciel et l'eau se rejoignent pour l'anéantir : il tient bon et, le plus souvent, triomphe. La tempête est à bout. Le marin reprend sa route avec sérénité.

Vainqueur des éléments, il demeure modeste. L'orgueil des faciles victoires sur terre n'est pas en lui. Il sait que le combat de sa vie est sans fin, — constant et enivrant vertige qui le met si haut, au-dessus de l'ordinaire humanité, face à face avec l'infini, l'inconnu et la mort !...

Un jour vient où il succombe.
Rarement il s'engouffre seul. Des familles, parfois une foule, une armée, sombrent ensemble. Une nation est en deuil, et l'histoire inscrit un sinistre de plus dans ses annales tragiques.

AU LECTEUR

Ce sont les feuillets principaux de ces annales que nous avons réunis dans les pages qui suivent.

*<p style="text-align: center;">*_**</p>*

Deux drames maritimes d'une ampleur formidable dominent l'histoire des naufrages dans tous les temps et en sont la plus émouvante synthèse :

Avant notre ère, la perte d'une partie de l'innombrable flotte de Xerxès, anéantie près de la Grèce que les Perses pensaient conquérir; au XVIe siècle, la destruction de l'Invincible Armada, la gigantesque armée navale lancée par l'Espagne contre l'Angleterre. D'une part, l'Orient contre l'Occident, la Barbarie contre la Civilisation ; de l'autre, le Catholicisme contre le Protestantisme, l'Orthodoxie contre l'Hérésie.

A deux mille ans de distance, les deux entreprises les plus vastes tentées par les hommes sur les flots ont le même sort et sont le jouet de la tempête, comme si la nature, dans l'instant même que nous croyons, par un effort démesuré, manifester notre toute-puissance, se plaisait à briser l'orgueil de nos desseins.

De nos jours, point de désastres semblables à ceux-ci.

De combien leur est inférieur même Aboukir, et que sont ces naufrages déjà vieux dont pourtant nous gardons le souvenir effrayé : la perte de la Méduse, la perte de la Sémillante, comparés à ceux qui firent frémir les siècles passés ?

Mais, pour être d'un effet d'ensemble moins grandiose et moins terrible, les naufrages, aujourd'hui, font cependant plus de victimes qu'autrefois.

Depuis un demi-siècle, l'essor prodigieux des transactions commerciales et le génie de l'homme ont ouvert des routes nouvelles à travers les mers, et, malgré les précautions que l'expérience inspire, les perfectionnements que le progrès apporte, les naufrages se sont multipliés avec une émouvante diversité de circonstances que les navigateurs de l'antiquité n'ont point connue.

Nous présentons, dans les pages qui suivent, plus de quarante scènes de naufrages, embrassant des récits de toutes les époques, dressant les fastes de cette tragédie éternelle, qui, depuis les commencements du monde, chaque jour se renouvelle sur les mers du globe.

Un tel sujet méritait un livre d'émotion où l'on sente vivre et combattre l'âme humaine, conquérante des mers au prix de ces héroïsmes qui sont la plus haute et la plus forte leçon d'énergie que l'homme puisse donner à l'homme!

La Mer battue de Verges détruit Quatre cents Voiles

> *Trois jours et trois nuits sans trêve, sans augmentation ni diminution, ce fut la même fureur et rien ne changea, dans l'horrible.*
>
> (MICHELET.)

MICHELET, l'incomparable écrivain de *la Mer*, passait plusieurs mois, chaque année, au déclin de sa vie, sur les rivages méditerranéens. Il se plaisait, ainsi qu'en témoignent sa correspondance et les souvenirs de ses fidèles, à évoquer au bord de la « mer bleue » les luttes immortelles dont elle a été le théâtre dans la suite des âges.

A Hyères, il avait coutume de monter, à la fin du jour, jusqu'au pied du château fort en ruines qui domine l'ancienne ville des comtes de Provence, et là, le plus souvent seul, il regardait, songeur, au loin, les Iles d'or et les flots empourprés par le soleil couchant.

Et, sans doute, le temps et l'espace n'existaient plus pour lui; sa pensée, se délivrant, dans le rêve, des obstacles terrestres, franchissait d'un élan la Corse voisine, dépassait, d'un coup d'aile, la mer Tyrrhénienne, évitait à Messine les gouffres et les écueils, et parvenait à la mer d'Ionie.

Il touchait enfin aux rives de la Grèce, il apercevait Athènes, il errait sur la mer Égée, parmi les îles chères aux divinités antiques, Chio, Samos et les autres, jadis le domaine des prêtresses, vouées au culte de la beauté.

Nulle part mieux que près de la mer de Provence, son génie ne pouvait se sentir à l'aise. Latin passionné d'éloquence et de couleur, conteur inspiré des fastes de l'histoire, ne devait-il pas, sur ces rivages, saluer d'un souvenir ému les ancêtres venus de Phocée, pour apporter à la Gaule barbare le premier rayon de l'art et de la civilisation?

Nous savons que lorsqu'il se trouvait dans ces heures de rêve, non plus seul, mais accompagné de ses intimes, il évoquait volontiers les fastes du passé hellénique. C'est ainsi que plus d'une fois, au bord de la Méditerranée, il conta, comme il savait conter, la tragédie sans seconde qui, au temps des guerres médiques, se déroula sur la terre grecque et sur les eaux de la mer Égée.

Voici quelle fut l'immortelle aventure, que Michelet citait comme la plus prodigieuse de l'histoire des guerres : la perte, rapportée en détail par Hérodote, inventif et crédule, et chantée par Eschyle dans les *Perses*, de la formidable flotte de Xerxès.

On peut regretter qu'il n'en ait point lui-même écrit le récit.

* *

Deux mille quatre cents ans avant ce siècle, hanté par le souvenir de Darius qui lui avait légué son implacable haine contre les Grecs, Xerxès, « le plus grand des rois par la puissance et par l'orgueil », dit Hérodote qu'aucune exagération n'effraye, réunit des forces supérieures à celles connues jusqu'alors, supérieures même à celles de Darius contre les Scythes, des Atrides contre Ilion, et, tandis que sa flotte composée de vaisseaux à rames et à voiles, trirèmes et quinquérèmes, barques de transport pour les chevaux et pour les hommes, longs navires pour les ponts, se réunissait à Éléonte, dans la presqu'île de Chersonèse, il s'arrêta à Sardes, en Lydie, « avec une armée d'un million sept cent mille hommes, sans compter les femmes et les enfants ».

Mais les dieux étaient contre lui et, d'abord, les présages furent néfastes. La veille du jour où l'armée devait se remettre en marche, le soleil disparut, subitement, dans un ciel aussi pur que le « regard des vierges ». Sa lumière diminua d'une façon progressive jusqu'à ce que la nuit fût complète. Les soldats, le roi et ses conseillers se sentirent envahis de terreur.... Les chevaux, rompant leurs entraves, couraient de tous côtés, éperdus.

Le soleil, père des divinités, se retirant des cieux, semblait condamner le Grand Roi.

Les Mages, consultés, déclarèrent que la disparition du soleil n'était d'aucune importance, « car seuls les mouvements de la lune avaient de l'influence sur la destinée des Perses ».

Xerxès les remercia de leur oracle et, comme pour le confirmer, le soleil reparut juste à ce moment à l'endroit même où il avait disparu.

Quelques jours plus tard, le Roi des Rois arrivait dans les plaines d'Ilion que domine le mont Ida.

La fatigue commençait à se faire sentir dans l'armée. Les troupes se déclaraient sans courage, quand, un matin, l'avant-garde aperçut à l'horizon, par un clair soleil de printemps, les lignes bleues de la mer. Un cri immense s'éleva de toute cette multitude, « et le Roi s'enorgueillit de cette clameur ».

Arrivés à Abydos, les Perses découvraient un horizon magnifique : d'abord, le détroit de l'Hellespont, aux eaux agitées, large de sept stades ; au delà, l'Europe tant désirée ; la Chersonèse de Thrace et ses montagnes bleuâtres ; à droite, la vue s'étendait au Nord-Est jusqu'à Lampsaque, célèbre par ses vins, et à gauche, au Sud, jusqu'à la mer Égée et la pointe de Sigée.

On construisit un pont de bateaux qui reliait Abydos à Sestos, pour permettre à l'armée de terre de traverser le détroit. Une double rangée de grandes barques allongées formait le passage qui avait sept stades de longueur. Mais une tempête, occasionnée par les vents de l'Euxin, s'éleva pendant la nuit et rompit les cordages qui liaient ensemble les vaisseaux.

A cette nouvelle, la colère de Xerxès éclate, au grand effroi de ses familiers. L'onde perfide sera punie par le Roi des Rois !

« Que la mer reçoive trois cents coups de verges de la main terrible des bourreaux de Lybie ; qu'ils l'enchaînent d'entraves jetées dans les flots ; qu'ils marquent les vagues écumantes du fer rouge des criminels.... »

Un héraut descend jusqu'au bord de la grève et clame, superbe, les imprécations suivantes, rapportées par Hérodote :

> « *Ondes amères, ondes traîtresses ! mon Maître immortel et sacré, Xerxès, fils de Darius, Roi des Rois, vous punit pour lui avoir nui, sans qu'il vous ait fait aucune offense. Flots révoltés ! le plus puissant des souverains et le plus grand des hommes vous franchira, en dépit de vos efforts. Et, à juste raison, nul sacrifice ne vous sera offert, eaux trompeuses et souillées.* »

Le héraut ayant ainsi parlé, le grand Roi manda devant lui ceux qui avaient présidé à la construction du pont, leur fit trancher la tête et leurs corps furent jetés dans les flots.

Le pont recommencé, l'ouvrage se fit, cette fois, avec plus de soin. On mit du côté de l'Euxin trois cents vaisseaux à cinquante rames et trois cent quatorze trirèmes de l'autre côté, obliquement par rapport à l'Euxin, et droit par rapport aux rives de l'Hellespont, pour que son courant aidât à la tension des câbles.

Les soldats des diverses nations qui composaient les troupes de Xerxès mirent trois jours à passer sur le pont de bateaux, de telle sorte que lorsque l'avant-garde avait déjà établi son camp en Europe, le centre de l'armée n'avait pas quitté l'Asie.

Derrière le gros de l'invasion, s'avançaient les troupes d'élite qui n'étaient composées que de Perses. C'étaient les dix mille Immortels, vêtus d'ornements et de tiares d'or. Précédés de mille cavaliers perses, porteurs de lances, venaient dix chevaux niséens qui étaient des animaux sacrés ; puis le char de Jupiter, inaccessible à tout mortel, traîné par huit chevaux blancs et conduit par les écuyers à pied ; enfin le Roi des Rois, Xerxès, sur un char attelé de chevaux niséens, entouré de ses écuyers, de sa famille et des officiers de sa cour. Derrière lui, encore, mille cavaliers d'élite, porteurs de lances, puis dix mille autres ; enfin, quelques troupes semblables à celles de l'avant-garde, les chameaux et les bagages, et toute une tourbe, sans nombre et sans nom.

*
* *

Dès que l'armée entière eut passé l'Hellespont, Xerxès donna congé à la flotte, qui mit à la voile pour le golfe de Therma, et lui-même, avec les troupes de terre, prit sa marche vers la Macédoine et la Thessalie. Tout en passant dans ces provinces, il recrutait de nouvelles troupes.

Lorsqu'il arriva à Therma, où il reprit contact avec l'armée navale, il avait sous ses ordres une multitude que l'on peut évaluer à « cinq millions d'hommes », au dire d'Hérodote.

Il prescrivit un double mouvement vers la Grèce. L'armée de terre dut longer les côtes du golfe Thermaïque, sans perdre de vue la flotte qui cinglait vers le Sud, dans la direction de Magnésie.

Ce fut là que, sur un signal de Xerxès qui voulait passer une revue navale, l'armée de mer s'arrêta entre le promontoir de Sepias et la ville de Casthanée.

Cette flotte magnifique se composait de douze cents trirèmes, appartenant, en majorité, aux Phéniciens, les meilleurs navigateurs connus alors, et aux Syriens ; plus encore, des navires à trente rames, à cinquante rames et des chaloupes, des barques à chevaux, en tout trois mille embarcations. Les généraux de la flotte étaient Ariabigne, fils de Darius, qui commandait les escadres de l'Ionie et de la Carie ; Achémène, frère de Xerxès, celle de l'Égypte ; enfin Nigobaze, et surtout Artémise, reine d'Halicarnasse, qui « commandait elle-même cinq de ses vaisseaux ». Tous ces bâtiments divers portaient environ « 517 610 matelots, rameurs et serviteurs ; sur chaque vaisseau, outre l'équipage, il y avait trente Perses ».

Par un splendide soleil, le Roi se prépara à passer la revue navale. Il monta sur une trirème appartenant aux Sidoniens, les meilleurs marins d'entre les Phéniciens. On y avait élevé une tente ornée d'étoffes d'or.

Comme la baie n'était pas étendue, la flotte s'échelonna par lignes de huit vaisseaux et le Roi passa lentement entre chaque ligne. Il s'arrêtait de temps en temps et posait des questions aux officiers et aux matelots. Il faisait consigner les réponses par des scribes attachés à sa personne et promettait d'en tenir compte.

Le soir de ce jour inoubliable, l'armée entière s'endormit, émerveillée du spectacle de la revue, et confiante dans l'avenir.

La nuit fut d'un calme absolu. La lune éclairait les hautes cimes du Pélion qui fuyaient vers le Nord jusqu'à celles du mont Ossa, et de l'Olympe tant vanté. Pas un souffle dans l'air. A bord des vaisseaux tout reposait, sauf la vigie qui maintenait allumés les feux de veille.

Peu à peu, le jour vint, mais avec une lenteur inaccoutumée et comme s'il avait peine à percer les nuages qui s'étaient accumulés vers le Nord-Est.

De ce côté du ciel, le vent hellespontin, redouté entre tous, amenait, rapides, d'épaisses et noires nuées. La mer devint houleuse ; des crêtes blanches émergeaient au-dessus des vagues, et l'eau, la veille si pure, paraissait boueuse.

Les marins, soucieux, se préparaient à recevoir la tempête, en supposant, d'ailleurs, qu'elle ne serait que passagère.

L'aube n'avait pas fait place au jour, lorsqu'une brusque rafale bouleversa la mer et souleva les vagues violemment. Quelques vaisseaux furent lancés les uns contre les autres. Deux sombrèrent avec leurs équipages, dont très peu d'hommes furent sauvés à grand'peine.

Une deuxième rafale survint, puis une troisième, puis d'autres, plus furieuses, qui transformaient les ondes « en une suite ininterrompue de montagnes et d'abîmes, également redoutables ».

Xerxès était accouru au rivage. Il se demandait s'il allait assister à la ruine de sa flotte et si les destins contraires allaient l'accabler, quand il touchait au but. Il invoquait les Divinités, interpellait les vents et les flots ; et ses familiers, sous son regard furieux, se prosternaient, pleins d'épouvante.

Cependant, les Grecs qui étaient en vigie, à Chalcis de l'Eubée, bénissaient la tempête ; ils imploraient Neptune et Borée, le dieu de la mer et le dieu des vents, et leur promettaient de somptueux sacrifices, si la flotte des Perses était détruite.

La tempête redoublait de rage ; et, vers le soir, l'ordre fut donné de hâler à terre le plus de navires que l'on pourrait. Les trirèmes, bâtiments à peu de saillie, se prêtaient à cette opération, mais encore fallait-il qu'elles pussent venir s'échouer jusqu'au rivage. Il arriva qu'un si grand nombre tentèrent ce mouvement en même temps qu'il y eut des collisions effroyables, au moment même où elles approchaient de terre. Et comme les flancs de ces trirèmes étaient garnis de trois rangées de rames superposées, il advint, dans la confusion du désastre et au milieu de l'obscurité revenue, que des lignes entières de rames se brisèrent contre l'étrave du vaisseau qu'elles heurtaient ou même contre des rames plus puissantes.

Dépourvus de leur principal moyen d'action, les navires allaient alors à la dérive; il était impossible d'employer la voile, et le gouvernail à l'arrière ne suffisait plus à maintenir la direction. Les trirèmes désemparées flottaient en tournoyant et ne tardaient pas à se briser contre les rochers de la côte.

La nuit fut horrible. Les cris éperdus des marins impuissants dominaient les rafales; les feux des navires oscillaient en détresse au gré des vagues qui les cachaient par instants pour les laisser reparaître ensuite, mais parfois aussi plus rien ne reparaissait.

Déjà, des cadavres de naufragés affluaient à la côte. L'armée de terre demeurait impuissante, assistant du rivage à ce drame effroyable. Les troupes se mêlaient, confondues et muettes. Une seule voix, dans l'ombre, répondait à la tempête : c'était celle du Roi des Rois qui clamait sa douleur furieuse devant les flots qui, pour la seconde fois, se jouaient de sa puissance.

Lorsque le jour parut, la mer n'était pas encore apaisée et plus de cent vaisseaux étaient anéantis avec leurs équipages.

Les coques défoncées couvraient la grève d'épaves lamentables; une trirème brisée était restée incrustée en quelque sorte sur un rocher de plus de 40 pieds au-dessus de la mer. Elle était remplie de cadavres, les membres rompus, la poitrine défoncée. Un mousse, accroché sur le château d'arrière, faisait des signaux désespérés.

Quant aux corps des naufragés, ils arrivaient maintenant par milliers au rivage, formant des monceaux hideux que les oiseaux de proie attaquaient. On prit le parti de les brûler sur place pour les préserver des outrages, et, pendant la nuit suivante, la lueur de ces bûchers sinistres éclaira, à perte de vue, les côtes et les navires qui luttaient encore contre les éléments, inlassables dans leur fureur.

Au large, quelques trirèmes phéniciennes, les mieux bâties et les mieux dirigées, résistaient toujours. Plusieurs, bien gréées et bien commandées, purent fuir devant la tempête; elles allèrent s'abriter çà et là dans les ports des îles avoisinantes et dans ceux de la Grèce. D'autres navires se perdirent sur les grottes de Pélion, d'autres au cap Sépios, d'autres s'échouèrent vers Mélibée, vers Magnésie ou vers Cathanée. Enfin, le troisième jour, la tempête ne désarmant point, les Mages offrirent des sacrifices magnifiques aux vents, à Thétis, déesse de la mer, et aux Néréides et, le quatrième jour, la tempête cessa.

Quatre cents vaisseaux, la plupart des trirèmes, avaient disparu avec leurs équipages; on compta environ « quatre vingt-mille victimes ».

L'armée de terre passa des journées entières à leur rendre les derniers devoirs ; les Mages firent de longues et solennelles incantations en leur honneur, car les Perses avaient appris des Égyptiens à honorer les morts.

Informés de ce désastre, les Grecs louèrent les Dieux avec exaltation et, de ce jour, ils appelèrent Neptune « le sauveur de l'Hellade ».

Cependant, Xerxès restait pour eux un ennemi formidable. Sa flotte comptait encore à peu près 800 voiles, quand, aveuglé par le destin, il reprit sa route vers Athènes.

Mais il était écrit que les Barbares ne vaincraient point. La défaite attendait les Perses et leurs alliés à Salamine, et Xerxès, Roi des Rois, parti pour conquérir l'Europe et emplir à jamais l'Histoire de son impérissable renommée, devait trouver à peine une barque pour regagner l'Asie, vaincu et fugitif.

Espagne contre Angleterre
« L'invincible Armada »

> « *Mousse, combien sont-ils de navires sur la mer, et combien vois-tu de grands pavillons ? — Maître, ils sont autant que les moules sur le rocher, et il y a chez eux plus de pavillons de soie que de bonnets de matelots sur notre flotte.*
>
> . . . .
>
> « *Mousse, que vois-tu maintenant sur l'océan ? — Maître, je vois les débris des navires espagnols qui fument, comme des mottes de terre qu'on brûle dans les champs ; je vois les flots qui roulent des pavillons de soie, des canons et des matelots, au teint de cuir. — Et plus loin, plus loin ? — Plus loin, maître, je vois le drapeau de la glorieuse Angleterre qui se promène seul sur la mer, comme le soleil dans les cieux.* »
>
> . . . .
>
> (BALLADES MARITIMES DE L'ANGLETERRE.)

Si, reculant d'un peu plus de trois siècles, on se reporte au temps des guerres religieuses, on voit deux figures se dresser au premier plan de l'histoire : Philippe II d'Espagne, Elisabeth d'Angleterre, le fils de Charles-Quint et la fille d'Henry VIII.

Leur haine réciproque, encore plus que l'éclat de leurs trônes et de leurs noms, les grandit. Entre eux, la lutte est sans merci ; sur terre, c'est le bûcher et l'échafaud ; sur mer, le brûlot et la canonnade.

Pas de duel plus atroce que celui de l'Église anglicane et de l'Église catholique, et dans cette lutte, les menaces, les violences, les massacres, que la fureur religieuse semble inspirer, ont en réalité, le plus souvent, pour cause les intérêts matériels compromis. C'est déjà la guerre économique entre Latins et Anglo-Saxons. L'Angleterre protestante, affamée de conquêtes et d'argent, frappe l'Espagne catholique maîtresse des trésors du Nouveau-Monde.

L'amiral anglais Drake, hardi et prompt, n'a-t-il pas osé canonner Lisbonne, et couler à Cadix les transports de Sa Majesté très chrétienne ? Philippe II ne rêve que représailles. Sa fureur semble à son paroxysme, quand survient un événement qui ne peut qu'ajouter à sa haine et précipiter sa vengeance. Élisabeth fait tomber la tête de Marie Stuart, qui, déshéritant son fils, a transmis par testament au roi d'Espagne, veuf de Marie Tudor, ses droits sur la couronne d'Angleterre.

Ce souverain, le plus puissant prince qui soit, répondra au meurtre politique de l'infortunée reine d'Écosse en soulevant le monde latin. Pour se venger « d'Élisabeth et de l'Enfer », il portera la défaite et la ruine sur le sol anglais. Et voilà l'*Invincible Armada*, jusqu'alors en projet, définitivement décidée et organisée. L'Espagne, aidée du Portugal, son esclave, et soutenue par la France et l'Italie, ses alliées, couvrira la mer de vaisseaux de guerre, et, cette fois, l'Anglais sera forcé jusque dans son repaire.

La victoire pouvait sembler certaine aux catholiques. L'hérétique anglo-saxon était affaibli. Il n'avait guère à compter que sur une centaine de bâtiments légers. Son plus redoutable navire était armé seulement de 40 canons ; il est vrai que les Hollandais préparaient un secours de 90 vaisseaux, mais faibles aussi pour la plupart.

Que pourraient d'efficace ces coquilles de noix contre plus de 100 bâtiments de haut bord, chargés de voiles, de rames, de canons et de défenseurs ?

Qui eût prédit que l'*Invincible Armada* périrait impuissante, traquée par Drake et ses lieutenants ? Les vents et les flots allaient l'assaillir et aider au triomphe de « l'impie ».

Quand on lit aujourd'hui dans l'histoire les tragiques détails de l'odyssée lamentable de cette flotte magnifique, les tableaux qu'ils évoquent sont d'un si poignant relief, qu'on en voudrait pouvoir embrasser d'un coup d'œil jusqu'aux moindres péripéties. La carte en main, on cherche sur la mer un point imaginaire, d'où l'immense champ de bataille se découvre aux regards.

Le théâtre de la perte de l'*Invincible Armada* s'étend des îles Sorlingues, à l'ouest du pays de Cornouailles, jusqu'à l'embouchure de l'Escaut, et, par delà l'Angleterre, atteint et dépasse l'Irlande. Le point d'observation le meilleur, théoriquement, est Jersey.

Jersey ! tout de suite ce nom fait naître le souvenir d'un poète illustre qui, à l'exemple de Michelet rêvant de la Grèce et de l'Asie anciennes au bord de la Méditerranée, eut souvent — de l'aveu même de ses familiers — devant la Manche, alors qu'il était exilé dans la plus grande des îles françaises, restées anglo-normandes, la vision du désastre de l'*Armada*, qu'il se plaisait d'ailleurs à rappeler.

Victor Hugo avait été nourri, dès son enfance, des choses d'Espagne.

Homme, il écrivit *Marie Tudor*, et vieillard, il devait donner *Torquemada* : ces deux noms résument Philippe II.

Témoin attentif et ému des tempêtes poussant à l'assaut les flots en fureur contre les falaises de Jersey, que de fois il a dû songer à l'*Invincible Armada* et revivre par l'idée l'épouvantable drame de sa perte.

Et l'on se prend à regretter que cet immortel génie ne nous en ait point laissé le récit ; c'est à peine si, dans la *Légende des Siècles*, la « Rose de l'Infante » évoque l'ombre de Philippe II et le souvenir du désastre.

Qui, mieux que Victor Hugo, eût dit d'abord l'Escurial farouche, l'étrange et sombre palais construit par l'ennemi d'Élisabeth et rappelant dans sa forme le « gril de saint Laurent » en mémoire de ce martyr, protecteur céleste des Espagnols à la bataille de Saint-Quentin ?

Il faut entrer avec Victor Hugo :

« Dans le vaste palais catholique romain
Dont chaque ogive semble au soleil une mitre,
Quelqu'un de formidable est derrière la vitre ;
On voit d'en bas une ombre, au fond d'une vapeur,
De fenêtre en fenêtre, errer, et l'on a peur.....

Philippe II était une chose terrible.....

Il tenait l'Amérique et l'Inde, il s'appuyait
Sur l'Afrique, il régnait sur l'Europe, inquiet
Seulement, du côté de la sombre Angleterre ;
Sa bouche était silence et son âme mystère.....

Chose inouïe ! Il vient de grincer un sourire,
Un sourire insondable, impénétrable, amer ;
C'est que la vision de son armée en mer
Grandit de plus en plus dans sa sombre pensée ;
C'est qu'il la voit voguer, par son dessein poussée.....

Voici chaque galère avec son gastadour ;
Voilà ceux de l'Escaut, voilà ceux de l'Adour,
Les cent mestres de camp et les deux connétables ;
L'Allemagne a donné ses ourques redoutables,
Naples ses brigantins, Cadix ses galions,
Lisbonne ses marins, car il faut des lions.....

Les voiles font un vaste et sourd battement d'ailes.....
Et le lugubre roi sourit de voir groupées,
Sur quatre cents vaisseaux, quatre-vingt mille épées. »

Mais le poète ne suit pas l'*Armada* au large. Victor Hugo revient à l'Infante et à sa rose :

« ...... Sur le bord du bassin, en silence,
L'Infante tient toujours sa rose gravement,
Et, doux ange aux yeux bleus, la baise par moment.

Soudain, le vent.....
Effeuille brusquement la fleur dans le bassin.....

> Toute la pauvre rose est éparse sur l'onde,
> Ses cent feuilles que noie et roule l'eau profonde,
> Tournoyant, naufrageant, s'en vont de tous côtés
> En mille petits flots par la brise irrités ;
> On croit voir dans un gouffre une flotte qui sombre.
> — Madame, dit la duègne avec sa face d'ombre,
> A la petite fille étonnée et rêvant,
> Tout sur terre appartient aux princes, hors le vent. »

C'est tout. Victor Hugo ne va pas plus loin. Le poète érudit et passionné, hanté par d'autres rêves, délaisse l'*Armada*. Il esquisse seulement, errant dans l'ombre du cloître royal, le front plissé, la lèvre blême, le soupçonneux et taciturne souverain des Espagnes ; il n'a pas peuplé sa solitude de ces fantômes impressionnants et connus de lui : le duc d'Albe, Ruy Gomez de Silva, don Juan d'Autriche ! Et cependant, que d'ombres illustres et de souvenirs émouvants à évoquer dans l'âpre décor où Philippe II, les poings serrés, médite la perte d'Élisabeth et de l'Angleterre.

A distance, les courtisans observent, muets, et, au delà des murailles royales, l'Espagne attend, la Chrétienté écoute, le monde épie !

Pauvre terre ibérique, elle est déjà épuisée. Si elle a Cervantès et Lope de Vega, elle n'en est pas moins, au dire des Anglais, « une fontaine d'orgueil dans une vallée de misère ». Et, forte dans son île, Élisabeth injurie, bafoue, méprise Philippe II et les Espagnes. Ses femmes et ses courtisans font chorus avec elle. Aussi bien, toute l'Angleterre est aux genoux de cette reine instruite, violente et avare, mais qui est si énergiquement la fille du sol et du sang anglais.

Viennent le « démon du Midi », ses flottes et ses soldats, l'Angleterre sera prête : Élisabeth, courant d'un bout à l'autre du pays, aura excité son patriotisme et exalté sa foi.

Cependant, au fond de l'Escurial, Philippe II a fait un signe !... A pas graves, un homme s'est approché du roi. Il porte au cou la Toison d'Or ; il est grand d'Espagne et reste couvert ; Philippe II lui parle. L'autre s'incline ; il approuve, courtisan accompli.

Il a respectueusement porté à ses lèvres la main que le roi lui tendait, et, après les révérences d'usage, il a disparu !

Voilà parti pour la côte portugaise le chef de l'*Invincible Armada*, le duc de Médina-Sidonia, « homme exact, dressé aux rigueurs de l'étiquette », capitaine général de la mer Océane.

L'armée navale, confiée aux soins de ce marin de cour, se réunit au printemps de l'année 1588, à Lisbonne. Elle comprenait 129 navires de guerre, divisés en 10 escadres : notamment celle de Portugal, commandée par l'amiral-duc lui-même, et composée de 10 galions, 2 corvettes ou *zabras*, 1300 marins, 3300 soldats, et 300 canons ; celles de Castille, d'Andalousie, de Biscaye, commandée, cette dernière, par don Miguel de Oquendo ; celle d'Italie, commandée par don Martin de Bertendona ; celle encore de don Antonio Hurtado de Mendoza, composée de 22 pataches, corvettes et caravelles [1].

Don Diégo de Bobadilla commandait les troupes de débarquement, qui comprenaient les régiments de Sicile, de Naples, des Indes, etc. ; plus, des compagnies franches de la Castille-Vieille. Alexandre Farnèse, gouverneur des Pays-Bas, avait déclaré qu'il considérait ces troupes comme le « nerf principal » de l'expédition. Il devait, en outre, faire partir de Flandre une flottille de *pleytas* ou *bélandres*, vaisseaux plats, commandée par le marquis de Reuty ; cette flottille rejoindrait la grande armée navale en temps opportun, quand elle serait proche des côtes anglaises.

Le 30 mai 1588, après deux ans de préparatifs, deux ans pendant lesquels, pour le malheur de l'Espagne, le chef primitivement choisi, le marquis de Santa-Cruz, véritable marin, était mort, l'*Invincible Armada* quitta Lisbonne au matin ; mais, surprise par une première tempête au sortir du port, — fâcheux présage, — elle fut contrainte de chercher refuge au Ferrol. Là, Médina-Sidonia s'attarda encore en modifications et remaniements divers, puis en hésitations et en discussions puériles. De vingt conseils de guerre, il ne sortit rien de bon, par suite de l'incapacité du capitaine-général de la mer Océane. Le marquis de Santa-Cruz avait projeté de s'assurer quelque port de refuge vers les Pays-Bas en cas de tempête ou d'insuccès dans la Manche ou la Mer du Nord, et le duc de Parme conseillait de s'emparer de Flessingue, à l'embouchure de l'Escaut. L'amiral-courtisan ne voulut point, par orgueil, approuver ces sages mesures, et, le 22 juillet, il quitta définitivement l'Espagne, cinglant droit vers les côtes anglaises, dédaigneux de toute tactique de préparation [2].

Après six jours de traversée, l'*Invincible Armada* arrivait en vue des îles Sorlingues, tout au sud de la Grande-Bretagne, par 45 brasses de profon-

---

1. Tous ces navires, pour plus de la moitié, étaient comparables à nos grandes frégates à voile d'avant la Révolution et leurs coques se renforçaient de cuirasses en bois au-dessus de la ligne de flottaison. Ils emportaient au total de 2640 pièces de canon, approvisionnées de 124 000 gargousses.

2. D'après l'amiral Jurien de la Gravière, le plus grand bâtiment de l'*Invincible Armada*, était de 1500 tonneaux. C'était le seul de cette flotte ayant un tonnage aussi important pour l'époque. Aujourd'hui nos grands bâtiments de guerre ont de 9000 à 12 000 tonnes. A la fin du xvie siècle les plus fortes dimensions des naves et galions étaient ordinairement de 90 pieds de longs, 30 pieds de large et 15 pieds de creux, de la quille à la seconde « couverte ». De telles mesures donnaient des bâtiments d'environ 800 à 1000 tonneaux.

deur, avec un vent frais du sud-ouest. Médina-Sidonia avait l'intention de débarquer à Margate; mais, sans aucun pilote habile, il en ignorait complètement la route.

Au large de Plymouth, l'amiral espagnol compte ses vaisseaux et s'aperçoit, non sans terreur, qu'il lui en manque 43, apparemment égarés. Il envoie 3 pataches au cap Lizard, pour essayer de les rallier, et perd deux jours entiers à les attendre.

Tous ces retards servent les Anglais, qui ont réuni leurs vaisseaux de guerre et de course à Plymouth, travaillant nuit et jour, chantant des psaumes pour obtenir du Dieu des chrétiens d'anéantir les « idolâtres » espagnols.

L'Angleterre était loin « des quarante navires qu'Élisabeth pouvait au plus armer », selon le mot d'Alexandre Farnèse. Pendant que la reine, ménagère de ses deniers, dépensait plus de paroles que d'argent, rationnait ses matelots de poisson et d'huile et emprisonnait le plus possible de catholiques pour répondre aux armements de Philippe II, le peuple anglais, le peuple des côtes, admirable en cela, joignait ses efforts à ceux des marins d'Élisabeth : on saborda les navires de commerce pour braquer des canons, on mit en commun les armes et l'argent ; Londres convertit à ses frais trente bâtiments marchands en vaisseaux de guerre ; l'aristocratie anglaise acheta des navires et les arma de pièces d'artillerie venues de Hollande.

Et malgré tant de sacrifices et de peines, la poudre manquait sur les côtes anglaises. Si Médina-Sidonia, au lieu de perdre du temps, avait improvisé quelque manœuvre foudroyante, risqué quelque débarquement hardi, Philippe II, peut-être, eût conquis l'Angleterre.

Les forces maritimes anglaises se trouvaient sous le commandement de Charles Howard, lord high-admiral ; il était secondé par tous les marins qui furent la gloire de l'Angleterre à cette époque, Haw Rins, Drake, Cumberland, Frobisher et Walter Raleigh ; ce dernier, aussi célèbre courtisan que marin consommé, devait fonder plus tard, en Amérique, la *Virginie*.

Les amiraux de la reine disposaient de 21 navires de guerre, le *Triumph*, l'*Élisabeth Jonas*, le *Non-Pareil*, le *Rainbow*, etc... ; 9 pinasses, de 18 à 60 tonneaux ; et environ 150 barques ; — le tout portant un armement de 500 canons environ.

L'ardeur et le patriotisme des sujets d'Élisabeth suppléaient à l'insuffisance de ces forces. Le pays tout entier semblait résolu à vaincre ou à mourir ! « Les Espagnols, disait-on, amènent avec eux un bâtiment chargé de cordes pour pendre les Anglais, et un autre rempli de verges pour frapper les Anglaises ; — ils ont aussi 3 ou 4 000 nourrices pour élever les petits enfants qu'on emmènera comme esclaves ; — tous ceux qui auront plus de dix ans seront marqués d'un fer rouge au visage... »

Le samedi soir, 30 juillet, une pluie fine tombant sur la mer, la flotte espagnole s'avançait lentement au large de Plymouth. Elle avait pu enfin rallier ses navires égarés ; la brume était assez intense, lorsque, à l'improviste, les vaisseaux anglais apparurent à une courte distance. La galère amirale signala aussitôt de mettre en panne et d'attendre. Au milieu de la nuit, vers deux heures du matin, la lune perçait enfin le brouillard ; les « hérétiques » étaient à une portée de canon des « idolâtres ».

La bataille s'engage sans plus tarder. Les navires anglais, rapides et légers, se couvrent de voiles, se lancent entre les majestueux bâtiments espagnols, tirent leurs bordées toutes, et prennent la fuite. Les lourds vaisseaux de l'*Invincible Armada* sont impuissants à se défendre, leurs canons portent trop haut, leurs mouvements sont trop lents. Pour virer de bord ou éviter et prendre chasse, il leur faut un siècle, — et les Anglais s'esquivent, insaisissables. C'est la lutte du « lion contre le rat ».

L'amiral-duc n'ose engager une action décisive ; il essaie de se former en carré contre les ennemis qui reviennent à la charge ; il reçoit patiemment les boulets anglais.

L'amiral Miguel de Oquendo, furieux de l'impuissance des Espagnols et l'attribuant à l'infériorité du tir, se laisse emporter jusqu'à frapper son maître canonnier. Celui-ci, affolé de colère, descend dans la soute aux poudres, il y met le feu et le navire saute. La *Santa-Catalina*, montée par don Pedro de Valdès, se heurte à une galéasse et ne peut plus gouverner ; les navires *Triumph* et *Victory* fondent sur elle et s'en emparent, trouvant à bord 200 barils de poudre.

Le mercredi (la bataille durait depuis quatre jours), les équipages étaient las. Rien n'est plus dur que de tenir à la mer dans un état permanent d'alarme ; la fatigue brise et énerve les matelots. Avec du temps, des pygmées usent ainsi des colosses.

Médina-Sidonia était découragé. Inutilement exposé aux boulets anglais et aux vents tourbillonnants de la Manche, il ne sait quel parti prendre. Il s'exaspère soudain, et multiplie les signaux pour que sa flotte se jette sur les Anglais, les écrase de son poids ; et lui-même lance la galère amirale sur l'*Arch Royal*, commandée par lord Howard ; — mais dans cet instant, le vent fraîchit, Howard en profite pour s'esquiver.

Le soir, la flotte espagnole se trouvait dans les parages de l'île de Wight, hésitante, désorientée, ayant perdu tout contact avec l'ennemi. Enfin, le lendemain, Médina-Sidonia se résout à quitter les côtes anglaises ; il se dirige vers Dunkerque pour s'y réfugier. Il compte trouver là Farnèse et les secours qu'il amène, qui lui permettront un débarquement en force.

La flotte anglaise n'avait plus de poudre, elle se contenta d'escorter de loin les vaisseaux espagnols. Après les avoir immobilisés, criblés de boulets pendant cinq jours, elle allait les suivre maintenant, et attendre une nouvelle occasion de les harceler dans d'autres parages, après s'être réapprovisionnée de munitions par le secours des Hollandais, ou simplement aux dépens des prises faites sur l'ennemi.

L'*Invincible Armada* est en vue de Calais. Elle se réfugie dans la rade, dont les Anglais, sur-le-champ, organisent le blocus.

Voilà l'immense flotte au port. Elle a plus souffert de son impuissance que de la canonnade, elle n'a, au total, perdu que trois vaisseaux. Les équipages vont se refaire, se reposer, et, cette fois, on repartira droit à l'ennemi, jusqu'à son rivage. L'*Armada*, bien accueillie par les Français, ne s'inquiète point de ces 200 barques minuscules qui s'agitent à l'horizon. Elle laisse écouler paisiblement le dimanche en louant à loisir le Seigneur. La nuit vient, l'*Armada* s'endort.....

Brusquement, dans l'ombre, les hommes de quart voient surgir au large huit lueurs d'une effrayante intensité. Ces lueurs avancent lentement, mais sûrement vers le port. Elles illuminent la mer d'éclairs rougeâtres; elles montent et descendent dans la nuit au gré des vagues; on dirait quelque flotte infernale que des démons amènent.

La marée se fait complice des Anglais : elle dirige des brûlots sur le centre même de l'*Armada*, sur le point où les navires sont le plus serrés les uns contre les autres.

Le réveil de Médina est atroce. Au milieu de l'obscurité, il aperçoit l'incendie qui marche sur lui, sans qu'il ait aucun moyen de l'éteindre ou de l'arrêter. La panique s'empare de sa flotte. Ces brûlots ne sont-ils pas chargés de poudre, et ne vont-ils pas éclater, arrivés à leur but?

Un capitaine de galère, nommé Serano, s'est jeté dans une barque, et, au péril de sa vie, lutte contre un brûlot; d'autres l'imitent. Mais cette manœuvre est sans effet; repoussé d'un navire, le brûlot en menace un autre. La marée l'entraîne, inexorable, et c'est en vain que d'héroïques espagnols risquent leurs jours pour lutter contre cette masse flottante en combustion, qui les brûle et les dévore. L'amiral-duc juge la lutte inutile et donne l'ordre, par signaux, de lever l'ancre.

Au milieu de la manœuvre qui s'exécute dans un désordre général, le *San Lorenzo* engage son gouvernail dans l'ancre de la galère-capitane; le gouvernail se brise, et le vaisseau désemparé se jette à la côte. Aussitôt l'*Arch Royal*, la *Margaret and Joan* se dirigent sur l'épave et la canonnent. La superbe galéasse, couchée sur le flanc, ne peut user de son artillerie ; et les marins, les galériens qui étaient à son bord l'abandonnent à la nage plutôt que de tomber aux mains des ennemis. Le capitaine Ugo de Moncade reste seul à son banc de commandement, et il y meurt ! Les Anglais se mettent à piller l'épave ; mais M. de Gourdan, gouverneur de Calais, envoie une chaloupe de secours au *San Lorenzo* échoué sur la côte française. Cette chaloupe, les Anglais l'accueillent à coups de mousquets et jettent nos marins à la mer.

Alors, comme l'aube paraît, une volée de boulets français, tirée des batteries de Calais, riposte à la fusillade, et oblige les « hérétiques » à fuir précipitamment.

Cependant, la flotte espagnole, pour échapper aux brûlots, avait quitté tant bien que mal la rade de Calais. Dans sa hâte elle passa près des bâtiments ennemis, sans même tirer un coup de canon. Et les Anglais, favorisés par le vent, continuèrent la bataille.

La galère *San Felipe y San Mateo*, hachée de boulets, ne peut plus gouverner, elle est jetée sur les côtes de Zélande, où le *Réal*, tout aussi désemparé, vient bientôt la rejoindre. L'*Armada*, qui s'acharne à tenter des abordages, n'a pu encore en réussir un seul. Mais la bataille prend fin ; les Anglais se retirent une fois encore : ils n'ont plus de poudre.

La flotte espagnole va reprendre haleine.... Elle n'en aura pas le loisir ; voici la tempête.

La mer, plus rapidement que les Anglais, devait anéantir cette flotte immense que l'Espagne avait surnommée l'*Invincible*.

On était au mercredi 10 août, jour de la Saint-Laurent, ce même patron — coïncidence étrange — si cher à Philippe II, et protecteur des Espagnols à Saint-Quentin. Point d'ennemis en vue ; ils sont prudemment rentrés chez eux. Plus rien « que la mer, qui déferle bruyamment sur la proue des navires », et le vent du sud qui souffle dans les mâtures et pousse les Espagnols vers les rivages inconnus de la Mer du Nord.

Les chefs tiennent conseil à bord du vaisseau-amiral ; on demande au brave Oquendo, qui a survécu à l'explosion de son galion, si tout est perdu ? — « Rien n'est perdu, répond-il, puisqu'il nous reste encore à combattre ! » Et tous alors sont décidés à lutter contre les vents, à ne pas s'éloigner davantage de l'Espagne en fuyant devant la tempête. L'amiral-duc, lui, n'admet qu'une idée : rentrer à Lisbonne, mais en se laissant porter vers le nord d'abord, quitte à contourner l'Écosse et à redescendre entre l'Irlande et l'Angleterre, par le canal Saint-Georges.

Les brûlots incendiaires lancés contre " l'Armada ".

Cette décision fait frémir l'état-major; mais comment lutter à la fois contre Médina-Sidonia et contre les vents déchaînés? On obéit. L'*Armada* se laisse porter au nord. La tempête va redoubler; elle continuera pendant onze jours et dispersera aux quatre vents du ciel l'invincible armée navale du souverain des Espagnes.

Dès le début, la brume s'en mêla. Toujours sans pilote, on allait au hasard, ignorant à quelle distance pouvaient être les côtes d'Écosse. La flotte errait, perdue, sur la mer démontée. Elle allait dans une direction, et une saute de vent la rejetait dans une autre; les mâts craquaient sous l'ouragan, et les galériens se couchaient sur les bancs, insensibles aux menaces de la chiourme; ils ne pouvaient plus lutter, ils préféraient mourir.

Les vivres manquent, pas d'autre eau que de l'eau de pluie; les blessés, les malades encombrent les bâtiments.

L'amiral-duc ne transmet plus d'autre signal que de « trouver les remèdes qu'on pourra ». C'est alors la débâcle; chaque navire est abandonné à lui-même. Certains sombrent dans la tourmente, et, bientôt, sur les côtes de Belgique des épaves et des noyés affluent.

Plus de 1300 Espagnols arrachés à la mer sont recueillis par les soldats de Farnèse. Ils parlent avec épouvante des artilleurs anglais, des privations à bord et de leur échouement tragique. Quelques vaisseaux sont jetés à la côte, plus au nord, et leur équipage tombe aux mains des Hollandais.

Un sort plus terrible était réservé aux infortunés entraînés par l'ouragan au delà des Iles Britanniques. A travers la brume, ils reconnaissaient les Orcades, les Shetland et les Feroë, îles ténébreuses et sans abri; ils atteignaient jusqu'au 63e degré. Enfin, le 8 septembre, le vent sauta au nord-ouest et ces malheureux purent mettre le cap sur le canal Saint-Georges. Là, du moins, ils trouveraient des alliés dans la catholique Irlande et ils auraient enfin de l'eau douce, des vivres et quelque repos.

Lorsqu'après de longues souffrances, ils aperçurent les côtes de la verte Erin, les Espagnols décimés n'avaient plus la force de manœuvrer ou d'aborder. Que faire? Ils prennent le seul parti qui leur reste à prendre : ils laissent leurs vaisseaux se jeter à la côte; ils se traînent, faméliques, sur ce rivage si ardemment cherché. Mais juste dans l'instant où ils croient toucher au salut et à la délivrance, ils trouvent devant eux leurs implacables ennemis : des officiers anglais occupent le littoral et les font prisonniers. Puis, unanimes dans l'opinion que le seul secours qu'on doive à des naufragés errants est de les passer au fil de l'épée, ils les font massacrer jusqu'au dernier.

Leur sort n'eût pas été plus affreux, s'ils avaient abordé dans quelque île océanienne peuplée de cannibales.

Sir Richard Bingham, gouverneur de Connaught, rendant compte à la reine de cette affreuse tuerie, écrit ceci : « Après les avoir de la sorte proprement dépêchés, nous avons consacré la journée entière du dimanche à glorifier et à remercier le Dieu Tout-Puissant. »

Les massacreurs avaient eu bien soin de déshabiller les moribonds avant de les achever, pour tirer ensuite bénéfice de leurs vêtements ainsi ménagés. Les corps furent abandonnés sur la plage, comme en témoigne le passage suivant d'une lettre d'un Anglais : « Quand j'étais à Sligo, j'ai compté sur la grève, dans une étendue d'un peu moins de 5 milles, 1100 cadavres; les gens du pays m'ont assuré qu'on en trouvait également aux autres endroits, mais en moins grande quantité. »

Les habitants de la côte, bien que catholiques, ne se privèrent pas de leur part de butin, dans les richesses apportées par la mer. « Leur opinion était très douteuse avant la victoire, dit un rapport d'un officier anglais; mais quand ils ont vu le complet dénûment et l'épuisement de nos ennemis, ils en ont égorgé le plus grand nombre qu'ils ont pu... La détresse des naufragés était telle qu'un seul homme en a assommé 80 avec sa hache. »

On peut évaluer à 4000 environ le nombre des Espagnols noyés dans le canal Saint-Georges; et le nombre des tués sur les côtes fut à peu près équivalent.

Une galéasse, la *Cuniga*, eut un sort plus heureux. Elle avait été rejetée si loin au nord, qu'elle n'avait pu aborder l'Irlande que très tardivement. Avertie à temps des massacres organisés sur la côte, elle reprit le large et rencontra un bâtiment français qui la convoya au Havre, où chacun lui fit « bon accueil et joyeux traitement ».

*.

Les débris de l'expédition abordèrent enfin à Santander; 53 navires seulement, sur 129, revinrent un à un dans le courant de septembre. Les privations et les angoisses avaient été si cruelles que les survivants succombaient successivement en touchant la terre.

L'Espagne entière était en deuil. On espéra longtemps que d'autres navires reparaîtraient; aucun ne revint. Médina-Sidonia était sauf, mais don Alonso de Leyva avait fait naufrage avec les héritiers des plus nobles familles d'Espagne. Gonzalez de Castillo et sa suite, avec la hourque *San Pedro el Mayor*, étaient tombés aux mains d'Élisabeth, qui les garda un an dans ses prisons, puis en fit cadeau à ses favoris. Après deux ans de captivité, ces malheureux furent menés en Bretagne et vendus au duc de Mercœur, qui les fit reconduire dans leur pays.

En six mois, l'*Invincible Armada* avait été détruite, laissant dans l'histoire le souvenir impérissable du plus grand danger que l'Angleterre ait couru, et du plus étonnant concours de circonstances fatales qui ait jamais accablé l'Espagne.

Philippe II se consola de sa défaite, en disant, non sans grandeur : « J'avais envoyé une flotte contre les hommes, non contre les vents et la mer. »

Et il accepta ce désastre comme une épreuve de la Providence.

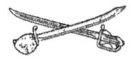

L'Odyssée du « Corbin » et du « Croissant »

> Sy me secourez, ce ne sera pas pour conquester aveuglément, mais pour establir doulcement la France.
>
> JACQUES CARTIER.

Combien y a-t-il dans le passé d'hommes aventureux qui risquèrent leur fortune et leur vie pour établir, par delà les mers, l'influence de la France et qui sont aujourd'hui oubliés? Parmi tant de Normands qui, à l'exemple des Jacques Cartier, des Parmentier, allèrent au loin chercher des terres nouvelles pour planter le drapeau fleurdelisé de la monarchie, il en est dont l'admirable existence, totalement ignorée de nous, fut même inconnue de la plupart de leurs contemporains. Qu'on nous permette de rendre hommage dans ce livre à deux de ces navigateurs disparus avec leurs navires et qui tracèrent au prix de leur vie, pour d'autres plus heureux et plus illustres, la voie brillante des glorieuses découvertes.

.·.

Les Français semblaient avoir oublié, après la mort des frères Parmentier, la disparition de Paulmier de Gonneville, le chemin des Indes orientales et des mers du Sud, quand une compagnie de marchands de Saint-Malo, de Laval et de Vitré, s'organisa dans le but de ramener les navigateurs français sur la route des Indes et d'y disputer aux Portugais le monopole du commerce de l'Orient.

Il fut en effet un temps où, par l'initiative des Normands, la France voyait son pavillon triompher sur toutes les mers. Ils créaient des comptoirs, organisaient des colonies, et fondaient par des efforts et des sacrifices individuels le magnifique domaine colonial que le Régent et Louis XV devaient laisser péricliter et anéantir. Nous ne saurions trop nous remémorer les exemples de ces malouins fameux qui avaient compris quel devait être le rôle de la France sur les mers et dans les pays lointains, ce rôle que nos fautes et nos faiblesses ne nous ont pas permis pendant longtemps de remplir et que l'Angleterre accaparait.

Or donc, deux navires, auxquels le destin réservait la fin la plus tragique, furent, en 1601, armés à Saint-Malo pour se rendre aux Indes. L'un, de quatre cents tonneaux, fut baptisé le *Croissant*; l'autre, de deux cents tonneaux, le *Corbin*. Aucune aide du roi ni de l'État ne vint seconder les Malouins dans leur entreprise. La compagnie privée formée pour cette affaire choisit parmi ses membres les conducteurs de l'expédition. Elle élut un amiral et un vice-amiral. Le premier, bourgeois de la ville de Saint-Malo, devait monter le *Croissant* et se nommait Michel Frottet, sieur de la Bardelière. Le second, commandant du *Corbin*, s'appelait François Grou, sieur du Clos-Neuf, et portait antérieurement le titre de connétable de Saint-Malo. Chacun prit à son bord un lieutenant, un premier et second pilote, un maître et un contre-maître, un premier et second facteur, un écrivain, deux « dépensiers », deux chirurgiens, un maître canonnier avec cinq ou six artilleurs, deux cuisiniers et deux maîtres valets.

Tel était alors, en dehors des simples mariniers, le personnel d'un navire français.

*
* *

Le *Croissant* et le *Corbin* partirent de Saint-Malo le 18 du mois de mai 1601. Le 21, ils rencontrèrent neuf gros bâtiments hollandais avec lesquels ils faillirent se battre, quoique à ce moment la France et la Hollande fussent en excellents termes, mais, en rendant les honneurs, un canonnier hollandais ivre avait tiré un coup de canon à balles dans les voiles du *Corbin*. Aussitôt alerte, branle-bas; il s'en fallut de peu qu'une bataille navale ne mît aux prises les Français et les Hollandais. Heureusement tout s'expliqua, tout s'arrangea, et le *Corbin* et le *Croissant*, après avoir fraternisé avec les bâtiments que, pendant un moment, ils voulaient détruire, s'en croyant attaqués, continuèrent paisiblement leur route; ils passèrent aux Canaries sans y aborder, aperçurent, le 12 juin, les îles du Cap Vert et se trouvèrent, le 14 juillet, en vue de la Guinée. En août, ils relâchèrent à l'île d'Anobon où ils eurent à combattre les Portugais; puis, en octobre, ils étaient à Sainte-Hélène. Sur la fin de novembre, le *Corbin* et le *Croissant* se dirigeaient vers le cap de Bonne-Espérance. Ils le doublèrent, le 27 décembre, dans la nuit, sans trop se rendre compte qu'ils y passaient. Leur intention était de faire voile « par le dehors de l'île Madagascar », mais ils étaient incertains de leur route. Les pilotes qu'ils avaient manquaient d'expérience, et la Bardelière et Grou du Clos-Neuf se dirigeaient surtout à l'aide des cartes marines fort primitives alors. Par suite d'une erreur d'orientation, ils se trouvèrent au début de février dans le canal de Mozambique; ils arrivèrent jusqu'à la terre de Natal et là furent surpris par une effroyable tempête.

La principale embarcation du *Corbin* revenait du *Croissant* où elle avait pris les ordres de l'amiral. Elle eut juste le temps d'arriver au *Corbin*; les gens qui la montaient ne furent sauvés qu'à l'aide d'un câble qu'on leur jeta fort à propos. Sous leurs pieds mêmes l'embarcation s'emplit d'eau et coula contre la muraille de leur bâtiment. Ce fut une grande perte pour le *Corbin*.

La tempête devenait de plus en plus horrible, dit l'historien de leur dramatique odyssée, Léon Guérin; une obscurité profonde couvrait le ciel en plein midi; les deux navires se perdirent de vue et s'éloignèrent l'un de l'autre, tout en se cherchant. « En un instant les voiles, frappées par des tourbillons impétueux, n'agitèrent plus que des lambeaux; une pluie battante blessait et meurtrissait les visages des matelots comme eussent fait des coups de verges, la lame jetait parfois d'énormes masses d'eau qui passaient par-dessus les navires et semblaient devoir les engloutir à jamais. Les pompes étaient continuellement en jeu, et les capitaines étaient les premiers à y mettre la main; elles ne purent néanmoins préserver ni les provisions ni les marchandises. »

Le *Croissant* commençait à s'ouvrir en plusieurs endroits, et le *Corbin* était menacé de perdre son gouvernail. Enfin, après quatre jours et quatre nuits de durée, la tourmente cessa, et les deux navires, chacun de son côté, cherchèrent à gagner la côte de Madagascar pour s'y réparer.

Ils y parvinrent. Ils ne repartirent que le 7 juin 1602, à peu près remis en état, mais avec beaucoup de malades des fièvres de Madagascar. Le plus atteint fut Grou du Clos-Neuf, mis dans l'impossibilité de commander le *Corbin*. Le 21 du même mois, les deux bâtiments malouins repassèrent la ligne « vers le nord et le pôle arctique ». L'intention de la Bardelière était de cingler « entre la côte de l'Inde et la tête des Maldives ».

C'est dans le voisinage de ces îles que le *Corbin* devait périr.

La Bardelière ne se croyait pas aussi rapproché des parages dangereux que l'on trouve aux Maldives. Grou du Clos-Neuf, quoique à peu près moribond, lui fit dire que la direction qu'il suivait était pleine de périls. Mais l'amiral ne l'écouta point.

Et cependant il pouvait distinguer entre des flots et des bancs qu'il apercevait de son bord, des petites barques qui s'avançaient comme pour piloter les deux navires. La Bardelière n'ajouta aucune importance à l'apparition de ces pirogues et aux signaux des sauvages qui les montaient. Le jour baissait. Le *Croissant* et le *Corbin* continuèrent à voguer de conserve, rapprochés l'un de l'autre, jusqu'à ce que le *Corbin*, selon la coutume quotidienne, allât passer sous le vent du vaisseau de son amiral pour prendre ses ordres sur la marche à suivre durant la nuit et lui souhaiter le bonsoir. Le maître d'équipage du *Corbin*, se trouvant à portée de voix, en profita pour demander une dernière fois à la Bardelière de la part de Jean du Clos-Neuf s'il était bien certain que la route fût libre, les parages sûrs et si en vérité on pouvait naviguer sans crainte. L'amiral fut un peu ébranlé dans son espérance et répondit qu'assurément on n'était pas en vue des Maldives, mais que néanmoins il ne connaissait pas la mer dans ces parages et qu'évidemment, dans tous les cas, il convenait de naviguer avec prudence. En conséquence, il faudrait, à la nuit close, « mettre le cap à l'autre bord, courir à l'ouest jusqu'à minuit, puis revirer et courir à l'est comme auparavant pour se retrouver et se reconnaître au même point au lever du jour ».

Le *Corbin* prit du champ et se prépara à obéir à cet ordre. Cependant l'infortuné Jean du Clos-Neuf, son œil de moribond toujours fixé sur ses cartes marines, soutenait que le *Croissant* et le *Corbin* étaient en vue des Maldives, ces mêmes fourbes îles qui avaient autrefois trompé Jean Parmentier dans son second voyage à Sumatra. Il recommanda de ne point se fier aveuglément à l'opinion de l'amiral et de redoubler de prudence. Mais à bord du *Corbin*, l'équipage mettant à profit le manque de surveillance du capitaine jugé expirant, en profita pour s'enivrer. Le pilote lui-même suivit l'exemple du maître, du contre-maître, des matelots.

Le *Corbin* voguait au caprice des flots, lorsqu'un épouvantable choc, suivi presque aussitôt d'un second, réveilla tout l'équipage lourdement endormi dans l'ivresse. Les matelots se dressent, mais au même instant le navire talonne une troisième fois avec un craquement terrible et se renverse. Il était sur un banc. A la terreur muette de la première minute succéda une explosion de cris et de gémissements. Au milieu du tumulte, apparaît sur le pont un spectre en chemise, un fantôme squelette : c'est le capitaine, c'est du Clos-Neuf sorti du lit où il agonisait. Il a retrouvé des forces pour venir secourir son équipage dans l'extrême péril où il s'est jeté par sa propre faute.

Ils se croyaient tous sur le point de disparaître avec le navire coulé bas. Des vagues énormes passaient et repassaient, le couvrant à chaque fois. Cependant le *Corbin* ne s'enfonçait pas davantage. Quelques hommes des plus hardis réagirent et cherchèrent des moyens de sauvetage ; d'abord, ils abattirent les mâts pour alléger le bâtiment, puis tirèrent un coup de canon dans le but d'avertir le *Croissant* et de le préserver du sort qui était le leur. Mais le *Croissant* n'était pas en danger ; il se tenait à une assez grande distance, et faisait bonne veille sous l'œil de son commandant. Le jour vint, et les naufragés reconnurent, au delà du banc sur lequel ils étaient, plusieurs îles, à cinq ou six lieues de distance. Ils virent aussi le *Croissant* qui passait à un quart de lieue du *Corbin* sans qu'il lui fût possible de le secourir.

La Bardelière ne pouvait songer à sauver le navire naufragé. Quelle aide efficace, dans un temps où la marine disposait de moyens si rudimentaires, était-il à même d'apporter au *Corbin*? Il hésitait cependant à s'éloigner et louvoyait autant que l'état de la mer le permettait, ne sachant que faire, quand il vit le mât de misaine du *Corbin* s'abattre. Il ne pensa pas que l'équipage faisait lui-même ce sacrifice pour alléger le bâtiment et le faire tenir plus longtemps à demi couché. Il se persuada que c'en était fait entièrement du *Corbin* et des gens qui le montaient, et s'éloigna, désespéré d'avoir perdu la moitié de ses compagnons.

Le *Corbin* n'en tint pas moins ferme contre la mer et ses assauts. Le banc sur lequel il s'était échoué était de roc et non de sable, il ne pouvait s'y enliser.

Les naufragés ne voyaient pas leur situation empirer, et, malgré que le *Croissant* eût disparu, ils ne se considérèrent pas comme irrémédiablement perdus et avisèrent au moyen de sauver leur vie en gagnant la terre. Mais la terre était loin et, quand on y serait, qu'y trouverait-on? Quel serait l'accueil des habitants? En dépit de tant d'appréhensions, les naufragés construisirent un radeau pour les porter tous avec leurs bagages et marchandises. Malheureusement, lorsque le radeau fut construit, on reconnut qu'il était impossible de franchir avec lui les bancs qui entouraient le roc sur lequel le *Corbin* était échoué. Enfin, après différentes alternatives d'espoir et de désespoir et de nouvelles heures de disputes et d'orgies; après avoir cru une fois de plus tout perdu et une fois encore jugé possible de se sauver, l'équipage s'avisa de remettre en état, au prix de mille peines, le grand canot du *Corbin*, aux trois quarts fracassé et qui était la seule embarcation qui restait. La mer s'étant calmée, ils se dirigèrent vers la côte dans cet esquif tout radoubé de pièces et de morceaux et parvinrent à terre après des heures et des heures de luttes où, à chaque instant, ils se croyaient définitivement perdus.

Grou du Clos-Neuf vivait encore ou, du moins, son agonie n'était pas terminée. Le naufrage de son navire avait réveillé chez lui un semblant de forces. Il n'expira que près d'un mois plus tard, prisonnier, avec son équipage, des sauvages habitants des Maldives. Presque tous ses compagnons périrent à à leur tour par suite de privations et de mauvais traitements.

Trois seulement échappèrent, après des aventures, dont tout ce que l'on peut concevoir de plus extraordinaire et de plus romanesque en pareille matière ne saurait donner qu'une faible idée.

Cependant le *Croissant* avait continué ses voyages. Il se flattait d'échapper au sort funeste du *Corbin*, et allait pour ainsi dire de péril en péril, d'écueil en écueil, comme protégé du destin. Il arriva sain et sauf en vue de Ceylan, puis fit voile dans le golfe du Bengale jusque vers Sumatra. Après trois mois de séjour à Achem, la Bardelière, qui avait fait de très fructueuses affaires avec les indigènes et leur sultan accueillant aux étrangers, reprit la mer dans l'espoir et la volonté de revenir en France; mais il était depuis longtemps atteint de cette même fièvre pernicieuse qui avait emporté Grou du Clos-Neuf.

Le 1er décembre 1602, sous la ligne équinoxiale, dit Léon Guérin, la Bardelière expira et on lui fit, en y ajoutant quelques honneurs particuliers à son grade, les funérailles réservées alors sur les navires français à ceux qui mouraient en mer. « On enveloppa le corps dans un cercueil avec quelque chose de pesant pour le faire enfoncer, puis on le jeta ainsi sous le vent du navire, avec un tison en feu, en tirant un coup de canon vers le côté d'où venait le vent, chacun regardant de ce côté, non de celui par où l'on avait jeté le corps. Après quoi le maître ou patron ordonna que l'on récitât les prières. Le sieur de la Villeschar fut élu pour prendre le commandement du *Croissant* après la mort de l'amiral. Depuis lors, on courut encore bien des dangers. Longtemps on ne put avancer à cause des calmes auxquels succédaient des tornades. Pourtant, le 25 décembre, le vent d'est en soufflant jeta une grande joie dans le cœur de l'équipage, ce qui n'empêcha pas que, le 13 janvier suivant, le navire ne fît eau d'une manière qui aurait pu devenir fatale, et que le 21, durant la nuit, il ne courût risque de se perdre au milieu d'une affreuse tempête. »

Pendant cette tourmente, les matelots aperçurent des feux étranges qui « couraient sur les mâts et qui s'y maintinrent plus de cinq heures sans qu'une pluie abondante vînt à bout de les éteindre; mais ils furent regardés comme de bon augure et comme annonçant que la tempête ne devait pas être dangereuse ». Les tourmentes se succédaient avec rapidité à mesure qu'on approchait du cap de Bonne-Espérance. Le dernier jour de janvier 1603, la mer fut si terrible, que le navire s'entr'ouvrit par le devant. On eut un moment l'idée d'aller mouiller à l'île Saint-Laurent pour s'y réparer et y rafraîchir les malades, quoique déjà cette côte eût été funeste aux équipages. Mais le vent venant tout à coup à changer d'une manière favorable, de Villeschar résolut d'en profiter pour continuer immédiatement sa route. Il doubla le cap de Bonne-Espérance, et, le 3 mars, se retrouva en rade de Sainte-Hélène, et y séjourna jusqu'au 19. Le 25, le *Croissant* vit l'île de l'Ascension, et, le

1er avril, repassa la ligne pour la quatrième fois durant ce voyage. Il y avait beaucoup de malades à bord ; la disette vint se joindre à la maladie, et l'on fut contraint de manger les chiens et les rats. Le 15 mai, de Villeschar reconnut l'île de Tercère, la principale des Açores. Il était impatient d'atteindre la côte d'Espagne, tant ses matelots tremblaient que le *Croissant*, dans le pitoyable état où il était, ne manquât sous leurs pieds. Par bonheur, ils rencontrèrent trois navires flamands qui, moyennant l'abandon qu'on leur fit de toute la cargaison du *Croissant*, consentirent à recevoir les Français à leur bord. Il était temps, car à peine eurent-ils quitté le *Croissant* qu'il coula bas sous leurs yeux.

. . .

Les Français furent déposés à Plymouth par les navires flamands, le 13 juin 1603, et de là passèrent en Bretagne. Mais avec eux ne revenaient ni l'un ni l'autre des capitaines qui, deux ans auparavant, étaient partis de Saint-Malo.

« Ce dut être une ruine, dit simplement l'historien de l'odyssée du *Corbin* et du *Croissant*, pour la compagnie qui les avait armés et expédiés. »

Il y a des ruines fécondes. Si aujourd'hui notre puissance extérieure, notre fortune semblent décliner, c'est que nous ne savons plus courir les risques de ces désastres que nos pères n'appréhendaient point. Ils avaient l'esprit d'aventure et l'énergie qu'il impose, et c'est ainsi qu'ils firent la France si grande dans le monde.

Charles-Quint et la Croix vaincue sur mer par Barberousse et le Croissant

> *Malte fut l'arche de roc où la Croix était sauve...*
> *Les Chrétiens la gardaient de toute la force de*
> *leur amour, les Infidèles la voulaient de toute la*
> *force de leur haine, et le nom de Malte reten-*
> *tissait d'un bout à l'autre de la moitié du monde.*
>
> ANQUETIL.

LE siècle qui vit à la fois Charles-Quint, Henri VIII, François Ier et Soliman se partager les destinées de l'Europe, présente une caractéristique frappante : la lutte du Croissant contre la Croix, lutte dont l'issue fut toutefois si souvent à l'honneur des armes chrétiennes, des armes françaises, que sut faire triompher Jean Parisot de La Valette, grand-maître de Malte, dernier rempart de la chrétienté.

Après le mémorable siège de Malte (1565) par les Turcs de Soliman le Magnifique, la ville ressemblait moins à une place sauvée par ses défenseurs qu'à une ville emportée d'assaut et abandonnée par l'ennemi, après le pillage. Les murailles renversées figuraient d'énormes tumuli et les maisons du bourg, détruites ou ébranlées, n'étaient qu'un monceau de ruines.

Les Turcs abandonnaient dans les fossés de la vaillante citadelle trente mille des leurs.

Jamais le puissant empire ottoman n'avait rassemblé plus de troupes, plus de vaisseaux, plus de munitions de toutes sortes pour un siège. On n'avait pas encore employé de pièces d'artillerie plus grosses que celles dont se servirent les Turcs et qu'ils laissèrent en se retirant. Certaines lançaient des boulets de 300 livres (notre musée d'artillerie en possède quelques-unes) ; et la ville avait reçu le choc de soixante mille de ces blocs de granit. En dehors des chevaliers, soldats à gages et bourgeois, 300 femmes et 170 enfants combattants volontaires, avaient glorieusement succombé sur les remparts.

La nouvelle de la délivrance de Malte répandit la joie dans la chrétienté. Le nom de La Valette fut célébré dans toute l'Europe. Le pape Pie IV lui offrit le chapeau de cardinal.

Mais c'était peu d'avoir sauvé Malte : il fallait la mettre, pour l'avenir, en état de défense, sans négliger de relever toutes les places de l'île.

La Valette forma le dessein de bâtir une nouvelle ville, sur l'emplacement du fameux fort Saint-Elme.

Le pape, les rois de France, d'Espagne, de Portugal fournirent des sommes considérables pour l'entreprise. La première pierre de la *Cité La Valette* fut posée le 18 mars 1566 ; et, pour qu'elle fût plus vite achevée, tant la terreur du Turc était profonde, le pape Pie V permit qu'on y travaillât même les jours de grandes fêtes.

Chaque jour 8 000 ouvriers y étaient employés. Pendant près de vingt-quatre mois le grand-maître ne quitta point la direction des travaux. Il passait des jours entiers en compagnie des charpentiers et des maçons, prenant avec eux ses repas comme un simple artisan et donnant, entouré des matériaux amoncelés, ses ordres aux ouvriers et ses audiences aux princes.

Manquant d'argent, il y suppléa en faisant frapper une monnaie de cuivre, à laquelle il attacha une valeur nominale très élevée. D'un côté, on voyait deux mains entrelacées, signe de la bonne foi et, de l'autre, les armes de La Valette, écartelées avec celles de l'ordre. La population ne fit aucune difficulté pour accepter cette monnaie que le Trésor retirait au fur et à mesure que l'or et l'argent lui parvenaient.

Non seulement l'Europe du xvie siècle devait sa conservation à La Valette, mais la formidable puissance de la nouvelle Malte eût certainement modifié quelque chose dans le bassin de la Méditerranée, si elle avait duré. Elle ne dura pas : Malte, en 1798, tomba, livrée par un traître, au pouvoir de Bonaparte et, depuis lors, s'est trouvée asservie, sous différents maîtres.

Mais c'est avec raison que Cafarelli disait au futur vainqueur des Pyramides en lui montrant les inexpugnables retranchements de la principale place de l'île : « Il est bien heureux que nous ayons trouvé quelqu'un pour nous ouvrir les portes, car jamais nous n'aurions pu entrer. »

Soliman n'avait pu y parvenir en dirigeant sur Malte les bordées de ses 200 vaisseaux de guerre et en renouvelant pendant quatre mois les assauts de 40 000 janissaires.

.˙.

Aujourd'hui Malte est anglaise. Cette petite île de 16 kilomètres de large est restée la clef de la Méditerranée, comme au temps des chevaliers et des corsaires.

Sa position, à 100 kilomètres des côtes de Sicile et à 250 à peine de celles d'Algérie, en fait un point stratégique de premier ordre, que la politique s'est toujours disputé, comme en témoignent les quatorze maîtres successifs qui la possédèrent jusqu'à nos jours.

Les inquiétudes de la diplomatie moderne au sujet de la suprématie dans la Méditerranée paraissent mesquines, quand on considère celles qui durent se manifester dans les chancelleries des puissances au XVIe siècle.

Alors l'empire ottoman était maître de la totalité du bassin sur toutes ses côtes. Soliman avait campé devant Belgrade, détruit Rhodes, soumis l'Égypte, et jeté 250 000 hommes sous les murs de Vienne (Vienne et Poitiers marquent les points extrêmes de la pénétration musulmane en Europe). L'empire du fougueux conquérant s'étendait des monts du Kourdistan au Maroc, et l'on ne sait où ses succès l'eussent conduit si, vainqueur de Rhodes et de la Perse, maître de la Hongrie, de l'Arabie et de l'Afrique, il n'avait été vaincu lui-même par Roxelane, passée du rang d'esclave à celui de favorite.

Or, faisant tache au centre de ces prodigieuses conquêtes, un seul point demeurait vers lequel avait inutilement cinglé les innombrables galères du « maître de l'heure ». Et c'était Malte, rocher perdu en pleine mer dont les sommets portaient fièrement l'oriflamme des chevaliers chrétiens, opposée à l'étendard vert des Ottomans.

Les galères de l'Ordre passaient pour invincibles. La merveilleuse marine florentine organisée par Cosme de Médicis reconnaissait elle-même « recevoir de Malte, instructions et expériences nécessaires aux bons marins et gens de cœur » et l'illustre Dragut, l'élève de Barberousse et l'émule de Doria, déclarait à Soliman, son maître, que tous ses amiraux réunis ne valaient pas « un gabier de l'Ordre ».

Et ces gabiers, marins et chevaliers, sont en majorité Français de « rude souche », selon la pittoresque expression de Brantôme ; ce sont les d'Agoût, les de Broc, les Castellane, les Crussol, Montlezun, Pardaillan, de Noüe ; d'Aubusson, de Lastic, Saint-Phalle, des Essarts, de Mérode, d'Esparbès, Clisson, Montalembert, Bauffremont, Rochechouart, etc.

Des lignées entières de ces preux se sont succédé sur les murs encore debout de Rhodes et de Malte : vingt-deux Forbin, six Blacas, vingt-huit Puget, quarante-trois Sabran, vingt-deux de Gordes, neuf La Valette, sans compter les quatre-vingt-huit Villeneuve, et les Glandevez qui donnèrent quatre-vingt-neuf chevaliers à Malte et vingt-quatre chefs d'escadre à la France !

Parmi tous ces braves tombés à Rhodes, à Malte, et dans les terribles mêlées qui mirent aux prises sur le littoral africain les plus robustes guerriers des deux partis, bien peu moururent qui trouvèrent dans la tombe un repos assuré. Leurs fosses furent violées et leurs cendres dispersées. Les sarcophages des grands-maîtres, descellés et vidés, servirent d'abreuvoir aux chevaux des pachas, ainsi qu'en témoignent les cinq tombeaux conservés à Cluny et qui furent achetés en 1878 à un vice-consul italien.

Est-il besoin de rappeler que les Ordres monastiques combattants naquirent de l'obligation où se trouvèrent les nations occidentales de s'opposer au rôle agressif des races arabes. C'est ainsi que l'ordre militaire de Calatrava avait pour but de combattre les Maures d'Espagne et que ceux de Saint-Jacques et d'Alcantara s'étaient voués à la même cause dès le début du XII° et du XIII° siècle. Ces trois ordres possédaient, pour se distinguer, des croix de différentes couleurs, mais toutes étaient ornées de fleurs de lis empruntées aux armoiries de France, dans le but de perpétuer la mémoire des secours que les Français avaient fournis aux Espagnols.

Français et Espagnols, d'ailleurs, se devaient au même combat, à la même lutte contre l'ennemi qui ravageait leurs côtes, pillant les villes, détruisant les ports et rapportant de ses expéditions des milliers de captifs qu'il astreignait dans ses États aux travaux les plus durs et les plus humiliants.

De 1175 à 1800 les seuls religieux Trinitaires et les Pères de la Merci réunis ont racheté dans les provinces barbaresques un million deux cent mille esclaves qui, au prix moyen de 6 000 livres, représentent 7 milliards deux cent millions de francs. Cervantès, l'immortel auteur de *Don Quichotte*, fut racheté 25 000 francs.

Trente mille esclaves chrétiens travaillèrent à l'édification du môle d'Alger élevé par Khaïr-Eddyn, et ce même potentat écumeur de mer fit un jour son entrée à Constantinople pour présenter ses hommages à Soliman sous la forme de sept mille captifs ramenés des côtes d'Italie.

On conçoit combien les chevaliers dont les galères étaient ancrées dans les criques de leur île inabordable devenaient pour les pirates musulmans, acharnés à enlever des « infidèles » pour les jeter dans les fers, un obstacle et un sujet de crainte et l'objectif de leurs courses les plus téméraires.

.·.

Vers le milieu du XVI° siècle, Barberousse II, frère du fameux Arondj, tenait la mer, en qualité de roi d'Alger, et commandait en chef élu par tous les capitaines corsaires.

Après deux années de règne, craignant une révolte générale dans ses États, il s'était prudemment placé sous la protection de la Porte, à laquelle il avait cédé sa souveraineté d'Alger.

Nommé amiral de toutes les flottes de Soliman, il se vit en état de fondre sur les vaisseaux marchands des Occidentaux quels qu'ils fussent.

Muni d'un sceptre d'investiture, d'une épée et de 80 000 ducats pour les frais de la guerre, il se mit en mer avec quatre-vingts galères et trente galiotes, ravagea les côtes d'Italie, jeta l'épouvante dans Rome et, se ruant sur l'Afrique, prit Bizerte et s'empara de Tunis. Par la suite, il bloqua Marseille et bombarda la citadelle de Nice.

Le plus puissant prince du siècle, Charles-Quint, comprit enfin que l'Europe ne serait à couvert des exactions musulmanes qu'autant que seraient détruits les ports où s'abritaient les corsaires et que seraient coulées leurs majestueuses « capitanes » chargées de butin.

Alger était la base d'opération des mécréants. Il prendrait Alger.

Soliman avait Barberousse, lui avait Doria.

Les adversaires se valaient. Ils passent encore à juste titre pour les plus grands hommes de mer de leur siècle.

Toutefois, et pour que le duel tenté acquît dans ses préparatifs les plus grands éléments de succès, il fallait la participation de tous les États chrétiens.

En Italie, Ferdinand de Gonzague et don Pedro de Tolède, vice-roi des Deux-Siciles, promirent un contingent. En Allemagne, Frontispero accordait des troupes. Quant à l'Espagne, en dehors de dix mille volontaires, elle offrait encore toute sa noblesse, parmi laquelle se distinguait le héros du Mexique, Fernand Cortez qui, à ses frais, montait une riche galère sur laquelle embarquaient ses deux fils.

Le Pape accordait 11 galiotes et 2 000 hommes. Les chevaliers de Malte étaient au nombre de 400 secondés par 800 volontaires et mettaient en ligne quatre grandes galères et un galion.

Les chefs furent désignés. L'illustre Doria se vit attribuer le commandement suprême de l'expédition. En sous-ordre venaient le fameux duc d'Albe pour les Espagnols, Frontispero pour les Allemands, Colonna et Spinola pour les Italiens. Au total 30 000 hommes montaient 65 galères de combat suivies de 451 navires de transport et d'approvisionnements.

Le 19 octobre 1635, cette formidable flotte entrait dans les eaux d'Alger et opérait le même jour son débarquement sur les rivages d'Hussein-Dey.

L'artillerie, servie par le commandeur d'Alcantara, Pierre de la Cueva, couvrit les troupes, et Charles-Quint put débarquer à son tour, escorté par les chevaliers de Malte dont les armures d'acier poli éclaboussées de soleil l'encadraient de lumière.

Le 24, les premiers mouvements de l'attaque se décidèrent. Le bataillon de Malte constituait l'extrême droite sur les pentes de Mustapha. Les Espagnols, à gauche, gravissaient le plateau d'El-Biar. Enfin le gros de la flotte ralliait le cap Cazine.

Sous la double poussée des deux colonnes les Turcs se terrèrent dans la ville. 8 000 Maures et 600 janissaires avaient juré de périr là jusqu'au dernier plutôt que de se rendre.

En vain Charles-Quint les fait-il sommer d'abandonner la ville et les menace-t-il, si la résistance continue, de ne point laisser une pierre debout dans la cité. Sommations et menaces sont inutiles. Et d'ailleurs, le temps seconde admirablement les défenseurs.

Le ciel déverse sur les assiégeants des trombes qui dévastent les ouvrages, emportent les camps et rendent impossibles les déploiements de colonnes.

Nuit et jour des sorties se produisent. Un bataillon italien surpris, se disloque et fuit devant une charge fortuite d'un millier de janissaires.

C'eût été la panique et la défaite sans les chevaliers de Malte, venus à la rescousse ; contre eux se brisa l'élan des mahométans.

Ainsi qu'un mur mobile, les chevaliers poussent sur le terrain les cavaliers éperdus et les ramènent aux portes sous lesquelles ils s'engouffrent, tandis que s'abaissent derrière eux les herses et les ponts-levis.

Une nuée de flèches empoisonnées s'abat sur les assaillants, mais toujours les chevaliers frappent d'estoc. Villegagnon, en croupe d'un cavalier qui vient de le blesser, le poignarde et l'abat sur sa selle. Plus loin, Léon de Savignac, au moment où la herse tombe, l'escalade et y plante sa dague. Tous ces dévouements sont inutiles. Sur terre et sur mer la tempête fait rage.

De son observatoire du « camp de l'Empereur », Charles-Quint aperçoit sa flotte dont certaines unités entraînées luttent désespérément contre le vent.

A bord se trouvent des munitions, des tentes et des vivres que le temps n'a pas permis de débarquer ; et voici que les Musulmans, enhardis, apparaissent sur le rivage pour y guetter l'échouage des galères dont ils massacrent les équipages. L'anéantissement de la flotte, c'est l'extermination du corps de débarquement privé de ses soutiens.

La retraite est ordonnée, le siège levé en hâte et, pêle-mêle, dans une confusion qu'augmente une pluie diluvienne, les bataillons épars se ruent sur les navires qui chassent sur leurs ancres, dérivent et gagnent la haute mer.

Vingt drames se déroulent à la fois. Drossés et insuffisamment servis, les bâtiments tourbillonnent dans la tourmente et s'écrasent les uns contre les autres.

Le noroît siffle en rafale, et des lames géantes s'écroulent sur la grève en broyant les galères ensablées.

De ci, de là, des mâts surgissent au-dessus des flots, balançant leurs flammes déchirées. Des gouvernails, des vergues, des bordages vont à la dérive. Les avirons s'entrechoquent abandonnés.

A bord des lourdes galères c'est l'épouvante et le désarroi. Les pièces, dont les amarres sont rompues, roulent sur la rambarde des gaillards d'avant, élargissent les sabords et frappent les flancs des bâtiments avec la régularité de coups de bélier que l'effroyable roulis accentue à chaque minute.

Les bombardes, fauconneaux et pierriers, qu'aucun lien ne retient plus, passent sur les ponts, broyant, écrasant, pilant des rangs entiers de soldats, arbalétriers ou matelots, que la terreur tient rivés aux bastingages.

Les châteaux de proue emportés plongent dans l'écume des flots, reviennent, surnagent et disparaissent, avec des hommes agrippés à leurs balcons.

Dans le tumulte des éléments les capitaines et sergents de manœuvres criaient en vain des ordres, sifflaient en vain des manœuvres.

Les équipages affolés, groupés le long des lisses et des tillacs, poussaient des clameurs désespérées.

De certains ponts des cantiques s'élevaient, étrange mélopée mêlée au bruit de la tempête, et passaient sur les ponts voisins comme des adieux confiés aux vents.

Et sans cesse des craquements sinistres signalaient la collision des galères, la charge des capitanes contre les galions et le heurt des fustes.

Voiles contre voiles enlacées dans leurs gréements, les bâtiments coulaient entraînant leurs équipages.

De la merveilleuse flotte dont l'appareillage avait enthousiasmé l'Europe il ne restait plus que quelques bateaux dont le flot se jouait et qui, de longtemps, ne pourraient prétendre à la plus petite croisière.

Charles-Quint, protégé par son escorte, atteint la plage que la houle des varechs convertit en bourbier. Une embarcation le prend, et sans quitter son banc il se trouve hissé sur les pistolets de la *Réale* d'Espagne dont les flancs de cèdre et de teck chevillés de fer résistent à la tourmente.

Son état-major a pu embarquer sur la *Galère Patronne* du pape et sur la *Capitane* de Malte.

Dans le fracas de la tempête le vieux Doria jette des appels, hurle des ordres. Que chacun gouverne de son mieux et gagne le grand large.

Il ne sait pas l'étendue du désastre. Sans doute sur les rivages on aperçoit quelques galères dont la proue ensablée les signale perdues, mais qu'a-t-il pu advenir de la division envoyée au cap Caxine ?

C'est vers ce point qu'il manœuvre.

Soudain, paraissant émerger des flots, les navires qui composent la division dont Doria s'inquiète apparaissent à quelques encablures, sur deux lignes tenant tête au vent.

Tout n'est donc pas perdu. L'illustre marin renouvelle ses avis :
« Gagnez le large! gagnez le large! »

Un vent de trombe lui répond qui couche 15 galères et coule 86 transports sous les yeux terrifiés de l'état-major de l'amiral.

La mer est la plus forte. 22 bâtiments s'abordent, se crèvent, roulent et s'engloutissent.

8 000 hommes, dont 300 officiers, avaient péri !

Décimé, le restant de la flotte s'était éparpillé sur la mer démontée. Ces navires épars se dirigeaient avec les seuls moyens qui leur restaient, tronçons de gouvernails, perroquets brisés et voiles incomplètes.

Charles-Quint put rallier Bougie, tandis que ses suivants touchaient les uns à Palma, les autres à Cagliari.

Le Croissant l'emportait encore. La conquête d'Alger se trouvait reculée de trois siècles.

Un coup de vent s'était opposé à l'extermination des pirates. Un coup d'éventail devait en décider, et permettre à la France, en 1830, de vaincre à l'endroit précis où Charles-Quint avait échoué.

Le tragique mystère de « l'Astrolabe » et de la « Boussole »

> « ... Sa Majesté regarderait comme un des succès les plus heureux de l'expédition qu'elle pût être terminée sans qu'il en eût coûté la vie à un seul homme... »
>
> (INSTRUCTIONS DONNÉES DE LA PART DE LOUIS XVI A DE LA PÉROUSE.)

Nous savons, par l'histoire, que le capitaine de vaisseau François Galaup, comte de La Pérouse, reçut, en 1785, des mains du maréchal de Castries, ministre de la marine, les instructions dictées par Louis XVI lui-même, en vue du voyage d'exploration autour du monde qu'allait entreprendre le navigateur dont le nom nous rappelle une des plus émouvantes et des plus admirables pages du livre des découvertes qui font la gloire de la marine française.

On imagine aisément par la pensée les principales phases de cette tragique odyssée. D'abord, le départ, tout de confiance et d'espoir.

C'est un matin d'avril 1785 ; le capitaine de vaisseau François Galaup, comte de La Pérouse, franchit la grille du château de Versailles, en saluant les sentinelles qui lui rendent les honneurs dus à un des plus renommés officiers de la marine royale et à un gentilhomme en faveur. Il gagne l'escalier de marbre pour arriver, au premier étage du palais, au salon de l'Œil-de-Bœuf, d'où il accédera au cabinet du Roi. Louis XVI l'attend à neuf heures sonnant.

Au bas de l'escalier, un garde de la marine l'arrête au passage, le chapeau à la main :

— Monsieur, s'il vous plaît, monsieur le maréchal de Castries vous prie de le voir avant l'audience du Roi, si vous en avez le temps?

— J'ai plus d'un quart d'heure, monsieur de Saint-Céran, et je suis aux ordres du Maréchal !

— Monsieur, je vous précède, et vous introduis...

Le garde de marine a pris par les corridors et gagne les appartements du ministre de la marine. Le comte de La Pérouse frappe amicalement sur l'épaule de l'envoyé de M. de Castries.

— Vous partez avec moi au premier jour, Saint-Céran?

— J'y compte bien, Monsieur. C'est un grand honneur et un grand bonheur pour un marin d'être à bord d'un vaisseau que vous commandez!

— Flatteur! vous ne parlerez pas toujours ainsi sur la *Boussole;* mais, j'espère qu'à tout le moins vous serez content du voyage, nous irons loin, Dieu aidant!

— Plus loin que le capitaine Cook?

— Plus loin qu'aucun Anglais n'est jamais allé!

M. de La Pérouse n'aimait pas les Anglais. Il le leur avait maintes fois prouvé avec autant d'insistance que d'éclat, et le vaillant mais téméraire et imprévoyant d'Estaing le tenait avec raison pour un de ses plus braves et plus précieux subordonnés.

Le maréchal de Castries, qui avait préparé par le relèvement de la flotte française la glorieuse paix de 1783, et l'abaissement de l'Angleterre, professait aussi pour La Pérouse la plus profonde estime.

Voici le marin en face du Maréchal qui, à cette heure matinale, s'abandonne au valet occupé du soin de sa toilette.

Il est encore enveloppé de basin pour garantir ses dentelles et son haut-de-chausses des éclaboussures de poudre et de parfum.

La Pérouse, s'inclinant, a serré la main que le Maréchal lui tendait avec cette brusquerie courtoise qui est sa façon d'être.

— Par Dieu! mon cher capitaine, je croyais ne pas vous voir! Et j'ai là des instructions que Sa Majesté m'a remises pour vous, hier, au sortir du conseil; il convient que vous les lisiez avant de prendre congé du Roi. Vous en êtes à l'audience de départ?

— Oui, Monsieur le Maréchal! La *Boussole* et l'*Astrolabe* m'attendent à Brest. Tout est prêt.

— Votre personnel est au complet?

— Absolument. J'aurai avec moi, sur la *Boussole*, les lieutenants de Closnard et d'Escures, les enseignes Boutin, de Pierrevert et Colinet, les gardes de la marine Mel de Saint-Céran, de Montarnal, de Roux d'Arbanel, Frédéric Broudon, le capitaine du génie du Monneron, l'ingénieur géographe Bernizet, le chirurgien-major Rollin, l'astronome Lepaute-Dagelet, le physicien de Lamanon, l'abbé Mongès, aumônier, les dessinateurs de Vancy et Prévost, le botaniste Collignon, l'horloger Guéry, plus 9 officiers mariniers et 77 hommes d'équipage.

Sur l'*Astrolabe*, commandé par M. le chevalier Fleuriot de Langle, nous aurons le lieutenant de Monti, les enseignes de Vaugras, d'Aigremont, de la

Borde-Marchainville, le lieutenant de frégate Blondelle, les gardes de la marine de la Borte-Bouteroilliers, Law de Lauriston, Raxi de Flasson, le chirurgien Lavaux, l'astronome Monge, le médecin de la Martinière, le naturaliste Dufresne, le P. Receveur, aumônier, le dessinateur Prévost, oncle de celui qui est sur la *Boussole*, et le vice-consul de Russie, Lesseps, interprète ; plus 8 officiers mariniers et 82 hommes d'équipage.

— Parfait! Parfait! Excellent choix! Couvrez-vous de gloire, mon cher La Pérouse ; vous combattez cette fois pour le bon renom de la science et de la marine française, et vous avez vaincu d'avance! Quand on a battu l'Anglais jusqu'au fond de la baie d'Hudson, que ne ferait-on pas?... Jetez les yeux sur les instructions de Sa Majesté, mon ami, tandis que j'achève de m'accommoder, et pénétrez-vous de ses conseils, sans les prendre exactement au pied de la lettre. Le roi est trop bon. Je ne vous dis pas de verser le sang ; mais, je vous recommande, moi, de n'y pas regarder à deux fois pour vous défendre, si on vous attaque! Mordieu! Nous avons un sabre, c'est pour nous en servir!... »

Et M. le Ministre de la marine, qui a passé la plus grande partie de sa carrière militaire dans la cavalerie, brandit d'un air menaçant son peigne à moustache, tandis que La Pérouse déplie respectueusement le communiqué royal et en lit le début ainsi conçu :

« Le sieur de La Pérouse, dans toutes les occasions, en usera avec beaucoup de douceur et d'humanité parmi les différents peuples qu'il visitera dans le cours de son voyage.

« Il s'occupera avec zèle et intérêt de tous les moyens qui peuvent améliorer leur condition, en procurant à leur pays les légumes, les fruits et les arbres utiles d'Europe, en leur faisant connaître l'usage qu'ils doivent faire de ces présents, dont l'objet est de multiplier sur leur sol la production nécessaire à des peuples qui tirent presque toute leur nourriture de la terre.

« Si des circonstances impérieuses, qu'il est de la prudence de prévoir dans une longue expédition, obligeaient jamais le sieur de La Pérouse à faire usage de la supériorité de ses armes sur celles des peuples sauvages, pour se procurer malgré leur opposition les objets nécessaires à la vie, tels que des subsistances, du bois, de l'eau, il n'userait de la force qu'avec la plus grande modération, et punirait avec rigueur ceux de ses gens qui auraient outrepassé ses ordres. Dans tous les autres cas, s'il ne peut obtenir l'amitié des sauvages par les bons traitements, il cherchera à les contenir par la crainte et les menaces ; mais il ne recourra aux armes qu'à la dernière extrémité, seulement pour sa défense, et dans les conditions où tout ménagement compromettrait décidément la sûreté des bâtiments et la vie des Français dont la conservation lui est confiée.

« Sa Majesté regarderait comme un des succès les plus heureux de l'expédition qu'elle pût être terminée sans qu'il en eût coûté la vie à un seul homme. »

Mais neuf heures sont près de sonner. Le commandant de la *Boussole* parcourt rapidement la fin du document venu du cabinet du Roi, puis présente ses compliments au Maréchal qui soupire en lui prenant la main :

« Vous partez au bon moment, heureux mortel ! Vous ne trouverez pas chez les Papous des gazetiers et des encyclopédistes... et c'est là le bonheur ! Allons ! Allons ! le Roi vous attend ! Au revoir !... Si je le puis, j'irai à Brest vous voir partir ! »

Arrivé à l'OEil-de-Bœuf, La Pérouse va trouver le salon du Roi presque désert. Louis XVI n'exige pas que son antichambre soit pleine, dès l'aube, de courtisans oisifs. Il n'y a là que le personnel de service et deux ou trois hobereaux de province venus de leur garenne en habits démodés pour passer à l'OEil-de-Bœuf sans aller plus avant, et reparaître dans leur campagne en faisant état de tout ce qu'ils n'auront point vu de Versailles, et de ce que le Roi ne leur aura point dit.

Dans son cabinet, Sa Majesté est debout devant une mappemonde. Elle se retourne, quand l'huissier fait entrer, en l'annonçant discrètement, le capitaine de vaisseau François Galaup de La Pérouse. Des cartes éparses çà et là gisent jusqu'autour de la mappemonde, et sur les cartes des brochures anglaises et des relations de voyage et de navigation du capitaine Cook, bâillent entr'ouvertes à des pages cornées.

Cordialement le Roi accueille le brave officier qui tient, apparents, les papiers que le Maréchal vient de lui donner.

« Ah ! ah ! M. de Castries vous a remis mes instructions, monsieur ?

— A l'instant même, Sire, et que Votre Majesté soit assurée que je m'efforcerai de tout faire pour m'y conformer religieusement !

— Je n'en doute pas, monsieur ! vous êtes un homme plein d'humanité. Vous l'avez montré par votre façon d'entendre la guerre. Ce fut très beau à vous d'épargner l'Anglais vaincu, ainsi que vous le fîtes au Canada.

— Il était encore plus beau, Sire, d'ordonner comme vous l'avez fait, dans le temps de nos guerres, de tenir comme sacré, où qu'on le rencontrerait, le bâtiment du capitaine Cook.

— Monsieur, cela était de droit. La science ajoute au bonheur des peuples, et quelle science est plus respectable que la géographie qui agrandit le domaine humain et tend à rapprocher et à améliorer les hommes par le commerce et la civilisation ? Il m'a donc paru bon, monsieur, qu'un marin tel que vous, à présent que la paix nous crée des loisirs, partît pour une longue croisière d'exploration autour du monde. Je ne vous impose pas d'itinéraire. Je vous engage pourtant à reconnaître, jusqu'au 70° parallèle, les côtes de la mer de Behring. Tenez-moi au courant de vos découvertes chaque fois que ce sera possible, et si loin que vous soyez, monsieur, croyez que le Roi de France est avec vous par la pensée... »

Louis XVI, sensible, montre une émotion si apparente que La Pérouse ne sait plus quelle contenance garder; et, quelques instants plus tard, la fin de l'audience venue, le brave marin se trouve tout naturellement dans les bras du Roi, qui l'embrasse du meilleur cœur.

.˙.

M. de La Pérouse partit de Brest le 1ᵉʳ août 1785, sur la *Boussole*; son ami et compagnon d'armes dans la campagne de la baie d'Hudson, le chevalier Fleuriot de Langle, le suivait sur l'*Astrolabe*; les deux frégates étaient en excellent état et approvisionnées avec soin.

L'expédition confiée à des marins aussi expérimentés s'annonçait au mieux. Le 13 août, elle relâcha à Madère où elle prit quelques subsistances fraîches, et six jours plus tard jeta l'ancre à Ténériffe où l'astronome Monge aborda pour procéder à diverses recherches scientifiques. Puis, le 30, elle repartit vers la côte du Brésil, près de l'île Sainte-Catherine, pays de Cocagne où les filets jetés étaient retirés chargés à se rompre de poissons délicats, où les oranges sur le rivage se ramassaient à pleines panetières. Les équipages s'y ravitaillèrent, et, treize jours après leur arrivée, c'est-à-dire le 19 novembre, les deux frégates reprirent la mer. Le 25 janvier 1786, La Pérouse doubla le cap Horn. Il se rendit à la baie de la Conception au Chili, où quelques réparations le retinrent quatre semaines. Puis il reprit sa course en mars; fit de courtes stations à l'île de Pâques et aux îles Sandwich et enfin, le 1ᵉʳ juin, prit droit sa route vers le nord-ouest de l'Amérique.

Le 23 du même mois, La Pérouse aperçut le mont Saint-Élie de Behring; il reconnut ensuite la côte sur une étendue de plus de 600 lieues. C'est alors que le premier coup du Destin frappa l'*Astrolabe* et la *Boussole*.

Les deux frégates stationnaient, voiles carguées, à l'entrée de la baie des Français[1], comme deux oiseaux de mer aux ailes lassées, après une longue et dure traversée.

La Pérouse fit en chaloupe une reconnaissance sommaire de la baie et releva l'emplacement de brisants extrêmement dangereux, sur lesquels le

---

1. Nom donné par La Pérouse à cette baie située sur la côte nord-ouest d'Amérique, dans l'océan Pacifique, à 58 degrés 37 minutes nord, et à 139 degrés 50 minutes de longitude orientale.

canot dont il s'était fait suivre manqua de se perdre. Remonté à bord, il résolut de faire exécuter des sondages par quelques-uns de ses officiers.

En conséquence, la biscaïenne de l'*Astrolabe*, aux ordres de M. de Marchainville, fut commandée pour le surlendemain, et il fit disposer celle de sa frégate, ainsi que le petit canot dont il donna le commandement à M. Boutin.

M. d'Escures, premier lieutenant, commandait la biscaïenne de la *Boussole* et devait prendre la direction générale de cette reconnaissance. Mais comme son zèle avait paru quelquefois un peu ardent au marin expérimenté qu'était La Pérouse, celui-ci crut devoir lui donner par écrit des instructions, et des instructions si minutieusement détaillées, que M. d'Escures ne put s'empêcher de demander à son chef s'il le prenait pour un enfant, lui, d'Escures, qui était chevalier de Saint-Louis, et qui avait déjà commandé des bâtiments. M. de La Pérouse expliqua amicalement à son subordonné que, l'avant-veille, le lieutenant qui suivait en canot sa chaloupe, avait talonné la pointe en voulant la raser de trop près.

« Hé! mon ami, ajouta-t-il, les jeunes officiers ne croient-ils pas qu'il est de bon ton, pendant les sièges, de monter sur les parapets des tranchées? C'est ce même esprit qui nous fait braver dans les canots les rochers et les brisants. Mais il faut que vous songiez que cette audace peu réfléchie pourrait avoir les suites les plus funestes dans une campagne comme la nôtre, où ces sortes de périls se renouvellent à chaque minute. »

La Pérouse adjoignit à M. d'Escures M. de Pierrevert et M. de Montarnac, le seul parent qu'il eût dans la marine et auquel il était aussi tendrement attaché qu'il l'eût été à un fils; jamais jeune officier n'avait donné plus d'espérances à ses chefs, et M. de Pierrevert avait acquis déjà ce qu'on attendait incessamment de l'autre.

A six heures du matin, le 13 juillet, comme La Pérouse l'avait ordonné, les canots se détachèrent des grands bâtiments. C'était autant une partie de plaisir que d'instruction et d'utilité; la petite troupe devait chasser et déjeuner sous les arbres.

Au loin blanchissait la ligne de ressac; la mer était belle et débonnaire.

... A dix heures, à la stupéfaction des matelots de la *Boussole*, le canot reparaît; il se rapproche faisant force de rames. On le signale par des cris. M. de La Pérouse accourt sur le pont. Il se penche aux bastingages, interroge anxieusement le jeune Boutin, debout dans le canot.

« Qu'y a-t-il ?... Quoi ?... Une attaque traîtresse des indigènes? »

Ce grand découvreur de mers et d'archipels, ce héros de l'aventure a un cœur de père; il est tout ému à la pensée du danger qu'ont pu courir ses officiers et ses matelots qui ne sont autres que ses enfants.

Hélas! ce n'est point cela!... Ils ne sont même pas arrivés jusqu'au rivage.

M. Boutin s'explique à peine, par gestes et par monosyllabes ; pâle, hagard, il monte en chancelant les degrés de la coupée. La Pérouse lui saisit les mains et l'écoute en tremblant.

« Nous approchions de la passe, monsieur, dit le jeune enseigne, surmontant son trouble, nous la trouvâmes brisant sur toute son étendue et inabordable. Nous étions dans l'impossibilité de remplir notre mission. MM. d'Escures et de Marchainville, comme moi, voyant cela, nous virions déjà de bord pour regagner les frégates. A ce moment, la biscaïenne de M. de Marchainville était à un quart de lieue environ dans l'intérieur de la baie. Le courant des jusants portait sur la passe avec une vitesse terrible de 9 à 12 nœuds [1]. M. d'Escures, dans sa biscaïenne, et moi, dans mon canot, nous nous sommes vus entraînés avec une force invincible dans le brisant de la passe. Nous battions trop tard en retraite. Mon canot embarque une lame et nous manquons de couler. Mais mon embarcation est légère et tient bon, et, à force d'avirons, nous rallions du côté Est où le courant est moins violent. Mais tandis que nous échappons à l'abîme, grâce au peu de poids et à la facilité de manœuvre du canot, la biscaïenne de M. d'Escures disparaît soudain. Nous l'avons aperçue au milieu du brisant chavirée et vide, sans équipage ni avirons. La biscaïenne de M. de Marchainville, bien que restée en arrière, a voulu accourir au secours de M. d'Escures à qui nous ne pouvions songer, hélas! à venir en aide, et, emportée par un courant irrésistible elle a aussi sombré à notre vue [2]... »

A ce récit, d'une émotion profonde, le vaillant navigateur, l'illustre de La Pérouse a peine à retenir ses larmes. Mais il se ressaisit vite. Ce qu'il faut, ce n'est point pleurer, c'est sauver, s'il en est encore temps, en dépit de toutes prévisions, ce qui peut survivre de ses infortunés compagnons, c'est, tout au moins, recueillir leur dépouille pour leur rendre les derniers devoirs.

1. Trois à quatre lieues à l'heure.
2. Ce récit est rédigé d'après le rapport officiel de M. Boutin, rapport que l'on eut par l'interprète de Lesseps qui, plus tard, quitta l'expédition et rapporta en France les papiers que lui confia La Pérouse (Voir le rapport de M. Boutin dans le *Voyage de La Pérouse autour du monde*, Milet-Mureau, Paris, imprimeur de la République, An V (1797), vol. II, p. 169). Mais il est bon d'observer qu'une autre version a cours dans certaines relations de l'odyssée de l'*Astrolabe* et la *Boussole*. Quelques auteurs attribuent la catastrophe de la baie des Français à une imprudence de M. d'Escures qui se serait laissé témérairement porter sur les brisants. Aucune pièce officielle, aucun témoignage des compagnons de M. Boutin n'établissant que le malheureux second de la *Boussole* ait manqué de prudence, il ne convient pas de diminuer en rien le mérite des marins de La Pérouse morts pour la science, non loin du détroit de Behring et d'attribuer, sans preuves, à la témérité d'un officier l'émouvant épisode qui marque une des plus glorieuses étapes des explorateurs français dans le monde.

Deux biscaïennes partent et vont explorer, autant qu'il est possible, le lieu de la catastrophe; elles longent la côte dans un sens et dans l'autre. Mais en vain !

L'unique consolation des survivants fut d'ériger sur l'île du milieu de la baie, île à laquelle resta le nom d'île du Cénotaphe, un monument à la mémoire des naufragés. M. de Lamanon composa une inscription qu'il enterra dans une bouteille au pied de la construction commémorative.

∴

Le 30 juillet 1786, la *Boussole* et l'*Astrolabe* reprenaient la mer en continuant à suivre les côtes d'Amérique, du Nord au Sud. Le voyage, si heureusement commencé, se poursuivait endeuillé de tristesse au milieu d'épaisses brumes; mais La Pérouse réagit et fit de son mieux pour donner l'exemple de la bonne humeur. Il baptisait les golfes, les caps, les îles sans nom sur la carte, et, à diverses reprises, il se fit un malin plaisir d'appeler îles Necker, du nom du trop fameux ministre de Louis XVI, certains rochers arides et désolés des côtes d'Amérique.

Après avoir relâché près de l'établissement espagnol de Monterey, en Californie, il alla jusqu'à Manille, dans l'île de Luçon où il relâcha en février 1787. La Pérouse s'abrita dans ce port durant la mousson du nord-est et, le 9 avril, reprenant le cours de ce fabuleux voyage, fit voile vers l'île Formose, traversa les mers de Chine et du Japon, longea les côtes de Corée et de Tartarie, découvrit encore et baptisa plusieurs îles et plusieurs baies et mouilla, le 7 septembre, dans la baie de Saint-Pierre et Saint-Paul, au Kamtchatka.

Là, M. de La Pérouse reçut des lettres du pays natal, qui avaient été expédiées par la voie de Saint-Pétersbourg et de Moscou, et il chargea M. de Lesseps de rentrer en France par le plus court, avec toutes les lettres, cartes et plans de l'expédition.

Les frégates embarquèrent au Kamtchatka tout ce que le pays pouvait fournir de vivres, et de l'eau et du bois en abondance, puis, le 19 septembre, elles repartirent, se dirigeant de nouveau vers l'hémisphère austral. Moins de deux mois après, La Pérouse coupait l'équateur pour la troisième fois depuis son départ de France, et gagnait l'île Maouna de l'archipel des Navigateurs, où, hélas! l'attendait un désastre non moins terrible que celui qu'il avait éprouvé au Port des Français.

Le 10 décembre, dans la matinée, quatre embarcations chargées de futailles pour faire de l'eau furent envoyées à terre sous le commandement de M. de Langle, avec un détachement de soldats armés ; cette petite expédition se composait de 61 personnes.

A peine arrivés dans l'anse de l'aiguade où ils devaient aborder, les quatre canots furent entourés de pirogues. Les sauvages qui les montaient se livraient à une mimique accentuée et bizarre, mais qui, d'ailleurs, ne paraissait pas nettement hostile. En même temps, un grand nombre d'indiens, près d'un millier, venus des villages voisins, sortirent des fourrés et des bois et jetèrent des branches d'arbres dans la mer en signe de paix. M. de Langle aborda et ordonna que chaque embarcation fût gardée par un soldat armé et un matelot, tandis que les équipages des chaloupes s'occuperaient à faire de l'eau, sous la protection d'une double haie de fusiliers qui s'étendrait des chaloupes à l'aiguade.

Les futailles remplies, on les embarqua tranquillement ; les insulaires se laissaient contenir par les soldats armés. Il y avait parmi eux un certain nombre de femmes et de filles très jeunes, que la tenue martiale des matelots et des soldats français semblait impressionner de la façon la plus vive et qui en témoignaient avec ingénuité...

Mais pendant que se déroulaient ces scènes de tendresses aussi touchantes qu'imprévues, le nombre des sauvages augmentait encore, et ils devenaient plus incommodes. Cette circonstance détermina M. de Langle à donner l'ordre à ses hommes de se rembarquer sur-le-champ.

Malheureusement, il eut auparavant l'idée de faire présent de quelques rasades à ceux des chefs qui avaient contribué d'abord à tenir les insulaires un peu écartés. Cette générosité fut mal comprise. Ces présents distribués à cinq ou six individus, excitèrent le mécontentement de tous les autres et une rumeur générale s'éleva.

Les soldats, les matelots entrèrent dans l'eau pour gagner les chaloupes échouées assez loin de la grève et, dans ce trajet, plusieurs fusiliers mouillèrent leurs armes. C'est dans cette situation critique que commença une scène affreuse.

Plusieurs sauvages s'étaient avancés dans l'eau à leur tour, tandis que les autres ramassaient des galets sur le rivage.

M. de Langle vient d'ordonner de lever le grappin, plusieurs des insulaires des plus robustes s'y opposent en retenant le câblot. Le capitaine, témoin de cette résistance, voyant le tumulte augmenter et quelques pierres arriver jusqu'à lui, essaye, pour intimider les sauvages, de tirer un coup de fusil en l'air. C'est le signal d'une attaque générale. Une grêle de pierres lancées avec autant de force que d'adresse s'abat sur les canots, et les sauvages s'élancent en brandissant leurs massues.

Ceux des nôtres dont les fusils sont en état de tirer abattent plusieurs de ces forcenés, mais les autres assaillants n'en sont nullement troublés et semblent redoubler de vigueur. Ils saisissent des galets énormes et continuent la lapidation la plus effrayante et la plus meurtrière. Dès le commencement de l'attaque M. de Langle est renversé de dessus le traversin de la chaloupe où il était monté, et tombe à la mer avec le capitaine d'armes et le maître charpentier qui étaient à ses côtés. Les barbares se précipitent avec une férocité particulière sur le cadavre du chef de l'expédition. Ils sont les maîtres des deux chaloupes ; la fureur avec laquelle ils s'acharnent sur les douze victimes qu'ils y ont faites permet aux blancs de s'échapper dans les canots sous les cailloux et les flèches qui les blessent presque tous...

L'émotion que cette catastrophe causa sur les deux frégates est impossible à exprimer. La mort de M. de Langle, qui avait la confiance et l'amitié de son équipage, mit à bord de l'*Astrolabe* tout le monde au désespoir.

La Pérouse pouvait tirer vengeance de ce massacre si cruel à son cœur ; il eut la force de n'en rien faire et préféra fuir ces lieux abhorrés et remplir jusqu'au bout la mission prescrite par le roi en se montrant le plus modéré des hommes. Mais il était nécessaire, avant toute autre chose, que les frégates allassent chercher un port organisé pour y construire des chaloupes en remplacement de celles qui venaient d'être détruites. La Pérouse se détermina pour Botany-Bay.

Et les deux bâtiments repartirent emportant leurs équipages ainsi frappés à coups redoublés par le sort hostile qui les poursuivait, et décidés à lui résister avec un bel entêtement d'héroïsme.

Les navigateurs arrivèrent à Botany-Bay, le 24 janvier 1788. Ils y rencontrèrent une escadre anglaise dont le commandant envoya un de ses officiers à bord de la *Boussole* présenter ses compliments à La Pérouse. Celui-ci, par réciprocité, chargea un de ses lieutenants d'aller saluer le pavillon anglais à bord du *Sirius*.

On construisit de nouvelles chaloupes, on embarqua de l'eau et du bois. La Pérouse remit au gouverneur des dépêches avec prière de les faire passer en France...

C'étaient les dernières nouvelles que l'on devait recevoir de lui !

*
* *

Dans les derniers jours de février, la *Boussole* et l'*Astrolabe* appareillent de nouveau et cinglent vers l'horizon austral [1].

---

[1]. C'est du moins ce que rapportent la plupart des auteurs, sans doute sur la foi de quelque assertion anglaise dont il est bien difficile, pour ne pas dire impossible, de retrouver une trace précise aujourd'hui, et de vérifier l'authenticité. Les débris de l'expédition ayant été découverts à Vanikoro et l'enquête ayant établi que La Pérouse reconnut l'île Tonga qui est au Nord-Est par rapport à Sidney, il est malaisé d'admettre qu'en partant de Botany-Bay il se

Et dès lors, les deux frégates, avec leurs vaillants officiers, avec leurs marins intrépides, entrent pour nous dans le mystère du silence et dans la nuit d'une fin tragique dont nul témoin n'a pu rapporter le navrant détail.

Leur sillage rapide laisse une trace sur le flot et le flot suivant l'efface et la trace est perdue...

En France, les savants, les ministres, le roi s'inquiètent de n'avoir plus de nouvelles. Qu'est devenue l'expédition? Où sont les deux vaisseaux, leurs équipages, leur chef excellent? Ont-ils péri dans quelque tourmente?

On arme une seconde expédition, confiée à d'Entrecasteaux, pour aller à la recherche de la première... Mais roi, ministres et savants devaient avoir bientôt d'autres sujets d'inquiétude; ils allaient sombrer eux-mêmes en pleine tempête révolutionnaire.

Les années passent et le mystère s'épaissit.

Est-il donc devenu impénétrable et n'y a-t-il plus aucun moyen de savoir ce que sont devenus en réalitée La Pérouse et ses compagnons?

L'homme n'est pas toujours en marche vers l'avenir, il remonte aussi dans le passé pour en démêler les mystères. Quarante années après le drame, un capitaine anglais, Peter Dillon, et, presque en même temps, Dumont d'Urville, pénétrant hardiment à leur tour sous des cieux encore inexplorés, devaient arriver jusqu'au terme même de la course aventureuse et tragique de leur illustre devancier et jeter quelque clarté sur la fin obscure de l'*Astrolabe* et de la *Boussole* dont, grâce à Dumont d'Urville, certains débris rapportés en France, après avoir été arrachés aux récifs de Vanikoro, forment au musée de la Marine, au Louvre, un émouvant mausolée.

. .
.

Les récits des naturels de Vanikoro, recueillis par Peter Dillon, et l'enquête de Dumont d'Urville permettent de supposer quelle fut, vraisemblablement, la fin de l'odyssée de l'*Astrolabe* et de la *Boussole*. On peut, par hypothèse, la présenter comme il suit : La Pérouse en quittant Botany-Bay, avait visité d'abord l'île Tonga, puis, ayant traversé avec succès les passages dangereux et alors ignorés de la Nouvelle-Calédonie, il reconnut l'archipel des Nouvelles-Hébrides.

Il poussa plus avant dans l'inconnu.

Notre imagination émue le voit debout, anxieux, à la proue de son navire; il apercevait, de loin en loin, au milieu de ces flots d'un vert si pâle qu'ils pouvaient lui sembler, quoique en pleine zone du tropique, avoir battu les banquises antarctiques, il apercevait une île nouvelle, une terre vierge;

soit dirigé vers le Sud. Nous nous sommes conformés cependant à la version la plus accréditée. La Pérouse a pu aller au Sud, d'abord, et changer ensuite de direction.

ou peuplée d'une humanité arriérée, presque animale. Il mouilla à l'île Anamoaka.

Et il repartit.

Il pénétra derechef dans un archipel : l'archipel Santa Cruz.

Ces mers, jusqu'alors inviolées, découvraient de tous côtés, outragées, irritées, leurs rocs menaçants entourés de bave et d'écume blanchissantes.

La Pérouse, résolu à lasser la mauvaise fortune et à triompher des pires dangers à force de prudence, La Pérouse avançait lentement.

Mais une fin tragique sied aux grandes aventures et le sort réservait à ces navigateurs hardis, à ces découvreurs de terres et de mers, l'apothéose d'une catastrophe qui les a immortalisés.

Il est permis de supposer, d'après les rapports de Dillon et de Dumont d'Urville, que La Pérouse longeait les récifs d'une île qu'on a su depuis être l'île Vanikoro, quand, un soir, dans la nuit commençante, une tempête imprévue, un cyclone terrible, fondit sur l'*Astrolabe* et la *Boussole*.

Dans ces passes corallifères presque toutes insondées, dans ces parages volcaniques où tout, l'eau, les vents, les roches, contribue à la perte des navires, le naufrage est inévitable par gros temps, et la mort imminente.

La lutte n'est pas longue. Les deux vaisseaux se couchent dans les creux de vagues démesurées, les mâts craquent. Pris dans un tournoiement formidable de vent et d'eau mêlés en trombe, l'*Astrolabe* est traîné sur les madrépores ; il s'y ouvre avec fracas, puis est de nouveau rendu aux flots dans lesquels il s'abîme et disparaît à jamais avec toute sa cargaison de vies.

La *Boussole*, que monte La Pérouse, — c'est lui, « le grand chef blanc » qui, d'après les dires des indigènes, dut survivre ; on peut donc avancer que la *Boussole* ne fut détruite qu'en second lieu et moins soudainement que l'*Astrolabe*, l'autre bateau « dévoré par la mer », s'il faut croire Peter Dillon et le plus intelligent des sauvages qu'il interrogea... — la *Boussole* résiste encore à la tempête. Elle cherche à franchir la barre de corail qui entoure la terre près de laquelle elle se trouve. Les chaloupes, retenues par un seul grelin, sont dessaisies sur leurs chantiers. Au premier signal — si elles ne sont pas emportées auparavant — elles glisseront à la mer, unique chance de salut. A cette heure suprême le grand capitaine est sublime de sang-froid et d'énergie... Toutes les vies qui lui furent confiées, les laissera-t-il périr misérablement et si loin de la patrie !...

La *Boussole*, portée par les vents et les flots vers le récif, manœuvre pour chercher une passe.... Vain espoir. A son tour elle donne du talon contre la roche de corail. C'est la fin... Une chaloupe et un canot surnagent. Quelques survivants s'accrochent à leurs bords et se hissent sur la quille.

Le canot aborde le premier sur l'île fatale. Des bandes d'indigènes sont là, dans l'ombre, noirs, nus, le front bas, fuyant, le nez aplati, les pommettes saillantes ; ils regardent, stupides, ces esprits blancs qui sortent de la mer.

La chaloupe arrive à son tour. La Pérouse est parmi les survivants, et le sort ne l'a point encore vaincu. Il groupe ce qui reste d'hommes sur une éminence de terrain où, pour se garder des sauvages, il établit un service de sentinelles et tous, groupés, grelottants auprès de la mer mugissante, ils attendent le jour.

A l'aube, quel spectacle ! La mer rejette des lambeaux de carène, des flèches de mâts, des pans de bastingages, et, parmi ces vestiges de ce qui fut une brillante frégate, des corps sans bras, sans jambes, d'autres les flancs emportés, des cadavres à demi dévorés par les requins...

La Pérouse fait rendre les derniers honneurs à ces restes lamentables, et, déjà, il médite d'utiliser tout le bois de la chaloupe et du canot et les planches jetées sur le rivage, pour construire une embarcation qui le ramènera, avec ses compagnons d'infortune, sur le passage des navires au long cours.

Les naufragés se mettent au travail avec l'ardeur du désespoir. Ils campent, la nuit, dans une grotte dont l'entrée est défendue par une palissade assez forte pour les protéger contre les indigènes.

Mais l'abondance des épaves déposées par le flot sur leurs rivages incline les sauvages à des sentiments favorables. Ils offrent même de la nourriture à ces étrangers qui ne leur ont point fait de mal. Et des relations presque amicales s'établissent ainsi entre les blancs et les noirs.

Enfin l'embarcation est terminée. Les naufragés s'y installent, ils s'éloignent de Vanikoro, par une mer calme et un vent propice. Les voilà hors de vue des sauvages devenus leurs amis et qui, de génération en génération, garderont leur souvenir... Et nul après ceux qui les ont vus partir ne les reverra.

Où moururent-ils ? Comment moururent-ils ?...

La mer n'avait épargné les derniers survivants de l'*Astrolabe* et de la *Boussole* que pour leur permettre de marquer leur passage au point extrême de la course de leurs aventureux navires. Elle les prit comme elle avait pris leurs camarades et, des uns comme des autres, voulut le sacrifice de leurs vies données, par avance d'ailleurs, à la gloire française et à la cause de la Science.

« L'Orient » en Feu à Aboukir

« Un amiral français meurt à son banc de quart. »
(DERNIÈRES PAROLES DE BRUEYS EXPIRANT.)

Au cours de l'année 1798, de mai à juillet, une flotte anglaise commandée par l'amiral Nelson erra sans repos ni trêve sur la Méditerranée. Elle cherchait, du nord au sud et de l'est à l'ouest, une flotte française partie vers un but mystérieux.

Cette escadre insaisissable, placée sous le commandement de l'amiral Brueys, secondé par des marins tels que du Petit-Thouars et Blanquet Duchayla, avait quitté Toulon escortant un convoi immense et faisant voile pour l'Égypte, où elle portait Bonaparte et sa fortune.

Elle avait pris la mer à la fin de mai. En tête s'avançait l'*Orient*, vaisseau-amiral de 120 canons ; puis le *Guillaume Tell*, le *Franklin*, le *Tonnant*, de 80 canons ; le *Spartiate*, l'*Aquilon*, le *Généreux*, le *Timoléon*, l'*Heureux*, le *Mercure*, le *Guerrier*, le *Peuple Souverain*, le *Conquérant*, ces trois derniers vaisseaux presque hors de service, imprudemment mis en ligne par l'ordonnateur civil du port, de Tronge, fonctionnaire maritime inventé quelques années plus tôt par la Convention, et qui, à Toulon, montrait plus de bon vouloir que de capacité : les vivres manquaient, les équipages étaient incomplets. Mais Bonaparte avait décidé de partir, on partit.

La flotte comprenait encore 8 vaisseaux, et 7 frégates armées en flûte, plus des bombardes et des chaloupes canonnières. Quant au convoi, il se composait de 121 navires.

Poussés par une forte brise du nord-ouest, les Français quittèrent rapidement les côtes de Provence. Le 9 juin, ils étaient en vue de Malte, qu'on avait décidé de prendre. Ce fut l'affaire de quelques heures et, le 19 juin, l'escadre repartait pour l'Égypte, laissant Malte terre française.

Cependant, l'amiral Nelson cherchait toujours Brueys, aux quatre points cardinaux. D'abord, il l'avait cru en Sicile ; mais arrivé là, à toutes voiles, il n'apprit qu'une fâcheuse nouvelle : Malte enlevée par l'escadre fantastique qu'il ne pouvait découvrir. Puis, un bâtiment qu'il rencontra au large lui dit qu'on avait vu les Français à l'est de l'île conquise, naviguant vent arrière par vent de nord-ouest. « Plus de doute, pensa Nelson, ils vont en Égypte. » Et il entra, tout courant, dans le port d'Alexandrie, le 18 juin, trois jours avant Brueys.

En rade, 4 frégates turques; mais, de voiles françaises, pas une !

Le gouverneur d'Alexandrie s'était ému à la vue de la flotte anglaise. Son trouble augmenta quand Nelson fit connaître qu'il cherchait les Français, qu'on disait prêts à débarquer en Égypte. Le gouverneur prescrivit immédiatement des préparatifs de défense; quant aux officiers anglais, de plus en plus perplexes, ils se demandaient dans quels parages rencontrer Brueys et ses vaisseaux.

L'amiral Nelson décida de retourner aux aguets en Sicile, tenant pour une faute d'être ainsi venu inutilement à Alexandrie. Il s'éloigna vers le nord-est; pendant ce temps, la flotte française, venant du nord-ouest, arrivait proche des côtes d'Égypte.

On raconte qu'une brume épaisse déroba les Français à la vue des Anglais.

A quoi tient le désastre d'Aboukir ? A cette brume, peut-être !

Sans elle, l'amiral Brueys apercevait l'ennemi et en était aperçu; il offrait ou acceptait le combat dans des conditions bien meilleures qu'ultérieurement à Aboukir ! Bonaparte, à bord du vaisseau-amiral, pouvait donner des conseils, des ordres qui auraient aidé à la victoire. Nous nous serions battus à la voile, en plein jour, tandis qu'un peu plus tard, lors du désastre, nous nous battîmes à l'ancre et la nuit. Enfin, Brueys était bien portant; à Aboukir, il était malade[1].

Mais la brume couvrait la mer, et les Français arrivèrent sans alerte ni encombre près de la crique du Marabout, à deux lieues et demie de terre, où ils mouillèrent. Là, ils apprirent que la flotte anglaise était venue les attendre en ce même endroit, peu de temps auparavant.

Aussitôt, les amiraux tinrent conseil, envisageant la possibilité d'une bataille prochaine, et cherchant la tactique à décider. L'amiral Blanquet Duchayla insistait pour que l'escadre française prît l'offensive au premier signal d'alarme et courût à la voile sus à l'ennemi; mais le contre-amiral Villeneuve et le chef d'état-major Ganteaume opinaient qu'il valait mieux attendre

---

1. Il est juste de dire que ces remarques faites par la plupart des écrivains militaires sont combattues par d'autres écrivains qui objectent que si à Aboukir nous avons perdu notre flotte, ce désastre est tout de même moins grand que la perte de la flotte, du corps expéditionnaire et de tout le convoi, risque que nous courions si les escadres anglaises et françaises s'étaient rencontrées avant le débarquement de l'armée d'Égypte.

Nelson à l'ancre, et le recevoir, les vaisseaux étant solidement embossés. Bruëys se rangea à ce dernier avis.

Le lendemain, les Anglais ne parurent point, et l'on procéda au débarquement de l'armée de terre qui comprenait 36 000 hommes, commandés par Kléber, Desaix, Reynier, Murat, sous les ordres de Bonaparte. Ces troupes enlevèrent rapidement Alexandrie, et se préparèrent à la conquête de l'Égypte.

Bonaparte, partant pour le Caire, prescrivit que la flotte se mît à l'abri, dans le port vieux d'Alexandrie. Mais Bruëys, dans la crainte d'être bloqué, différa l'exécution de ces ordres, et préféra aller mouiller à 25 kilomètres plus au sud, en vue d'Aboukir, durant tout le mois de juillet, attendant les Anglais qui ne paraissaient point. Chaque matin, les Français regardaient au large pour essayer d'y découvrir une voile ennemie ; mais, sur la mer immobile, qui scintillait sous le soleil torride, les Anglais semblaient avoir définitivement disparu.

Cependant, l'escadre s'énervait dans l'attente et l'incertitude. Elle brûlait de combattre, enflammée de ce pur patriotisme allumé dans les âmes par la Révolution. Elle n'avait aucune crainte de l'ennemi héréditaire. Associée à une entreprise dirigée par Bonaparte, le héros d'Italie et l'idole de la nation, elle se croyait invincible ! Ses éléments nouveaux, pleins de foi dans la gloire des armes de la République, et ses éléments anciens, attachés aux traditions de la vieille marine, résumaient également leurs devoirs dans la formule héroïque : « Vaincre ou mourir ! »

Et les jeunes courages s'entraînaient chaque jour, prêts à tous les périls, en écoutant les vieux matelots raconter, aux heures de loisir, les plus célèbres drames maritimes de l'ancienne marine

Que d'émouvants souvenirs ainsi évoqués !

C'était en 1678. Une escadre de 17 vaisseaux, confiée à un marin de cour, le comte d'Estrées, qui fut plus tard maréchal, et aussi médiocre sur terre que sur mer, quoique brave, naviguait dans les parages des Antilles !...

Un soir, toute cette magnifique escadre s'abîmait dans la mer, en vue de l'île de Curaçao. Les équipages échappaient à la mort par miracle, après mille péripéties tragiques.

C'était la fameuse bataille de la Hogue, dans la Manche, où les escadres françaises et anglaises s'étaient déjà rencontrées, de même qu'elles allaient se rencontrer encore assurément, en vue de l'Égypte. Mais, cette fois, l'Anglais ne serait pas victorieux. La Hogue ! journée funeste, où les vaisseaux français, pour la plupart incendiés, vinrent s'échouer misérablement les uns après les autres sur la côte du Cotentin.

C'était l'épisode immortel des galères de Vigo, ces 10 navires chargés de lingots d'or que M. de Châteaurenault préféra couler en vue des côtes d'Espagne, plutôt que de les voir tomber aux mains de l'ennemi. Et ces richesses englouties au fond de la mer rendaient rêveur plus d'un gabier ou d'un canonnier...

C'était le désastre épouvantable de l'escadre de Duguay-Trouin, rentrant en France chargée des dépouilles de Rio-de-Janeiro, en 1711. Deux de ses vaisseaux, le *Magnanime* et le *Fidèle*, avaient disparu dans un coup de vent, en vue des îles Açores et avec eux 1600 braves.

C'était l'*Atlas*, commandé par M. de Sorel, revenant le 2 décembre 1739 de Saint-Domingue, avec 700 hommes à bord, malades de la fièvre jaune. Cet hôpital flottant s'était jeté sur les récifs d'Ouessant, terreur des navigateurs. 8 officiers et 400 hommes se noyèrent, tandis que le reste de l'équipage agonisait dans l'entrepont sur cette épave que la mer envahissait.

C'était la catastrophe du *Bourbon*, commandé par de Boulainvilliers, catastrophe encore présente à l'esprit de tous les marins, car elle datait seulement de 1741. Boulainvilliers s'aperçut en pleine mer que son navire faisait eau, et, pour que l'équipage ne se doutât de rien d'abord, et aussi pour le préserver d'une panique funeste, il fit condamner les panneaux de la batterie basse sous un prétexte quelconque. Le maître calfat était seul avec le capitaine au courant de la situation ; il avait promis le secret et le gardait fidèlement. Chaque matin, il venait rendre compte à son chef de l'état de la cale. L'eau montait progressivement et le naufrage par engloutissement devenait certain à bref délai.

Les angoisses de M. de Boulainvilliers étaient d'autant plus vives qu'il avait à bord son jeune fils.

Enfin, le 12 août, la vigie signala une terre à l'horizon. Il était temps ; depuis quelques heures, la ligne de flottaison affleurait les sabords de la batterie basse.

Une chaloupe fut mise à la mer, 34 hommes y prirent place et, parmi eux, bon gré mal gré, le jeune Boulainvilliers qui, instinctivement, refusait de quitter le navire, de s'éloigner de son père. A peine la chaloupe fut-elle à 3 milles, que le *Bourbon* sombra soudain, en vue des côtes de Portugal, entraînant dans sa perte tous ses officiers et 560 hommes.

C'était, le 20 novembre 1759, le marquis de Conflans battu à Quiberon par l'Anglais et détruit par la mer. Deux de nos vaisseaux disparurent, le *Thésée* chaviré sous voiles, et le *Juste* qui sombra à l'entrée de la Loire. Le premier de ces vaisseaux, commandé par M. de Kersaint, resta longtemps couché sur le flanc au milieu des vagues en fureur; des grappes humaines hurlaient sous la rafale, accrochées à la mâture et aux bastingages. Finalement, le *Thésée* s'abîma, entraînant avec lui dans les flots 550 hommes.

C'était le *César*, qui sauta après la bataille de la Dominique, pendant la guerre d'Amérique, engloutissant 400 blessés et prisonniers français qui étaient à son bord.

Enfin, terminant cette série tragique, c'était le vaisseau les *Droits de l'Homme*, sombrant le 14 janvier de l'année précédente. Le capitaine Lacrosse, qui commandait le navire, avait eu, la veille, un engagement avec les Anglais; il en était sorti désemparé et fut obligé de mouiller en vue de la terre, sans abri, près d'Audierne. Le temps était mauvais, les câbles des ancres ne tardèrent pas à se rompre et le navire fut jeté à la côte où il se brisa. Les *Droits de l'Homme* avaient déjà eu 260 hommes mis hors de combat; 217 autres se noyèrent dans le naufrage...

Ainsi, aux heures de repos, le soir, sous la lune claire, en rade d'Aboukir, tandis que les côtes, si plates qu'elles semblaient être la continuation des ondes, apparaissaient toutes blanches et ondulées; dans ces lieux illustres, au bord de cette terre des sphinx et des pharaons, où Alexandre et César, et le bon saint Louis avaient précédé Bonaparte, les marins de l'escadre de l'amiral Brueys préparaient leurs âmes aux plus redoutables périls, en évoquant le souvenir de l'ancienne marine de la monarchie, succombant sous l'assaut des vagues ou les coups des Anglais, toujours avec gloire.

*
* *

Le mois de juillet s'achevait. Bonaparte était victorieux loin du rivage, et l'escadre, impatiente de combattre, commençait à désespérer. Pas un ennemi à l'horizon. Brueys supposait Nelson occupé à renforcer son escadre ou resté dans l'ignorance de l'arrivée en Égypte des forces françaises et battant la mer à l'aventure. En réalité, Nelson, arrêté à Syracuse, s'occupait de se ravitailler; il savait les Français à Aboukir.

A présent, il s'approchait toutes voiles dehors, brûlant de réparer le temps perdu et de livrer bataille sans retard.

Pas une des frégates de Brueys ne croisait au large pour surveiller la mer ; l'escadre était dans la sécurité la plus complète, quand, le 1ᵉʳ août, la nouvelle, si longtemps attendue qu'on ne l'espérait plus, courut subitement de bord en bord : « L'ennemi est en vue! L'ennemi approche et se dirige vers la baie! »

Il était deux heures de l'après-midi. La flotte anglaise avançait lentement, sur une mer très calme et qui s'abandonnait, comme onctueuse et molle, à la caresse d'une brise tiède, en reflétant l'azur où le soleil resplendissait. Le premier, le vaisseau l'*Heureux* signala 12 voiles à l'ouest.

Notre escadre était mouillée dans la partie occidentale de la baie d'Aboukir. Cette baie forme un demi-cercle presque régulier, ouvert face au nord-ouest et qui commence à 9 lieues d'Alexandrie pour se prolonger vers la bouche la plus occidentale du Nil, bouche de Rosette. Les vaisseaux de Brueys étaient rangés sur une seule ligne, l'*Orient* à peu près au milieu, situé entre le *Franklin* et le *Tonnant*. Les 5 derniers bâtiments formaient une ligne dont la direction allait du nord-ouest-quart-nord au sud-est-quart-sud. Le vaisseau de tête, le *Guerrier*, mouillé par 30 mètres d'eau, se tenait éloigné d'un mille et demi de l'îlot d'Aboukir. Chaque navire était affourché nord-ouest et sud-est, et la distance entre les bâtiments devait être de 150 mètres. L'escadre se trouvait à 3 milles de la côte. Les frégates la *Diane*, portant le pavillon du contre-amiral Decrès, la *Justice*, la *Sérieuse*, l'*Arthémise* étaient mouillées entre la terre et l'escadre. Deux mortiers et quatre canons de douze, placés sur l'îlot d'Aboukir, pouvaient appuyer occasionnellement les forces navales.

Dès que l'ennemi fut signalé, Brueys donna l'ordre de gréer les perroquets. Les amiraux, appelés à bord de l'*Orient*, discutèrent de nouveau la question de mettre à la voile.

Blanquet Duchayla soutint encore avec énergie qu'il fallait appareiller et combattre au large en toute liberté d'action, et du Petit-Thouars l'appuya, prédisant même une défaite, si l'escadre attendait l'ennemi dans la position fausse où elle se trouvait. Et comme son opinion soulevait des protestations, du Petit-Thouars blêmit, saisi de colère ; puis, se contenant :

« Soit, dit-il, je me conformerai aux ordres donnés ; soyez sûr, en tout cas, que dès que je serai à mon bord, je ferai clouer le pavillon au mât! »

Il voulait dire qu'il mourrait plutôt que d'être vaincu ; et, dans cet instant, le Génie des batailles dut prendre acte de ces nobles paroles. Le brave officier n'avait plus qu'un petit nombre d'heures à vivre.

L'avis de Duchayla et de du Petit-Thouars ne fut pas écouté ; ils étaient cependant les deux meilleurs marins de l'escadre ; mais Brueys craignait de manquer de matelots pour manœuvrer et combattre à la fois. Les équipages, à la vérité, n'étaient pas, on le sait, au complet.

Hésitant et, du reste, affaibli par un état de santé précaire, Brueys se rangea du côté des incapables. La flotte reçut l'ordre de combattre à l'ancre. Elle resta donc dans la rade, prenant ses postes de combat, tandis qu'approchaient, majestueux, les vaisseaux de Nelson, que les Français, en branle-bas, regardaient grandir de minute en minute. Ils les saluaient de quolibets.

Il était déjà tard. Brueys se persuada que les Anglais remettraient l'attaque au jour suivant. Mais l'intention de Nelson était d'en venir immédiatement aux mains. Dès trois heures, il avait fait signe à son armée de se préparer au combat, et ordonnait d'attaquer l'avant-garde de notre ligne, où se trouvait le *Guerrier*, le premier, — et aussi le centre, où l'*Orient*, imposante masse, dominait la mer.

A quatre heures, les Anglais étaient à 10 milles dans le nord-ouest de notre mouillage. Un de nos bricks, le *Railleur*, se porta au-devant de l'ennemi : il voulait se faire donner la chasse et attirer les Anglais dans la direction des bas-fonds, situés au nord-nord-est de l'îlot d'Aboukir. Mais Nelson devina la ruse et continua sa route, droit sur l'escadre française.

A cinq heures et demie, les vaisseaux anglais doublaient les écueils sur lesquels le brick français avait essayé de les attirer. Le *Vanguard*, que commandait Nelson, mit un moment en panne pour communiquer avec un petit bateau arabe, qui lui apportait sans doute des renseignements, et aussitôt après, l'escadre se forma en ordre très serré, rangée ainsi qu'il suit : le *Goliath*, le *Zealous*, l'*Orion*, l'*Audacious*, le *Theseus*, le *Vanguard*, le *Minotaur*, le *Defense*, le *Bellérophon*, le *Majestic*, le *Leander*, — tous vaisseaux de 74 canons, sauf le dernier de 40 seulement.

A six heures et quart, les Français hissaient leurs couleurs, et l'amiral Brueys donna l'ordre de tirer sur l'ennemi aussitôt qu'il serait à portée.

Il faisait encore jour. La nuit ne devait pas tomber avant deux heures. Le soleil à son déclin colorait la mer vers l'ouest d'une immense nappe de flammes, et la brise du soir s'élevait rafraîchissante sur les flots légèrement agités. Dans le ciel, l'azur profond, sans un nuage, devenait plus foncé d'instant en instant ; l'heure était douce, paisible, recueillie. Et, sur la mer si belle, sous le ciel si pur, les Français attendaient en armes, mèche allumée, les Anglais qui venaient à eux, leurs caronades béantes passant leurs gueules de bronze par les sabords rabattus.

Un pavillon monta au mât d'artimon du *Vanguard* : Nelson ordonnait à ses vaisseaux de s'avancer de toute leur vitesse et d'attaquer en masse l'avant-garde française.

Les navires anglais, rapidement formés en bataille, se dirigèrent sur le premier bâtiment de pointe de la ligne française, le *Guerrier*. Cinq vaisseaux de Nelson, ayant en avant le *Goliath*, lâchèrent une bordée, et d'enfilade.

passant par le bossoir de bâbord du *Guerrier* entre la ligne de nos vaisseaux, ils parvinrent à doubler la tête de la flotte française et à se placer entre elle et la terre. Alors, Brueys comprit la faute qu'il avait commise en ordonnant de combattre à l'ancre. Mais ce fut bien pis lorsque Nelson, suivi du reste de son escadre, se mit à tirer sur nos vaisseaux du côté de la mer. Tous nos navires de tête, notamment le *Conquérant*, le *Spartiate*, le *Peuple Souverain*, furent donc pris entre deux feux.

Ainsi attaqués des deux bords, les Français luttaient avec une ardeur héroïque. Cinq de nos vaisseaux combattaient à l'avant-garde contre huit anglais, pendant que le centre de la ligne, avec l'*Orient*, restait immobile et impuissant.

Enfin, le centre est attaqué par le *Bellérophon* et, là, nous triomphons. Le vaisseau anglais perd deux de ses mâts, et 200 hommes de son équipage tombent morts ou blessés. Le *Bellérophon* prend la fuite.

Mais notre avant-garde n'en était pas moins décimée, et la bataille s'engageait sur toute la ligne. Notre vaisseau le *Tonnant* flambait, et communiquait l'incendie à bord du *Majestic*, dont le capitaine venait d'être tué.

Cependant, la nuit était venue, brusquement, comme il arrive dans ces contrées, où le crépuscule est très court. Le combat n'en continuait pas moins, furieux de part et d'autre.

Du vaisseau-amiral, l'*Orient*, cœur de la bataille, le spectacle se déroulait splendide et formidable.

Sous le ciel étoilé, sur la mer tranquille, les vaisseaux disparaissaient dans la flamme et la fumée; la canonnade se propageait au loin sur les flots et à travers la plaine égyptienne avec un roulement de tonnerre. La rade d'Aboukir s'illuminait par instants de l'éclair des bordées; et des cris de rage passaient dans l'air, dominant le tumulte sinistre du combat.

Les Anglais, pour se reconnaître, avaient hissé à la corne d'artimon de leurs vaisseaux, quatre fanaux placés horizontalement; leurs navires étaient dispersés çà et là, libres de leurs allures, tandis que nous formions une masse encore compacte et immobile, surtout au centre, où l'*Orient*, le *Tonnant*, le *Franklin* avaient d'ailleurs l'avantage. Ces trois vaisseaux de haut bord, attaqués de toutes parts, semblaient des colosses luttant contre un monde d'ennemis.

A bord de l'*Orient*, la fureur du combat atteignait son paroxysme; des blessés, des mourants gisaient épars, à peine secourus. Qui pouvait songer à eux? De tous côtés venait la mort, et la plus sombre des morts, celle qu'on trouve dans le désespoir de la défaite.

L'ennemi, renforcé d'instant en instant par ses vaisseaux qui, ayant réduit au silence l'avant-garde française, se portaient sur le centre de notre escadre, l'ennemi écrasait de son feu le navire-amiral qui ripostait de ses 120 bouches à feu, caronades et pièces de 36, dont chaque bordée secouait du plus bas de la cale au plus haut des vergues le trois-ponts tout entier.

Mais Brueys, debout à son banc de quart, le porte-voix en main, se sentait vaincu et mesurait l'immense étendue de sa faute. Dans le tumulte de la bataille et les angoisses de sa conscience, il dégageait confusément les conséquences de son impéritie : Bonaparte coupé de France, les Anglais venaient décupler les forces des Turcs, et, sans doute, bientôt les 36 000 Français débarqués en Égypte seraient accablés, cernés, massacrés.

Et Brueys appelait la mort. A huit heures et demie, on le vit chanceler, mais il se redressa aussitôt ; il n'était que blessé à la tête et à la main : il resta à son poste de commandement. La mitraille et les boulets hachaient littéralement l'*Orient*, de la dunette à la ligne de flottaison ; les Anglais, par moments, tiraient à boulets rouges. Pour la seconde fois, l'amiral fut renversé, il ne put se relever seul : il avait la jambe droite emportée et son sang coulait à flots. On l'entourait. Le chef de timonerie l'avait reçu dans ses bras et voulait le transporter au poste des blessés, mais il refusa.

Auprès de lui, le capitaine de l'*Orient*, le vaillant Casabianca, le pressait comme les autres officiers de se laisser transporter dans l'entrepont ; et le fils du capitaine, un gamin de dix ans, qui, depuis le début de la bataille, restait près de son père au milieu du carnage, s'essayant, héroïque, à faire le coup de feu, pleurait pour la première fois de la journée, en embrassant le blessé qui l'aimait, et, de sa voix d'enfant, pleine de larmes, il disait : « Allez-vous-en, Monsieur l'amiral, allez-vous-en !... »

« Quittez le pont, amiral ! » insistait Casabianca.

« Le quittez-vous, capitaine, vous et votre fils ?... Non ! non ! un amiral français meurt à son banc de quart ! »

Ce furent ses dernières paroles. Un spasme le prit et le coucha blême, exsangue, dans les bras qui l'entouraient. Il expira ainsi sur sa dunette, dominant la bataille, tombé en vaincu qui rachète par une mort admirable une heure de défaillance.

Il était neuf heures. Le *Conquérant*, à l'avant-garde, cessa le feu, complètement écrasé après avoir perdu son commandant, le brave Thévenard. Le *Peuple Souverain* et le *Guerrier* désemparés, faisant eau de toutes parts, couverts de morts et de blessés, amenèrent leur pavillon.

C'est alors que se produisit l'épisode le plus terrifiant de la journée.

La rade tout entière fut éclairée comme en plein jour : l'" Orient " venait de sauter.

Sur le pont de l'*Orient*, encombré de morts et de blessés et couvert d'éclats de mitraille, de débris de vergues, de mâts, de bastingages, les combattants encore valides font le coup de feu, manœuvrent les pièces, portent les gargousses et les projectiles, brandissent des armes, hurlent des ordres ou des appels. Ils sont comme des damnés au milieu de la fournaise infernale. Autour d'eux, et sous eux, le tonnerre et la flamme! Ils ne voient ni n'entendent rien! Une folie de vengeance et de mort s'est emparée d'eux, qui ont leur chef à venger et, quand une bordée ennemie frappe en plein le vaisseau-amiral et fauche au passage une gerbe de vies, c'est à peine si une clameur plus forte s'élève, si un cri plus formidable de : « Vive la République! A mort l'Anglais! » ou un refrain de la *Marseillaise* domine un instant le tumulte.

Soudain, l'*Orient*, volcan qui crache la lave de ses boulets dans un panache de flamme, et qui gronde, éructe, rugit, — soudain l'*Orient* tout entier se tait. Le volcan se fait silencieux!... Un « ah! » d'horreur a couru de l'avant à l'arrière et pénètre jusqu'au fond du navire. Aux écoutilles, des têtes paraissent, noires de poudre, balafrées de blessures sanglantes; un rictus d'épouvante crispe les traits de ces visages énergiques; le sang bouillant de ces démons se glace...

De la dunette de l'*Orient*, une flamme d'incendie venait de jaillir, et, attaquant le gréement, embrasait les voiles. Le feu était à bord, irrésistible. En un clin d'œil, la lueur fut immense. Elle éclairait la mer; les flots semblaient être une moire pourprée; l'*Orient* enflammé illuminait la bataille. A sa lumière apparaissait toute l'horreur de la lutte. Les silhouettes menaçantes des vaisseaux se dessinaient dans leurs moindres détails, éclairées de reflets sanglants, et surmontées de nuages de fumée qui, sous le ciel clair, planaient, comme d'immenses oiseaux de proie, sur ce carnage. De part et d'autre, le combat cessa et les canons se turent : c'était la trêve du feu. Anglais et Français regardaient l'*Orient* brûler, le cœur plein d'une même horreur.

Bientôt, la perte du vaisseau fut certaine. Les pompes étaient brisées; les voies d'eau superflues. Le vaisseau-amiral et les 900 hommes qui le montaient allaient périr!...

Dans les deux escadres, on songeait à peine à les secourir; on prenait des dispositions pour combattre l'incendie qui pouvait surgir de tous côtés, porté par la moindre flammèche entraînée par la brise... Et si l'*Orient* sautait!...

A bord du vaisseau en feu, le chef d'état-major venait de donner l'ordre de noyer les poudres. Jusqu'alors l'équipage, dominant sa première impression de terreur, avait lutté, disputant pas à pas le pont aux flammes;

mais le feu gagnait de minute en minute. Il n'y avait plus guère de refuge possible à bord. La dunette s'effondra, et le plancher du pont supérieur tomba dans les dessous. Les survivants voyaient des corps calcinés ou en flammes disparaître dans le brasier. Cet enfer était tout entier à la torture et à la mort.

Les officiers et quelques matelots héroïques conservaient cependant leur force d'âme et, obéissant à l'ordre du chef d'état-major, tentaient de noyer les poudres. A l'arrière, sur la partie la moins atteinte encore, le vaillant Casabianca était étendu sans vie, tué peu après la mort de l'amiral, au moment où l'incendie se déclarait, et, sur son corps, son fils sain et sauf s'était couché. Il étreignait de ses petits bras son père et ne voyait pas les flammes s'avancer....

Mais l'inévitable se produisit : il était trop tard pour noyer les poudres, l'*Orient* allait sauter. Les hommes valides se jetèrent à la mer presque tous.

Il ne restait sur le vaisseau-amiral, que les officiers, les morts et les blessés, et l'enfant de Casabianca. Autour du trois-ponts en feu, sur des fragments de mâture, des cages à poules, des coffres, 400 hommes environ se soutenaient, se heurtaient, s'étreignaient, et, aux lueurs sanglantes de ce bûcher flottant, essayaient de s'éloigner dans la crainte de l'explosion certaine. Des chaloupes venues des navires voisins en recueillaient le plus qu'elles pouvaient sans oser trop s'approcher.

A dix heures et quart, exactement, un bruit formidable ébranla l'atmosphère et porta la terreur jusqu'à terre. La rade tout entière apparut, comme en plein jour, illuminée d'une magnifique et horrible clarté : l'*Orient* venait de sauter !

Bûcher disjoint, volcan affaissé, on le vit encore embrasé, s'enfoncer peu à peu dans un crépitement d'étincelles, et, consumé, anéanti, mais inoubliable, disparaître sous les flots comme un soleil qui s'abîme dans l'océan de gloire d'un couchant empourpré.

L'obscurité de la nuit bleue succéda de nouveau à cette clarté intense ; et un silence de mort plana sur tous ces hommes et tous ces vaisseaux qui semblaient consternés de leur œuvre funèbre.

La mer s'était creusée pour recevoir en elle l'*Orient* ; puis, soulevée en un remous effroyable, elle engloutit les infortunés qui n'avaient pu fuir!

900 hommes étaient morts, 60 survivaient !

.·.

L'explosion de l'*Orient* avait eu pour conséquence un commencement d'incendie sur quelques vaisseaux qui, heureusement, y remédièrent! Un moment, on put croire que cette épouvantable catastrophe allait marquer la fin de la bataille. Mais la rage était telle dans tous les cœurs que le combat reprit à onze heures du soir, continuant dans l'ombre claire, sous le ciel pur, son œuvre de carnage et de destruction.

La bataille d'Aboukir devait durer toute la nuit et une partie de la journée du lendemain, pour se terminer par l'anéantissement de la flotte française.

L'inoubliable Martyre des Naufragés de la « Méduse »

Ils ont reculé les bornes de l'horreur.
(CALDERON.)

Les noms aussi ont leur destin....

La *Méduse* ! Un bâtiment français fut baptisé de la sorte. Pensait-on à l'être à peine formé, à peine vivant, si étrange et si frêle qui flotte au gré des vagues, et qui, fatalement, périt très vite, jeté à la côte, ou chavire au moindre vent et devient la proie des poissons et des oiseaux de mer ?

Pensait-on à l'effroyable Gorgone coiffée de serpents et dont la seule vue, dit la mythologie, faisait mourir ?

Le nom est harmonieux et attirant. On ne songe pas à ce qu'il cache de triste ou de terrible ; c'est un masque de soie sur la face camuse de la mort.

Le vaisseau appelé la *Méduse* était condamné à périr et à laisser le souvenir d'un drame dont les péripéties tragiques, popularisées par les peintres et les poètes, dépassent tout ce que la raison peut concevoir.

Le 17 juin 1816, quatre navires : le brick l'*Argus*, la flûte la *Loire*, la corvette l'*Écho* et la frégate de 44 canons la *Méduse*, chargée de troupes, quittaient la rade d'Aix. M. Duroys de Chaumareys commandait cette flottille.

Originaire du Limousin et lieutenant de vaisseau avant la Révolution, il avait émigré et cessé, depuis vingt-cinq ans, d'exercer sa profession, à laquelle, de sa vie, rien ne l'avait attaché. C'était un homme sans science et sans honneur, que l'histoire maritime a cloué au pilori. Un sous-ordre du nom de Richefort, aussi incapable et léger que Chaumareys, était son intime et son conseil.

La flottille confiée à ces étranges marins par un ministre ignorant ou trompé allait, au nom du gouvernement français, prendre possession du Sénégal que les traités de 1815 venaient de nous restituer.

La traversée d'abord fut bonne. Le temps se maintint au beau ; la mer était calme, l'insouciance et la gaîté régnaient à bord. Le 1er juillet, à l'occasion du passage du tropique, les matelots s'étaient travestis en soldats diaboliques et les soldats en matelots comiques et fêtaient le « Père Tropique » avec un entrain indicible. M. de Chaumareys présidait aux jeux, non sans bonhomie.

La frégate, chargée de voiles et fine marcheuse, avait pris de l'avance sur les autres bâtiments de la flottille, fantaisie à tout le moins singulière. Le commandant d'une force navale composée de plusieurs unités ne se hasarde pas ordinairement à se séparer par plaisir des vaisseaux confiés à son commandement.

A bord de la frégate quelques officiers s'inquiétèrent. La *Méduse* s'engageait dans des parages pleins de bancs et de roches ; ils formulèrent de respectueuses observations. M. de Chaumareys ne les écouta pas, et le maître timonier ayant refusé de tenir la barre plus longtemps dans d'aussi périlleuses conditions, M. de Chaumareys le fit remplacer par un matelot quelconque.

Le dernier des bâtiments de la flottille de M. de Chaumareys, l'*Écho*, encore en vue, disparaissait à son tour dans le lointain et faisait signaux sur signaux, étonné de la fuite de la *Méduse*. Peine perdue, M. de Chaumareys riait, très amusé.

Et, toutes voiles dehors, la *Méduse* continuait sa route, dans le joyeux tumulte des rires de 400 hommes d'équipage.

Soudain, un grincement, un choc, un second choc, un troisième. A bord un cri, le silence, l'immobilité, et enfin une clameur :

« Nous touchons, nous ne marchons plus ! »

La *Méduse* venait de se clouer sur un des rocs du banc d'Arguin, au sud de la baie du Lévrier, proche le Sénégal.

Le brusque arrêt du navire au milieu des flots épouvante les passagers, pris de panique.

« Le bâtiment coule ! — Non, il ne coule pas ! A la mer les canots ! — Arrêtez ! nous n'avons que six embarcations et nous sommes 400. — Du calme ! Du calme ! La terre est proche. La mer est douce.— Une voile…. Nous sommes sauvés ! — Non ! c'est un nuage ! — Ah ! pourquoi sommes-nous seuls à présent ?… Pourquoi sommes-nous séparés des autres bâtiments ! »

L'état-major et l'équipage sont près de se révolter ; les poings se tendent vers la dunette où M. de Chaumareys se démène, le porte-voix en main. Près de lui, le gouverneur du Sénégal crie qu'il convient de construire un radeau… Le mot est répété de bouche en bouche et une clameur monte dans le ciel bleu :

— Un radeau! un radeau!

Cependant des marins tentent d'eux-mêmes quelques manœuvres de renflouement, d'arrachement au roc : voiles au vent, ancres à l'eau, cabestan en train, rien ne réussit. Et ces malheureux peinent, luttent, s'épuisent, dans leurs accoutrements de mascarade...

Quand la nuit vint, la *Méduse* était couchée sur le flanc, et, pour comble de malheur, il n'y avait pas à espérer qu'elle pût être renflouée par la marée prochaine. Elle s'était jetée sur le banc au moment où la marée la plus haute était à son plus haut point. Pendant des jours et des jours, la mer allait décroître.

Vers minuit, l'Océan devint houleux, les vagues plus fortes ébranlaient la charpente du navire, les passagers s'affolaient et voulaient se précipiter à l'intérieur. Impossible : l'eau pénétrait de toutes parts.

Que faire? que devenir? La *Méduse* agonise. Au choc des vagues répondent des craquements sinistres; la *Méduse* s'entr'ouvre peu à peu, et le soleil se lève sur les angoisses de 400 malheureux.

La côte était à environ 30 milles, mais les canots ne pouvaient contenir que la moitié des passagers. L'on décida de construire aussitôt le radeau projeté la veille. Point de temps à perdre!

Le gouverneur du Sénégal indique comment procéder. On se met à l'œuvre; on coupe les mâts, on arrache les bastingages, les planches, on déroule les cordages; mais tout cela se fait dans un indescriptible désarroi, sans direction sûre, sans ordres écoutés. Les proportions sont mal calculées, les pièces mal jointes entre elles; on entasse en hâte quelques vivres dont une part tombe à la mer. Rien n'est bien arrimé.

Enfin voilà le moment venu de s'embarquer. A plusieurs reprises, le commandant — chose inouïe dans les annales de la marine française! — tente de sauter dans la meilleure embarcation. On l'arrête. Il finit pourtant par y pénétrer à la faveur de la confusion générale. Les chaloupes sont surchargées ; 230 passagers s'y trouvent entassés, et 152 personnes s'assemblent sur le radeau, rectangle branlant et mouvant de 60 pieds de long sur 20 de large, sans voile ni mâture.

Tous se pressent vers le centre, car sur les côtés, entre les interstices des poutres et des cordages, on plonge dans l'eau jusqu'à la ceinture. 17 hommes, plutôt que de se confier à ces ais que les flots semblent déjà disjoindre, préfèrent rester sur la carcasse enclouée de la *Méduse*.

C'est eux que les naufragés plaignent :

« Bonne chance!... Comptez sur nous!.. Dès que nous serons à terre, nous vous enverrons des secours.... »

Il est sept heures du matin. C'est le 5 juillet. Un soleil terne pèse sur la mer. De solides amarres attachent les chaloupes au radeau. On naviguera de conserve en partageant de mêmes dangers tout en pouvant se prêter assistance.

Les canots remorqueront le radeau, et si quelque barque chavire ou coule, ceux qui s'y trouvent seront recueillis sur le radeau, refuge toujours possible.

On part !

Alors, d'un mouvement spontané, ces gens qui se lancent à l'aventure sur ce radeau désemparé, sur ces chaloupes chargées à couler, se lèvent et, tournés vers la frégate couchée sur le roc, poussent un cri :

« Vive le roi ! »

Un cri plus faible leur répond : le cri des 17 hommes restés sur la *Méduse*. L'un d'eux parvient même à hisser le pavillon blanc à la corne d'artimon.

Dans cette minute tragique, ils se rattachent à l'idée de patrie, à l'idée de dévouement à la cause royale. Elle est pour eux un réconfort.

Et l'effroyable odyssée commence !

Toute la journée, l'étrange et lamentable flottille navigue lentement. Les canots ont peine à tirer le lourd radeau ; enfin, vers le soir, une ligne brune se profile à l'horizon.

« Terre !... »

Quel allègement pour tous les cœurs, surtout à bord du radeau où l'inaction est absolue et, partant, l'angoisse plus âpre, l'heure plus lente.

Mais voilà que sournoisement deux canots se détachent et font force de rames vers le rivage !

Une clameur s'élève, les poings se tendent vers les traîtres qui abandonnent leurs frères en infortune... L'infamie, dit Shakespeare, est plus profonde que la mer.

Les canots fugitifs sont déjà loin. Et la pénible navigation continue, plus lente encore. Vers minuit, la mer se calme, la lune se lève, très belle. La fatigue l'emporte, et quelques-uns des naufragés, malgré le danger, s'endorment, le corps trempant à moitié dans l'eau.

Au réveil, au lever du jour, surprise nouvelle et plus terrible. Des quatre canots restés attachés au radeau, plus un seul ! Tous se sont enfuis. Le radeau est abandonné, épave géante ballottée au gré des flots !

A bord des canots, que s'est-il passé ? Que se sont dit ceux qui s'y trouvaient ? — Ils se sont dit : « Nous n'avançons pas... Le radeau nous entraîne au gré des courants... Les deux canots qui ont gagné la terre sont hors de danger... Chacun pour soi et Dieu pour tous !... Coupons la corde !... »

Silencieusement la corde est tranchée, les rames plongent sans bruit. La lune a disparu, la nuit est obscure. Du radeau, rien ne se voit, rien ne s'entend.... C'est une masse qui flotte avec la vague, qui monte et descend, paraît et disparaît.... Un canot s'éloigne, puis un autre, puis le dernier, et c'est fini, le radeau de la *Méduse* est seul dans l'ombre épaisse, perdu entre le ciel et l'eau.

Mais voici le jour, et sous la lumière, l'horrible vérité apparaît. Les 152 naufragés se dressent, hagards. Ils sont seuls.... Seuls !

Une explosion de fureur transforme ces êtres jusqu'à présent calmes, courageux, disciplinés presque, puisqu'ils se sont donné un chef : l'aspirant Coudein. Ils hurlent leur rage. Les femmes sanglotent. Alors, l'aspirant essaie de rallier les courages. Vains efforts. Et cependant, sous l'excès du désespoir, les cris cessent peu à peu, une à une les voix faiblissent, découragées.

A quoi bon maudire ?

Ils se regardent. Hommes et femmes, tous sont là, accrochés à ces quelques morceaux de bois à demi disloqués, sous la solitude infinie du ciel, balancés puissamment sur l'abîme qui mugit et réclame cette proie. La côte est redevenue invisible ; le radeau tournoie sans avancer. Aucun moyen de le diriger. Aucun moyen d'échapper à la mort. La même pensée étreint tous ces êtres.

Mais l'aspirant Coudein parle de nouveau :

« Pourtant!... peut-être... en détachant une vergue qu'on fixerait entre deux caisses.... Si les femmes consentaient.... »

Les femmes ont compris. Hâtivement, elles se dépouillent de leurs jupes. Ces jupes assemblées, fendues, mises ensemble, forment une manière de voile adaptée tant bien que mal à une sorte de mât, et cette voile multicolore, faite de loques que les embruns trempent et alourdissent, imprime au radeau qui roule et qui tangue un faible mouvement de marche. Et les ombres du soir reviennent encore dans la nue.

Mais la mer grossit ; la nuit est atroce. Des gémissements et des cris partent de l'épave, et rien n'y répond que la voix de la mer.

Au matin, l'appel : dix hommes manquent, enlevés par les lames, et plusieurs cadavres gisent inertes entre les pièces de bois.

Alors, tous les naufragés, sentant devant eux, sur eux, sous eux, la mort, subissent la peur instinctive, animale. Ils se regardent avec des yeux d'épouvante, et certains — des matelots qui, sans nul doute, se fussent conduits en héros à l'abordage, — reculent en présence de la lente et perfide souffrance, du martyre auquel la destinée les condamne ; ils préfèrent en finir tout de suite. Il en est qui sont debout, les yeux fixés vers le ciel.... Est-il donc vide, ce ciel muet ? Ils vont le savoir... Un geste d'adieu à tous, un serrement de main à quelques compagnons, puis plus rien.... L'homme a glissé dans la mer.

Ils s'éloignent de la " Méduse " en criant : « Vive le Roi ! »

Et tous le suivent des yeux, fascinés par l'idée du suicide.

Encore une fois, Coudein est là, il veut réagir :

« Bon débarras, s'écrie-t-il, ces brutes étaient de trop ! Les lâches seuls n'attendent pas leur heure ! »

A sa voix énergique, les naufragés se ressaisissent et sentent encore la nécessité de l'ordre et de la discipline. Mais, autre supplice, ils ont faim.

Outre le vin et un peu d'alcool, il ne reste sur l'épave que quelques boîtes de biscuit, que les naufragés se partagent équitablement.

L'ombre revient avec son cortège de terreurs.

Cette nuit sera plus épouvantable encore que la précédente. Les vagues avides effleurent, lèchent de toutes parts le groupe confus, qui se presse, se tasse, éperdu, au centre du radeau... A chaque instant, une lame plus forte détache un grain de la grappe, enlève un être humain de la masse frissonnante. Un râle, un appel suprême dans la nuit, auquel rien ne répond, et c'est tout !

Au matin, vingt naufragés ont disparu. Et alors, affolante ironie, des voix chantent, éraillées, lugubres : des matelots, des soldats se campent en avant du groupe des survivants. Ils titubent sur les planches disjointes et branlantes ; ils sont ivres. Dans la nuit, ils ont éventré un des tonneaux et se sont gorgés de vin mélangé d'eau de mer. Ils ont perdu la raison. Ils complotent, ils gesticulent, laissant échapper leurs projets entre deux hoquets d'ivresse : ils veulent assassiner les officiers, puis couper les liens qui tiennent assemblées les pièces du radeau et ils mourront avec leurs compagnons. L'un d'eux, déjà, est sur le bord du radeau, la hache d'abordage en mains ; il commence à tailler. Un officier veut l'arrêter ; l'homme résiste, l'arme haute. C'est un Asiatique, soldat dans un régiment colonial, un géant au nez épaté, à la bouche large. Un coup de sabre a raison de lui. Alors, comme si ce n'était pas assez des flots démontés, hurlants autour d'eux, pour achever le désastre, ces misérables déchaînent leur haine, s'élancent en proie à un délire furieux pour égorger leurs compagnons d'infortune. Ceux-ci, encouragés par quelques officiers, s'arment pour se défendre, ramassent des espars, des sabres, des pièces de bois. Un des rebelles tombe, percé de coups ; un autre tente à nouveau de rompre les amarres, on le jette à la mer. Le combat devient général. La voile est déchirée, la drisse coupée ; le mât s'abat, broyant la cuisse d'un capitaine d'artillerie que des énergumènes sanguinaires précipitent dans les flots ; quelques braves le repêchent, mais les meurtriers fondent sur lui et lui crèvent les yeux. Cet acte d'atroce barbarie soulève l'exaspération de tous ceux des naufragés qui ont gardé dans le cœur quelque chose d'humain ; ils se précipitent avec furie sur ces misérables, rejettent les uns à la mer, massacrent les autres. Enfin, l'ordre semble rétabli. A minuit, quelques brutes avinées, la menace et l'injure à la bouche, se soulèvent encore. On les frappe sans merci. Le radeau est jonché de cadavres, et les blessés ennemis se déchirent à coup de dents ; c'est le paroxysme de la folie et de la rage... et c'est aussi la faim.

A présent, sur le radeau sinistre, le silence et l'immobilité de la nuit muette. Soudain un spectre passe en trébuchant au-dessus des morts et des agonisants... Roulis, tangage... un faux pas... il tombe. Alors, en rampant, il continue, vient jusqu'à l'extrémité des poutres flottantes et disparaît dans le gouffre mouvant.

Encore du silence, puis une voix s'élève et chante une chanson naïve :

> Ah ! mon beau château !
> Ma tante tire lire lire,
> Ah ! mon beau château,
> Ma tante tire lire lo !...

Un autre déclame ; un autre rappelle les glorieux souvenirs de l'armée d'Italie.

Le délire peuple de fantômes cet îlot de douleurs perdu sur l'immensité des flots.

A l'appel du matin, 65 hommes ont encore disparu. Les naufragés du radeau ne sont plus que 60.

Durant les luttes de cette nuit horrible, deux barriques de vin et deux réservoirs d'eau ont été perdus ; il ne reste plus qu'une pièce de vin.

Avec le soleil, la mer se fait douce ; la fièvre des martyrs s'apaise. Ces malheureux, réunissnt leurs forces, parviennent à rétablir le mât, puis tenaillés par la faim lancinante, défaillants, ils essaient de pêcher, mais, en vain ; et tout à coup, les plus valides, occupés à jeter leurs hameçons au bord du radeau, reculent effarés. Leurs regards affaiblis ont distingué de longues masses brunes, presque à fleur d'eau, qui glissent, s'entremêlent, évoluent... Les requins !...

Attirés par les cadavres, ils sont venus un par un, puis par groupes, des profondeurs de l'Océan ; ils sont par centaines autour de l'épave lamentable, impatients, avides ; leurs gueules effroyables affleurent par moments les bords du radeau.

Maintenant, les naufragés se pressent autour du mât ; quand un cadavre glisse sur les poutres visqueuses, une mâchoire formidable le happe et l'entraîne, dans un remous, et c'est un bondissement effréné de monstres, une bataille épouvantable de squales qui dépècent leur proie.

Mais, plus vorace encore, la faim dévore les vivants, autour du mât groupés, — et voici où les bornes de l'horreur vont être dépassées : un blessé qui, pendant la nuit, s'est défendu à coups de dents contre un de ses semblables et qui garde à ses lèvres ensanglantées la saveur du sang humain, s'abat sur un cadavre, à ses pieds. Il y mord à pleine bouche... Ses compagnons le regardent d'abord pétrifiés de dégoût et d'effroi, puis ils voient qu'il semble se ranimer ; l'un d'entre eux cède à l'épouvantable tentation, puis un autre, puis un autre, puis un autre... Ils s'attablent autour du cadavre... Mais tous leurs compagnons ne peuvent les imiter, et la faim leur tord les entrailles. Ils saisissent alors des baudriers, des gibernes, du linge, des chapeaux cerclés de graisse et de sueur durcie, ils les déchirent, les mâchent frénétiquement... Enfin, la nuit vient et voile cette scène d'indescriptible horreur.

Le lendemain, à l'aube, il ne reste plus que 40 vivants sur le radeau.

Le temps est beau. Un banc de poissons volants vient à passer ; quelques-uns restent embarrassés entre les pièces de bois et se trouvent pris. Mais, cette manne de la mer suffit à peine à exciter davantage un appétit insatiable... L'horrible repas de la veille, le repas de chair humaine, est le seul que puissent faire ces affamés, et cette fois tous en prennent leur part.

Il rend des forces à ces lamentables victimes du plus atroce destin. Mais, avec la vie, la fièvre reprend, avec la fièvre, le délire et la folie. Chez quelques-uns, des Espagnols, des Italiens, des nègres, une envie de brutes criminelles sourd au fond de leur être convulsé de souffrance : ils imaginent de dépouiller de leurs bijoux quelques malheureuses presque nues et dont la maigreur affreuse se pare tragiquement de diamants sauvés du naufrage. Ils veulent se jeter sur elles, leur couper les doigts pour avoir les bagues, leur arracher les oreilles pour avoir les boucles. Un nouveau combat, une nouvelle mêlée s'ensuivent, plus féroces. Les misérables sont égorgés, jetés en pâture aux squales. Mais leurs vainqueurs, atteints de blessures profondes, sont expirants ; ils se traînent depuis tant d'heures sur leurs poignets brisés, que l'épiderme de leurs mains et de leurs bras se détache sous la morsure du vent et des embruns salés ; la douleur leur arrache par intervalles des cris et des gémissements.

Ce jour-là, — le cinquième passé sur ce réduit dont la mer et les vents se jouent, — un petit mousse que tous d'abord avaient aimé et secouru, expire à son tour dans son accoutrement du baptême de la ligne. Ils ne sont plus que 27, et, sur le nombre, 15 seulement paraissent encore vivre. Ceux-ci délibèrent : le vin va manquer, le radeau se démembre ; pourquoi épuiser toute chance de salut en faveur de quelques agonisants ? Trois matelots et un soldat obéissent à la pensée qui est venue à tous, sans qu'aucun ait osé la formuler. Ils prennent les plus malades — une femme parmi eux — et les lancent aux requins! Et nul ne proteste...

A ce moment, un des mourants se met à rire, mais ce n'est plus le ricanement inconscient de la démence. Il rit, et il pleure; il balbutie des mots inintelligibles, le doigt tendu vers l'extrémité d'une planche. O prodige! un à un, les pauvres visages — qui n'ont plus rien d'humain — s'éclairent d'une sorte de sourire. Un papillon est là, dont palpitent les ailes diaphanes. Tous les cœurs aussi palpitent ardemment. Nul n'ose bouger de peur de faire évanouir cette illusion. Mais non! le papillon est bien sur le mât, réel, tangible, animé; il vole un peu et, las, se pose à nouveau. Oui, c'est un papillon; donc, la terre est proche!

La terre! mon Dieu, la terre, est-ce possible!...

Brusquement, un soldat s'élance, la main ouverte, pour saisir l'insecte. On l'arrête. Mais il a faim : il veut manger le papillon; on le retient, il se débat. La bestiole effrayée s'envole et disparait.

Alors, tous retombent dans un désespoir morne. L'agonie dernière commence.

Parfois, une sorte d'hallucination les soulève... Ils croient voir autour d'eux des forêts, des prairies fraîches, des mets et des fruits délicieux; puis ils s'affaissent de nouveau dans une prostration plus profonde...

Enfin, le 17 juillet au matin, un cri rauque, délirant, s'échappe d'une de ces gorges de fantômes.

— Une voile!

Les spectres tressaillent, frémissent, vibrent, se dressent, se soutiennent mutuellement, et regardent, les yeux élargis dans les orbites creuses :

— L'*Argus*!

C'est l'*Argus* en effet, envoyé du Sénégal à leur secours et qui tire des bordées, désespérant de les retrouver.

Ils rient, ils pleurent, ils battent des mains, et ils nouent bout à bout des loques qu'ils agitent éperdument.

L'*Argus* les a vus; il arrive droit sur eux. Les matelots du brick, rangés sur les bastingages, poussent des hurrahs redoublés. Voici l'*Argus* tout près, voici les embarcations à la mer. On hisse les naufragés à bord. Ils sont 13! hâves, nus, excoriés, défigurés. On leur donne du bouillon mêlé de vin, on panse leurs blessures, on les soigne... 6 encore meurent des suites d'un tel excès de souffrances. Sur 152, 7 seulement survivront.

.·.

Le sort avait été moins terrible pour les embarcations montées par les fugitifs criminels. A l'exception d'une chaloupe, qu'on ne revit jamais, elles abordèrent sur les rivages du désert. Leurs passagers, en butte aux attaques harcelantes des Arabes, avaient péniblement, sous un soleil de feu, gagné la colonie.

Quant aux 17 hommes restés sur la *Méduse*, ce ne fut que deux mois après l'échouement qu'on arriva à leur secours ; une dizaine d'entre eux s'étaient hasardés à leur tour sur un radeau et avaient été submergés. Sur la carcasse du navire, on n'en retrouva que 3 qui n'étaient plus que des ombres.

Quand on apprit en France l'épouvantable catastrophe du banc d'Arguin, ce fut un universel cri d'horreur et de pitié. Jamais l'énergie humaine n'avait été exposée, et aussi longtemps, à de pareilles tortures, jamais des hommes n'avaient été réduits à ce point aux plus atroces extrémités.

Le commandant de la frégate naufragée par sa faute, l'incapable de Chaumareys, traduit en conseil de guerre, fut déchu de son grade et condamné à trois ans de prison.

Certaines intrigues le firent plus tard pourvoir d'une recette des Finances et il termina ses jours, assombris de honte et de remords, dans l'obscurité d'une petite ville de l'Isère.

Un Navire isolé brûlant dans la nuit

> « Commandant, dans quel ordre va-t-on quitter le Kent ?
> — Dans l'ordre des funérailles. »

La France et l'Espagne ont leurs côtes face à l'Océan, l'une basse et sablonneuse, l'autre abrupte formant un immense angle droit géographique.

Entre les lignes sinueuses de cet angle, s'étend le golfe de Biscaye, ou golfe de Gascogne, ou aussi mer de France, aux dangereux parages, aux ondes resserrées comme la Manche, mais bien plus dénuées qu'elle de bons ports. A fort peu de distance des côtes, les flots roulent sur des eaux dont la profondeur est celle des fonds mystérieux de l'Océan.

Le vent de nord-ouest, aux haleines froides, bruyantes, redoutables, y souffle le plus souvent, et les vagues qu'il soulève écument et se précipitent comme dans un vaste entonnoir, surtout dans le fond du golfe. Enfin, le danger est encore accru par de nombreux courants, qui se choquent des côtés les plus imprévus.

Le long de la côte française, les dunes de sable et les sapins semblent une autre mer, une mer de vagues immobiles, portant une multitude de mâts ; tandis que sur la côte espagnole, au contraire, la terre s'affirme de toute la majesté des derniers contreforts des hautes Pyrénées. Ce sont les monts Cantabres ; et entre eux et la côte abrupte, rocheuse, c'est la Biscaye montagneuse. Du sein des ramifications montueuses, de douces vallées descendent jusqu'à la mer, animées par d'humbles rivières, et couvertes d'habitations gaies, ensoleillées, semées, çà et là, au milieu des bruyères et des ajoncs, ou perchées sur des coteaux verdoyants comme ceux de la verte Écosse. Un peuple heureux vit sous ce ciel, conservant sa langue sonore, son autonomie, ses mœurs ; ce sont les Basques, les Euskariens, comme ils s'appellent, les Vascongados pour les Espagnols. Ils sont à la fois montagnards et marins, et vivent familièrement avec les deux plus puissantes et plus admirables créations de la nature, la montagne et la mer.

Il y a aujourd'hui soixante-quinze ans, ce peuple, cette contrée, furent témoins d'un de ces drames maritimes qui font époque sur les côtes où ils se sont produits.

Les rochers des monts Cantabres s'illuminèrent, une nuit, de lueurs sinistres, de reflets fauves et ondoyants, venant du large ; c'était un vaisseau de la Compagnie des Indes, le *Kent*, qui brûlait.

* *

Le *Kent*, grand navire jaugeant 1 350 tonnes, l'un des plus remarquables de la marine marchande d'alors, avait quitté Tarquay, dans la Manche, le 19 février 1825, ayant à son bord 148 hommes d'équipage, environ 20 passagers et plus de 300 soldats appartenant au 31e régiment d'infanterie anglaise, à destination de la Chine et du Bengale ; il y avait en tout 641 personnes à bord, dont une soixantaine de femmes et d'enfants.

Le 1er mars, vers la fin du jour, le navire se trouvait dans la baie de Biscaye, essuyant un assez gros temps et souffrant péniblement du roulis. Des rangées de tonneaux se heurtaient par l'effet des mouvements du navire, au fond de la cale sombre. Un officier jugea à propos de les consolider, et, pour cette besogne compliquée, fit descendre deux matelots munis d'un fanal.

Au moment où un de ces hommes était en train de caler une barrique d'eau-de-vie, un mouvement violent de roulis fut cause que cette futaille se défonça dans un choc, et le contenu se répandit de tous côtés. Le malheur voulut que ce même coup de roulis fît échapper de la main d'un des deux matelots la lampe allumée, qui tomba au milieu de l'alcool et y mit immédiatement le feu. Le liquide enflammé circulant à travers la cale alluma l'incendie en un clin d'œil sur vingt points à la fois.

Prévenu de l'accident, le capitaine Harry Cobb, commandant du *Kent*, fit mettre les pompes en mouvement, et ouvrir une voie d'eau. On descendit en toute hâte dans le fond des voiles mouillées ; enfin tout ce qu'il convenait de faire pour circonscrire le feu là où il éclatait fut fait. Le fléau devait être le plus fort. Le parquet du pont craqua tout à coup sous la pression de l'air intérieur surchauffé, et bientôt, à la flamme bleuâtre de l'alcool, succédèrent des tourbillons de fumée noire qui n'indiquaient que trop que l'incendie, alimenté par la cargaison, se déclarait maître du bord.

Dans les premiers moments les voies d'eau parvinrent à enrayer le désastre; mais elles devinrent elles-mêmes un danger et il fallut les aveugler pour que la cale ne s'emplît pas.

Cependant la panique s'était emparée des passagers. Le *Kent* se trouvait en vue de la côte, mais encore loin, et les secours étaient très incertains.

Sur le pont il y avait 600 personnes courant, affolées, de droite et de gauche, se cherchant, s'appelant avec des cris de terreur.

Les uns se résignaient, se préparaient à la mort en silence; d'autres, au contraire, se livraient à leur désespoir. Certains, des marins et des soldats, allaient sans rien dire, d'un air résolu, se placer au-dessus de la soute aux poudres, afin que l'explosion, qu'ils pensaient imminente, terminât brusquement leur existence.

Au milieu de ce drame les femmes se montraient admirables.

Réfugiées avec les enfants dans les cabines du pont supérieur, elles priaient et lisaient l'Évangile, s'exhortant à mourir courageusement, et, parmi elles, des babys insouciants du danger, jouaient en chemise, déjà dévêtus pour le coucher du soir au moment où le feu s'était déclaré à bord. D'autres, plus âgés, malgré tout ce qu'on faisait pour leur dissimuler la réelle étendue du péril, en pressentaient instinctivement l'horreur, et, se jetant dans les bras de leurs mères stoïques, éclataient en sanglots.

Tout semblait si bien désespéré qu'un des officiers, le major Mac Gregor, venait d'écrire à son père sur une feuille de papier, les lignes suivantes qu'il enferma dans une bouteille, jetée aussitôt à la mer :

« Le vaisseau de la Compagnie des Indes, le *Kent*, est en feu !... Élisabeth Joanna et moi remettons nos âmes entre les mains de notre Rédempteur. Sa grâce nous rende capables de considérer avec calme la terrible perspective de l'éternité. »

Mac Gregor.

1er Mars 1825. Baie de Biscaye.

Cette curieuse lettre fut trouvée un an après sur la côte des îles Barbades. L'écriture au crayon avait résisté à l'humidité bien mieux que faite à l'encre.

A bord du *Kent* la situation empirait de minute en minute, la mer devenait plus dure; impossible de songer à se sauver dans les embarcations, en nombre trop restreint et qui, surchargées, couleraient ou chavireraient aussitôt livrées aux flots. Une lame arracha l'habitacle et mit en pièces l'appareil de la boussole en ébranlant du même coup le gouvernail. L'un des seconds eut alors l'idée de faire monter un matelot au petit mât de hune, dans le faible espoir de découvrir un bâtiment en vue. Sur le pont, tous observaient avec angoisse la vigie dont la voix allait peut-être apporter un espoir.

Le *Kent* était dans l'impossibilité absolue d'avancer : la seule chance de salut c'était qu'une voile parût à l'horizon avant que l'incendie eût gagné les poudres. Le matelot en haut du mât regarda de tous côtés. Le crépuscule annonçait la nuit.

Pendant des instants qui parurent interminables aux passagers le matelot resta muet; puis, soudain, il agita son bonnet et cria, tout tremblant d'émotion : « Une voile sous le vent! »

A cette nouvelle tous s'embrassent et ne forment qu'un vœu : c'est que ce navire aperçoive le *Kent* et arrive à temps pour les sauver. L'équipage fait des signaux de détresse ; on tire le canon de minute en minute. Si peu que le bâtiment puisse naviguer encore, tout est fait pour tenter d'approcher du navire en vue.

Ce navire était un petit brick. Voyait-il le *Kent* ? Pourrait-il ou voudrait-il venir à son secours ?

Le vent emportait le bruit du canon en sens contraire, mais la fumée qui sortait par les écoutilles devait attirer son attention. Enfin, le brick parut se rapprocher. O joie ! il venait de hisser le pavillon anglais et arrivait toutes voiles dehors ; il avançait visiblement. C'était la *Cambria*, jaugeant 200 tonneaux, à destination de la Vera Cruz, commandée par un capitaine du nom de Cook.

A une certaine distance du *Kent* le brick mit en panne pour ne pas s'approcher davantage et se garder ainsi des flammèches qu'une saute du vent aurait pu apporter dans sa voilure et, malgré la houle redoutable, il tint bon à la lame et fit signe qu'on pouvait compter sur son aide.

A bord du *Kent* incendié l'ordre s'était heureusement maintenu ; une première embarcation fut mise à la mer chargée de femmes et d'enfants.

On avait demandé au commandant dans quel ordre on allait quitter le bateau : « Dans l'ordre des funérailles, dit-il ; les plus âgés et les plus importants les derniers. »

Et le périlleux transbordement commença tant bien que mal entre les deux vaisseaux. Les canots ne pouvaient accoster bord à bord ; il fallait descendre les passagers au moyen de cordes ; beaucoup, avant de trouver place, plongeaient dans la mer. Et certains enfants, trop menus ou trop faibles, glissaient entre les nœuds qui les retenaient et disparaissaient. Trois d'entre eux arrivés dans le canot ne bougeaient plus : ils étaient morts de frayeur.

Que de scènes terribles !

Deux soldats, embarqués avec leur famille, sautent à la mer en tenant leurs enfants attachés autour de leurs corps et périssent avec eux. Là, un homme se trouve dans la cruelle alternative de perdre sa femme ou ses enfants ; il se décide pour sa femme, il la sauve et, en la sauvant, il voit sombrer quatre têtes blondes qui lui devaient la vie. Sur un autre point, un homme tombe dans une écoutille et les flammes jaillissantes le dévorent.

Le transbordement se faisait avec une difficulté mortelle au milieu de péripéties affreuses. Il fallait pourtant quitter rapidement le *Kent* où les flammes grandissaient de minute en minute. Comment empêcher des accidents parmi ce troupeau humain rassemblé sur des planches embrasées ? Cependant l'équipage était toujours à bord, mais les officiers ne contenaient plus les matelots qu'à grand'peine. Enfin l'ordre est donné d'admettre quelques-uns d'entre eux dans les canots ; ils se précipitent en groupe et si malheureusement que pour la plupart ils sont engloutis.

Il était alors dix heures du soir environ. Le *Kent*, qui s'était déjà enfoncé de neuf ou dix pieds au-dessous de la ligne de flottaison, se mit encore à baisser de deux pieds ; le dénouement approchait...

L'incendie avait gagné tout le pont, les flammes éclairaient la mer houleuse et dominaient de leur tragique crépitement le bruit des flots.

Les officiers, calculant que les embarcations pouvaient achever le transbordement dans un dernier voyage, commencèrent à songer à leur propre salut.

Le capitaine Cobb, esclave de son devoir, était toujours à bord du *Kent*. Il exhortait quelques malheureux, littéralement paralysés de terreur, à quitter le vaisseau en feu. Mais ceux-ci refusaient ! Affolés, ils s'étaient tassés, pressés les uns contre les autres, du côté de la proue et ne bougeaient plus, défigurés par un rictus insensé.

C'est à peine si le bruit des canons, dont les palans étaient dévorés par les flammes, et qui tombaient l'un après l'autre dans la cale, les secouaient une seconde. Ils regardaient, hypnotisés, les flammes qui, après avoir gagné la dunette, montaient maintenant jusqu'au haut de la mâture.

Le bâtiment ne forme plus qu'un immense brasier, éclairant dans la nuit les eaux de lueurs fauves, le brick *Cambria* stationnaire, et jusqu'aux côtes abruptes de Biscaye, où l'alarme est donnée.

Dans le ciel, les nuages se colorent de reflets bruns et rouges, et passent, emportés par le vent, comme les fantômes de quelque sanglante chevauchée.

Mais les mâts s'écroulent à grand bruit et, de la carène embrasée, des millions d'étincelles s'échappent en gerbes prodigieuses.

Au milieu des tourbillons de fumée et de feu on aperçoit de la *Cambria* les quelques malheureux restés à bord du *Kent*, ombres noires au milieu du brasier rouge, qui se jettent enfin à l'eau avec des cris désespérés ; et plusieurs se noient aussitôt. Les canots n'ont pu les recueillir tous.

A l'horizon des voiles noires dans la nuit noire apparaissaient, puis, comme paralysées par l'horreur et la crainte, ne semblaient plus vouloir s'approcher.

Le vaisseau la *Carolina*, qui venait d'Alexandrie et qui se rendait en Angleterre, sauve pourtant ainsi, en passant, un certain nombre des naufragés qui s'étaient attardés à bord, malgré les ordres du capitaine du *Kent*.

Il était environ une heure et demie du matin quand, le feu ayant gagné la soute aux poudres, le dénouement prévu dès le commencement du sinistre se produisit. L'épave noirâtre du *Kent* fut soudainement projetée dans les airs avec un fracas épouvantable.

De la *Cambria*, on la vit disparaître en quelque sorte dans une apothéose d'étincelles et de détonations, comme si elle eût été la dernière pièce d'un feu d'artifice tiré sur l'Océan ! La lueur immense dura un temps très appréciable ; puis, brusquement, tout s'éteignit. Des flammèches volèrent au vent, quelques pièces de bois brûlèrent encore sur l'eau avec des crépitements ; un peu de fumée flotta sur les vagues... Et ce fut tout !

Plus rien ne troubla le silence, hors la voix puissante des flots ; l'obscurité de la nuit couvrit de nouveau entièrement la mer.

A bord de la *Cambria*, l'équipage et les passagers du *Kent* se trouvaient entassés les uns sur les autres. Une chambre de dix personnes devait en contenir près de quatre-vingts.

Très bien conduite, par bonheur, et poussée par le vent, la vaillante *Cambria* put se diriger vers l'Angleterre avec rapidité. Le 5 mars le mot libérateur tomba du haut de la hune : « Terre à l'avant ! »

C'était Falmouth ! A minuit et demie la *Cambria* déposait sur le sol anglais les naufragés du *Kent*, si miraculeusement sauvés, à l'exception de vingt d'entre eux, restés dans le golfe de Biscaye.

La « Marne » jetée sur la côte Algérienne

> « Reprenez votre épée, capitaine ; nul n'est plus digne de la porter. »
> (Paroles du vice-amiral président le conseil de guerre maritime, au commandant de la Marne.)

La *Marne*, corvette de charge, avait été désignée par le gouvernement français, pour transporter en Algérie, dans les premiers jours de 1841, un matériel d'artillerie considérable, nécessaire aux opérations de la conquête.

Elle arriva le 15 du mois de janvier dans le port de Stora, près de Philippeville et s'y amarra au mouillage le plus convenable, entre deux rangs de navires de commerce bien abrités.

Deux ancres de bossoir furent mouillées par dix brasses de fond, l'une avec cent brasses de chaîne, l'autre avec quatre-vingts. L'ancre de veille de tribord empennée d'une ancre à jet fut mouillée par bâbord arrière avec une « biture » de quatre-vingts brasses pour servir d'ancre d'évitage. Deux grelins bout à bout fixés sur les roches qui bordent la plage maintenaient la corvette par tribord.

Il semblait bien ainsi que toutes les précautions étaient prises pour que la *Marne* opérât en sécurité le débarquement de ses pièces d'artillerie.

Mais on sait combien les tempêtes dans la Méditerranée, si calme d'ordinaire, sont brusques et terribles. Les vagues y atteignent en pleine tourmente des dimensions démesurées. En 1841, on se souvenait que lors du débarquement des Français à Sidi-Ferruch — qui précéda de peu de jours la prise d'Alger — les vagues étaient si hautes et les ondulations qu'elles creusaient si profondes qu'elles mettaient par moment à nu le sable de la mer, recouvert un instant après de plus de 20 mètres d'eau.

C'est par un temps semblable que la *Marne* fut surprise au milieu des travaux de débarquement.

Le 21 janvier, le vent se leva, soufflant par rafales du nord-ouest ; a mer devint très vite houleuse. Par surcroît de précautions, le commandant de la corvette fit mouiller l'ancre de veille de bâbord, filer les chaînes pour les faire travailler et « donner du mou » aux amarres que le ressac de terre fatiguait.

Mais la mer devenait de plus en plus terrible, grondant toujours plus fort sous le fouet du vent impitoyable, et bientôt elle fut si menaçante que les navires de commerce qui avoisinaient la *Marne*, en danger d'être chassés et coulés, implorèrent du secours. La corvette leur fit passer des ancres à jet et des grelins. D'autres équipages, déjà désemparés, abandonnaient leur bord pour se réfugier sur le bâtiment de l'État. Là, les matelots ne chômaient pas, calant les mâts de hune, amenant les basses vergues sur les porte-lofs ; ils luttaient de leur mieux contre la mer, de plus en plus démontée.

La tempête ne cessait pas. Elle dura toute la nuit et encore une journée. Deux navires de commerce furent emportés en tournoyant et jetés à la côte. Les autres commençaient à céder plus ou moins sensiblement. Seule, la corvette tenait bon.

Cependant, le 22 au soir, la chaîne de bâbord se brisa. Cet accident allait modifier la situation et la rendre critique, quand, par bonheur, les éléments parurent s'apaiser. Les matelots profitèrent de cette accalmie pour draguer la chaîne brisée et la remailler afin de l'utiliser à nouveau.

Mais cette opération — qui ne saurait aller sans quelques difficultés — est à peine terminée que la tempête, ayant comme repris haleine, se déchaîne de nouveau et, cette fois, avec un redoublement de violence. La fureur des lames, étranglées entre les parois du golfe, s'exaspère et n'en devient que plus redoutable. Le golfe entier forme un vaste brisant écumant et tumultueux. Vingt bâtiments de commerce sont poussés à la côte où ils s'entr'ouvrent sur les roches ; deux autres navires sombrent sur leurs ancres. La corvette la *Marne* se maintient, tantôt élevée, semble-t-il, jusqu'aux nues, tantôt enfoncée jusqu'au mât de misaine.

Le pont n'est plus qu'une épave furieusement balayée : tous les panneaux sont hermétiquement clos ; les canots disparaissent, arrachés des porte-manteaux par les flots ; des hommes — proie vivante — sont emportés qu'on ne retrouvera point, qu'on ne peut même tenter de sauver.

Le capitaine se fait attacher sur le banc de quart et là, seul, au centre de l'ouragan, il va lutter avec la mort et tâcher de lui arracher les existences dont il a la garde.

Malheureusement, la chaîne de bâbord se rompt encore une fois, et la corvette commence à chasser, quoique avec lenteur. Tous les efforts des marins de la *Marne* doivent donc consister, à présent, à garder la mer, à rester tout au moins entre les lames du large et le ressac de terre. Mais quoi ! n'est-ce pas folie que d'espérer maintenir le bâtiment stable, au milieu précisément de l'instabilité déchainée des vents et des flots ?... Bientôt un sourd et long grincement avertit l'équipage que la *Marne* talonne sur les premières roches de la côte.

La position s'aggrave ; le commandant réunit ses officiers, le maître d'équipage et les quelques capitaines au long cours qui se sont réfugiés à bord. L'avis unanime est qu'il convient de filer les amarres pour ne point s'éventrer totalement sur les rochers de « la pointe noire » : on va faire tout ce qui est humainement possible pour aller s'échouer dans l'anse qui est au sud de ces brisants terribles.

Aussitôt, l'équipage tout entier se met à la manœuvre, avec une discipline, un sang-froid exemplaires. Pas un cri, pas une plainte, pas une marque de faiblesse ; les ordres du commandant sont immédiatement et ponctuellement exécutés.

Et les troupes venues de Philippeville, assemblées sur la côte aux pentes boisées, parsemées de villas et de jardins, forment un cadre pittoresque à cette scène tragique ; des milliers de spectateurs accourus de toutes parts, tressaillent d'horreur et d'admiration en voyant cette poignée d'hommes lutter ainsi au fond du gouffre écumant.

Le spectacle est d'ailleurs d'une magnificence grandiose et poignante : 24 bâtiments gisent, épars, dans les roches, peu à peu déchiquetés par les flots ; 3 ont été engloutis dont quelques agrès surnagent seulement, que les crêtes écumeuses se renvoient ; un brick soulevé par une lame de fond, formidable colonne d'eau, culbute par-dessus une épave clouée aux rocs et va, complètement chaviré, planter son beaupré dans la falaise.

A bord de la *Marne* l'expérience et l'énergie humaine se déploient jusqu'à leurs limites extrêmes. Enfin, à travers tant de périls, la corvette atteint le lieu le plus propice pour échouer : un banc de sable dur, à quarante brasses de la côte où, malheureusement, émergent encore quelques basses roches. N'importe ! la corvette avec toutes ses voiles repliées s'y abat comme un oiseau aux ailes brisées.

Déjà, le commandant du port, M. de Marqué, est parvenu à établir un va-et-vient en utilisant des épaves échouées, pièces de mâture et autres débris. Sur la plage, des aliments, des couvertures, des brancards attendent les naufragés. La mer, qui voit ses victimes lui échapper, rugit, formidable, et précipite sur le bâtiment ébranlé et geignant, d'épouvantables paquets d'eau.

Quand même le sauvetage commence dans le plus grand ordre.

L'enseigne de Nougarède entre tous se distingue par la justesse de son coup d'œil, son intelligence avisée. Le commandant de la *Marne* — capitaine Gatier, — pour accélérer le mouvement, ordonne d'abattre le mât d'artimon qui constituera une passerelle sûre ; un désastreux coup de mer fait dévier la lourde pièce de bois, dans sa chute : le mât tombe le long du bord, fracasse une cuisse du capitaine. Et pour comble d'infortune, la corvette, déjà à demi démembrée, se disloque en trois parties sous la violence du choc !

Et 52 hommes disparaissent engloutis à la fois avec l'un des débris du bâtiment ! 52 hommes, parmi lesquels le chirurgien-major, le lieutenant de vaisseau Dagorn, l'enseigne Karche, le commis d'administration. Un cri de désespoir s'échappe des lèvres des matelots de la *Marne* qui voient ainsi périr, si près du rivage, d'un seul coup, tant de leurs compagnons. Une rumeur d'épouvante et de consternation court tout le long des pentes gazonnées de Stora, dans la foule des témoins impuissants de ce drame.

Et ceux des naufragés qui se trouvent sur le couronnement de la corvette peuvent seuls désormais user du va-et-vient. Que vont devenir les autres, cramponnés aux débris surnageant de la *Marne* ?

Par bonheur, le grand mât s'abat, formant un pont providentiel. Tous les survivants passent. Le commandant blessé, soutenu par deux matelots, touche le sol le dernier, de ses jambes fléchissantes.

Et, aussitôt, il tombe évanoui sur le rivage.

Une lame furieuse s'abat sur son corps et l'emporte ! Le marin Zevaco, le colon Dessouliers parviennent à le sauver. Un nouveau nom ne sera pas ajouté à la liste des 52 victimes de la *Marne* et à celle des 14 marins noyés des navires de commerce.

Le capitaine de corvette Gatier, à son retour en France, passa devant le conseil de guerre maritime de Toulon ; il fut acquitté à l'unanimité. Chacun des juges quittant sa place vint embrasser fraternellement le commandant encore incapable de se servir de sa jambe fracassée, et le contre-amiral président, lui dit, après le prononcé de l'arrêt d'acquittement :

« Reprenez votre épée, capitaine ; nul n'est plus digne de la porter ! »

L'Engloutissement du "Colibri"

Regarde droit la mort, elle recule.
(STENDHAL.)

Nos droits sur Madagascar, qui remontent à plusieurs siècles et qui ont été consacrés dans ces dernières années par la conquête définitive, étaient encore, en 1843, très discutés.

A cette époque, une révolte de Sakalaves décida le commandant de la station navale de Bourbon, M. Romain Desfossés, à envoyer trois navires, le *Berceau*, le *Colibri* et le *Voltigeur*, sur les côtes de la grande île pour y agir de concert en vue de châtier les rebelles.

Cette petite expédition fut tristement illustrée par le naufrage du brick-aviso le *Colibri*, et fournit un des épisodes les plus dramatiques de l'histoire de notre expansion coloniale : le *Colibri* se perdit entièrement dans des circonstances rapportées en détail par un des rares survivants de cette catastrophe, un officier volontaire de la marine nommé Auquez, à peu près comme il suit :

Nous avions mis à la voile par un beau temps et nous naviguions de conserve, tenant le plus près pour doubler les îles Radama. Mais bientôt la brise fraîchit, la mer devint grosse, et, vers une heure après-midi, le *Berceau*, qui battait le pavillon du commandant de l'escadrille, nous fait le signal du ralliement appuyé d'un coup de canon. Nous remarquons alors qu'il vient de mouiller et nous laissons porter immédiatement pour le rejoindre. Malheureusement la mer grossit toujours, le vent nous rejette loin des deux autres bâtiments; nous recevons comme dernier signal l'ordre de rallier, au pis-aller, l'île Mayotte.

Nous sommes à ce moment au nord extrême des Radama, cherchant à doubler l'île que nous apercevons, mais nos efforts sont vains, et la nuit nous surprend tirant des bordées sur cette mer houleuse. Le capitaine passe la nuit sur le pont, très inquiet. Au matin, exténué, il descend dans sa cabine, en me chargeant de l'aviser dès qu'il y aura du nouveau.

Or, à peine m'a-t-il quitté que la situation s'aggrave. Je vois à l'horizon sombre, s'élever, s'avancer, menaçante, une lourde étendue de nuages noirs.

Le plus souvent, la tempête, dans ces parages, se creuse en tourbillons ou se dresse en typhons, et, dans l'un ou l'autre cas, malheur au navire qui se trouve sur son passage. J'envoie un gabier en vigie pour veiller au grain, et je fais prévenir le capitaine qui, anéanti de lassitude, ne bouge pas...

La brigantine bat avec force ; je fais monter le chef de la grande hune avec un Malgache pour la ferler. En ce moment, le *Colibri*, fatiguant sous la violence du tangage, court tribord amures, sous les deux huniers, deux ris dedans, les basses voiles et le petit foc.

Le ciel s'assombrit complètement; des oiseaux rasent avec rapidité la surface des eaux; de courtes rafales rafraîchissantes passent par instants ; quelques larges gouttes d'eau tombent ; ce sont bien les prodromes de la tempête. Je me mets en devoir de l'affronter : je dispose quatre hommes à la cargue-point de la grande voile sous le vent, et un homme à l'écoute. Peut-être devrais-je sans plus tarder alléger le *Colibri* de toutes ses voiles, mais cela me paraît un excès de prudence. Cependant un vent de mauvais augure commence à souffler avec plus de force et de continuité. J'ordonne de carguer le point sous le vent, et cette besogne s'exécute avec difficulté.... Soudain, l'ouragan s'abat, avec tant de brutale violence que, malgré qu'avec une décision aussi brusque je fasse mettre la barre au vent, le brick se couche à demi, et l'eau franchissant les bastingages entre par les sabords, puis le navire se redresse, mais il n'obéit plus, trop chargé de toile. Le vent s'engouffre dans la voilure avec une force irrésistible. Dans un sifflement de tous les agrès tendus à se rompre nous filons sous la tempête dans un sillage d'écume. La grand'voile et le grand hunier nous emportent d'un tel élan sur la crête des vagues déchirées, que c'est à croire que le bâtiment va s'envoler, enlevé par sa voilure comme par des ailes.

Les hommes dans la mâture, risquent leur vie et s'obstinent, cramponnés aux filins, mais en vain; ils ne peuvent amener les voiles.

Je cours au grand panneau ; je hèle :

— Tout le monde sur le pont !

Pour Dieu! qu'on me débarrasse de la grand'voile et du grand hunier, leur action est terrifiante!

Tout l'équipage accourt. Mais comment agir, sous une bourrasque telle que nos doigts s'accrochent instinctivement à la moindre saillie dont nous n'osons plus nous détacher?... Qu'on largue, au moins, les écoutes des huniers!... Trop tard!... Un seul, mais unanime cri d'effroi! Le brick

chavire, et se couche avec un claquement sinistre sur la mer démontée !...
D'un geste éperdu j'ai saisi les bastingages, je me hisse sur les flancs du *Colibri* à l'assaut duquel, de toutes parts, montent les vagues.

Les gabiers ont été les premiers précipités dans l'eau furieuse, d'autres matelots sur le pont se sont trouvés enveloppés dans les voiles comme dans de grands linceuls et couchés de force, tout vivants, tout hurlants, dans l'immense tombe liquide. Leurs voix se sont bientôt éteintes. Le timonier agrippé à la barre a appelé le capitaine ; le capitaine n'a pas répondu, et l'eau bouillonnante entourant le timonier lui fait rentrer dans la gorge ses vains appels. Un malheureux s'occupait de couper les garants de la yole, la yole s'affaisse brusquement et l'engloutit.

Sur la coque, où je suis trempé par les embruns, deux camarades m'ont rejoint : Burger et Moreau. Nous entendons, pleins d'angoisse, le grondement torrentueux de l'eau qui pénètre dans l'intérieur et gagne par bonds successifs, jaillissant de cabine en cabine, de cale en cale. Dans quelques instants, — quelques minutes, quelques secondes peut-être — l'abîme s'entr'ouvrira et le *Colibri* y sombrera, nous entraînant dans le tourbillon de ses remous... Cette idée m'affole. Je me jette désespérément à l'eau et, bon nageur, je me sépare de l'épave.

Cette détermination, très vraisemblablement me sauva, car à peine étais-je hors de la portée des remous que l'épave coula dans le fracas des vagues qui se séparaient et se rejoignaient en tumulte sous un vaste couronnement d'écume.

Terrifié, je m'éloigne à larges brassées, mais je sens que mes forces s'épuiseront rapidement ; mes muscles se brisent à vouloir lutter contre cette mer en furie. D'un regard anxieux je cherche quelque débri flottant qui m'aidera... Devant moi un tonneau danse et tourne au gré des lames et des vents. Avec un renouveau d'énergie je m'élance pour l'atteindre...

Brusquement... — oh ! cette eau salée qui m'emplit la bouche étouffant sur mes lèvres le cri suprême... — Brusquement, je suis saisi, entraîné à 20 pieds sous l'eau !... Le requin ! Cette pensée traverse mon cerveau comme un éclair.

Non, c'est une main qui m'étreint les chevilles... J'ouvre les yeux, je distingue la hideuse silhouette d'un Malgache qui, déjà à demi asphyxié, roulant entre deux eaux, m'a rencontré de ses doigts nerveusement convulsés, et c'est l'atroce lutte entre deux hommes, la lutte de l'animal contre l'animal, la lutte éperdue au sein de l'abîme mouvant.

Sauvagement je me dégage, je remonte, haletant... Il me reprend, m'enfonce avec lui de nouveau. Un reste d'existence en moi se révolte. Je le déchire des ongles, je le frappe, je lui tords les membres... Je m'échappe, je m'élance... Une troisième fois ses doigts frénétiques m'ont atteint et je coule... Je ne peux plus... C'est horrible!... Je ne peux plus lutter... Mais l'instinct survit à ma volonté. Je me débarrasse de ce corps qui n'est maintenant qu'un cadavre et, frémissant, fou, je me hisse avidement sur la barrique errante.

Mais à quoi me servira d'avoir prolongé ma vie de quelques heures? Un découragement, un abattement sans bornes s'empare de moi. Seul! perdu entre ces deux infinis du ciel et de la mer!... Seul? que devenir... Mais qu'ai-je dit? Je ne suis pas seul...

．·．

Aux premières lueurs de l'aube, j'aperçois un camarade, Moreau, que soutient un morceau brisé de la vergue de perroquet. Désespéré tout à l'heure, il est aussi réconforté que moi de la rencontre et nous voguons ensemble, lui sur sa vergue et moi sur mon tonneau.

Le ciel nous prend en pitié! Voici un troisième naufragé, Levaquaire, qui avance péniblement, s'appuyant sur un chantier de chaloupe ; il nous rejoint, et à nous trois, si mal en point, nous avons pourtant le bonheur de sauver un quatrième compagnon, Cuviller, qui, sans appui d'aucune sorte, à bout de forces, succombait. Nous recueillons un des mâts du canot-major, et, liant notre drome avec les débris de la chemise de Moreau, nous poursuivons cette navrante odyssée, nous poussant et nous soutenant mutuellement.

La terre n'est pas à moins de quatre lieues. Quatre lieues dans ces conditions! La tempête s'est apaisée, mais une pluie torrentielle tombe, pluie glaciale qui, de la nuque, propage tout le long de notre corps de mortels frissons...

Au loin, des cris : 7 autres malheureux, plus malheureux que nous! désespérément accrochés aux flancs d'une futaille vide. Ils tournent à demi submergés, roulés par les lames, et n'avancent pas. Plus favorisés du sort, nous nous aidons efficacement de nos bras et, de plus, il semble que les courants nous portent vers la terre. Nos pauvres camarades nous hèlent. Mais que faire? Nous passons en les perdant de vue.

Voilà plus de huit heures que de concert nous peinons, pauvres loques humaines. Le jour décline de nouveau et nous sommes exténués, vidés de toutes forces et de toute énergie. Heureusement nous pouvons reprendre haleine sur un banc de sable et, de là, chacun de nous s'agrippant à une partie d'épave, nous allons atteindre la terre séparément. Impossible de tenter en groupe de franchir les brisants.

Les vagues se font plus courtes, mais plus dures, d'un mouvement brisé par le rivage. Le mât du canot major m'est échu en partage. Je me résous à me laisser porter vers la grève prochaine.

Mais quel passage que celui du ressac écumant! Chaque lame arrache le mât à mon étreinte et je le rattrape à grand'peine de mes doigts tremblants. Je roule sur un récif de coraux qui me déchirent, mon sang coule à flots. Haletant, je veux me lever, les arêtes de corail hachent la plante de mes pieds et je retombe sur mes genoux saignants. Les lames se succèdent impitoyables, et me traînent atrocement sur les pointes qui me déchirent. Après deux heures d'effroyables douleurs, je suis enfin jeté sur le sable, le corps zébré de meurtrissures et de plaies. Et je tombe dans une prostration indicible.

Le contact du flot montant m'en tire, en un sursaut d'horreur. La mer va-t-elle me reprendre? Encore un effort! Et je rampe jusqu'à un monticule où je m'affaisse dans l'herbe, mourant!

Je n'y reste pas seul longtemps. Le matelot Levaquaire qui a échappé, lui aussi, à l'Océan, m'y rejoint en se traînant, blessé, déchiré, comme moi-même.

Dans quel état nous étions!

Nous prîmes là quelques repos, puis, nous aidant d'un bâton, nous soutenant l'un l'autre, nous pûmes aller jusqu'à une petite aiguade voisine rafraîchir nos blessures qu'irritait le sel marin. Après quoi, épuisés de nouveau, nous restâmes sous un arbre, dans l'anéantissement du sommeil, jusqu'au lendemain matin.

Au réveil, nous grelottons, car la pluie n'a pas discontinué. Nos regards parcourent, navrés, l'horizon désert. Tout de même nous nous sentons un peu de force et nous voilà partis pour Mourounsaga que nous croyons à une lieue. Bientôt nous avons la joie de rencontrer un de nos camarades, Cuviller, qui, sauvé dans les mêmes conditions que nous, s'orientait péniblement. Nous continuons notre route et enfin, peu après, nous rencontrons un soldat hova qui nous conduit chez un Portugais depuis longtemps établi sur la côte : M. Renous.

Celui-ci connaissait notre désastre par quatre de nos matelots qu'il avait recueillis la veille. Il nous fait l'accueil le plus cordial et le plus réconfortant. Mais une même pensée nous torture : nul n'a vu notre compagnon d'infortune, Moreau. A-t-il donc péri si près de la terre? Au moment où nous nous séparions, par crainte du ressac, pour le franchir chacun de notre côté, il nous avait dit, balbutiant, qu'il était à bout de forces. Et nul de nous ne pouvait lutter pour deux...

Le lendemain matin nous retrouvâmes son corps sur la grève, baigné dans une mare rouge ; le sang était sorti par le nez, la bouche et les oreilles. Jeté là par le flot, il devait s'être évanoui, dans l'excès de la douleur du passage sur les coraux, et, sans secours et sans soins, il avait dû expirer misérablement pendant la nuit ! Nous eûmes du moins la triste consolation de lui rendre les derniers devoirs...

... Et nous ne restons que 7 survivants de tout l'équipage du *Colibri*.

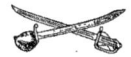

La « Doris » naufrageant au Port

Entre la coupe et les lèvres, il y a place pour un malheur.

(PROVERBE.)

Naufrager au port ! Quelle affreuse ironie.
Un navire touche au terme d'une longue traversée ; il a triomphé des vents et des flots, et dans le moment même où il est en vue de la terre vers laquelle il avance depuis tant et tant de jours, anxieux d'y atteindre, le Destin le frappe et l'anéantit.

Tel fut le sort d'une légère goélette, qui portait ce nom gracieux : la *Doris*.

Elle était partie de Fort-Royal, aux Antilles, le 28 juillet 1845, sous le commandement d'un jeune officier de valeur, Jules Lemoine, ayant à bord 58 hommes d'équipage et 9 passagers.

La traversée de l'Atlantique, malgré de rudes tempêtes subies dans les parages des Açores, avait été, somme toute, fortunée. Enfin, la *Doris* approchait de la côte française ; la joie de revoir le pays natal illuminait à bord tous les visages. Quelques-uns des voyageurs, en apercevant la côte bretonne, les hautes falaises qui ferment le goulet de la rade de Brest, se sentaient envahis par une émotion indicible : des larmes de joie coulaient sur leurs joues caressées par la brise de terre imprégnée de l'odeur de la lande et de la senteur des ajoncs dorés et des genêts verts.

La *Doris* franchit sans peine le goulet, courant grand largue, refoulant avec peine sous toutes voiles un fort jusant. Sa voile de fortune venait d'être carguée et l'équipage se disposait à laisser tomber l'ancre, quand subitement une forte bourrasque de l'ouest-sud-ouest bouleversa la rade.

Qui ne connaît cette mer intérieure, cet avant-port de Brest où toute une flotte évolue sans encombre, ne peut s'imaginer combien elle devient redoutable par les gros temps d'ouest. De refuge sûr qu'elle est d'ordinaire, elle se transforme, de par ses dimensions mêmes, en un lac irrité dont les lames contenues se heurtent, s'entrechoquent et se brisent avec une dangereuse violence.

La configuration des côtes hérissées de roches abruptes, dépourvues de plages et de ports n'est pas pour diminuer le danger que courent les bâtiments en rade ; ils ne sont en sécurité que dans le port même de Brest, situé au fond extrême de la baie.

La *Doris*, si soudainement assaillie, n'est nullement préparée à recevoir ce grain. Elle est d'assez petit tonnage. Prise en travers, elle cède sous l'effort ; et, avant qu'on ait eu le temps de tenter la moindre manœuvre, du premier coup, elle chavire sur bâbord.

Cela ne dure qu'un instant : l'eau s'engouffre par les panneaux entr'ouverts, elle emplit la cale ; la goélette coule par l'arrière, et, déjà, le haut de la mâture seul émerge au-dessus de l'eau.

L'effroyable soudaineté de la catastrophe a surpris l'équipage et les passagers ; les uns, à fond de cale, sont assommés par la trombe d'eau qui s'abat sur eux et noyés avant d'avoir pu se reconnaître ; les autres, l'eau bourdonnante aux oreilles et aux lèvres, se suspendent par grappes à la mâture ; d'autres se soutiennent à la surface, à l'aide de quelques pièces de bois flottantes ; certains enfin, bons nageurs, essaient de gagner rapidement la côte.

C'est un dimanche soir ; il est sept heures et demie, et l'obscurité tombe, ajoutant à l'horreur de la situation. Qui apercevra les malheureux naufragés ? Qui viendra à leur secours ? Ils crient lamentablement, ils appellent sans grand espoir.

Tout à coup, auprès d'eux, une voix mâle se fait entendre dans la nuit :

— Courage !... Tenez bon ; voici de l'aide...

C'est l'enseigne Binet, de service sur le stationnaire de la rade ; il a vu les feux de route de la *Doris* s'éteindre subitement et, devinant un malheur, il accourt à toutes rames dans le canot major.

Mais comment faire face au péril en même temps de tous les côtés à la fois ?

Le jeune enseigne se multiplie. Ses marins arrivent montés sur d'autres canots du *Robuste*. Déjà, le canon du stationnaire a jeté l'alarme dans la rade ; malgré la nuit les secours s'organisent promptement à terre et sur la baie.

Le patron Kermaidic, les matelots Lamour, Floch, Mocaer, sautent dans une gabare pesamment chargée et, sans souci de la fatigue et des risques, conduisent l'embarcation sur le lieu du sinistre. Deux jeunes ouvriers, de dix-neuf et vingt ans, accomplissent des prodiges de dévouement. Ces deux héros, Le Gall, tôlier au port, Brians, tailleur de pierre du Portzic, sont des nageurs de premier ordre. Vingt fois ils se jettent à l'eau pour sauver les infortunés qu'ils voient près de se noyer et, au péril de leur vie, ils sont assez heureux pour les pousser jusqu'au rivage.

A terre, le médecin Massé, de service sur la *Caravane*, se dévoue aux soins des naufragés qu'on lui amène et dont la plupart sont dans un état d'asphyxie presque complète.

Toute la nuit le sauvetage se continue à la lueur lugubre des fanaux et des torches.

D'autre part, une embarcation de la corvette l'*Allier* recueille à l'entrée du goulet 4 pêcheurs qui, depuis plusieurs heures, errent cramponnés à la quille de leur canot que la rafale a chaviré. Car ce terrible coup de vent n'a pas détruit que la *Doris* ; un autre bâtiment, le chasse-marée le *Sprateer*, a été coulé dans la baie de Douarnenez, mais la cargaison seule est perdue, l'équipage s'est entièrement sauvé.

Enfin, le jour reparaît après cette nuit désastreuse. On peut se compter.

La perte de la *Doris* coûte trente et une vies humaines. Parmi les disparus est le commandant Lemoine qui, après avoir arraché à la mort trois de ses compagnons, a succombé au cours d'un quatrième sauvetage. On ne retrouvera que le 3 octobre ses restes lamentables, reconnus à des lambeaux de vêtements et à sa montre dont les aiguilles se sont arrêtées à sept heures vingt minutes, l'heure du sinistre!

Le naufrage de la *Doris* en plein port de Brest n'est pas effacé du souvenir des marins bretons. Ils se le racontent de génération en génération comme un curieux et émouvant exemple du sort ironique et cruel, qui est souvent celui des gens de mer.

La Perte terrible de la « Sémillante »

Périr pour périr, pourquoi du moins ne pas succomber en tentant l'impossible, et en jetant un sublime défi aux forces aveugles de la nature ?

L'INSCRIPTION ci-contre, gravée sur une pierre tumulaire plus grande que celles qui l'entourent, attire les yeux du touriste que ses pas conduisent dans l'île Lavezzi, au cimetière fleuri et parfumé qui est pour les gens de mer un but de pèlerinage.

> Ci-gît :
> G. Jugan, capitaine
> de frégate,
> commandant la *Sémillante*,
> naufragé
> le 15 février 1855.

Autour du promeneur, s'offrant à ses regards parmi la multitude des flots bleus aux écumes moutonneuses, c'est l'archipel d'îles et d'écueils qui peuple le détroit de Bonifacio, dernières arêtes, suprêmes vestiges de l'épine granitique qui reliait autrefois la Corse et la Sardaigne et qui se brisa, se morcela dans quelque convulsion géologique.

Plus au loin dans le sud, c'est la côte sarde abrupte, où percent çà et là les roches cristallines et schisteuses ; au nord, c'est la haute falaise Corse, calcaire et blanchâtre, au sommet de laquelle trône Bonifacio. Et de tous les îlots : les Budelli, Cavato, Razzoli, Madalena, Caprera, pointent des pics autour desquels les flots jouent et s'irritent, s'élancent des rocs creusés de grottes, qu'ornent des lianes en festons.

Mais le voyageur dont les yeux viennent d'être surpris par cette inscription funéraire et qui remarque, auprès de cette tombe, un autre monument, une pyramide surmontée d'une croix, élevée à la mémoire des naufragés de la *Sémillante*, ce voyageur ne voit plus l'horizon pittoresque ni le ciel rayonnant ; il n'entend plus la mer chantante ; il songe à cette affreuse journée du 15 février 1855 où la *Sémillante* vint se perdre corps et biens contre les rochers de l'île Lavezzi.

Des 700 hommes que portait cette frégate, pas un n'échappa : de sorte que le désastre serait resté entouré d'un éternel mystère si l'on ne pouvait en reconstituer assez exactement les émouvantes péripéties d'après les résultats de l'enquête ordonnée après la catastrophe, et les récits des rares pêcheurs qui, des hauteurs de Bonifacio, malgré la violence extraordinaire de la tempête, assistèrent, impuissants et terrifiés, aux péripéties du drame.

⁂

La *Sémillante*, commandée par le capitaine de frégate Jugan, avait quitté Toulon, le 14 février 1855. Outre ses 300 hommes d'équipage, elle avait à bord 393 hommes de troupes à destination de la Crimée, où notre armée se battait contre nos alliés d'aujourd'hui avec l'aide de nos alliés d'alors....

La *Sémillante* était une de nos plus solides unités de la flotte méditerranéenne; elle avait d'excellentes qualités de navigation; elle était loin d'avoir reçu, tant en personnel qu'en matériel, le chargement qu'elle eût pu supporter.

La voie la plus directe pour aller de Toulon à Sébastopol passe entre l'extrémité sud de la Sardaigne et la côte algérienne; ce fut la direction que la frégate prit, par temps calme, et qu'elle commença de suivre pendant toute la journée du 14 et la plus grande partie de la nuit. Mais, dès avant l'aube, le bâtiment, surpris par une rafale soudaine, soufflant de l'ouest-sud-ouest avec une violence inattendue, fut rejeté à plusieurs milles à l'est de sa route; il n'eut que le temps de carguer précipitamment ses voiles.

Les navigateurs savent que, dans la Méditerranée, les vents d'ouest, qui dépendent du nord jusqu'au parallèle des Baléares, tendent à haler du sud après cette limite. Le commandant Jugan, marin expérimenté, n'ignorait pas cette particularité; dès lors il est probable que lorsque la *Sémillante* arriva à cette hauteur, les vents l'ayant rapprochée des côtes de Sardaigne, et pour éviter, par gros temps et forte mer, de se laisser affaler sur la terre et d'être contraint de louvoyer, le commandant prit le parti de donner, de lui-même, dans les bouches de Bonifacio.

Cette manœuvre était précisément celle qu'il fallait accomplir, et, dans toute autre circonstance, elle eût été couronnée de succès. Mais l'état des bouches était, à ce moment, indescriptible; le vent, déchaîné, s'engouffrait avec une violence folle dans le détroit, rasant les toits de Bonifacio dont il faisait voler les tuiles, se heurtant aux aspérités des deux falaises, se déchirant aux pointes des flots, hurlant et rugissant.

Les vagues qu'il fouettait, qu'il mordait, qu'il brisait, se soulevaient, s'entrechoquaient tumultueusement, s'élançaient, bondissaient avec un fracas assourdissant; les embruns éperdus se mêlaient aux nuées alourdies et tournoyantes: le détroit n'était plus qu'un immense brisant où luttaient avec fureur les éléments confondus.

Il n'était pas de frégate au monde capable de présenter le travers à une aussi formidable tempête, et tout bâtiment que sa position dans ces parages forçait de laisser courir pour donner dans ces passes, si dangereuses même par temps calme, était voué d'avance à une perte certaine.

Le capitaine Jugan vit toute l'étendue et toute l'imminence du péril. Le phare de l'île Razolli avait disparu ; celui de la Testa était annihilé par les couches de sel dont ses glaces s'étaient trouvées voilées[1]. Impossible de regagner le large houleux qu'il eût mieux valu garder à tout prix. La frégate, proie des vents et des flots, était entraînée avec rapidité dans le gouffre fatal.

Situation tragique que celle de cet infortuné commandant ayant entre ses mains impuissantes, tremblantes de douleur, la responsabilité de ces 700 existences humaines, de ces 700 vies françaises qui allaient s'achever au fond de cet abîme, non seulement sans gloire, hélas ! mais sans utilité pour la patrie...

La mort était maintenant inévitable. Mais, périr pour périr, pourquoi du moins ne pas succomber en tentant l'impossible et en jetant en quelque sorte un sublime défi aux forces aveugles de la nature ?

Telle fut, sans doute, la pensée du capitaine Jugan.

Et voilà pourquoi, cette frégate que l'on apercevait du phare de la Testa, vers onze heures du matin, mais qu'on distinguait à peine dans la grisaille lointaine de la brume et des embruns, sautante et craquante sous l'effort des lames formidables, cette frégate dont on entendait par instants le canon d'alarme et les clameurs désespérées de l'équipage, cette frégate qui venait à sec de toile, du nord-ouest, se briser sur les premières roches du cap, hissa tout à coup sa trinquette et passa, vaisseau-fantôme, emportée sur bâbord, à travers les bouches, vertigineusement, comme un oiseau gigantesque dans un remous de la tourmente....

On peut s'imaginer aisément quelles scènes d'angoisse et d'horrible épouvante durent se produire alors sur le pont, fouetté d'écume, du vaisseau que les vagues et le vent se renvoyaient, et qui roulait, tournait, tel qu'un fétu de paille dans le tourbillon de la tempête. Les matelots que l'avidité des flots livides n'avait pas encore arrachés à leur fragile asile, se déshabillaient avec une hâte fébrile. Et le capitaine, hermétiquement boutonné dans sa capote d'uniforme, cramponné à la dunette, dédaigneux de chercher à sauver sa propre vie, attendant la destinée, fixait froidement la mort, devant lui.

Si le hasard — car le timonier n'a plus qu'une barre brisée, inutile, entre ses doigts, — si le hasard veut que la *Sémillante* soit chassée en prenant par le canal qui sépare les îles du Budelli et de la Madalena, large et profond de 50 mètres, la *Sémillante* est sauvée....

---

1. C'est là, il faut le dire, un fait exceptionnel, dans les observations relatives aux phares.

Mais la *Sémillante* est condamnée....

Sa fin n'est pas une agonie qui se prolonge, ce n'est pas le drame à plusieurs scènes de l'échouement ou du choc suivi de naufrage. La mer démontée veut l'anéantir d'un coup, d'un seul coup.

Une lame démesurée, avec la puissance irrésistible qu'aurait la main même de la Divinité, soulève tout entière la frégate d'où jaillit un unanime cri d'horreur et la rejette avec une inconcevable furie sur les récifs de l'île Lavezzi, où, comme un hochet d'enfant, elle se brise en mille pièces....

Et rien d'humain ne profane plus la redoutable majesté de la tempête. Les vagues bouillonnantes passent et repassent encore sur les récifs acérés, dispersant pêle-mêle, avec colère, les débris de bois et les débris de chair....

En quelques secondes la *Sémillante* et 700 hommes ont disparu.

. . .

Le lendemain, dès l'accalmie, les barques des marins corses et des pêcheurs sardes se détachèrent des anses et des criques voisines et vinrent explorer le détroit.

Les pêcheurs ne tardèrent pas à découvrir, autour de la pointe sud-ouest de l'île Lavezzi, un informe entassement d'objets brisés, inextricablement emmêlés de cordages : flèches de mâts hachés, fusils tordus, bérets de matelots, équipements disparates, cadres de hublots aux ferrures écrasées, aux glaces éclatées, un lambeau de soutane... et le livre-journal de la *Sémillante*, que le vent feuilletait....

A la première nouvelle du désastre, la France entière fut prise d'une émotion, d'une pitié intenses. Le ministre de la marine envoya l'aviso *Averne*, commandé par le lieutenant Bourbeau, procéder à des recherches minutieuses.

Le lieutenant Bourbeau fouilla toute la côte ouest et sud de l'île, qui était jonchée de débris que la mer avait laissés comme autant de témoignages de sa puissance souveraine. Il releva des mortiers qui gisaient par 4 mètres de fond, amena une voile portant l'inscription : *Sémillante. — Yole n° 1*, mais ne put découvrir un cadavre !

La mer les gardait jalousement dans ses profondeurs, accrochés aux aspérités de la côte.

Trois corps enfin furent recueillis, quinze jours après la catastrophe, trois corps presque nus, celui d'un matelot, d'un soldat et d'un caporal ; puis ce fut le corps d'un prêtre — l'aumônier, — qu'on reconnut à ses bas noirs ; puis

La " Sémillante " précipitée sur les rochers de l'île Lavezzi.

un autre corps vint flotter à la surface, puis un autre, puis un autre…. Ils remontaient tous, lentement, tous nus et méconnaissables, sauf le capitaine Jugan, dont l'identité fut établie par la difformité caractéristique de l'un de ses pieds et par son uniforme de commandant étroitement boutonné.

Soixante cadavres réapparurent ainsi. Les officiers de l'*Averne* les recueillaient pour les faire ensevelir successivement.

Puis les corps affluèrent à la côte. Il fallut ouvrir un second cimetière dans l'île Lavezzi. Les matelots de l'*Averne* y enterraient en gémissant les corps de leurs infortunés compagnons.

Le 4 mars, les autorités de Bonifacio et un détachement de troupes vinrent rendre les derniers devoirs aux victimes de la *Sémillante* qui, d'ailleurs, n'avaient pas été toutes retrouvées.

Le 15 mars, un mois après le sinistre, on comptait 250 corps rendus par la mer et l'ensevelissement continuait toujours !

Les cadavres arrivaient par groupes, flottant à peine, balancés suivant les vents et les marées. Ils n'avaient plus apparence humaine….

Ce sont toutes ces scènes qui s'évoquent et se déroulent dans l'esprit du voyageur que les hasards d'une excursion amènent près des tombes des naufragés de la *Sémillante*. Il ne voit plus l'horizon pittoresque, ni le ciel rayonnant, il n'entend plus la mer chantante ; il songe à cette journée douloureuse et inoubliable où tant de vies furent, d'un coup, brutalement reprises et absorbées par la force éparse des éléments.

Le « Duroc »
échoué en plein Pacifique

> O patience, ô saint trésor !
> Tant fait-on de quarts que la nuit passe ;
> Tant suit-on les astres dans l'espace,
> Qu'enfin le soleil y prend l'essor ;
> Tant parle-t-on qu'il faut se taire,
> Tant navigue-t-on qu'on voit la terre.
>
> Jean Richepin (La Mer).

Échouer en plein Pacifique, sur un îlot désert, sur un banc de sable; y établir un campement, y construire de toutes pièces une chaloupe; s'embarquer dans ce bateau minuscule et dans trois canots encore plus petits pour accomplir une traversée d'environ 800 lieues avant d'atteindre quelque port civilisé, telle fut l'extraordinaire aventure du lieutenant de vaisseau de la Vaissière, commandant le *Duroc*, et de ses compagnons.

*
* *

L'aviso à vapeur le *Duroc* était parti, le 7 août 1856, de la Nouvelle-Calédonie à destination de la France. Il avait à son bord 66 personnes, équipage et passagers.

Au départ, le temps fut favorable. Le navire, qui présentait les meilleures garanties de sécurité, filait joyeusement par une bonne brise. Sur le pont, égayant les passagers de ses ébats ingénus, jouait la fillette du commandant, sous l'œil attentif de sa mère.

Le 12 au matin, le *Duroc* était à 150 lieues nord-ouest de la Nouvelle-Calédonie; 10 lieues plus loin, il allait passer en vue, à tribord, du récif Mellish; il n'avait qu'à persister dans la même direction, à continuer de creuser droit son sillage parmi l'immensité des flots moutonneux.

Mais une inconcevable erreur de la carte devait coûter cher aux hôtes du *Duroc !* En réalité, le récif Mellish n'était pas à quelques lieues sur tribord, il se trouvait à ce moment dans l'axe même du navire qui s'avançait sur lui avec rapidité. Inévitablement, l'aviso devait foncer sur l'écueil avec d'autant plus de violence que le commandant, confiant dans l'expérience de l'officier de quart et dans son propre contrôle de la direction suivie, venait de donner l'ordre à la machine d'augmenter de vitesse.

La nuit était survenue très obscure. Le *Duroc*, sous l'impulsion du rythme sourd de ses bielles en action, filait avec un bruissement puissant sur l'eau noire. L'officier de quart était à son poste, tranquille. Les passagers et la plupart des matelots dormaient....

Soudain, un choc ! un bruit effroyable !... un long grincement de la quille et l'arrêt total du bâtiment dans le halètement multiplié des chaudières et les sifflements suraigus de toutes les soupapes ouvertes !...

Les passagers, jetés par la secousse à bas de leurs couchettes, accourent, demi-nus, dans l'effarement de la catastrophe. Le commandant, le premier sur pied, a jugé la situation et les rassure du mieux possible : le navire est ancré sur un récif, il ne bouge plus, il ne coule pas... Point de péril immédiat ; on aura quelques heures pour opérer le sauvetage. On a touché... Mais où ? mais quoi ?

Penchés à l'avant, le commandant et le second, de leurs regards anxieux, cherchent à percer les ténèbres qui gardent leur mystère. Se sauver... Comment ? La carte n'indique aucune terre à moins de cent lieues, aucun port organisé bien plus loin encore. Tenter un trajet pareil dans les canots du bord ? Ce serait folie !

Et, dans une incertitude, dans une anxiété poignantes, s'achève cette nuit sereine si lugubrement interrompue.

Mais à l'aube, ô joie ! un banc de sable, un véritable îlot, est là, à quelques mètres de l'épave, et, du moins, les naufragés y seront à l'abri des dangers de l'Océan. Il faut débarquer. Immédiatement on se met à l'œuvre. Voici les canots à la mer : on y descend d'abord les malades, puis les femmes, les enfants, les passagers ; on débarque les vivres, les appareils de cuisine et de distillation, des couvertures, des toiles, des matelas, le four, la forge, des outils et des armes, du bois, etc...

Enfin, le commandant abandonne son bord le dernier, après s'être assuré que tout essai de renflouage serait vain.

A présent, l'îlot aride est habité par soixante-dix Robinsons. Il ne s'agit plus pour eux que de s'y installer le moins mal possible pour un séjour qui era, selon toute vraisemblance, fort long, car de tels parages sont peu fréquentés.

Déjà, les matelots plantent un mât à la crête de l'îlot et hissent une voil flottante, signal des naufragés. Puis, tous se mettent en devoir de prépare le campement. D'abord, on dresse des tentes, à l'aide de voiles, pour préserver du soleil qui darde des rayons torrides et moins souffrir de leur réverbération aveuglante sur les sables et sur la mer. La petite fille du commandant de la Vaissière, avec l'heureuse insouciance des enfants, tantôt s'intéresse aux détails de l'installation, tantôt joue, en riant, en chantant, sur le sable doré, bat des mains, et saute. Elle songe qu'elle vit une de ces histoires surprenantes qui se déroulent dans les livres où l'on apprend à lire. De quoi s'effrayerait-elle? Sa mère, comme les autres femmes, se montre résignée ; les hommes, résolus et disciplinés.

Pourtant, la situation ne laisse pas que d'être critique.

Les vivres sont en abondance, il est vrai ; l'eau est fournie à discrétion par un appareil à distillation ; mais quoi! faudra-t-il attendre qu'un navire passant au large aperçoive cette colonie imprévue? L'attente peut durer des jours, des semaines, des mois même !

D'autre part, hasarder dans des canots fragiles — qui, d'ailleurs, ne pourraient emporter tout le monde — une traversée de plusieurs centaines de lieues pour rejoindre la terre prochaine, est-ce vraiment possible?

Le commandant examine ces diverses solutions et, enfin, se détermine : ses trois meilleurs canots, bien équipés et bien armés, pourvus d'hommes et de vivres, partiront chercher du secours. Mais pour que les naufragés qui resteront sur l'îlot ne soient pas privés de toute possibilité de communication avec le reste du monde, on va auparavant construire un petit bâtiment qui pourra être utilisé, le cas échéant.

Ce travail est entrepris sans retard. Le bois provenant des bas mâts et du beaupré du *Duroc*, qui gît toujours lamentablement sur le flanc, sert à la construction décidée, et, bientôt, la carcasse d'une chaloupe de 14 mètres de quille se dresse sur la plage. Le commandant songe qu'au pis aller, cette embarcation lui permettra de gagner, avec ses naufragés, le point le plus rapproché des côtes d'Australie.

C'est un spectacle réconfortant de voir les matelots travailler vaillamment à la *Délivrance*, nom symbolique donné dès la première heure au futur bâtiment. Du matin au soir ils s'y acharnent, et les journées passent, brèves, sous un soleil ardent. La nuit, tous dorment à la belle étoile, bercés par le bruit des vagues.

.·.

Le 25 août, douze jours après l'échouement, la construction est assez avancée pour que la première partie du plan de M. de la Vaissière puisse être mise à exécution. L'enseigne de vaisseau Magdelaine part avec 35 hommes : 15 sous son commandement direct, dans le grand canot ; 9 avec l'enseigne Augey-Dufresse, dans le canot-major ; 8 avec le maître d'équipage dans la baleinière. Ils ont pour mission de demander aide au premier navire en vue, et, s'il est nécessaire, d'aller jusqu'au cap Tribulation, qui est le point le plus rapproché de la terre ferme.

Ces 35 braves partent sans hésitation, mais non sans appréhension. Quelle minute émouvante que celle du départ! Quel sort sera le leur? Les voilà déjà au large, et, pour eux, que de difficultés à vaincre! D'abord, ils ont pour ordre de se maintenir en vue les uns des autres, malgré la houle et les vents contraires, et cette sage prescription les oblige à une vigilance continuelle qui devient, la nuit, absolument harassante.

Leurs canots ont été surchargés d'effets et de vivres. L'Océan grossit d'une façon inquiétante; ils sont contraints de jeter à l'eau tout ce qu'ils ne jugent pas indispensable. Le jeune commandant Magdelaine, debout à l'avant du grand canot, veut, en dépit de la tourmente, prendre la hauteur méridienne. Une lame surgit, déferle, l'enlève et emporte du même coup les vivres, les vêtements, les papiers concernant le rapport sur la perte du *Duroc* et le baril à eau!

L'enseigne reparaît à vingt-cinq brasses du canot, luttant désespérément. Il va couler. La baleinière qui suit le recueille à temps. Déjà le quartier-maître Laury, patron du grand canot, le matelot Burel, ont saisi la barre, remis l'embarcation debout à la lame, et amené la voile. Leurs camarades précipitent tout par-dessus bord, jusqu'à leurs souliers; ils vident le canot; le danger est momentanément écarté; ils peuvent rattraper leur baril à eau.

Le soir du même jour, le calme renaît, et le 30 août, les aventureux compagnons atterrissent au cap Tribulation, sans autres péripéties. Mais, ils ne sont pas au terme de leurs peines: ils n'ont, au cap Tribulation, aucun secours à espérer pour leurs camarades restés sur l'îlot désert; ils se contentent de renouveler leur provision d'eau, malgré les indigènes hostiles, et décident de repartir en naviguant le long des côtes australiennes jusqu'à ce qu'ils rencontrent un port.

Chaque soir, ils s'arrêtent, s'abritent dans une crique, une anse favorable, se nourrissent de racines, de coquillages, de poissons, puis, se reposent. A l'aube, ils repartent.

Neuf jours, ils mènent cette vie errante. Le 9 septembre, ils arrivent à Port-Albany. A leur grand désappointement ils n'y trouvent aucune aide efficace. Point de navire à Port-Albany. Il leur faut donc poursuivre leur odyssée lamentable. Et depuis quinze jours ils voguent et vont d'épreuve en épreuve. Ils sont exténués. N'importe! A douze jours de là est située l'île de Timor, et Coupang y est un port plus fréquenté qu'Albany. Ils reprennent espoir, ils reprennent courage. Le lendemain, 10 septembre, ils regagnent la haute mer.

Pendant une semaine encore, ils naviguent sans incident. Le 17, le calme plat les surprend, plus redoutable pour eux que la tempête ! Plus un souffle dans l'air, les voiles, flétries, tombent le long des mâts, et les barques, alourdies, s'immobilisent sur une mer en feu.

Les malheureux n'ont plus la force de ramer ; leur provision d'eau pure se raréfie ; ils n'osent plus y toucher ; ils s'affaissent sur leurs bancs, épuisés.

Cependant, ils sont à peu de distance de Timor. Leur chef l'affirme ; il les excite de la voix et du geste. Le soir, les matelots, dans un suprême sursaut d'énergie, ressaisissent les rames et nagent ; ils nagent toute la nuit...

Au matin, la terre est en vue !

Elle se profile, ligne indécise, à ras des flots, sur une étendue de vingt lieues. Une brise propice se lève. Les canots glissent de nouveau avec légèreté sur la surface des eaux. La joie ranime les cœurs des matelots... Là-bas, l'île monte lentement à l'horizon.

Enfin, ils touchent au rivage. Mais deux jours encore ils doivent longer la côte. Le 22 au soir, ils entrent dans le port de Coupang.

C'est là le terme de leurs peines. Le résident, M. Fronnkel, les accueille avec empressement. Quelques heures de repos les remettent de leurs fatigues. Eux, du moins, sont sauvés : trois jours après, le paquebot le *Parlang* les prend à bord pour les transporter à Batavia.

Cependant, M. de la Vaissière et les malheureux dont il partageait l'exil, après une dure et vaine attente de cinquante jours, ne voyant ni voile, ni panache fumant surgir dans le cercle illimité de l'horizon, avaient résolu de se sauver eux-mêmes : ils s'embarquèrent sur la *Délivrance*.

Et le frêle esquif, bâtiment construit des débris d'un naufrage, chargé de trente et une existences humaines, entreprit à son tour un voyage de 800 lieues, au cours duquel il eut à subir les orages de la mousson d'ouest. Vingt fois, il faillit sombrer, vingt fois il triompha des plus terribles épreuves, grâce à l'expérience, à l'énergie des marins qui avaient assumé la responsabilité de la manœuvre.

Et le 30 octobre, les trente et un exilés de l'îlot désert, exténués, mais saufs, abordaient à leur tour à Coupang, ayant vécu une inoubliable aventure.

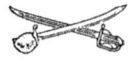

Le « Borysthène » perdu la Nuit, au large d'Oran

> *Nuit et tempête! Au fond du gouffre en entonnoir*
> *Le flot, le vent, les rocs, les remous, les décombres,*
> *Pêle-mêle incessant! Tout n'est que bruits et qu'ombres;*
> *On ne distingue rien tant le chaos est noir.*
>
> (Jean Richepin, *La Mer*.)

La Méditerranée, bleue sous le ciel bleu, sans flux ni reflux, indolente et d'apparence débonnaire, a parfois de brusques bouillonnements de colère.

Elle est alors plus redoutable qu'un Océan.

Ses vagues perdent leur teinte azurée, elles verdissent, elles bavent une écume grisâtre, elles se tordent en hurlant et atteignent les hauteurs extrêmes des flots furieux.

La côte algérienne, ordinairement si calme et souriante, toute parée de roches roses, dentelées, ajourées comme un motif d'ornementation arabe, est parfois bouleversée par ces tempêtes soudaines et les sinistres qu'elles causent.

Entre tous, le naufrage du *Borysthène*, y fut particulièrement dramatique.

∴

Le 15 décembre 1860, dans la soirée, le *Borysthène*, venant de Marseille avec 250 personnes, équipage et passagers, arrivait en vue d'Oran par une mer houleuse.

A peine pouvait-on distinguer, dans l'obscurité croissante, à bâbord, le cap Carbon qui s'avance dans la mer, et d'où part une chaîne de hautes collines qui se déroulent le long de la côte, parsemées de maisons arabes, toutes blanches, semblables à de minuscules dés à jouer, puis la pointe sauvage de l'Aiguière; en face, la rade ouverte d'Oran avec la grande ville étageant ses rampes, ses promenades et son fort Santa-Cruz bâti sous Philippe II, contemporain de l'*Armada*, et qui surplombe de ses quatre cents mètres d'altitude sur les hauteurs qui abritent le petit port de Mers-el-Kébir, qui est peuplé d'Italiens et d'Espagnols, et d'où sortent le matin, comme un vol d'oiseaux de mer, les balancelles de pêcheurs et navigateurs côtiers ; plus loin enfin, le cap Falcon.

Les passagers achevaient de dîner, dans l'excitation joyeuse du débarquement prochain, quand un coup de vent arrivant par bâbord arrière chassa irrésistiblement le navire vers l'ouest. En même temps, la nuit se fit, complète.

Le commandant prévint alors les passagers de ne point s'attendre à toucher terre à l'heure primitivement annoncée : le *Borysthène* dérivait malencontreusement hors du port. Mais ce n'était là, dans l'esprit de tous, qu'un mécompte sans importance, et la plupart des passagers gagnèrent leur cabine d'abord, leur couchette ensuite, avec insouciance.

Cependant, le *Borysthène* était porté, toujours dans la nuit, parallèlement aux hauteurs du cap Falcon, sur la mer de plus en plus mauvaise.

Subitement, un grincement aigu, sinistre, monta du fond de la cale, et le navire s'arrêta dans un craquement de toute sa membrure.

Il venait de talonner sur un récif.

La secousse brutale renversa les passagers, remit sur pied, nerveusement, les matelots assoupis qui coururent de droite et de gauche, cherchant les ordres de leurs chefs. Puis, dans la confusion de la surprise, dans l'anxiété croissante, ce cri sinistre retentit, devenant tout de suite un hurlement d'épouvante :

— Perdus !... Nous sommes perdus !...

Les passagers, à demi nus, reparaissaient sur le pont, et, dans la nuit noire, parmi le fracas des vagues tumultueuses, sous le sifflement du vent dans les haubans, se pressaient autour des mâts en groupes terrifiés. Les matelots se multipliant, les heurtaient, les renversaient involontairement, et des jurons de colère se mêlaient aux clameurs d'effroi. Le *Borysthène* grinçait, craquait de toute sa coque ébranlée... Un grondement sourd et puissant montant du fond du navire annonça que l'eau pénétrait avec violence dans la cale. Alors la panique redoubla....

Les sanglots plus aigus des femmes se confondent avec les clameurs plus exaspérées des hommes. Puis un silence relatif se fait... Aux vagues lueurs des feux du pont, les passagers ont vu se dresser au-dessus d'eux, debout sur un amas de cordages, une silhouette noire, celle d'un prêtre, l'abbé Moisset, qui élève la voix et, d'un geste ample et calme, donne à tous l'absolution dernière.

Le capitaine fait sonner la cloche d'alarme à toute volée, mais son tintement se perd lugubrement dans les rafales. Brusquement, la cloche cesse de retentir : le navire se couche à tribord. L'eau fait sauter les hublots et se précipite en bouillonnant dans les salons et les cabines ; elle en chasse les infortunés qui s'y étaient réfugiés. Ils sont obligés, sous un torrent glacé, de regagner en hâte l'escalier pour atteindre le pont glissant. Le capitaine ordonne qu'on abatte le grand mât afin d'alléger d'autant l'épave. Quelques matelots se mettent en devoir d'exécuter cet ordre, mais ils n'ont pas achevé, qu'une lame furieuse les enlève. En même temps, l'arrière du vaisseau sombre tout entier dans un remous monstrueux, qui engloutit vingt personnes à la fois.

Un cri multiple qu'étrangle l'épouvante et qu'étouffe la mort passe sur la mer. Et c'est tout...

Les vagues s'élancent avec une nouvelle furie sur l'avant du navire.

Les survivants, cramponnés aux bastingages de bâbord, aux agrès, ferment leurs doigts crispés sur les moindres saillies et subissent l'assaut démesuré de la tempête. Les lames balaient le pont avec une rage folle, et, chaque fois, elles entraînent un malheureux dont les nerfs ont faibli. Les éléments se sont déchaînés d'ailleurs avec un excès d'horreur sublime : *la mer est phosphorescente*, de sorte que les naufragés affolés voient les vagues géantes tomber sur eux en un ruissellement de feu !

Un de ces infortunés a sa femme emportée avec son jeune enfant qu'elle pressait contre son sein ; il veut la retenir et ne le peut : il se précipite dans les flots pour périr avec elle. L'abbé Moisset défaille et cède à son tour. Une main secourable se tend vers lui, mais il la manque ; il se raccroche à la vareuse d'un matelot et déjà se croit sauvé, quand le morceau lui reste entre les doigts, et il disparaît à jamais.

Soixante-dix personnes périssent de la sorte durant cette épouvantable nuit.

Enfin, aux premières clartés de l'aube, les survivants découvrent qu'à cinquante mètres de l'épave où ils agonisent, la roche contre laquelle le *Borysthène* s'est brisé, émerge et présente une assez large surface plane, hors de la portée des flots !

La mer s'est un peu calmée ; quelques matelots se jettent courageusement à l'eau et, au risque de leur vie, parviennent à établir un va-et-vient entre l'épave et le récif.

Dès lors, tout danger de mort immédiate est écarté pour les 180 survivants. Mais que de périls encore ! A neuf heures pourtant, ils ont tous abandonné le *Borysthène* et se trouvent réunis sur le roc que la mer n'atteint pas. Mais là, point de boisson ni de nourriture, et l'épuisement dans lequel ils se trouvent après de si longues fatigues physiques et tant de poignantes angoisses, leur rend plus redoutable l'étendue mouvante des flots hostiles.

Comme pour ajouter à l'horreur de la situation, des cadavres apparaissent sur la mer, non loin du récif, se balancent, et enfin s'éloignent, poussés par le vent et la lame. Les naufragés, glacés d'épouvante, les suivent des yeux...

Quelques matelots énergiques sont parvenus à faire jaillir une flamme fumeuse des planches des canots brisés ; les femmes, les enfants, tendent autour de ce triste foyer leurs mains grelottantes ; d'autres hissent leurs mouchoirs, noués bout à bout, à l'extrémité d'un bâton et font des signaux.

Des pêcheurs espagnols les ont aperçus. Ils s'approchent, ils s'informent. C'est l'espoir, c'est le salut ! Un même mouvement de joie fait bondir le cœur des naufragés. Les pêcheurs leur jettent du pain et des biscuits, les provisions qu'ils avaient emportées pour eux-mêmes, et cinglent sur Oran annoncer le désastre et chercher du secours.

Les naufragés du *Borysthène* ne sont pas au bout de leurs infortunes. La pluie tombe toute l'après-midi. Elle les désaltère, mais les trempe et les transit jusqu'aux os. Et quand les ombres de la nuit redescendent, aucune aide n'est parvenue d'Oran ! Cependant, plus personne ne désespère. On entretient le feu et tous se pressent auprès de la flamme tournoyante, mais alentour, la mer semble faire monter plus haut, dans l'obscurité, sa clameur de menace ; et les naufragés, revivant les angoisses de la nuit précédente, tremblent de peur plus encore que de froid.

Les soldats se dépouillent de leurs capotes en faveur des malades qui commencent à gémir, nombreux.

Il n'y a plus sur ce rocher qu'un vague troupeau humain, qui gît, exténué, lorsque le 17, au matin — un dimanche — cinq balancelles espagnoles y abordent.

Alors tous les naufragés se raniment. Ils chantent, ils pleurent, battent des mains ou crient et enfin s'embarquent, sauvés. Et tous arrivent quelques heures après sur les quais d'Oran, au milieu d'un immense concours de population qui embrasse, choie, acclame les survivants du *Borysthène*, inespérément arrachés à la mort.

L'« Ermak » brisé dans les glaces

La Nature, comme à une heure suprême,
semble vouloir leur révéler les mystérieuses
splendeurs de l'au-delà...

Le 1ᵉʳ/12 août 1862, la goélette russe l'*Ermak* quittait le village de Konia, à l'embouchure de la Petchora. Elle devait aller reconnaître l'embouchure du fleuve Ienisseï, qui se jette dans la mer de Kara.

L'*Ermak* remorquait un bateau ponté de dix-sept tonneaux : l'*Embrio*. Trente hommes formaient l'équipage des deux bâtiments. Le chef de l'expédition était le lieutenant Krusenstern, devenu, depuis, l'un des plus intrépides explorateurs du xixᵉ siècle.

Le voyage commença favorablement, par une température de printemps d'Europe.

Le 9 août, l'*Ermak* atteignait l'île Varandei, où, les vents contraires d'abord, puis le calme, le retinrent jusqu'au 13. Le 13, il repartait par un bon vent arrière, à la vitesse de sept nœuds.

Mais, dès lors, l'*Ermak* et l'*Embrio* avaient pris contact avec les premières glaces, et lorsque, le 14, les deux navires arrivèrent en vue du détroit de Vaïgatch qui sépare le continent de l'île Vaïgatch, le lieutenant Krusenstern ralentit sa marche, incertain de ce qu'il convenait de faire.

S'engagerait-il dans ce passage qui est exigu et que les glaces bloquent aisément, ou remonterait-il au nord jusqu'au détroit de Kara qui, fort large, entre l'île Vaïgatch et la Nouvelle-Zemble, n'est obstrué qu'aux plus basses températures ?

Il se résolut à passer par le plus court et le plus dangereux.

C'était une faute.

Inquiet cependant en voyant les Samoyèdes, devant leurs huttes dressées sur les rives, lui faire des signaux alarmants, il forçait de voiles et parvenait sain et sauf à l'extrémité du périlleux détroit. Il se félicitait déjà de sa témérité, quand, en débouchant dans la mer de Kara, il se heurta à une barrière de glaces qui s'étendait à perte de vue.

Il chercha un passage, mais en vain. La banquise se prolongeait jusqu'à la côte, formidable et sans issue. Krusenstern s'apprêtait à repasser le détroit pour remonter vers la Nouvelle-Zemble, lorsque la situation se modifia rapidement et encore plus fâcheusement.

Des blocs énormes, des masses de glace, se détachaient de la banquise avec des bruits singuliers tels que des chocs d'armures ou des déchirures de soie, et commençaient à glisser tous ensemble dans la direction du détroit. En un clin d'œil la situation fut jugée à bord de l'*Ermak* et de l'*Embrio* : elle était critique et, d'un moment à l'autre, pouvait devenir désastreuse.

Ces glaçons de toutes formes et de toutes dimensions, roulant pêle-mêle, allaient inévitablement s'entasser à l'entrée du détroit, bloquer les deux bâtiments, livrés à la congélation des eaux. Il n'y avait plus un instant à perdre, il fallait lutter de vitesse avec eux.

Mais déjà les glaces arrivaient de toutes parts, menaçant l'*Ermak* et l'*Embrio*, et les deux équipages durent commencer par les repousser à coups d'anspect, les briser à coups de haches et de pinces. L'*Embrio* fut séparé de l'*Ermak*, entraîné par les icebergs. La nuit vint, on le crut perdu ; le matin, on le revit qui, profitant de sa petite taille pour se glisser entre les blocs monstrueux, mais ébranlé, fendu, blessé d'un large trou au-dessus de sa ligne de flottaison, regagnait peu à peu le détroit. Il y atteignit : il était sauvé.

L'*Ermak*, lui, s'était amarré à un bloc de glace immobile. L'équipage profita de l'abri momentané que lui prêtait cette masse pour réparer la carapace de mélèze que, pour cette campagne, on avait surajoutée à la goélette et que des chocs trop rudes avaient déjà fracturée en deux endroits.

A ce moment, les matelots s'aperçurent que le bloc bougeait. Il voguait insensiblement vers la mer et vers les banquises, entraînant le bâtiment dans sa dérive...

Les matelots se multiplient en efforts désespérés pour sortir de la zone fatale, mais les glaçons innombrables qui filent dans le contre-courant poussent la goélette irrésistiblement.

L'île Vaïgatch n'est plus visible. La grande terre de Jahual est à quinze milles au sud-ouest, cachée dans les brumes.

Et, comme la nuit tombe, l'*Ermak* entre dans l'océan de glaces !

Nuit d'angoisses que le jour redouble en donnant à Krusenstern et à ses hommes une vision plus frappante du péril : la goélette est en pleine banquise. Entre des murailles d'une blancheur éblouissante dont la cime de cristal aux arêtes vives dépasse parfois, de toute la hauteur du navire, l'extrémité de son grand mât, le bateau paraît minuscule; entre ces monuments fantastiques dont les silhouettes transparentes se meuvent et se déforment sans cesse, tantôt dans un silence impressionnant, tantôt avec un fracas épouvantable, il glisse, chétif et misérable.

A deux reprises, l'*Ermak* est heurté avec une violence terrible. Au premier choc, il tremble du fond de la cale à la flèche du grand mât; au second, sa sous-barbe de chaîne, assurant le maintien du beaupré et de toute la mâture, se rompt; l'équipage, effrayé, débarque en hâte sur la banquise avec les embarcations et des provisions.

Ce n'est pourtant qu'une fausse alerte; la nuit vient et les matelots remontent à bord.

Et durant cette nuit, et durant le jour qui suit, et une nuit et un jour encore, ces hommes, sans rien pouvoir contre les éléments déchaînés, continuent de filer vers l'est, avec les glaces, sous la neige qui tombe en bourrasque.

Le 25 août, courte accalmie. L'*Ermak*, défoncé à tribord, est couché à bâbord, ce qui permet à son équipage d'y trouver encore un abri précaire, mais, le 26, un glaçon flottant le frôle par le travers de la quille et le retourne sur tribord avec un gémissement effroyable de toute sa coque ébranlée.

L'onde glaciale entre en bouillonnant; les matelots bousculés et renversés pêle-mêle sur le pont, se relèvent et se précipitent; ils aveuglent la voie d'eau, étanchent l'entrepont, s'occupent à radouber tant bien que mal la carcasse de leur infortuné navire.

Trois jours passent ainsi.

. .

Le 30, rien encore de nouveau pour les hôtes de l'*Ermak*, sinon que chaque heure écoulée est une aggravation de péril. Pour eux, ces banquises géantes et sans vie ne sont que les glaciales apparences de la mort, inévitable. Et la Nature, comme à une heure suprême, semble vouloir leur révéler les mystérieuses splendeurs de l'au-delà.

Dans la nuit du 30 août au 1er septembre, une aurore boréale offre à ces pauvres gens les enchantements d'une féerie supra-terrestre. De l'horizon de neige deux colonnes de pourpre s'élèvent toutes droites dans l'azur sombre, puis, comme cédant à une attraction mutuelle, elles se courbent l'une vers l'autre, se rejoignent, se fondent en un porche démesuré! Des jets plus pâles, striés de vert, fusent entre les deux piliers rougeoyants et tissent sous le portique incommensurable comme une ondoyante tenture de flamme tendre, parsemée d'émeraudes, frissonnante aux souffles du pôle. Des fulgurescences vives, ardentes, courent en torsade le long de l'arcade et se réunissent à son sommet en un couronnement d'éclairs. Tout le ciel rayonne d'une clarté douce, et le champ de glace reflète de toutes ses arêtes, jusqu'à l'infini, ces fantastiques jeux de la lumière. Puis, ces colorations s'atténuent, et enfin s'évanouissent, laissant les yeux de l'homme éblouis et son esprit confondu.

Ces phénomènes météorologiques sont les précurseurs de perturbations profondes dans l'atmosphère. Bientôt les icebergs s'agitent, glissent en bruissant. Tout le monde, à bord de l'*Ermak*, est sur le pont, en alarmes. Et dans un tourbillon de glaces, la goélette gémissante est emportée par un vent de tempête vers les côtes du nord-est....

Or, quand les premières lignes de glaces se heurteront à la terre, ce sera, sous la pression effroyable de la masse, un entrechoquement de banquises se chevauchant et se défonçant, avec un bruit de canonnade et des explosions de tonnerre. Que deviendra la goélette au milieu de ce chaos? Elle sera brisée, anéantie comme un fétu. Déjà les cloisons du faux-pont sont rompues; l'avant, soulevé, bute et s'écrase contre un véritable récif de cristal, toute la membrure craque....

Cette fois, il faut fuir....

L'équipage, sous les ordres de Krusenstern, débarque la chaloupe et les traîneaux et y entasse en hâte biscuits, jambons, rhum, instruments, cartes et couvertures, puis, les larmes aux yeux, délaissant le vaillant navire, maintenant disloqué, réduit à l'état d'épave inutile, les naufragés de l'*Ermak* vont tenter l'impossible pour gagner la côte, à travers les aspérités mouvantes et redoutables de la banquise.

La route est atroce. Chacun tire avec courage sur la chaloupe et les traîneaux. Mais bientôt voici des crevasses qu'il faut franchir avec tous les impedimenta dont ces malheureux sont encombrés. Très vite épuisés, ils se décident à abandonner les traîneaux et la chaloupe. Ils mettent dans leurs sacs du biscuit pour vingt jours et n'attendent plus le salut que de leurs forces.

La marche est encore si pénible, que, peu à peu, la troupe s'allège de tous les objets qui ne sont pas absolument indispensables. Les instruments de précision sont abandonnés sur la glace. Malgré tout, les moins énergiques commencent à tirer la jambe. Le forgeron de l'*Ermak*, Sitnikor, s'arrête et, en dépit des objurgations de ses camarades, se couche sous la neige qui tombe ; mais ce n'est point une lassitude naturelle qui l'abat : il a dérobé du rhum et s'est enivré. Il dort déjà ; on le secoue, on le réveille ; il refuse de marcher, geint lamentablement et finit par balbutier « qu'il doit mourir en ce lieu, c'est écrit », et il veut qu'on le laisse tranquille ! Ses compagnons l'abandonnent... Peuvent-ils risquer leur vie pour un ivrogne ?

Le soir, exténués par une marche de quatorze heures à travers des aspérités raboteuses et d'une uniforme blancheur, pris de vertiges et de vomissements, ils s'arrêtent au pied d'une véritable montagne de glace qui présente au moins l'avantage de les abriter du vent. Ils ne tardent pas à s'endormir. Tour à tour, de demi-heure en demi-heure, l'un d'entre eux monte la faction, la carabine chargée, pour parer aux attaques possibles des ours blancs. Ils dorment dans leurs vêtements de peaux de bêtes, leurs « malitza », les pionniers de la mer de Kara ; mais, la chaleur de leurs corps fondant la glace, ils se réveillent dans des flaques d'eau.

Au moment où ils vont repartir, le forgeron Sitnikor les rejoint. Il a marché toute la nuit, il est dégrisé et sain et sauf. La Providence, qui veille, dit-on, sur les ivrognes, a protégé celui-ci jusque dans les solitudes polaires.

Bientôt, voici une vaste clairière d'eau. La chaloupe a été laissée à plusieurs dizaines de verstes en arrière. Comment passer ? Les naufragés avisent un glaçon détaché. D'eux d'entre eux s'y installent comme sur un radeau ; ils s'aident de leurs piques pour faire la traversée, puis établissent un va-et-vient avec la ligne de sonde. Deux heures après toute la troupe est transbordée.

Et la marche reprend, plus pénible, avec plus de fatigue.

Vers midi, la force leur manque ; ils laissent tomber des effets, des caleçons, des chemises de laine, etc., et jettent du biscuit comme on jetterait du lest. La route est ainsi jalonnée de provisions et de vêtements.

Encore de nouvelles clairières d'eau. Il faut les traverser, tantôt en sautant de glaçon en glaçon, et plusieurs des naufragés tombent à l'eau, et leurs camarades ne les repêchent qu'à grand'peine ; tantôt en se réunissant tous sur un même fragment de banquise, de fortes dimensions, les manteaux étendus comme des voiles.

Vers le soir, les vomissements reprennent la plupart de ces malheureux ; ils se couchent. Le lendemain ils se réveillent, les membres rompus. Mais, ô joie ! la terre apparaît, dans l'est. Cette vue les ranime ; ils repartent.

Ce jour-là, la traversée d'une clairière faillit leur être funeste. Ils étaient tous étroitement serrés sur un glaçon, quand six morses énormes apparurent, nageant puissamment vers eux. Un matelot arrête le plus hardi d'un coup de pique dans le museau ; les autres ne vont pas plus avant, mais le morse frappé a planté ses crocs dans la glace et s'apprête à escalader l'îlot déjà surchargé. Peu s'en faut que tout le groupe ne chavire. La situation est des plus critiques. Heureusement, un des passagers du glaçon arme précipitamment sa carabine et tire dans l'œil du monstre qui, atteint, lâche prise et retombe lourdement à l'eau. Les autres disparaissent.

Encore une nuit de souffrances aiguës.

*
* *

Le lendemain, 12 septembre, le quatrième jour de cette marche douloureuse, la terre n'est plus qu'à sept ou huit verstes. Mais une brume épaisse al voile bientôt aux yeux des naufragés errants. Ils se hasardent cependant au milieu d'une nouvelle clairière. Malheur! le vent se lève, repoussant vers le large l'esquif improvisé. La brume se dissipe et la côte a disparu! Au vent a succédé la tempête, une tempête glaciale qui enveloppe ces hommes affaiblis, glacés, brisés, dans ses tourbillons impétueux. La glace se fend et deux de ces malheureux vont être entraînés loin de leurs compagnons : ils se raccrochent aux piques qu'on leur tend, et, au prix d'un bain dans l'eau à demi congelée, ils se sauvent momentanément. Mais quelle journée! puis, quelle nuit d'angoisses, tous unis, enlacés sur l'îlot tournoyant! Enfin le soleil reparaît et, avec lui, le calme. Un courant naturel ramène les naufragés dans la direction de la côte ; ils se hâtent de changer leur frêle radeau contre un champ de glace auquel ils viennent de se heurter.... Ils se croient sauvés.... Mais le vent du sud-est, comme s'il s'acharnait à leur perte, se lève à nouveau, souffle et repousse tout entier le champ de glace immense vers la haute mer!

Alors un sombre désespoir envahit les misérables naufragés. L'énergie humaine a des limites ; elles sont dépassées ; ils se couchent sur la glace ; le vent piquant leur plante des aiguilles dans la chair; ils creusent de leurs mains engourdies un trou dans la neige, un trou qui sera leur tombeau! Ils laissent descendre sur eux la nuit, inertes, à demi pénétrés par le froid de la mort!...

Encore une fois le soleil reparaît, frappe leurs paupières, éveille un reste d'activité chez ces cadavres vivants. Ils ouvrent des yeux hagards....

Est-ce un mirage? Durant la nuit, le bloc sur lequel ils voguaient, abandonnés aux pires aventures, voués à une destruction certaine, leur bloc s'est soudé à la glace ferme, et là-bas, plus loin, à quinze verstes peut-être, la ligne de la terre se profile! Ah! si ce n'est pas une illusion... debout! debout! debout! tous!

Et tous se dressent, frémissants, et se mettent en marche, comme hallucinés. Ils marchent, ils trébuchent contre les rugosités congelées, ils tombent sur les genoux ; ils se relèvent. Leurs jambes saignent, les nerfs de leur poitrine saillissent et se tendent ; les muscles de leurs épaules ont la raideur du fer.... Qu'importe ! ils marchent. La terre est proche, la terre est proche.....

Mais, encore une fois le champ de glace leur manque. L'eau glacée, l'eau verte du pôle, est devant eux, qui les sépare du rivage, à moins de cinquante brasses ! Et ils n'ont rien pour traverser.... Affolés, ils n'hésitent pas, ils se jettent dans cette eau mortelle. En eux, l'animalité lutte désespérément contre la mort. Ils atteignent au rivage, s'y accrochent ; ils le saisissent des ongles et des dents et se hissent. Successivement, leurs échines amaigries, osseuses, émergent des flots glacés. Des indigènes les ont vus et accourent à leur aide. Ils sont sauvés !

Après avoir pris un repos indispensable, les naufragés de l'*Ermak* n'eurent plus qu'à regagner Konia par la voie de terre. Ils y arrivèrent le 2 novembre, et retrouvèrent là l'*Embrio* et son équipage, qui, après les avoir longtemps cherchés, était rentré depuis le 13 septembre et les croyait à jamais perdus.

Le « Jean-Baptiste » sombrant L'équipage se sauve en pleine Tempête

> *Le trois-mâts tournoie, penche à bâbord, penche à tribord ; il roule, il tangue, comme ivre d'épouvante...*

Le trois-mâts *Jean-Baptiste* avait quitté Pisagua, dans l'Amérique du Sud, en février 1867, et faisait route pour Bordeaux. C'est une longue traversée.

Le *Jean-Baptiste* était joliment gréé ; un équipage de choix le montait. Quinze hommes seulement, mais des gaillards, et le voyage ne les effrayait guère. Les choses allaient pourtant assez mal à bord. En passant au cap Horn un coup de mer avait occasionné une voie d'eau dans la cale, et, depuis lors, il fallait pomper [1].

Tout de même, ayant traversé l'Atlantique, si redoutable dans l'hémisphère nord pendant les mois d'hiver, le *Jean-Baptiste* approchait d'Europe. Il n'en était plus qu'à quelques journées.

L'espérance de toucher bientôt au port, l'ardent désir de revoir le pays natal, transportaient de joie l'équipage et lui faisaient augurer heureusement de la fin de ce voyage, déjà en grande partie accompli.

Le 17 mars, au soir, les matelots de vigie virent, sur bâbord avant, monter, dorées par les derniers reflets du couchant, dans l'horizon qui s'assombrissait, les silhouettes imprécises des Açores, ces sentinelles avancées du continent.

Cette nouvelle, tombée du haut de la hune, fit battre le cœur de tous, du mousse au capitaine. Mais aussitôt, comme un mirage qui disparaît, les

---

1. Toutes les relations du drame du *Jean-Baptiste* s'accordent à mentionner cette voie d'eau causée, dès le cap Horn, par un coup de mer. Mais il est difficilement admissible qu'un coup de mer ait occasionné une voie d'eau. Il est bien plus probable que, par suite des gros temps supportés, le navire s'était délié, les contours s'étaient ouverts, et il en était résulté qu'il faisait eau.

lignes gracieuses, pittoresques de ces îles s'effacèrent au lointain; elles se perdirent dans un amoncellement de nuages que poussait un vent violent, soudain levé.

La nuit revint; les premiers souffles nocturnes passèrent en laissant une impression funèbre sur le pont du trois-mâts : une tempête menaçait.

Le capitaine du *Jean-Baptiste*, vieux marin plein d'expérience, ne pouvait s'y tromper : le baromètre descendait jusqu'à 714 millimètres, et, brusquement, vers une heure du matin, l'ouragan s'abattit de toutes parts, furieux, épouvantable.

La voilure avait été considérablement réduite. Que faire de plus dans les ténèbres? Tenir la cape ; attendre le petit jour. Aux premières clartés d'une aube lugubre, les marins du *Jean-Baptiste* distinguèrent autour de leur bâtiment les vagues ternes et grises qui, vers le ciel chargé de nuées opaques, se pressaient, s'escaladaient, rugissantes, écumantes, et déferlaient sur le pont du trois-mâts en l'ébranlant à chaque assaut.

Dans la cale, où l'eau tombait par cascades, la moitié de l'équipage travaillait aux pompes....

A présent, les dernières voiles sont enlevées par la tempête, les vergues pendent, brisées, et battent l'air lamentablement. La fureur de l'ouragan, qui a pris la proportion d'un cyclone, ne s'apaise pas. Avant peu d'heures, le bâtiment ne résistera plus.

La coque craque sous l'effort répété des lames, les cordages gémissent ; le *Jean-Baptiste*, au milieu de cette convulsion des éléments, pointe de sa proue vers les nuées, ou plonge, comme pour s'abîmer dans l'Océan. Il tournoie, penche à bâbord, penche à tribord ; il roule, il tangue, comme ivre d'épouvante.

Les bastingages sont arrachés, la cale contient deux mètres d'eau. Vaillants quand même, les matelots luttent. Pendant des heures, ils s'épuisent aux pompes ; mais le *Jean-Baptiste* s'enfonce lentement....

Sa perte est inévitable, et le pavillon est en berne, suprême signal de détresse.

Quel navire, dans cette tourmente, l'apercevra et pourra venir en aide au trois-mâts désemparé? Déjà le soir descend, le dernier espoir s'évanouit ! Il semble à ces quinze malheureux qu'en même temps que des premières ombres de la nuit, ils sont enveloppés des premiers frissons de l'agonie....

Soudain, un cri : — Une voile !

Et c'est vrai, une voile apparaît... Là-bas, dans l'est, un bâtiment fuit devant la tempête, vent arrière !

Le *Jean-Baptiste* sombre ! Le verra-t-on de si loin ? Et le voyant, voudra-t-on faire volte-face et venir sauver les quinze hommes qu'il entraîne dans la mort ?... Et, le voulant, le pourra-t-on ?...

On les a vus !... Ils en ont la certitude. Mais si le capitaine inconnu qui passe, au large, change sa direction, revient vers eux, il risque de se perdre avec son équipage et de ne pas les sauver eux-mêmes !

Il jugera donc plus sage de continuer sa route... Il continue... Il passe... Non ! il vient au vent ! Il met le cap sur le *Jean-Baptiste !*

Oui, il vient, il approche, ce hardi navire. Il est désemparé, lui aussi, mais il bondit encore vaillamment sur la crête des lames. C'est un navire français : la *Léonie*, une goélette que commande un capitaine français : le capitaine Broutelle.

Du pont du *Jean-Baptiste*, tous les bras se tendent vers la *Léonie*. Elle manœuvre de manière à se mettre sous le vent de l'épave.

Dès qu'ils sont à portée de voix, les matelots du navire sauveur encouragent les naufragés. Ils leur lancent des bouées, des échelles de corde, des filins ; mais ils n'osent approcher, de peur d'une collision qui, dans le tumulte des vagues, serait funeste aux deux bâtiments ; de sorte que ni bouées, ni filins, rien n'arrive jusqu'au pont du *Jean-Baptiste*. Il est impossible d'installer le va-et-vient qui, seul, permettrait d'établir le sauvetage en toute sécurité.

Il faut donc recourir aux canots. Mais que deviendront ces coquilles de noix sur cet Océan démonté ? Dans la nuit, ne vont-ils pas être brisés, engloutis ? N'importe ! c'est la seule chance offerte d'échapper au sinistre, de fuir l'épave qui enfonce.

Un premier canot est livré aux flots. Huit intrépides, dont le Second du *Jean-Baptiste*, parviennent à y prendre place, non sans une lutte acharnée contre les vagues qui les rejettent sur les flancs du trois-mâts. Enfin, le canot s'éloigne et vingt fois s'abîme et disparaît dans le creux des lames pour être de nouveau brusquement projeté sur les crêtes déchiquetées. Atteindra-t-il la *Léonie* ? Oui, l'y voilà. Par un prodige de force, de courage et d'adresse, il accoste le navire sauveur, sans être fracassé... Les huit hommes sont hissés à bord.

Mais là-bas, l'eau gagne, avec de sourds grondements, dans la cale du *Jean-Baptiste*. Les six hommes qui sont encore sur l'épave auront-ils le temps d'être sauvés ? Impossible de leur renvoyer le canot. C'est trop tenter la Mort. On essaie de le faire filer le long d'une amarre jusqu'à eux ; la tentative échoue.

Les matelots de la *Léonie* crient au *Jean-Baptiste* de s'approcher. Le capitaine du trois-mâts en perdition se met à la barre. Le gouvernail, débar-

Quatre hommes restaient sur le " Jean-Baptiste " tournoyant dans la tempête.

rassé à grand'peine de débris de mâts et de bastingages qui l'empêchaient de fonctionner, obéit encore à l'action de la roue, et le trois-mâts, qui s'éloignait de la goélette, revient vers elle. La *Léonie* manœuvre, pour passer à l'avant du *Jean-Baptiste*... Mais une formidable masse d'eau la prend par l'arrière, la soulève, et va la précipiter sur l'autre bâtiment, à demi submergé. Le timonier met la barre toute dessous. Trop tard! et d'ailleurs le gouvernail est impuissant. Le *Jean-Baptiste*, soulevé à son tour, tombe sur l'avant de la *Léonie*, avec une violence irrésistible, lui brise son bâton de foc, son petit mât de perroquet, et déchire le cuivre de la muraille.

Deux des six matelots restés sur le trois-mâts ont saisi l'instant de cet abordage et, à la lueur d'un éclair, ont passé d'un bord sur l'autre! Ils sont sauvés.

Mais les vagues qui, une seconde, ont uni ces deux navires dans un embrassement formidable, dont toute leur membrure a craqué, les vagues ne vont-elles pas les rejeter l'un sur l'autre avec une impétuosité plus terrible, et les détruire d'un même coup?

Non. Les vagues fantasques les disjoignent maintenant, les rejettent loin l'un de l'autre.

.˙.

Quatre hommes sont toujours sur le *Jean-Baptiste*. Les y laissera-t-on périr?

Cinq braves de la *Léonie* se décident à tout risquer et se hasardent en canot. A travers l'ombre sinistre, trempés d'embruns, courbant et détendant leurs échines sur les avirons, ils arrivent sous le vent jusqu'auprès du *Jean-Baptiste*, épave fantôme, à demi noyée dans la nuit.

Sur la mer démontée passent de brèves paroles : « Ohé! Par ici. Hardi!... Attention!... »

Les quatre survivants se laissent glisser le long du bord presque submergé; ils s'accrochent au canot, saisissent de leurs mains crispées, les mains libératrices; puis, à force de rames, glissant sur l'écume des lames, l'embarcation regagne la *Léonie*. Des filins pendent aux flancs de la goélette; sauveteurs et marins, chacun en empoigne un, s'enlève...

Il était temps! Presque sous leurs pieds le canot vole en éclats, brisé par les vagues.

Là-bas, le *Jean-Baptiste*, dont un seul feu de position resté allumé sur le pont marque encore la place, disparaît. Plus rien de lui n'est visible, tout s'enfonce dans un tourbillon bouillonnant.

La *Léonie* n'a plus qu'à repartir, à fuir sous le vent d'ouragan qui incline la flèche de ses mâts...

Le 25 mars, elle arriva au Havre, ramenant les quinze marins français qui avaient bien cru ne jamais revoir la France.

L'admirable conduite du capitaine Broutelle, commandant la *Léonie*, et de son équipage est un des plus nobles exemples qu'il soit possible de donner de la solidarité que se doivent les gens de mer.
Les naufragés du *Jean-Baptiste* ne furent arrachés à la mort qu'au péril des jours de leurs sauveteurs

La « Junon » emportée dans un Cyclone

> Qu'elle était belle ma frégate,
> Lorsqu'elle voguait sous le vent :
> Elle avait au soleil levant
> Toutes les couleurs de l'agathe.
>
> (ALFRED DE VIGNY.)

Un cyclone !... mot effrayant, phénomène plus effrayant encore !

On a souvent dit que rien mieux qu'un cyclone n'éveille en nous l'idée, l'impression de ce que pourrait être la fin du monde, l'heure tragique où tous les éléments qui, depuis des siècles et des siècles, sont soumis aux lois de l'équilibre, seront déchaînés, confondus, dans un apocalyptique chaos.

Un cyclone est un tourbillon gigantesque, une trombe colossale, une giration immense d'air qui suit un parcours déterminable.

Les cyclones, aussi bien que les tempêtes non tournantes, bouleversent la mer dans un rayon qui s'étend parfois à des distances considérables en dehors de l'aire soumise le plus immédiatement à leur violence[1]. Entre une tempête non tournante (si tant est qu'il en soit !) et un cyclone, la principale différence est que le cyclone est animé à la fois d'un mouvement de rotation excessivement rapide autour d'un axe vertical et d'un mouvement de translation suivant une courbe se rapprochant d'une parabole, tandis que la tempête que nous considérons comme non tournante ne nous semble animée que d'un mouvement de translation. La route parcourue par un cyclone est parfois considérable. Chacune des branches de la parabole peut

---

1. Le fait est prouvé par de nombreuses observations de navires placés en dehors de la route du tourbillon et de son rayon d'action. Le passage du cyclone à distance leur était manifesté par une mer démontée, à de grandes oscillations barométriques. Il est certain que le bouleversement de la mer, sur l'étendue soumise immédiatement à la violence du cyclone, se propage de proche en proche, à de grandes distances de cette aire, jusqu'à disparaître peu à peu, complètement comme les ondes produites par la chute d'un corps solide sur la surface d'une eau tranquille.

avoir de sept à huit cents lieues d'étendue, et le diamètre du cyclone peut atteindre jusqu'à cent cinquante lieues[1].

Les ravages causés par les cyclones, tornades ou typhons, dans les mers des Indes et de la Chine dépassent tout ce que l'imagination peut rêver de plus terrifiant. On cite des navires, véritables Léviathans, perdus corps et biens dans ces tourmentes, et dont on n'entendit plus jamais parler. On a vu des vagues monstrueuses monter à l'assaut des terres, aux îles océaniennes, enlever comme fétus de paille les bâtiments dans les ports, raser les habitations et faire jusqu'à cinquante mille victimes, dans un seul raz de marée[2].

* *

La *Junon*, frégate de premier rang, commandée par le capitaine de vaisseau de Marivault, se trouvait, au mois de novembre 1868, dans le port de Saïgon. Elle venait de réparer des avaries graves causées par un cyclone auquel elle avait pu échapper tant bien que mal, et réappareillait, remise à neuf.

Le matin même de son départ, un navire de guerre à vapeur, le *Monge*, avait déjà pris le large. La *Junon* dut attendre le soir pour profiter d'une brise favorable.

Le 4 novembre, la frégate étant en mer, le vent, qui soufflait du nord-nord-est, augmenta soudainement de force; la lame devint très grosse. On pouvait croire encore cependant à un simple coup de vent. Mais le baromètre se mit à baisser sans discontinuer avec une extrême rapidité; il descendit jusqu'à 746 millimètres. Le commandant et les officiers de la *Junon* reconnurent, non sans terreur, l'approche d'un cyclone.

En vérité, la frégate jouait de malheur...

Déjà elle était entrée dans le rayon d'action du météore et il semblait impossible qu'elle en sortît. Entraînée par le vent, elle obéissait mal.

Le capitaine et son équipage, instruits par l'expérience, savaient qu'il fallait à tout prix éviter le centre du cyclone, et que ce centre, en supposant que le phénomène eût, comme ordinairement, un mouvement circulaire autour de son axe, se trouvait fatalement dans une direction qui coupait à angle droit celle du vent sur la route suivie par le navire.

1. Lieues marines de 5555 mètres.
2. Il faut observer toutefois qu'un raz de marée est un phénomène d'un ordre indépendant d'un cyclone. Il y a des raz de marée par calme plat dans l'atmosphère et qui naissent d'un bouleversement sous-marin volcanique; et il y a des cyclones non accompagnés de raz de marée.

La hauteur du baromètre, permettant d'établir à quelle distance approximative du bâtiment se trouvait ce centre redoutable, le capitaine se résolut à forcer la marche, assez pour traverser la route que le cyclone devait parcourir, avant que le centre même n'y eût passé. C'était lutter de vitesse avec l'ouragan, à qui franchirait d'abord l'effrayante ligne, ou du navire, ou du pivot monstrueux de la tourmente.

En conséquence, le capitaine fait mettre autant de toile que la *Junon* peut en porter, et pressait d'allumer les feux pour accélérer l'allure.

La frégate court vent arrière, solide à la lame ; elle bondit au milieu des bruits de cascade, et déchire les flots. Le roulis et le tangage sont devenus effarants ; et la vitesse s'accroît toujours. La *Junon* semble se changer en un fabuleux oiseau de mer qui rase infatigablement les vagues.

Les marins, fiers de leur navire, et excités par la menace du danger, se grisent de cette course à l'abîme.

Mais les soldats qui se trouvent à bord s'inquiètent d'aller si vite. Alors on leur explique qu'il faut passer quand même, aller à l'assaut comme une troupe qui doit prendre avant l'ennemi les clefs d'une position.

Les grains accourent les uns sur les autres, se tassent, se superposent dans des ténèbres grandissantes, et, par moments, du côté d'où vient la tempête, on voit des nuages chargés d'électricité, rouler, menaçants, comme la fumée jaune des incendies. Des éclairs sinistres déchirent ces nuages ; c'est une lumière verte ou bleue, comme en produiraient des flammes d'enfer.

Soudain, derrière ces vagues démontées, derrière ces nuages flamboyants, un bruit de tonnerre, une sorte de roulement continu comme le fracas d'une charge de démons, de titans, ébranle le ciel et la mer.

C'est le cyclone !

Et d'instant en instant ce tumulte épouvantable se rapproche ; la frégate n'a pas encore dépassé la ligne de mort qu'il suit ; il faut qu'elle se hâte, ou elle est perdue.

La *Junon* file encore plus vite, folle, désordonnée, échevelée...

Allons, du cœur ! on passera, on passera...

Mais un craquement sourd retentit à l'arrière, puis, au milieu du vacarme, un bruit net, bien différent des autres, le bruit de quelque chose de brisé à bord retentit : le gouvernail est rompu !

Plus de gouvernail ! Cette fois, c'est la fin de tout, c'est la frégate allant à l'aventure, au gré de l'ouragan, cédant à l'attraction du tournoiement vertigineux jusqu'à la rencontre du centre ! Et quelles en seront les conséquences? On ne peut que trop les prévoir !

La panique est grande à bord, un instant ; mais elle est vite contenue par l'esprit de discipline et d'abnégation.

Horrible situation ! la frégate s'est arrêtée dans sa course éperdue, après avoir tourbillonné une ou deux fois.... Un paquet de mer formidable éteint tous les fourneaux.

Maintenant la *Junon* descend et remonte les lames, et vire, penche, se tord dans toutes les directions, comme prête à sombrer ; le pont est intenable ; seuls les officiers liés au banc de quart et les matelots indispensables y demeurent, cramponnés.

Chaque coup de mer fait monter le niveau d'eau dans la cale ; les chaudières crevées laissent s'échapper la vapeur.

Deux mâts supérieurs se cassent ; la frégate ne peut se relever, elle reste à demi renversée sur sa joue de bâbord.

Les canots de sauvetage ont été emportés ; une ancre démarrée, battant de ses crocs les parois de la coque, fait une voie d'eau qu'on a des peines inouïes à aveugler avec des hamacs et des matelas.

Cependant la tourmente grandit. Les cœurs se glacent d'épouvante ; le centre approche avec un grondement de monstre en fureur, et la *Junon* touche au point culminant de la tempête.

Le spectacle autour de la frégate ne peut se décrire ; la mer et le ciel se confondent ; une pluie torrentielle tombe, mêlée d'éclairs et de coups de tonnerre.

De prodigieuses lames, blanches d'écume, s'élancent avec une furie sauvage contre les flancs de la *Junon*. Se relève-t-elle d'un côté, elle est aussitôt prise de l'autre et rejetée si près de l'eau que les vergues plongent[1] ; puis le même jeu recommence à l'avant et à l'arrière ; la *Junon* achève à peine un mouvement de roulis qu'un coup de tangage plus fort la lance dans une autre direction.

C'est le chaos ! Et devant ce déchaînement des forces de la nature, les matelots, ayant conscience de l'impuissance humaine, attendent stoïquement d'être engloutis.

Cette torture sans nom se continue pendant sept heures... sept heures durant lesquelles la mort est à tout instant imminente... Puis, soudain, au bruit succède le silence ! Le vent, la mer, tout se tait. La frégate est dans l'axe même du cyclone ! Calme étrange, et qui provoque à bord une morne stupeur plutôt qu'un sentiment de sécurité, tant on se sent là en dehors des lois de la nature, hors du monde et de la vie !

Le mouvement giratoire continue d'ailleurs dans le haut de la colonne d'air dont la *Junon* occupe la base. Et, particularité surprenante, qui ne contri-

---

1. En termes techniques, le navire « fait cuillère ».

bue pas peu à saisir d'effroi les témoins du phénomène, dans la sarabande atmosphérique, au-dessus des mâts de la *Junon*, roulent, tournoient, toujours dans le même sens, éperdûment emportés dans l'espace, des oiseaux, des poissons, et aussi des sauterelles, des morceaux informes de plantes et d'arbustes, qui témoignent que le cyclone a passé sur des terres. Et tout cela tourbillonne sans cesse et sans fin dans le ciel, — comme la terre elle-même tourbillonne dans l'infini !

Certains de ces débris tombent sur la *Junon* ; des poissons volants couvrent le pont, plusieurs encore vivants, beaucoup d'autres morts, quelques-uns déjà à demi putréfiés.

Et à travers cette atmosphère saturée d'électricité, imprégnée de vapeurs sulfureuses, les matelots éprouvent une sensation de vertige inaccoutumée ; ils titubent, comme ivres, ou s'agitent dans un état d'exaltation extraordinaire.

Mais tous profitent de cet apaisement momentané des éléments pour parer au plus pressé : ils se débarrassent des bouts de vergues qui pendent, lamentablement brisés, enlèvent les détritus de toute sorte qui recouvrent la dunette, la machine, ou encombrent les cabestans ; ils manœuvrent les pompes pour vider la cale inondée.

Et, après cinq heures de répit, le vent recommence à souffler, à mugir, et l'ouragan reprend avec la même intensité ; inutile de larguer la moindre voile pour soutenir le navire contre l'action des lames, inutile de tenter de la maintenir en position de cape pour lui conserver une stabilité de direction la moins imparfaite que possible et obvier ainsi à l'absence de gouvernail et au péril de flotter comme une épave, au gré des flots bouleversés ; inutile : le vent arrache la toile, soulève les hommes ; dans ce tourbillon furieux aucune manœuvre ne peut s'effectuer.

La *Junon* repasse par les mêmes transes, les mêmes terreurs, condamnée à un rôle passif au milieu de la tourmente, à laquelle elle ne saurait échapper que par miracle...

* *

Enfin, au bout de deux jours, la tempête s'éloigne ! La frégate sort de ce long cauchemar. Si elle n'est pas détruite, elle n'en vaut guère mieux.

Lorsque le calme est revenu et que l'on peut se reconnaître à bord, on voit que le cyclone et les flots ont démoli l'arrière : toute la partie extérieure de la cage de l'hélice a disparu. A travers les eaux redevenues d'un bleu transparent, l'étambot apparaît brisé, et l'hélice est entièrement à découvert.

Il y a d'autres avaries très graves que la mise au bassin de radoub révélera seulement plus tard et en raison desquelles les ingénieurs condamneront la

Junon, car, outre l'étambot, une bonne partie de la quille est arrachée sans qu'on s'en doute à bord. Mais ce qui est visible suffit à faire comprendre qu'un désordre très considérable existe dans tout le bordé arrière et que, d'un moment à l'autre, une voie d'eau irrémédiable peut se déclarer : la *Junon* coulerait sur la mer calmée. Il faut à tout prix retourner vers la terre et chercher refuge dans un port.

L'équipage parvient à installer un gouvernail de fortune, et la frégate longe la côte jusqu'au cap Saint-Jacques. Elle est assez heureuse pour regagner son mouillage à Saïgon.

Le *Monge*, lui, parti le même jour que la *Junon*, avait aussi rencontré le cyclone, mais il y était resté....

Jamais plus on n'en entendit parler.

L'admirable énergie d'un Survivant du « Parangon » perdu près de Berk

> *A cœur vaillant rien d'impossible.*
> (Devise de Jacques Cœur.)

Le *Parangon* se rendait à North-Shields avec un plein chargement embarqué à Alméria. Il traversait la Manche, quand, le 14 septembre 1869, après une journée d'éclatante chaleur, le vent, vers minuit, se leva et souffla bientôt en tempête.

Le *Parangon* était un trois-mâts solidement construit, commandé par un capitaine qui avait fait ses preuves. Mais le malheur voulut qu'au milieu de la bourrasque un accident survint à l'habitacle qui fut fracassé par un débris de vergue arraché d'un mât. Dans le trouble de la tourmente et le désarroi jeté à bord par cet accident, le capitaine, absolument dérouté, aperçut les phares d'Étaples, les prit pour des feux anglais et vira de bord de manière à les laisser sur sa gauche, de telle sorte qu'il allait ainsi, fatalement, à la côte. Le timonier s'aperçut presque aussitôt de l'erreur et avertit le capitaine. Mais le temps manqua de réparer le mal. Le *Parangon* s'arrêta brusquement, talonnant avec tant de violence que tout le monde à bord pensa que le trois-mâts venait d'être jeté sur des rochers.

Il était une heure du matin. La tempête redoublait et, dans le tumulte du vent et des flots, la voix du capitaine clamait en vain, éperdue, des ordres de manœuvre. Tout était inutile.

Presque immédiatement, la coque s'ouvrit et se disloqua. L'équipage, jugeant que le *Parangon* allait être démembré par la mer, se jeta dans le grand canot et parvint à s'éloigner du bord ; mais à peine était-il à une encablure que les lames prirent l'embarcation par le travers la chavirèrent, la quille en l'air. L'équipage disparut !

Le timonier qui s'était aperçut le premier de la fatale erreur du capitaine, revint le premier sur l'eau. C'était un vaillant matelot du nom de Duncan. Il avait eu la précaution de se munir d'un couteau, au moment où il avait vu le naufrage inévitable. A l'aide de ce couteau, il se débarrassa de ses vêtements, taillant, coupant l'étoffe et le linge qui pouvaient paralyser ses mouvements.

Par bonheur, l'eau était à une température douce ; le timonier n'avait qu'à lutter contre la fureur des vagues ; mais il ne savait dans quelle direction nager. Il tourbillonnait au gré des lames, et redoutait à chaque seconde de se déchirer sur des rochers, d'être précipité contre une falaise.

La nuit était obscure ; dans l'ombre opaque aucune lumière ne paraissait. Les feux du *Parangon* eux-mêmes s'étaient éteints, noyés par les flots. Duncan appela. Rien ne répondit.

Soudain, il se heurta à un être vivant et se trouva étreint, suffoqué, par deux bras désespérément serrés autour de son corps. Un de ses compagnons d'infortune remonté à la surface, venait de s'accrocher à lui et le suppliait de le sauver. Il parvint à se dégager sans violence et, d'abord, voulut secourir le camarade ainsi retrouvé. Celui-ci, recouvrant un peu de sang-froid, ne cherchait plus à l'enlacer aveuglément. Duncan l'aidait d'une main et, de l'autre, nageait. Il n'essayait plus de lutter contre les vagues, et tentait seulement de rester sur l'eau dans l'espoir d'être porté à terre. A chaque instant, ces deux infortunés s'enfonçaient dans la tombe liquide, remontaient sur les lames, puis redescendaient sans rien voir que la nuit, rien entendre que la mer. Bientôt, Duncan sentit ses forces diminuer ; celles de son compagnon étaient à bout. Le plus épuisé des deux se rejetait sur l'autre en le suppliant : « Sauve-moi ! Sauve-moi ! »

La vague les roulait, enlacés, tête contre tête, corps contre corps.

« Mon pauvre camarade, dit Duncan, si tu restes sur moi nous périssons sûrement tous deux ; si tu me lâches, je peux encore essayer de me sauver avec ce qui me reste de force pour moi seul. »

Et alors se passa cette chose peut-être sans exemple dans l'histoire des naufrages : le plus faible des deux matelots, surmontant la terreur physique de l'asphyxie et de la mort, répondit simplement :

« Tu as raison... » puis ouvrit les bras et s'engloutit, épave vivante !

.·.

Après deux heures de mortelles angoisses et de lutte désespérée, Duncan finit par se trouver porté à terre. Il était environ trois heures du matin.

Il se vit sur une plage déserte où la tempête soulevait de véritables flots de sable.

Le naufragé, à peu près nu, meurtri, ensanglanté, le corps dévoré par les morsures de l'eau salée, se traîna sous le vent, enveloppé, par moments, d'un linceul sablonneux qui dans toutes ses plaies enfonçait des pointes de feu. Il se jugeait avec raison non loin d'Étaples, mais sans savoir exactement à quel endroit, et avançait en désespérant de trouver des secours et un refuge. Il croyait expirer sur le sable, quand il aperçut une lueur dans la nuit. Si lointaine qu'elle lui parût, il retrouva des forces pour marcher vers ce but. Il parvint enfin, — sans savoir comment, dit-il ensuite, — jusqu'à l'hôpital que l'Assistance publique de Paris venait d'ouvrir à Berk pour les enfants malades.

La tempête était si violente qu'on ne l'entendit pas frapper et appeler. Mais, sorti des dunes de la côte, au milieu desquelles il avait si péniblement marché, il apercevait à présent une autre lumière, la lumière du phare de Berk. Il fit un nouvel effort, un effort surhumain, et se dirigea vers le phare, puisque là où il venait de frapper et d'appeler rien n'avait répondu. Il se traînait vers le phare, quand il tomba sur un madrier garni de clous et se blessa si profondément aux pieds et aux jambes, qu'il finit les quelques centaines de mètres qui lui restaient à parcourir, en marchant sur les genoux et sur les mains. Il gravit ainsi un véritable calvaire !

Le phare, dont les abords aujourd'hui sont faciles, était alors entouré de hautes herbes, coupantes et piquantes.

Duncan passa au travers de ces herbes en laissant derrière lui une trace de sang. Il vint tomber contre la porte du phare et trouve un dernier souffle pour appeler : « Au secours ! » Cette fois, on l'entendit.

La porte s'ouvre, le gardien paraît, s'élance, le relève ; il est inanimé. Le gardien le met sur un matelas, l'approche du feu, le frictionne, lui fait avaler du vin chaud, et Duncan revient à la vie. Il a fallu près d'une heure de soins pour qu'il renaisse entre les mains du brave homme qui vient de le recueillir.

Dès qu'il a repris connaissance, il se dresse :

« Là-bas, dit-il, mes camarades... Allons les chercher ! »

On se demande quelle trempe ont reçue ces âmes d'humbles matelots, ces cœurs de héros obscurs qui sont la force et l'honneur des marines du globe !

Duncan se lève et, avec le gardien du phare qui le soutient et le guide, il revient par le plus court à la grève. A la lueur d'un fanal Duncan et son sauveur découvrent un homme dont la tête et la moitié du corps sont enfouis dans le sable : c'est le charpentier du *Parangon*.

Le gardien le dégage, l'enveloppe dans une couverture, le frictionne ; il n'est pas mort tout à fait, on le sauvera peut-être. Aux alentours, Duncan et son compagnon n'aperçoivent pas d'autres naufragés, quoiqu'ils commencent à mieux distinguer tout ce qui les environne : le jour se lève.

La tempête continue et dans ces mêmes flots de sable qui ont failli l'ensevelir, Duncan soutient sur ses genoux la tête du charpentier du *Parangon*, tandis que le gardien du phare a couru jusqu'à l'hôpital de Berk chercher du secours. Il réussit, lui, à se faire entendre; le personnel et un médecin de l'établissement paraissent et les deux survivants du trois-mâts jeté sur la côte française, sont enfin transportés à l'hôpital de Berk où ils seront entièrement sauvés.

Ils survivent seuls. Onze autres matelots et le capitaine du *Parangon* ont péri. La côte, sur une étendue de plus de deux kilomètres, est couverte d'épaves. Les flots ont détruit le trois-mâts morceau par morceau.

Pendant trois jours la tempête dure encore, et l'on dirait que la mer s'acharne à anéantir jusqu'au dernier vestige de l'infortuné navire. Ce qui ne disparaît pas sous la vague est enlisé à jamais dans le sable que soulève le vent du large.

Ainsi périt le *Parangon* sur les côtes de la Manche.

L'Aéronaute Prince tombé en Mer

> *Les routes de la Patrie sont aux mains de l'ennemi...*
> *Français, la Science nous ouvre les routes de l'air.*
>
> (GAMBETTA.)

Ne mérite-t-il pas une place dans ce livre, le drame dont le matelot Prince, aéronaute par occasion, fut la victime et le héros ?

Il naufragea dans les flots de l'Océan après avoir sombré à travers l'espace. Et quoique nul témoin n'ait rapporté le récit de cette catastrophe, ne pouvons-nous en évoquer le souvenir, en imaginer les phases, pour rappeler un des plus nobles et des plus émouvants exemples d'abnégation et de dévouement dont la marine française puisse s'honorer ?

∴

La France était dans l'angoisse ; elle touchait à l'une des plus tristes heures de l'Année terrible. Lentement, mais sûrement, les armées allemandes se resserraient comme les branches d'un étau gigantesque pour étreindre Paris assiégé.

Le 18 septembre 1870, l'administration des postes put encore, non sans mille dangers, faire passer un ballot de dépêches à travers les lignes ennemies. Le 19, la voiture postale fut arrêtée par le « Werda » des sentinelles allemandes et dut rebrousser chemin.

Désormais Paris était séparé du reste du monde, privé de toute communication matérielle, de tout lien physique, de tout rapport moral avec le pays.

En un moment aussi critique, Paris était nécessaire à la France, comme la France l'était à Paris. C'est alors que l'ingéniosité française témoigna que même aux situations en apparence les plus désespérées, elle sait trouver des remèdes.

Les routes de terre et d'eau étaient barrées, les lignes ferrées détruites : mais la voie de l'air restait ouverte aux assiégés!

Paris se souvint que l'aérostat est d'invention française, et créa la poste aérienne.

Le 23 septembre, le premier ballon postal, le *Neptune*, monté par l'aéronaute Durnof, partait de la place Saint-Pierre, à Montmartre, emportant dans sa nacelle 125 kilogrammes de dépêches. Trois heures après, il atterrissait heureusement à Craconville, près d'Évreux, et, de là, son heureux passager faisait rayonner sur la province anxieuse les premières nouvelles de la capitale investie.

Ce succès, qui répondait si bien à toutes les espérances, enhardit les assiégés ; dès lors, presque chaque jour, un ballon partit, chargé de la poste. La gare d'Orléans fut transformée en parc aérostatique ; de nombreux ouvriers y travaillaient sans répit, étalant le vernis qui imperméabilise l'enveloppe de soie, ou tissant à la navette le filet à larges mailles qui l'entoure.

Mais il ne suffisait pas de fabriquer des ballons, il fallait, avec la même hâte, former des aéronautes. Dans l'un des grands halls vitrés, une nacelle gréée était suspendue aux charpentes d'acier. Durant la journée s'y installait le brave qui devait partir, à la faveur de la nuit, pour éviter la fusillade allemande, et quelque disciple de Godard ou Tissandier lui donnait des instructions précises sur la manœuvre de la *nef de l'éther*, lui apprenait à tirer la corde de la soupape, à vider les sacs de lest, à laisser traîner le guide-rope, à jeter l'ancre ; et telle était l'attention et l'intrépidité de ces volontaires de l'espace, que de brèves heures d'apprentissage leur suffirent généralement pour affronter avec bonheur les redoutables péripéties de la navigation aérienne.

Le 30 novembre, plus de quarante ballons avaient déjà quitté Paris et atterri sans encombre, hors de la portée de l'ennemi. Quelques-uns étaient tombés très loin. Ainsi, le *Général-Ulrich*, après avoir été, pendant de longues heures, ballotté sur les mers du Nord, avait abordé en Norvège, près de Christiania.

.·.

Le 30 novembre, un marin, nommé Prince, doit se charger de transborder le courrier de la grande ville assiégée, par la route incertaine des nuages.

A onze heures du soir, la nuit étant très noire et par un fort vent d'est, Prince monte à bord du *Jacquard* qui s'enlève rapidement.

Le vent l'emporte. Prince est seul dans la nacelle, et ne compte que sur son énergie, car sa pratique de l'aérostation est nulle et son savoir théorique très vague. La terre de France, qu'il ne distingue pas, se déroule sous lui, dans l'ombre, avec rapidité. Il se penche, épiant les lumières : là, ce sont des feux de bivouac, ici d'autres clartés, une ville, sans doute ; puis, plus rien que la nuit et le silence. Le pays envahi est aveugle et muet.

Hardi, le matelot s'élève... Le voilà dans les nuages. Une buée glacée le saisit et alourdit l'aérostat. Prince craint de tomber, jette du lest et bondit. Il est à présent au-dessus des nuées, sous le ciel clair, et les étoiles le regardent...

Il va, confiant, enthousiaste.

— On parlera de mon ascension ! s'est-il écrié au départ...

La distance de Paris à l'Océan est tôt franchie à vol d'oiseau. Prince ne s'est pas rendu compte de la vitesse du vent. Quelle n'est pas sa stupéfaction, aux premières lueurs du jour, de se voir planant sur un désert de mouvants abîmes !

Au loin, il reconnaît les côtes d'Angleterre ; il distingue une ville, Plymouth, d'où l'on aperçoit son aérostat sans pouvoir lui porter secours.

Prince est emporté vers l'ouest. Son sang-froid ne l'abandonne pas. Dans son enthousiasme confiant, ne croit-il pas qu'il va franchir l'Atlantique et aborder au Nouveau-Monde !...

Mais le vent faiblit. Le ballon s'arrête ; puis, lentement, descend. L'étoffe du *Jacquard* laisse échapper du gaz. Le ballon tombe peu à peu...

Cette fois, Prince a compris le danger. Que va-t-il faire? Notre imagination le voit se pencher hors de la nacelle : il mesure la distance qui le sépare des flots, et aussi loin que sa vue peut porter, il explore la mer du regard, espérant une voile. Point de navire en vue. L'aéronaute jette du lest : un sac, deux, trois. Le *Jacquard* remonte, puis retombe. Prince scrute l'infini, à l'est, à l'ouest, au sud, au nord...

Là-bas, là-bas, enfin une voile ! Prince fait des signaux, agite les bras, appelle... La voile s'efface, l'espoir fuit.

Et le *Jacquard* descend toujours.

Le gaz — c'est-à-dire la vie, le souffle du ballon et de celui qui le monte — s'échappe par l'ouverture élargie avec un sifflement plus fort. Prince jette encore du lest. Qu'espère-t-il? gagner du temps? Attendre un courant propice qui le ramènera vers les côtes?... Mais aucune brise favorable ne survient. Et le *Jacquard* tombe, tombe. L'Océan semble monter vers lui. Il se rapproche, immense et sourd.

Alors, le marin, son dernier sac de lest vidé, accepte sans faiblir son destin. Soit ! il mourra perdu en mer, comme tant d'autres de sa race. Les flots ne l'effrayent point. Mais, jusqu'à la dernière minute, le matelot ne luttera-t-il pas? Le messager de la capitale investie ne sera-t-il pas fidèle jusqu'au bout à sa noble mission?

Il précipite hors de la nacelle ses instruments, quelques menues provisions et même se dévêt pour être moins lourd.

Il n'a pas sacrifié les dépêches qui lui ont été confiées. Mais, déjà, le ballon retombe, aspiré par l'abîme. Que faire encore? Jeter aussi les sacs de lettres? A quoi bon? Aucun secours humain n'est possible. Gagner un quart d'heure prolongerait inutilement cette agonie. A Dieu va! Le matelot aéronaute Prince recevra la mort en brave : le dépôt remis entre ses mains disparaîtra intact avec lui-même.

C'en est fait. La nacelle effleure la crête des vagues... Elle ne s'enfonce pas encore; elle glisse à la surface des flots, entraînée par le globe aérien qui se creuse à présent comme une grande voile. Prince, presque nu, grelotte de froid, mais non de peur. La neige tombe sur l'Océan. Le lugubre drame touche à sa fin.

L'énorme enveloppe dégonflée, flasque, alourdie par les embruns, se couche sur l'eau, triste épave; la nacelle surnage un instant avec le vaillant naufragé de l'air et de l'eau; enfin une haute lame arrive, engloutissant le marin Prince perdu en mer.

Quelques jours plus tard, l'aéronaute Lacaze, monté sur le *Richard-Wallace*, mourait d'une façon non moins tragique. Les habitants de la Rochelle le virent passer au-dessus de leur ville, irrésistiblement entraîné vers l'Océan où il disparut.

C'était le soixante-troisième aéronaute sorti de Paris, depuis le siège; le lendemain, 28 janvier 1871, le *Général-Cambronne* allait porter à la France la nouvelle de l'armistice.

Ainsi, pendant les cinq mois de l'investissement, soixante-quatre aérostats quittèrent Paris emportant neuf mille kilogrammes de correspondance, représentant trois millions de lettres particulières.

Cinq tombèrent au pouvoir des Allemands.

Deux se perdirent en mer, montés, l'un par l'aéronaute Lacaze, l'autre par le marin Prince, deux braves parmi ces braves qui, pour permettre à Paris, étranglé dans un cercle de fer et de feu, de parler à la France, risquèrent tous vaillamment leur vie!

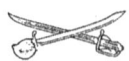

Le « Northfleet »
abordé, coulé au Port

> *Le bâtiment ne vient-il pas d'être éventré par le terrible vaisseau-fantôme des légendes ?*
> *Personne ne répond...*

L'ÉMIGRANT quitte sa patrie pour aller chercher sur un sol meilleur une vie moins âpre ; s'il a une famille, elle le suit. L'affection de sa femme et de ses enfants, de ses père et mère, chargés d'ans, est souvent le plus clair des biens qu'il possède ; mais justement parce qu'il n'est point seul, il veut être fort et confiant. En raison de ces exodes en famille, le nombre des femmes et des enfants est ordinairement considérable sur les navires chargés d'émigrants. Si donc, par malheur, ces pauvres gens naufragent, la catastrophe est d'une intensité d'émotion qu'aucune description ne saurait exprimer.

Se peut-il que la fatalité s'acharne ainsi sur les déshérités de la vie et que, non contente de les chasser, par la misère, de la terre natale, elle leur inflige sur la mer à laquelle ils se confient, le supplice d'une fin dans l'horreur d'un naufrage ?

Telle fut pourtant la tragique aventure des 350 émigrants, hommes, femmes et enfants, qui se trouvaient sur le navire anglais le *Northfleet*, jaugeant 1050 tonneaux, monté par une quarantaine d'hommes d'équipage.

.·.

Le *Northfleet* était parti de Londres, pour se rendre à Hobart-Town, en Tasmanie.

C'était au milieu de l'hiver de 1872, hiver qui fut marqué par de violentes tempêtes.

La *Northfleet* était à peine au large que la mer lui parut intenable. A la hauteur de Growsend, la tourmente devint telle que le navire dut songer à se réfugier à la côte. Le 22 janvier, il mouillait en vue de Dungeness, et à peine était-il sur ses ancres, que le temps redevint calme, comme par une cruelle ironie.

La nuit qui suivit fut belle. Le *Northfleet* reposait tranquillement sur l'eau immobile, et la lueur du phare parvenait jusqu'à lui. Tout autour, plus de deux cents navires divers sommeillaient, leurs feux de position allumés. Qui eût pensé qu'en cette rade silencieuse et endormie un drame épouvantable allait se dérouler, si inattendu, si prompt, qu'aucun secours n'aurait le temps d'arriver ?

A huit heures, les hommes de quart avaient pris la première veillée de nuit, à bord du *Northfleet*; les autres matelots et les passagers étaient rentrés dans les cabines. Le temps était froid. Beaucoup se couchèrent aussitôt.

La nuit s'avançait, toujours belle, bien qu'un peu obscure. Vers dix heures, subitement, l'homme de quart vit, à cent mètres de lui, surgir une masse noire qui glissait sur les flots, aveugle et muette. Il écarquilla les yeux, croyant rêver... Un cri de terreur s'étrangla dans sa gorge : cette masse grandissante, sinistre, formidable, fonçait en droite ligne sur le *Northfleet!*

L'homme de quart saute sur la cloche et hurle dans la nuit :
— Attention !
Mais personne à bord du mystérieux navire ne semble entendre.
— Attention !... répète la vigie, affolée.

A ce moment précis, le choc se produit. On entend un craquement lugubre au milieu des ténèbres, puis des cris d'épouvante. Le *Northfleet* a cédé sous le coup, le navire abordeur a pénétré de toute sa masse et de toute sa vitesse, en pleine carène, perçant la coque au-dessous de la ligne de flottaison !

Le capitaine Knowles, commandant le *Northfleet*, s'est précipité sur le pont ; il donne des ordres, et hèle l'équipage du navire abordeur, réclamant du secours.

Et, chose monstrueuse, ou du moins si étrange, que le capitaine peut se demander si son bâtiment ne vient pas d'être éventré par le terrible vaisseau-fantôme des légendes, personne ne répond !...

Si ce n'est le vaisseau-fantôme, c'est donc, sorti des enfers, un de ces forbans, un de ces corsaires pillards et naufrageurs, qui, pour le plaisir de détruire, semaient autrefois des désastres sur les mers et disparaissaient insaisissables !

Les abordeurs, sans s'inquiéter de la responsabilité qu'ils encourent, unissent sans bruit leurs efforts pour se dégager du *Northfleet* au plus vite.

Ils y parviennent. Un mouvement de houle les aide, une manœuvre habile réussit et, s'aidant de longues gaffes, ils se délivrent enfin. On les voit faire machine en arrière, puis virer légèrement sans envoyer une embarcation, sans jeter un cordage, un filin, une bouée...

En vain, du haut des haubans, le capitaine, le pilote, leur crient de s'arrêter, les conjurent de secourir les malheureux qu'ils vouent à la mort ! A la faveur de l'obscurité les bandits accentuent leur mouvement de retraite.

On distingue la coque sombre d'un grand steamer qui passe à l'arrière du *Northfleet*.

A des appels plus désespérés, rien, rien n'a encore répondu ! Et bientôt cette masse noire diminue, se dégrade, n'est plus qu'une ombre de la mer, qui s'évanouit dans l'ombre de la nuit.

Les victimes de cette infamie restent un moment frappées de stupeur. Elles ne peuvent encore croire à tant de cruelle lâcheté.

Le capitaine se ressaisit le premier :

— Tout le monde sur le pont !

Et cet ordre est exécuté d'autant plus promptement que dans la cale l'eau se rue à gros bouillons.

Il est onze heures du soir. Tout dort dans le port. Faut-il que le *Northfleet* sombre sur place, sans secours, à quelques brasses de tant de bâtiments ?

On n'a donc rien vu, rien entendu. Ce n'est pas possible.

— Au secours ! A l'aide ! A l'aide !

Rien, toujours rien. Les cris désespérés redoublent. Le capitaine se prodigue, essaie de donner à ses passagers une confiance qu'il ne possède plus. Il est descendu dans la cale, et, d'un coup d'œil jeté sur l'ouverture béante de la muraille, il a jugé que le *Northfleet* va sombrer.

L'équipage est aux pompes ; l'eau monte quand même, et le *Northfleet* baisse. Dans quelques instants ce sera fini...

Vite ! Qu'on tire des fusées en signe de détresse. Les fusées montent dans le ciel calme ; mais sur les bâtiments voisins, personne ne se rend compte de ce qui se passe exactement sur le *Northfleet*. Qui soupçonnerait l'épouvantable drame : un bâtiment coulant, éventré, en plein port.

On s'imagine quelque rixe, quelque scène entre émigrants ; ou que le navire, près d'appareiller, demande un pilote, — et rien ne bouge.

Alors le capitaine fait charger le canon, suprême moyen d'appel.

A sa voix lugubre, dans la nuit, les bâtiments voisins comprendront et nul ne doutera plus du péril ; le canon est le signal de détresse qui ne sert qu'à la dernière extrémité. En même temps, le capitaine fait mettre les chaloupes à la mer, sans permettre encore, cependant, qu'on y descende.

Mais, en vérité, le destin s'acharne sur ces infortunés : le refouloir se brise dans l'âme de la pièce : il est impossible de tirer le canon !

Les passagers du *Northfleet* n'ont plus qu'à compter pour se sauver, sur les moyens du bord. Heureusement, les chaloupes sont en nombre suffisant et, non loin, dort lourdement un remorqueur. En dix coups de rames, on y sera, on le prendra d'assaut, on s'y réfugiera.

Mais ce qui se produit presque toujours dans des circonstances analogues va se produire : la précipitation, l'affolement des passagers, transformeront l'accident en désastre. Déjà les émigrants, sans rien entendre, luttent atrocement à qui descendra le plus vite dans les chaloupes ; les forts ne s'occupent des faibles que pour les repousser. La scène est horrible.

Toute l'ancienne férocité bestiale, la sauvagerie barbare, apaisées, endormies en nous par des siècles de civilisation, se réveillent sous le fouet de la mort, chez ces malheureux affolés de terreur.

En vain, le capitaine, aidé de l'élite de son équipage, supplie et menace tour à tour pour qu'on laisse passer les femmes et les enfants. Il n'est pas entendu. Une première chaloupe est à peine à la mer qu'elle est emplie d'un flot humain, et près de couler. Le capitaine a pu y faire embarquer sa femme, mais la barque ne va-t-elle pas sombrer au premier coup de rame ?

Enfin l'embarcation s'éloigne et atteint le remorqueur, où les gens qui s'y trouvent viennent de s'apercevoir de la catastrophe et aident les naufragés à se hisser à bord.

Le *Northfleet* ne présente plus qu'une légère bande hors de l'eau. Il est tout éclairé des feux que le capitaine a fait allumer sur le pont pour attirer l'attention du port, et cette épave qui sombre ainsi dans la nuit avec tous ces falots mouvants, toutes ces flammes dansantes à la brise, prend de loin un aspect fantastique et joyeux.

Cependant, sur le pont, les malheureux qui n'ont pas encore eu le temps de trouver place dans les canots, courent, insensés. Les femmes élèvent leurs enfants vers le ciel ; les hommes sautent à la mer. Brusquement, avec un grondement sinistre, le *Northfleet* s'abîme dans l'eau sombre ; les lumières noyées s'éteignent en fumée sur les flots toujours calmes, les cris brusquement étouffés finissent en râles dans l'espace tranquille. Le *Northfleet* n'est plus. Et, de tous les vaisseaux endormis à l'alentour, pas le moindre secours n'est venu.

La plupart des passagers ont disparu, pour le plus grand nombre de pauvres ouvriers engagés pour aller construire un chemin de fer en Tasmanie ; une lourde cargaison de rails, embarquée en vue de ces travaux, a accéléré la perte du navire.

.*.

Quant à l'abordeur sans pitié, malgré toutes les précautions qu'il prit pour dépister la justice humaine, on put retrouver et suivre sa trace.

Et l'on sut que ce n'était point quelque monstre de légende, quelque mystérieux vaisseau-fantôme, mais un simple navire de commerce en bois et en fer, monté par des misérables indignes du nom d'hommes et opprobre de leur pays qui les renia : c'était un vapeur espagnol, le *Murillo*.

Il fut saisi à Cadix. Le lâche forban qui le commandait et qui avait cent fois mérité la mort, fut arrêté, jugé et condamné à cinq ans de prison, et, pour sa vie entière, marqué au front du sceau de l'infamie.

En six Minutes six cents Vies englouties avec l'« Atlantic »

> La catastrophe dont l'Angleterre a ressenti
> le plus de douleur...
> (AMIRAL SCHOMBERG.)

Il est, dans les grandes annales de la mer, telles années, telles saisons, plus que d'autres, tragiquement néfastes.

C'est ainsi que l'hiver 1872-1873 est, entre tous, resté mémorable. Le nombre de victimes des catastrophes maritimes dépassa le total des morts en mer des cinq années précédentes.

L'Angleterre, pour sa part, pleura des centaines et des centaines de ses enfants.

Sur tous les océans, son pavillon domine les flots et atteste sa puissance commerciale, son essor industriel ; mais la fortune a ses périls, et, si, sur toutes les mers, naviguent les bâtiments de la Grande-Bretagne, sur toutes les mers aussi des tempêtes les menacent et les assaillent. L'Angleterre est le pays qui sacrifie le plus de vies humaines aux flots perfides ; et jamais elle ne faiblit, si grand que soit le sacrifice.

L'orgueil de commander sur les flots lui fait une âme rude et opiniâtre ; elle y gagne le mépris du danger, la foi en son destin, la possession de vastes horizons et aussi les idées d'ambitieuse suprématie qui sont sa force -- et sa faiblesse.

L'hiver de 1872-1873 mit son habituel courage à une dure épreuve.

L'émotion causée par la perte du *Northfleet* était à peine calmée que l'Angleterre recevait de la Nouvelle-Écosse la nouvelle d'un naufrage plus terrible encore : celui de l'*Atlantic*, magnifique steamer de la Compagnie *White Star Line*. Aucun sinistre dans les temps modernes n'avait d'un seul coup entraîné tant de pertes.

Pourtant, depuis l'année 1854 seulement, le *Président*, la *City of Boston*, en quittant la Mersey s'étaient perdus corps et biens, soit 200 morts ; le

Taylem, se rendant à Melbourne, s'était échoué, par brouillard, sur l'île de Sambay, près Dublin, causant le trépas de 334 personnes ; l'*Arctic*, parti de Liverpool à destination de New-York, avait coulé avec 278 passagers. Puis, ce fut le tour du *Pacific* qui en avait 394 ; du *London*, 220 ; du *Captain*, 500 ; enfin, du *Royal-Charter*, 430.

L'*Atlantic*, lui, entraîna dans les flots plus de 600 victimes.

. .

Ce steamer, construit à Belfast, en 1870, jaugeait 5 000 tonneaux.

Le 8 mars 1873, il partit de Liverpool pour New-York, entreprenant sa dix-huitième traversée. Il portait, équipage et passagers, un millier de personnes. Il était commandé par le capitaine Williams, réputé bon marin.

L'*Atlantic* devait se rendre à New-York, directement. Mais le capitaine, dont la conduite dans toute cette désastreuse affaire fut d'ailleurs justement critiquée, craignait que ses approvisionnements de charbon ne fussent pas suffisants, et décida d'aller relâcher à Halifax, en franchissant les passes dangereuses qui bordent la Nouvelle-Écosse.

Dans la nuit du 31 mars au 1er avril, le ciel était nuageux, la mer assez belle, quoiqu'un peu houleuse, comme elle est ordinairement dans ces parages. La machine fonctionnait régulièrement, et le steamer filait à la vitesse de onze nœuds sur Halifax, qui est un port remarquablement balisé et signalé par des phares de premier ordre.

Le capitaine, en approchant des côtes, fait porter la vitesse à douze nœuds afin de combattre l'influence des courants ; il compte passer à l'est de l'île Sambro ; il fait le point, se croit à 170 milles dans le sud-est et fait incliner la route vers la terre ; puis, à minuit, malgré la proximité de l'île, il quitte la passerelle ainsi que son second, M. Metcolf ; les deux officiers descendent au salon.

Tout le monde repose, dans la confiance la plus absolue....

Soudain, Patrick, Carrol, Keelz, Thomas, matelots de vigie, crient :

« Brisants devant !... »

A cet avertissement l'officier de quart sursaute, se trouble, laisse la machine, ronflant toujours plus fort, continuer d'actionner l'hélice, ne fait pas même donner le moindre coup de barre, et, désertant toute responsabilité, court, affolé, jusqu'au salon prévenir le capitaine.

Celui-ci bondit. Il remonte précipitamment sur le pont... Trop tard !... Un grincement sourd, effroyable, un heurt brutal, l'arrêt subit du bâtiment suivi de craquements répétés et de milliers de cris aigus, d'exclamations étouffées !... L'*Atlantic* vient de se jeter à toute vitesse sur le dangereux promontoire de Meaghers-Head, près de Prospect, île de Mars.

Éventré, l'*Atlantic* coule aussitôt. Les passagers les plus agiles, les matelots les plus robustes, se pressent, s'écrasent aux panneaux qui permettent l'accès du pont. Les femmes, les enfants, les vieillards, meurent noyés dans les couloirs, dans les cabines, dans les lits. Et, sur le pont, se multiplient les scènes ordinaires de confusion, de désespoir, de fureur. Les officiers vont et viennent, jettent de part et d'autre des ordres contradictoires ; ils ont complètement perdu la raison.

Et subitement, d'un seul coup, l'*Atlantic* sombre dans un effroyable remous, tandis que de toutes les poitrines de ses passagers s'échappe une effroyable clameur d'horreur à laquelle rien ne répond dans la nuit, que la mer impitoyable.

Il n'y a pas six minutes que le navire a touché.

Maintenant la mâture seule émerge et 400 survivants environ — sur 1000! — surnagent, convulsivement accrochés au gréement, balancés, secoués par les vagues. Quelques-uns, présumant trop de leurs forces, se noient en voulant atteindre les rochers qui affleurent non loin.

Enfin, le troisième officier, M. Brady, qui a pu sauver le seul canot que les lames n'aient pas emporté, improvise un ingénieux service de sauvetage. Tour à tour, il embarque les naufragés et va les déposer sur les rochers de Meaghers-Head où, le matin, des pêcheurs les aperçoivent et les recueillent....

Le capitaine Williams, sous le prétexte de coopérer à l'organisation du transbordement, s'était hissé dans le canot dès son premier voyage.

Sa conduite fut sévèrement appréciée par les marins de tous les pays, et, en premier lieu, par ses compatriotes.

Pourquoi avait-il voulu relâcher à Halifax puisque de toute évidence il avait encore une quantité de charbon très suffisante? Il ne connaissait pas la côte, mais la savait dangereuse, et, cependant, au lieu de ralentir, de n'avancer que prudemment, jetant la sonde, il maintient, il augmente sa vitesse? La nuit vient, et il quitte la passerelle, se fiant à un subordonné dont l'incapacité se manifeste, éclatante.

Enfin le navire sombre, et, lui, le commandant, fait partie du premier lot des naufragés débarqués, oubliant que son devoir était de quitter son bord le dernier....

Une commission d'enquête se constitua à Halifax, devant laquelle il passa en jugement.

Une contre-enquête était menée en même temps à Liverpool, sous la présidence de l'amiral Schomberg, afin d'établir la responsabilité de la Compagnie *White Star Line*. Elle permit de reconnaître qu'à son départ l'*Atlantic* était en parfait état ; la coque, le gréement et les machines, tout était satisfaisant. Il y avait à bord des vivres frais pour trente-deux jours et du charbon autant qu'il convenait. Ces renseignements dégagèrent la responsabilité de la Compagnie, mais engagèrent davantage celle du capitaine Williams.

Il fut condamné à la perte de son commandement pour deux années.

L'horreur du naufrage de l'*Atlantic* dans les parages de la Nouvelle-Écosse a été égalée, sinon dépassée, vingt-cinq ans plus tard : c'est là que la *Bourgogne* périt à son tour.

La Collision par temps clair de la « Ville-du-Havre » et du « Loch-Earn »

> *Combien partirent joyeux de New-York pour l'horizon oriental par delà duquel sont les rivages d'Europe, et qui trouvèrent sur leur route incertaine une tombe insondable...*

LE transatlantique la *Ville-du-Havre* avait quitté New-York, le 16 novembre 1873....

Dès l'instant où l'on arrive à bord de l'un de ces paquebots qui relient l'Ancien Monde au Nouveau Monde, la vieille Europe aux autres continents, on éprouve une impression de bien-être et de sécurité. Leurs imposantes dimensions qui les rendent presque insensibles aux mouvements des lames; leur structure robuste qui semble leur permettre d'affronter les chocs les plus redoutables, les entassements de subsistances que renferment leurs flancs; la solidité et la vitesse éprouvées de leurs machines; la compétence établie du capitaine; la discipline expérimentée de l'équipage; l'ordre, la propreté, le confort, le luxe même qui règnent dans les moindres détails, tout, à bord d'un paquebot, contribue à endormir les craintes, à raffermir les courages, à donner enfin cette impression salutaire que le génie de l'homme a triomphé définitivement des éléments les plus rebelles, qu'il a maîtrisé leurs forces et déjoué leurs perfidies.

Ce sentiment, de plus en plus fort dans notre esprit, au fur et à mesure que les transatlantiques s'agrandissent et se perfectionnent, était déjà celui des passagers de la *Ville-du-Havre*, il y a trente ans.

Ce paquebot passait pour un des plus remarquables de la marine marchande d'alors.

Au départ de New-York, dans ce voyage qui devait être le dernier de la

Ville-du-Havre, les passagers s'étaient embarqués avec l'espoir assuré d'arriver sains et saufs en France.

La saison d'hiver n'est pas cependant celle qui peut inspirer le plus de sécurité. Et qui sait si, dans leur for intérieur, certains passagers n'étaient pas sans quelques appréhensions qu'ils se gardaient d'avouer? On a beau se confier au meilleur des paquebots, ne songe-t-on pas, malgré soi, qu'on a déjà vu tel de ces imposants bâtiments qui paraissent en état de tout défier, perdu en mer par suite d'une tempête, d'une collision, d'un incendie.... Que de périls! Mais les plus pusillanimes des passagers de la *Ville-du-Havre* chassèrent bien vite ces craintes inutiles qui gâtent les meilleures traversées.

D'abord, le temps était calme et doux; l'espoir et la joie mettaient en fête le transatlantique. La traversée s'annonçait bien. Chacun se préparait à passer le plus agréablement possible les huit longues journées de route, — les hommes, causant et fumant ou jouant dans les salons; les femmes, assises sur des pliants ou des fauteuils d'osier, bavardant entre elles ou travaillant à quelque ouvrage de dentelle ou de broderie; les enfants grisés d'air, exubérants, courant sur le pont en jetant au ciel et aux vents leurs cris d'étonnement, d'admiration, et leurs rires.

Mais joie, espoir et beau temps ne furent pas de longue durée. Dès le lendemain soir, un orage se déclara, et le surlendemain, le paquebot en supporta un second, et, cette fois, l'hélice subit une avarie sérieuse : elle eut une aile enlevée par les lames. Puis, le temps s'apaisa de nouveau.

Mais le brouillard d'hiver survint.

Le brouillard est peut-être, sur mer, le pire ennemi de l'homme.

Avancer dans l'ombre, sans rien distinguer et même pendant le jour lutter contre la nuit, une nuit de nuées, de vapeurs que l'on sent sourdement tenaces et hostiles et qui pèsent sur le bâtiment et sur les cœurs, pénètrent à travers les panneaux les mieux clos et les courages les plus solides, et, de leurs voiles en grisaille, obscurcissent les vitres et étouffent les énergies, c'est un supplice, une angoisse dont, plus que tout autre, le commandant d'un paquebot, soucieux des vies qui lui sont confiées, se sent épouvanté. Il craint sans cesse de se détourner de sa route, il ne peut plus faire le point en sûreté. Il redoute continuellement, sur une ligne qui est, à peu de chose près, la même pour tous les transatlantiques, de voir — et toujours trop tard ! — surgir dans le brouillard un autre bâtiment, et une collision se produire.

Le capitaine Surmont, commandant de la *Ville-du-Havre*, marin à la fois brave et prudent — la prudence et la bravoure, conciliées par la raison, sont les deux qualités maîtresses des bons navigateurs, — le capitaine Surmont prit les précautions d'usage. Le paquebot n'avança plus qu'avec une extrême lenteur, comme à tâtons; la sirène jetait sans relâche, à perte d'haleine, son gémissement d'alarme qui se perdait aussitôt, étouffé dans cette ombre ouatée.

Le capitaine ne quittait plus la dunette : il y mangeait, il y dormait ; les passagers l'admiraient, et son dévouement rendait la sécurité aux plus inquiets.

Enfin, l'atmosphère s'éclaircit ; tous les visages s'éclairèrent en même temps. On était au jeudi 20. Encore deux jours de traversée, et les rivages de l'Europe apparaîtraient à l'horizon.

La journée du 21 se passa paisible et gaie. Chaque tour de l'hélice, remise en état, rapprochait la *Ville-du-Havre* des côtes de France. La nuit vint sereine et splendide, fourmillante d'étoiles. Les passagers gagnèrent leurs couchettes et s'endormirent, heureux, doucement bercés par des vagues égales et amples. L'homme de quart veillait. Il promenait ses regards à travers l'infini ; sur l'Océan, étincelaient les reflets des constellations célestes. Vers minuit, la lune se leva, et ses pâles rayons répandirent sur la mer leur clarté incertaine, qui enveloppa le navire glissant à toute vitesse sur les flots au-dessus desquels ses contours et les lignes fines de sa mâture se dessinaient en noir dans la transparence nacrée de la lueur nocturne.

Brusquement, à tribord, une ombre énorme se dressa, que la vigie n'avait pas d'abord aperçue. C'était comme un fantôme épouvantable surgi des flots. Il avançait à toute vitesse dans la direction de la *Ville-du-Havre*, et la *Ville-du-Havre*, sans dévier, poursuivait hâtivement sa route...

En un instant la collision se fit, foudroyante ; le cri terrifié de l'homme de quart signalant le trois-mâts abordeur, le *Loch-Earn*, fut couvert par le fracas du choc qui ébranla les deux navires d'une secousse mortelle.

De toutes les couchettes jaillirent des clameurs épouvantées ; tous les passagers accoururent, demi-nus, sur le pont, dans une confusion folle.

Les deux navires se détachaient péniblement de leur terrible étreinte.

Le *Loch-Earn* s'écartait lentement, la proue emportée ; il n'était pas en danger immédiat, ses cloisons étanches le protégeaient momentanément contre l'irruption des flots.

Le transatlantique, lui, se trouvait plus affreusement blessé. Atteint par le travers du grand mât, il avait une ouverture de plusieurs mètres, béante, et par laquelle l'eau s'engouffrait à grand bruit. Les passagers couraient de tous côtés pour échapper à un péril qu'ils trouvaient plus pressant de toutes parts. Les hommes gesticulaient, hors d'eux-mêmes, les femmes pleuraient, hurlaient, priaient. Une voix cria :

— Nous coulerons dans dix minutes !...

Dix minutes !... L'épouvante et l'affolement redoublèrent au milieu des cris contradictoires, des propositions insensées, et des piétinements éperdus. Cependant le paquebot oscillait, penchait lentement sur son flanc entr'ouvert.

Avec un bruit sec, un mât se brise et s'abat, broyant des matelots sur le pont, écrasant un canot qui s'éloignait chargé de plus de trente personnes. L'immense navire penche et s'enfonce de plus en plus.

Les gémissements des blessés qui glissent vers l'eau répondent à l'appel suprême des noyés.

A l'arrière du bâtiment, quelques personnes se sont groupées, plus calmes et plus résolues devant la mort. Un prêtre, au milieu d'elles, élève avec ferveur son âme vers le Dieu qui, pour des fins de Lui seul connues, ne suspend point le cours des désastres humains; et le prêtre absout, selon le rite catholique, ces vivants « à l'article de la mort ».

Douze minutes se sont écoulées depuis l'abordage. Le transatlantique sombre avec une lenteur qui ajoute au martyre des passagers condamnés un surcroît d'angoisse.

L'avant, où a porté toute la violence du heurt, s'enfonce d'abord avec son mât, ses hautes vergues qui disparaissent l'une après l'autre; puis le milieu, avec ses deux grosses cheminées, haletantes, expirant, parmi les bouillonnements, leurs derniers hoquets de fumée noire. Enfin l'arrière, extrême refuge d'une foule qui se presse, s'étreint, s'écrase dans l'épouvante dernière, l'arrière, comme irrésistiblement attiré par les tourbillons, descend dans l'abîme avec sa cargaison d'humanités frissonnantes et hurlantes sous le froid de la mort.

Quelques naufragés surnagent un instant, puis disparaissent et reparaissent roulés dans l'écume, et, un moment après, s'enfoncent dans l'Océan.

Comme toujours, dans ces catastrophes, tandis que les uns sont victimes d'une fatalité aveugle, les autres ont la chance inexplicable d'échapper. Ceux-ci rencontrent une épave, planche ou bouée, qui les soutient à la surface, ceux-là battent inutilement l'eau, nul débris n'est sous leurs mains.

La lune éclaire cette scène de désolation.

Plus de vingt malheureux sont accrochés à une même vergue flottante, mais à chaque lame qui passe, une tête plonge, des doigts faiblissent, s'entr'ouvrent; un noyé de plus est emporté.

Cependant, les canots de la *Ville-du-Havre* qui ont pu prendre la mer à temps, parcourent le lieu du sinistre. Les canots du *Loch-Earn* sont venus à leur aide; ils tournent, évoluent, se pressent avec une fiévreuse activité. Chaque minute qui passe, c'est une existence de plus, ou sauvée ou perdue. De tous côtés, sur le lieu sinistre, ce cri lugubre s'élève :

— Sauvez-moi! Sauvez-moi!...

Un coup de rame, un coup de barre!... personne!... A l'endroit même d'où la voix sortait du gouffre, où un front, une bouche venait de se montrer au ras des eaux, plus rien qu'un bouillonnement, une forme sombre qui s'efface dans l'abîme.

Le capitaine Surmont demeuré à son poste, sur la dunette, jusqu'au dernier instant, se multiplie maintenant dans un des canots sauveteurs. Le capitaine en second Garay, le lieutenant Gaillard, le commissaire Vié rivalisent de dévouement avec leur chef; ils ne montent à bord du *Loch-Earn* que les derniers, quand il ne reste plus un sauvetage à accomplir.

Le capitaine du *Loch-Earn* déclare qu'il va faire tant bien que mal à son bâtiment les réparations les plus urgentes, les plus indispensables et qu'il mettra ensuite le cap sur l'Europe. Il n'y a rien de mieux à tenter.

Mais les avaries du *Loch-Earn* sont effroyables, et qui sait si...

Heureusement, sur ces entrefaites le jour vient; un trois-mâts américain, le *Trimountain*, capitaine W. Urquhart, passe en vue, s'approche, se rend compte de la gravité de la situation et offre de prendre à son bord tous les survivants de la *Ville-du-Havre*. Le capitaine Surmont accepte avec empressement.

Quelques jours après les naufragés sont en présence des côtes anglaises et jamais ce cri : « Terre ! » tombé des lèvres d'un gabier de vigie n'a produit sur des voyageurs en mer une telle impression d'allégresse et de délivrance.

*
* *

Les passagers et les matelots de la *Ville-du-Havre* qui eurent la chance d'échapper à l'affreuse collision, ont retrouvé leurs familles. Ils sont sauvés, ils sont revenus au pays natal.

Comment dire les larmes qu'ils versèrent, larmes d'amour et de joie ; l'émotion des maris revoyant leurs épouses, des pères retrouvant leurs enfants, qu'ils furent si près de ne jamais revoir? Combien étaient partis joyeux de New-York pour l'horizon oriental par delà duquel sont les rivages d'Europe, et qui avaient trouvé sur leur route incertaine une tombe insondable !

Deux cent vingt-six personnes, sur trois cent treize qu'emportait la *Ville-du-Havre*, étaient restées dans les flots de l'Atlantique.

Quant au *Loch-Earn*, il avait d'abord assez vaillamment continué sa traversée, mais la brèche faite dans sa proue était si large et si profonde que les cloisons étanches mises complètement à nu ne purent résister aux lames qui les frappaient avec une violence d'une désespérante régularité ; elles finirent par céder, l'eau envahit la cale. Deux jours après la collision, le *Loch-Earn* se trouvait à son tour en danger de sombrer.

Le *British-Queen* qui passait sur sa route aperçut, par bonheur, ses signaux de détresse et se porta promptement à son secours. Il était temps... A peine l'équipage fut-il transbordé, que le *Loch-Earn*, disparaissant, alla rejoindre la *Ville-du-Havre* au fond de l'Océan.

Il faut dire en terminant que les causes de cette catastrophe n'ont jamais pu être nettement établies. La *Ville-du-Havre* et le *Loch-Earn* faisaient route dans des conditions normales, leurs feux allumés. Comment, pourquoi, la vigie du paquebot, l'officier de quart, l'homme de barre n'ont-ils pu apercevoir, par une nuit claire, le trois-mâts le *Loch-Earn*, que dans l'instant où il était impossible d'éviter l'abordage, et pourquoi et comment, du *Loch-Earn*, la *Ville du-Havre* ne fut-elle découverte qu'à la dernière minute? Il y eut là une de ces fatalités, un de ces concours de circonstances inexplicables qui nous laissent le cœur serré et la raison confondue.

Quoi qu'il en soit, le capitaine Surmont fut dégagé de toute responsabilité, et félicité d'avoir accompli les manœuvres les plus opportunes et pris les mesures les meilleures, que ce terrible abordage permettait.

Les Suppliciés du « Cospatrick »

> *Nous dirons : le* Cospatrick... *comme on dit en France : la* Méduse !
> (Le *Times.*)

Le drame de la perte du *Cospatrick* est un des plus poignants de l'histoire des naufrages modernes. La fatalité s'y montre implacable. Une fois de plus, devant tant de scènes d'horreur, la raison humaine se refuse à comprendre et maudit le destin.

Le *Cospatrick* avait 44 hommes d'équipage. C'était un bâtiment de 1 200 tonneaux, solidement ponté, parti de Londres, le 11 septembre 1874, pour la Nouvelle-Zélande, où il transportait 429 émigrants, hommes, femmes et enfants.

Au départ, les précautions d'usage furent prises pour qu'un si long voyage se fit en toute sécurité ; une pompe à incendie était fixée sur le gaillard d'avant ; six canots de sauvetage se balançaient aux portemanteaux. Le chargement était disposé avec ordre : à l'avant, le charbon et l'eau ; vis-à-vis des premières écoutilles de l'autre côté du bâtiment les huiles, la résine, le goudron, les peintures ; sous la grande écoutille, le bagage des émigrants.

Malheureusement, les prescriptions de sécurité ne furent plus strictement observées, après quelques jours de voyage. Il est vrai que l'interdiction de fumer, d'allumer du feu restait absolue pour les passagers, mais le commissaire des émigrants allumait des lampes dans l'entrepont, mais les constables, choisis parmi les passagers pour assurer la police du bord, faisaient leurs rondes nocturnes avec des falots, mais une lanterne brûlait toute la nuit, à chaque écoutille...

Une grande partie de la traversée se fit tout de même, sans que rien d'alarmant se produisît.

Le 17 novembre, le *Cospatrick* ayant doublé le cap de Bonne-Espérance, filait par bonne brise à petite allure. La nuit vint. Tout dormait sur le navire, — tout dormait, sauf les hommes de quart... et le feu qui couvait dans

Les suppliciés du " Cospatrick " n'écoutent plus le Capitaine.

un coin obscur et qui allait éclater, se propager avec une soudaineté terrifiante.

Dans quel réduit ignoré le feu germa-t-il ainsi, foyer invisible, pour se développer effroyablement, se répandre en une explosion de flammes dévorantes? On ne sait. Dans l'armoire de l'entrepont, croit-on. Il y avait là un casier affecté à différents objets : lampes, balais, paquets d'étoupes, cordages, résidus d'huiles et de peintures, toutes matières extrêmement inflammables, mais dont on use journellement sur un navire. La clef de cette armoire ne sortait pas des mains du contre-maître, qui s'était acquis la confiance du capitaine par dix années de services dévoués. C'est à cet endroit que l'incendie aurait pris naissance dans la soirée, d'abord sourd, contenu par d'étroites cloisons, puis, vers minuit, brisant toute entrave pour courir en rafale fulgurante et se frayer sur le pont un passage crépitant jusqu'au gaillard d'avant.

C'est là qu'une odeur âcre, une fumée noire, étouffante, décélèrent sa présence. Le second maître, Mac Donald, fut aussitôt sur pied. Le capitaine Elmslie, prévenu, accourut.

D'abord les matelots et leurs chefs agissent sans bruit, évitant de jeter l'alarme parmi les passagers, toujours prompts à la panique. L'équipage suffira à circonscrire le feu ; les marins se précipitent aux pompes.

Et la lutte commence, muette et acharnée!...

L'eau de mer puissamment aspirée, se déverse sur le pont, ruisselle dans l'entrepont. Mais le feu fait rage sous les planchers, on l'entend qui s'active, se hâte, et gronde avec de brusques éclats. Et tout à coup il paraît, décidément dominateur, triomphant! Sous son action un panneau s'est brisé, fendu, entr'ouvert, comme un fruit mûr; une flamme a jailli et, d'un vol rapide, s'est élancée dans la mâture.

C'est un embrasement général. Des langues de feu courent le long des mâts, s'étalent sur les vergues ; les voiles, aussitôt incendiées, battent en larges flammes flottantes dans le vent, et ces grandes lueurs rouges se reflètent à perte de vue sur l'Océan et montent jusqu'aux nuages. Le *Cospatrick* tout entier vogue dans une pourpre mouvante.

Cependant, les émigrants, réveillés par le bruit, la fumée, la chaleur et des clartés subites, apparaissent avec des faces effarées. Et immédiatement le désordre est à son comble, l'inévitable panique se produit. Le capitaine commande encore ; mais personne ne l'écoute plus. Lui-même enfin est terrifié de stupeur, saisi d'épouvante au milieu de ce tumulte de voix affolées, de sanglots et de cris de femmes. Les hommes courent, trébuchent, tombent et hurlent, poursuivis par de cuisantes lanières de flammes. Les pompes n'ont pas encore cessé de fonctionner, mais l'incendie gagne toujours. Il règne en maître sur tout le milieu du navire : chaque cordage est un serpent de flamme qui siffle et se tord, chaque espars une épée rougie, et, de cette fournaise diabolique, une fumée épaisse, empoisonnée, s'élève en tournoyant.

Le second maître, haletant, interpelle le capitaine :

— Les embarcations à la mer ?...

Et l'autre, éperdu, de répondre :

— Non !

A l'instant même une gerbe d'incendie jaillit de la grande écoutille, enveloppe de pétillements l'une des embarcations. On comprend que, quoi qu'ait dit le commandant, la seule planche de salut qui reste est de s'embarquer dans les canots.

A bâbord, une chaloupe est mise à l'eau ; des hommes, des femmes, des enfants, s'y précipitent. C'est une effroyable poussée. L'embarcation cède et coule avec la foule qui la surchargeait. Une explosion de clameurs déchirantes, d'appels suprêmes retentit et finit, sous les vagues, en râles et en sanglots. Les plus énergiques de ces malheureux luttent encore, se raccrochent à des cages à poules, aux moindres débris surnageant.

De l'autre bord, un canot de sauvetage est également mis à la mer ; une cohue semblable y roule ; mais le second maître Mac-Donald a pris place ; d'un coup d'aviron il éloigne le canot. Quelques infortunés se jettent à la nage et le suivent, suppliants ; on les recueille.

Une autre embarcation flotte, noire d'émigrants. Ces deux canots dansent sur les flots colorés par les reflets du feu ; ils rôdent autour du *Cospatrick* qui flambe maintenant de l'avant à l'arrière, comme une torche immense dans l'infini nocturne.

Par instant on perçoit, à travers le crépitement général, quelque détonation : c'est un bidon de pétrole qui explose ; ou encore, un fracas sourd dans des pétillements plus ardents : c'est un mât qui s'écroule, écrasant quelques-uns des désespérés qui n'ont pu s'évader de ce vaisseau en flammes.

Les embarcations continuent d'aller à petits coups de rames, autour de l'épave en feu. Elles tournent toute la nuit, et toute la journée, et toute la nuit encore. Elles ont pu sauver ainsi plusieurs naufragés.

A un moment où le pont sans doute intenable ne laissait plus d'autre alternative que l'asphyxie par la fumée et les flammes, ou l'asphyxie par l'eau — l'asphyxie au milieu de l'espace, en pleine étendue, sous le ciel vaste ! — on a vu le capitaine jeter sa femme par-dessus les bastingages brûlants et, lui-même se précipiter à sa suite, et tous deux ont disparu avant qu'on ait pu leur porter secours !

Maintenant le *Cospatrick* n'est plus qu'un ponton informe et fumant, à l'intérieur duquel cependant on entend encore le feu ronfler ardemment. Depuis deux jours ce brûlot erre, sinistre et lamentable, au gré des vagues. Par sa coque percée à jour, les flammes et les flots se rencontrent de temps en temps dans un mouvement de roulis ou de tangage et se heurtent, s'étreignent avec des sifflements. Le feu est victorieux encore, mais sa propre violence le consume rapidement. A présent, l'eau le presse de toutes parts ; les chevilles de la carène sont carbonisées, les étais se disjoignent, l'eau se rue à la fois par la quille rongée et par les flancs dévorés ; les flots s'emparent de cette carcasse démembrée et l'engloutissent. Le feu est vaincu ! Une grande lame passe, et rien de ce qui fut le *Cospatrick* ne reste plus à la surface des flots !

Les survivants de ce drame affreux sont à bord des deux canots ; l'un en contient 39, l'autre 42. Sur 473 êtres humains que portait le *Cospatrick*, 81 survivent seulement, mais combien précaire est leur sort.

Dans la hâte du sauvetage ils n'ont pas songé à embarquer la moindre provision de bouche, pas même de l'eau ni des biscuits. Durant deux jours ils ont tourné autour de l'épave incendiée ; aucun de ces malheureux n'a vu la possibilité ou n'a eu le courage de tenter d'aller arracher au feu dévorateur quelque subsistance et quelque boisson. Et maintenant ils se demandent s'ils ne doivent pas regretter le sort de leurs misérables compagnons, qui ont péri dans les flammes ou dans les eaux.

L'endroit le plus proche où atterrir est le cap de Bonne-Espérance ; mais pourra-t-on y parvenir ? Les deux canots voguent ensemble. On est au 20 novembre. Voici trois jours que les naufragés n'ont pris de nourriture ; tous ont l'angoisse de la faim et de la soif.

Le 21 une forte brise sépare les deux embarcations. La plus légère est détournée de sa route ; elle est emportée et disparaît. Jamais plus on ne la reverra.

L'autre continue sa route avec une voile faite de jupes raccordées.

Quatre jours, cinq jours se passent. Tous les enfants, puis trois femmes meurent ; l'une d'elles expire les dents brisées dans un accès de rage contre un des bancs de la chaloupe.

Les survivants jettent les cadavres par-dessus bord.

Et pas un navire à l'horizon. C'est l'isolement dans l'infini et dans l'horreur. Ce sont les atroces péripéties du radeau de la *Méduse* qui vont se renouveler.

Le miroitement continu de l'Océan, qui réverbère un soleil éblouissant, ajoute aux souffrances de ces désespérés, aveugle et affole leurs yeux hagards.

Le sixième jour, les hommes commencent à succomber, les doigts crispés dans les affres d'une agonie de suppliciés. Ceux qui expirent sont jetés aux squales. Le lendemain, le nombre des décès s'accroît ; les survivants n'ont plus la force de se débarrasser de leurs camarades morts.

Le surlendemain, 25 novembre, huitième jour de cette effroyable odyssée, le canot ne porte plus que 8 êtres, — 8 sur 42, — 8 êtres squelettiques dont les mouvements fébriles témoignent seuls qu'ils sont encore doués d'un souffle de vie. Trois d'entre eux ont complètement perdu la raison. Ils se jettent sur les cadavres encore tièdes, tentent d'y mordre et en aspirent le sang... Puis, ranimés et pris d'un affreux dégoût, ils précipitent dans les flots les corps sans vie que leurs dents ont déchirés.

Le 26, neuvième jour, une lueur d'espoir traverse leur esprit ; ils ont aperçu une voile, mais leurs faibles cris ne peuvent être entendus ; la voile passe et disparaît. Un des survivants expire presque aussitôt.

Le 27, dixième jour, dans la matinée, deux encore succombent. Les cinq autres sont tellement exténués, à bout de vie, qu'ils gisent au fond de la barque, immobiles, mourants, côte à côte avec les morts. Ils glissent insensiblement d'une somnolence lourde au sommeil éternel.

Brusquement, l'un d'eux, pris d'un nouvel accès de folie, se jette sur le second maître Mac-Donald, le mord cruellement. La douleur réveille Mac-Donald qui se redresse et promène un regard vague, éperdu, par-dessus le bordage... Et un cri rauque lui échappe. Est-ce une vision de fou, une hallucination de fiévreux ? Un navire est là, tout près ! un navire qui s'est arrêté en apercevant cette embarcation abandonnée. Il envoie un canot... C'est le salut !

Les 5 survivants sont hissés à bord du *British-Sceptre* qui fait la traversée de Calcutta à Dundee. Dans quel état ils se trouvent ! nus, écorchés, couverts de plaies hideuses, enflés dans certaines parties de leur corps, complètement décharnés dans d'autres, et à demi insensés, à demi enragés !

On leur a affecté les meilleures cabines, on les entoure de soins ; deux d'entre eux meurent pourtant, et trois seulement survivent, trois sont définitivement sauvés, trois sur près de 500 des hôtes du *Cospatrick*, brûlé, le 17 novembre 1874, au large du cap de Bonne-Espérance.

Comment moururent les quatre Lieutenants de l'« Arrogante » et 80 Matelots

> *Et toi, divine Mort où tout rentre et s'efface,*
> *Accueille les enfants dans ton sein étoilé :*
> *Affranchis-nous des temps, du nombre et de l'espace,*
> *Et rends-nous le repos que la vie a troublé !*
>
> (LECOMTE DE LISLE.)

L'ORDRE d'embarquer sur l'*Arrogante* était à peine parvenu aux lieutenants de vaisseau Ribes, Paturel, Paul et d'Annoville, en service sur le littoral de l'Océan, qu'ils se faisaient mutuellement part de leur intention de gagner la Méditerranée, quelques jours avant de reprendre la vie de bord. Ils projetaient d'explorer les environs de la station qui leur était assignée.

L'*Arrogante*, batterie flottante et école-annexe des canonniers, se trouvait en rade d'Hyères, dans l'incomparable cirque que forment la chaîne des Maures et la denture des îles qui s'incurvent de la pointe de l'Estérel au phare du Titan.

Habitués des eaux bretonnes, les quatre lieutenants gagnaient au change. Il leur sembla que le goémon avait, dans l'ensoleillement des plages de la Côte d'Azur, des senteurs exotiques. C'était bien la mer encore, mais avec un flot nuancé de la couleur du ciel. Les îles verdoyantes, frangées d'écume, leur semblaient, sur l'étendue des vagues de turquoise, des émeraudes serties d'opale. Épris des sites, des horizons et de l'immobilité sereine de ce lambeau de la « grande bleue », les nouveaux lieutenants de l'*Arrogante* passaient leur temps en courses enthousiastes à travers les villages du littoral, propres et blancs et égayés de jardinets bordés de mimosas. Tout leur était sujet d'émerveillement comme à leur première croisière. Certes, et depuis plusieurs années déjà, ils avaient touché à maints ports d'outre-mer, abordé dans des rades lointaines, mais en aucun lieu du globe ils n'avaient ressenti autant d'intime bonheur, car ici, c'était la France avec les palmiers, les aloès, les orangers exotiques ; c'était la France avec ses roses et ses œillets dont la jonchée parait les collines de couleurs veloutées, et embaumait l'air marin du parfum des fleurs.

Vint le jour d'embarquer, en février 1879. Au large, dans la rade, à quelques encablures, le vaisseau-école des canonniers, *Souverain*, se distinguait entre ses deux annexes, les batteries flottantes l'*Implacable* et l'*Arrogante*, chargées de lourdes pièces de tir qui brillaient au soleil.

Lancée à Nantes en 1864, l'*Arrogante* était un bâtiment massif dont les lignes courtes et dures révélaient sa destination. Long de 40 m. 50, large de 14 m. 60, son tirant d'eau était de 3 mètres et sa cuirasse de 12 centimètres. Sa machine donnait une vitesse de 7 nœuds.

Son large pont retenait surtout les regards par l'imposant aspect de ses trois énormes canons de 24 et de ses quatre pièces de 12 centimètres, symétriquement disposées dans le blockhaus central. Cent trente hommes, pour la plupart habiles canonniers et timoniers experts, formaient l'équipage de la batterie flottante.

A peine se trouvaient-ils pour la première fois dans le carré que les quatre lieutenants se félicitèrent d'un commandement qui leur octroyait dans un cadre enchanteur des servants d'élite sur un solide bateau. Durant quelques mois ils allaient vivre de la vie active qu'ils souhaitaient : le bruit des bordées d'instruction leur donnerait un peu l'illusion de la guerre.

Le mois de mars commençait. L'année s'était mal annoncée. De tous les points du globe arrivaient de mauvaises nouvelles : ici l'inondation et un froid terrible ; là d'épouvantables collisions ; un peu partout, des éboulements, des cyclones, des rafales de neige.

Récemment, l'*Adriatic*, vapeur anglais, venait de s'échouer à la pointe de Mardyck, près de Dunkerque.

Le bâtiment français *Marine* se porte à son secours, mais, littéralement roulé par les vagues, il perd 30 hommes dans cette sortie. Quelques jours après l'*Istria*, de Palerme, coule le *Hattie-Goudey*, de Yarmouth. Puis, c'est le *Severn* qui, dans la Manche, aborde le cutter *Edimbourg* et le coule : 15 hommes perdus. Sur terre la ville de Szegedin, en Hongrie, est emportée par une inondation. Le flot, surgi des digues rompues, balaie le sol, renverse dix mille maisons et, en moins d'une heure, fait de la cité vivante, une cité morte.

Ces catastrophes et ces désastres, dont le détail défrayait la chronique locale, donnaient à la ville et aux îles d'Hyères un caractère impressionnant de paix et de sécurité qui faisait davantage apprécier le plaisir d'y vivre. L'île du Levant, Port-Cros et Porquerolles semblaient plus sereines et attirantes que jamais, au seuil de la masse imposante de l'Estérel. Les îles d'Or apparaissaient, vues de la côte, comme quelque proche jardin des Hespérides. Et de ce voisinage infiniment doux et suggestif, ne pouvait se dégager qu'une impression de paix antique — l'illusion de rencontrer dans un paysage d'acanthes et d'orangers des hommes sans besoins vivant sans haines.

Les îles d'Or.... Hélas! le rêve de passer des jours heureux dans ce décor enchanteur devait, pour les quatre officiers de l'*Arrogante*, aboutir à la réalité d'une fin brusque et tragique

∴

Le 18 mars, la batterie recevait l'ordre d'aller prendre son corps-mort au mouillage de la Badine, dans la crique formée par le rebord nord-est de la presqu'île de Giens.

Adossé aux Pesquiers, et face au cap des Mèdes dans la saillie de Porquerolles, le bâtiment gardait en vue le *Souverain*, mouillé face à la Tour du Jay. Le 19, une brume intense s'étendit sur la petite rade. La vague moutonna et, dans le calme précurseur des tempêtes, les goélands et les mouettes tournoyaient au-dessus des roches émergées en poussant des cris rauques.

Le vent indécis s'enfla progressivement en rafales saccadées, soufflant de l'ouest et du nord, et se maintint finalement au sud en de terribles sautes dont vibra toute la coque de l'*Arrogante*.

La terre se distinguait à peine. Au large, les îles se confondaient dans une même écume et, dans le ciel embrumé, la lumière filtrait comme au travers d'un prisme dépoli et grisâtre. A bord de l'*Arrogante* les officiers, debout sur la dunette, jetaient des commandements, sifflaient des ordres de manœuvres.

La tempête? Eh oui, parbleu! on allait la recevoir en donnant à la lame l'éperon de la batterie à mordre.

L'*Arrogante* décrit un quart de cercle et fait face au flot, qui, coupé, s'effondre avec un bruit de tonnerre sur le pont. L'équipage est à son poste : gabiers, timoniers et canonniers sont là, prêts à sauter au commandement sur les filins, à soutenir la barre, à plonger dans la machinerie d'où s'échappe le jet puissant de la vapeur contenue.

Aucune marque d'effroi ne se lit sur les visages. Les matelots et leurs officiers sont ruisselants sous les embruns et s'en amusent. Il leur paraît puéril de prendre au sérieux cette petite mer tracassière. Que peut-elle contre l'*Arrogante*, solide sur ses ancres et confiante en sa machine éprouvée, qui va l'aider à tenir bon à la lame ?

Malgré l'effroyable tangage et les paquets d'eau qui embarquent, les hommes, pieds nus et la poigne prête, sont presque heureux de cette bénédiction renouvelée du passage de la ligne. Mais le flot est maintenant épaissi d'algues. Le tillac est semé de varechs, les cordages en sont garnis. Et toujours, de minute en minute, de seconde en seconde, c'est le choc de la lame qui déferle, s'écrase et disparaît en éventail sur le plancher du pont.

Brave bateau ! Les poussées d'eau contre l'armure de ses douze centimètres de blindage sont anodines. Tout cela n'est rien. La mer va se lasser, le ciel redevenir clair et on reverra dans le lointain les palmiers d'Hyères et les orangers de Porquerolles.

Mais loin de se calmer, la tempête s'accentue. Il est midi, et pourtant il semble que la nuit descend. La pluie, torrentielle, s'abat sans répit. La vague s'enfle, roule sa volute géante entre deux abîmes et soudain, dressée au-dessus du pont, persiste à le marteler du poids colossal et grossissant de sa masse. Alors, de lourds canons oscillent, déséquilibrés, et dans les soutes c'est un va et vient de projectiles, de caisses d'armes et de tas de charbon, arrachés de leurs compartiments et qui, roulés de bâbord à tribord, s'écrasent sur les parois de la batterie.

Tout à coup, un commandement bref traverse la tempête :

— A pomper, tous !

L'eau vient d'envahir les cales. Deux hommes plongent, puis un troisième. La voie d'eau n'est pas reconnue et le niveau s'élève, l'avant s'affaisse donnant une légère bande à tribord....

L'équipage, qui ne s'émeut pas encore, a couru aux pompes, mais on embarque plus d'eau qu'on n'en rejette et, comme si tous les fléaux devaient ensemble terrasser l'*Arrogante*, les pistons s'arrêtent. La machine est inerte. L'*Arrogante* n'a plus que ses ancres pour résister à l'assaut des vagues.

Dès lors la partie est perdue.

A une heure, profitant d'une éclaircie, l'*Arrogante* signale au *Souverain* que l'eau envahit son bord.

Quelques minutes se passent, puis avant d'avoir obtenu de réponse, la malheureuse batterie met son pavillon en berne. Tous les hommes sont sur le pont. Ce signal d'extrême détresse ne les trouble pas, ne les affole pas. Tournés vers les officiers, ils attendent des ordres. Mais le *Souverain* répond :

« Jetez-vous à la côte. Échouez-vous. C'est la seule tentative à risquer pour sauver l'équipage et le bâtiment. Impossible de vous secourir. »

Voilà qui est clair. Eh bien ! à bord de l'*Arrogante* nul ne bronche. Il s'agit avant tout de rendre la vie à la machine, ne serait-ce que tant que durera la manœuvre suprême de l'échouement. Et les mécaniciens s'emploient si bien à ressusciter l'énergie que l'on croyait morte que l'hélice se reprend à tourner. Un cri de joie monte des soutes et donne à l'équipage du pont un surcroît de vigueur.

Les cheminées s'empanachent de fumée; la vapeur fuse et siffle. Mais les vagues se multiplient, brisent les pistolets, emportent les chaloupes. Qu'importe! tout le monde sera sauvé : l'*Arrogante* file son corps-mort et manœuvre pour gagner la plage.

Par malheur, son avant fléchit de plus en plus, « elle pique du nez » dans les flots. L'eau embarque en masse; les charges déplacées ont détruit l'équilibre de la batterie flottante.

La moindre hésitation peut amener une catastrophe. Le lieutenant Ribes qui commande, en qualité d'officier le plus ancien du bord, juge que si la charge de la vague s'échouait sur le flanc de la batterie on s'en tirerait encore à bon compte. L'*Arrogante* va donc offrir le travers à la lame.

— Attention! crient les gradés aux matelots du pont : boulonnez-vous aux bastingages quand nous serons par le travers.

L'arbre de couche subitement ranimé fait tressaillir la batterie de bout en bout.

— Calez-vous!

A ce moment une trombe s'abat sur le pont. Les cheminées s'envolent, les feux s'éteignent. Pas un cri de terreur, mais ce même avis prudent jeté dans un cri.

— Calez-vous les gars!

Cette fois, il est sûr que tout va s'abîmer dans les flots. Prise de flanc, l'*Arrogante* ne résiste pas mieux que debout : elle n'est plus qu'une épave sur laquelle se rue un torrent impétueux et que noie l'averse.

— Calez-vous!

... Un choc. L'arrière se cabre. La sensation vient à tous que l'on descend, que l'on coule.... Où est-on? Que s'est-il passé?

Le bateau a touché le fond, et la plage est là, à 600 mètres à peine.... Un formidable paquet de mer s'écroule sur l'avant qui disparaît, redressant l'arrière; on dirait que l'*Arrogante* coule en pointant de sa proue, comme pour plonger.

Mais elle s'arrête, enlisée et rivée dans le sable, elle s'abandonne à sa destinée.

Les officiers font ranger leurs hommes sur la partie libre du bâtiment qui domine la mer et recommandent plus que jamais le calme et le sang-froid, qui, jusqu'ici, ont pu préserver tout l'équipage. Rassurés sur le sort immédiat de leurs hommes, les quatre lieutenants se dirigent sur la passerelle dont la rampe seule émerge des flots. C'est là leur poste. Ils s'y installent sans paraître prendre garde que déjà l'eau l'a envahi. A chaque coup du flot le niveau monte. Ils demeurent quand même rivés à la passerelle. Ils ont de l'eau jusqu'à la taille. Leurs regards percent l'opacité du jour. Il est deux heures après midi. La plage au loin est déserte. Le *Souverain* pourra-t-il tenter d'accoster? Non. La mer ne le permet pas encore.

Sous chaque lame qui heurte sa bande l'*Arrogante* s'enlise davantage, et l'équipage terrifié regarde au-dessous de lui les quatre lieutenants, rigides et calmes, immobiles à la place de commandement, de combat et de mort. La mer paraît vouloir les aspirer. Sur eux s'ouvrent, comme des gueules de monstres, les vagues qui s'écrasent. Et sans cesse l'avant se tasse, pénètre, enfonce. L'eau maintenant monte à la poitrine des officiers. On dirait qu'ils descendent lentement dans le gouffre.

Tournés vers la terre ils sondent le large estuaire pour y deviner un canot, une équipe dévidant une amarre, le signal habituel d'une manœuvre de sauvetage.

Ils songent sans doute que la vie est là, à quelques brasses et que, sous leurs pieds, la mort creuse le sable. Hier encore, dans la magie des sites parcourus, l'existence les conviait aux nobles espoirs d'une carrière glorieuse, aux généreux élans de la jeunesse qui se sent forte! Alors l'horizon ne leur offrait que le spectacle d'une nature maternelle et douce, la mer était calme, pure et bleue comme un ciel enchanteur; elle les tentait par toutes les séductions de son flot alangui et de ses îlots de féerie : les îles d'Or!... Et maintenant.... Adieu tous!

Une lame, colline mouvante, s'écroule sur eux. La passerelle disparaît, enlevée. Et c'est à leur poste de bataille que les quatre lieutenants de l'*Arrogante* disparaissent dans la mer.

.˙.

Ce drame qui, d'abord, avait terrifié l'équipage bloqué dans les refuges de l'arrière, provoqua une détente de tous les courages. Désormais privés de chefs, qu'allaient devenir les matelots? Quel exemple d'héroïsme pouvait encore les maintenir immobiles sur leur refuge au milieu des flots furieux?

Dès que les quatre lieutenants eurent disparu, la panique s'empara de l'équipage de l'*Arrogante*. Ce fut dans une sorte de folie contagieuse, l'habituelle et tragique succession des pires imprudences. Par groupes entiers les malheureux naufragés se jetèrent à la mer qui, en un instant, en fit des cadavres.

Certains avaient escaladé les coffres pour en faire des radeaux. D'autres s'étaient rués aux deux mâts qui restaient encore debout et se répandaient dans les haubans.

Enfin, vers cinq heures, les douaniers de la presqu'île de Giens, prévenus tardivement de l'épouvantable situation de la batterie flottante, organisent le sauvetage. De son côté, le *Souverain* détache 16 matelots sous les ordres d'un second maître ; cette équipe se rencontre avec les sauveteurs des Pesquiers, accourus sur la plage.

Admirable d'élan, la population de Giens abandonne ses travaux pour aider au sauvetage. Des barils d'alcools sont roulés sur la grève, des punchs s'allument, du vin chaud chauffe à pleines marmites ; de vastes poteries s'emplissent de thé bouillant. Les braves gens de Giens donneraient tout ce qu'ils ont pour ranimer les corps que roule la vague et qui viennent s'échouer par douzaines au rivage : corps meurtris, rompus, exsangues, corps de torturés de la mer.

Cependant tant de soins rendent la vie aux blessés étendus sur des couchettes de goémons. Mais le nombre des morts grandit de minute en minute. Il y a déjà sur le sable 32 cadavres....

Et là-bas, dans les haubans, ce qui reste de sinistrés s'épuise en signaux terrifiants....

Enfin le *Souverain* peut faire accoster ses embarcations dont le va-et-vient se continue jusqu'au soir, en dépit d'une mer démontée ; 50 hommes sont sauvés, 80 ont péri.

Le lendemain, sur les vagues calmées, on n'apercevait plus de l'*Arrogante* que son grand mât traversé par les huniers, croix colossale au-dessus de la tombe qui, la veille, s'était ouverte pour recevoir quatre héros et quatre-vingts braves.

L'expédition de la « Jeannette »

> Quel est-il ce pays inconnu, d'où pas un
> voyageur n'est encore revenu ?
>
> Shakespeare, *Hamlet*.)

Les Scandinaves disent que par delà les étendues glacées des flots de leurs rivages, il est un géant si formidable que nul homme vivant ne l'approcha jamais.

Il habite un palais magnifique dans un royaume mystérieux que ferment d'infranchissables frontières. Sa bouche terrible souffle la mort sur les audacieux qui tentent seulement d'arriver jusqu'aux forteresses qui le gardent. Et le prodige des antiques mythologies se renouvelle : les humains assez aventureux pour s'avancer jusqu'aux limites de son empire, tombent, pétrifiés, sur la plaine immense et glacée dont le géant redoutable est le souverain. Jusqu'ici nul n'a franchi la frontière maudite, et la légende a raison. Il semble que la voix créatrice qui a dit à la mer : « Tu n'iras pas plus loin que ce rivage », a dit aussi à l'homme assoiffé de découvertes : « Jamais tu ne pénètreras le mystère du pôle ».

Car le Pôle est ce Prince de l'Épouvante dont nul mortel ne peut entrevoir la face, et succombe rien qu'à le tenter.

La science qui a vaincu la matière, le temps et l'espace ; la science qui traverse les océans les plus démesurés, aborde aux rivages les plus lointains, franchit les déserts les plus étendus ; la science qui triomphe de la maladie et fait reculer la mort ; la science qui a presque conquis le Ciel et suit, jour par jour, les révolutions des astres, la science s'arrête frémissante d'impuissance au seuil du mystère polaire que gardent les icebergs, fantastiques sentinelles.

Que d'efforts tentés, que de vies sacrifiées, que de trésors perdus, que d'espoirs anéantis dans cette lutte gigantesque entre le démon du froid et de la mort, et le génie et la volonté de l'homme.

En vain des marins intrépides ont voulu franchir les barrières qu'il oppose à leur audace, traverser le désert des banquises à l'aide de leurs traîneaux attelés de chiens; d'autres, plus aventureux encore, ont prétendu atteindre le pôle à travers l'espace. Vaisseaux, attelages, ballons, rien n'est arrivé au but et les plus hardis pionniers du pôle ont reculé ou sont morts.

Depuis Parry (1827) jusqu'à l'aéronaute Andrée (1897) combien sont partis, combien ont tenté la difficile conquête et ne sont jamais revenus?

Entre toutes les tentatives, l'une des plus célèbres, des plus poignantes aussi, est l'expédition de la *Jeannette*.

.⋅.

La *Jeannette* était un solide bâtiment, de forme basse et élancée, gréé en barque. Le directeur du *New-York-Herald*, M. James Gordon Bennett, homme d'initiative qu'aucune entreprise propre à agrandir le domaine de l'activité humaine n'a jamais laissé indifférent, avait, de ses deniers, acheté la *Jeannette* et prescrit d'y faire tous les aménagements nécessités pour un voyage polaire où la sagesse de la science et la hardiesse de l'esprit d'aventures devaient, de compagnie, pousser aussi loin que possible, et pénétrer, coûte que coûte, le mystère du pôle.

On avait renouvelé les chaudières, soutenu les flancs du bâtiment par une solide armature de barreaux de fer, renforcé l'avant par des madriers, la charpente par des hiloires, et entassé dans la cale des munitions excellentes et des vivres de choix pour trois ans.

Tout fut étudié avec soin et prévu avec expérience. Les plus minutieuses mesures devaient parer aux plus dangereuses éventualités; les calculs de temps et d'espace relatifs à la route à suivre furent établis et approfondis de la meilleure manière et, finalement, il fut décidé que la *Jeannette* irait au pôle par une voie nouvelle.

Tous les navires partis vers l'énigmatique but, avant la *Jeannette*, avaient essayé d'aborder le pôle par l'Océan Atlantique; tous avaient échoué devant le grand courant venu du Pacifique.

« Notre idée à nous, disait M. Gordon Bennett, le jour du baptême de la *Jeannette*, est d'aller au rebours de nos prédécesseurs : nous arriverons du Pacifique au détroit de Behring, et là, puisqu'il y a un courant, au lieu de l'avoir contre nous, nous l'aurons avec nous, et nous tâcherons de sortir du côté de l'Océan Atlantique. Cette méthode a un avantage : la *Jeannette*, une fois engagée dans le courant, ne pourra plus revenir en arrière....

— Et si elle est bloquée, si elle n'avance pas, si elle ne franchit pas la barrière inconnue du pôle, si le courant l'emporte d'abord et la cloue ensuite au milieu d'un désert de glaces?... objectait-on.

— Eh bien ! elle y restera. C'est là précisément ce qu'il s'agit de savoir. Et, naturellement, le commandant de la *Jeannette* est fixé sur ce point... aussi bien que moi ! »

L'idée que M. Gordon Bennett exposait si tranquillement semblait excellente ; on l'adopta d'enthousiasme.

Le commandement de l'expédition fut confié au lieutenant de Long, de la marine américaine. C'était un homme superbe, taillé en hercule, âgé de trente-cinq ans, et d'origine française par ses ancêtres, protestants venus s'établir en Amérique lors de la révocation de l'Édit de Nantes. Son caractère était fait d'énergie patiente, son commandement, de justice tempérée de douceur ; avec tout cela, un courage imperturbable et une foi absolue dans la réussite de l'expédition. Il s'était approché des terres arctiques dans des voyages antérieurs et avait l'expérience des périls des mers glaciales.

Deux seconds, marins d'élite, MM. Chipp et Danenhower, lui prêtaient leur concours. L'état-major de la *Jeannette* comptait un mécanicien, un pilote, un naturaliste, un médecin et même un correspondant du *New-York-Herald*, tous gens de savoir et de cœur, entièrement dévoués au commandant de Long et à l'entreprise.

L'équipage, recruté à San-Francisco, offrait les garanties les plus solides. Les marins, tous célibataires, bien portants, robustes, sobres, gais, suffisamment instruits, voire musiciens, étaient des Norvégiens, des Suédois, des Danois, des hommes d'élite, habitués aux températures glaciales et qu'une expédition au pôle n'épouvantait pas.

Ainsi gréée, montée et commandée, la *Jeannette* paraissait capable d'atteindre le dangereux but, et de le franchir.

Le 8 juillet 1879, à trois heures du soir, elle appareillait et quittait la baie de San-Francisco. Des jetées du port, la foule l'acclamait, et, autour d'elle, couvrant la mer, des embarcations de plaisance lui faisaient cortège. La *Jeannette*, arrivant au large, entendit une dernière fois les vivats américains, salua les yachts amis et, enfin seule, commença sa route vers le pôle.

Tout alla bien d'abord. En août, l'expédition était aux îles Aléoutiennes, puis à l'île Saint-Michel, le point extrême du monde civilisé, près de la pointe d'Alaska.

La *Jeannette* y fit escale pour achever de se préparer aux rigueurs d'un hivernage. Elle acheta quarante chiens esquimaux et des traîneaux, loua deux conducteurs de chiens, et repartit. Elle traversa le détroit de Behring, se heurta, le 3 septembre, aux premières glaces, et, le 6, fut brusquement prisonnière de la banquise. Elle avait atteint seulement le 71° de latitude nord.

Jamais plus elle ne s'évaderait de l'immense plaine blanche et morte. Son berceau de glace serait son tombeau.

* *

L'automne commençait à peine et déjà le froid était intolérable : 24° au-dessous de zéro. Que serait-ce, en plein hiver boréal, quand la longue nuit polaire couvrirait les régions arctiques ?

Octobre passa sans que rien fût changé à la situation. La *Jeannette* dérivait lentement, mais irrésistiblement, avec la banquise entière. Novembre survint et la nuit lugubre commença :

« Pour la dernière fois de l'année, écrivit de Long sur son journal de bord, le 16 novembre, le soleil a brillé sur cette latitude ; à onze heures et demie il apparaissait péniblement au-dessus de l'horizon ; à midi il le dépassait à peine de deux diamètres ; à midi et demi, il nous disait bonsoir et disparaissait pour trois mois. »

Et dans la nuit et les glaces, le navire continua d'aller à la dérive, au gré des courants.

Les vaillants pionniers s'étaient armés de patience. Ils s'adonnèrent au chant pour tenir leur âme en joie, c'est-à-dire en force ; ils célébrèrent avec pompe les fêtes de Noël, comme l'an d'avant, quand ils étaient encore au milieu des êtres civilisés, dans leurs chères maisons fleuries de houx et de gui. Ils étaient seuls à présent, à des milliers de lieues de tout ce qu'ils chérissaient, sur un bateau isolé et perdu, qu'entourait, que serrait une ceinture de glaces. Ils attendaient le dégel et dérivaient, tranquilles. Pour occuper leurs loisirs, ils pratiquèrent la rude chasse à l'ours blanc.

Trois mois passèrent et le jour reparut. L'été revint, la température remonta jusqu'à 3 degrés au-dessus du zéro ; mais les masses polaires ne consentaient pas à lâcher leur proie ! Prise entre des monts flottants étincelants, la *Jeannette*, livrée à tous leurs hasards, dérivait tantôt au nord, jusqu'au delà du 74°, tantôt au sud, à l'ouest, à l'est...

De Long, ses seconds et son équipage étaient prisonniers du pôle....

Et le second hiver commença.

Il commença d'une façon brusque, atroce, par 36° au-dessous de zéro, et bientôt le thermomètre descendit encore, jusqu'à 44° ! Depuis des mois et des mois, depuis plus d'une année, les marins de la *Jeannette* étaient captifs dans la banquise, séparés, retranchés de l'humanité, hors de tout secours possible, à la merci d'une pression imperceptible des parois glacées sur la coque de leur bâtiment. Des mois encore, ils devaient souffrir d'indicibles tortures. Ils les endurèrent sans que leur courage pliât. Le froid les pétrifiait, les vivres s'épuisaient, les heures et les jours s'écoulaient dans une inaction déprimante.

Tous tenaient bon, espérant quand même en des temps meilleurs; ils voyaient, dans un mirage sublime, le but glorieux vers lequel allaient leurs désirs.

Le soleil reparut encore en février 1881.

Au mois de mai suivant, c'est-à-dire près de deux années après son départ, la *Jeannette* est par 76° 43′ 20″ de latitude nord et par 161° de longitude est.

Les intrépides qu'elle porte découvrent une île inconnue; ils la baptisent « la Jeannette », puis une autre : l'île « Henriette », qu'une partie de l'équipage, franchissant un cercle de glace, va reconnaître.

Ces braves gens ne rencontrent là ni phoques, ni ours, mais une multitude de pingouins et de guillemots, et leurs yeux, qui ne sont plus habitués qu'au morne horizon de glace, se portent avec délices sur quelques brins de mousse et de lichen.

Ils construisent un cairn dans cette île, et y déposent une boîte en cuivre dans laquelle ils ont enfermé une relation de leurs hivernages, puis ils retournent vers leur bâtiment.

Mais l'un d'entre eux, le pilote des glaces Dumbar, s'est à ce point fatigué la vue, en vigie continuelle sur ces étendues éblouissantes, qu'il est soudain frappé de cécité. L'infortuné bat l'air de ses mains lamentables ; il gémit et supplie qu'on l'abandonne pour qu'il trouve plus vite la mort. On le ramène de force à la *Jeannette*....

... Cependant la situation générale s'aggravait. Les énormes masses de glaces se crevassaient ; bientôt elles s'en iraient à la débandade, entraînant peut-être le bâtiment dans leur chaos épouvantable. Déjà, des chocs sourds ébranlaient sa coque, des détonations aussi violentes que des coups de canon assourdissaient les marins ; la débâcle s'annonçait.

Et le 11 juin, à minuit, elle commença. La ceinture de glace, craquant et éclatant de partout, s'élargit autour de la coque.

Enfin ! le navire était libre ! Libre, oui, mais non pas sauvé. Il n'avait fait que changer de danger et tomber de Charybde en Scylla.

Mais, à vrai dire, le péril ne parut point tout d'abord aussi grand qu'il l'était. La *Jeannette* flottait, et l'espoir renaissait dans les cœurs de ses marins pour qui elle était comme une personne vivante ; plus encore : leur

L'Équipage de la " Jeannette " la salue d'un dernier adieu.

patrie, leur forteresse, leur refuge, leur asile. On sortirait de cet enfer de glace ; on atteindrait la rive bienheureuse de la mer libre ; on verrait le paradis que nul œil humain n'a jamais contemplé !

Oui, sans doute, la *Jeannette* flottait... Elle se balançait mollement sur la mer qui, hier encore, l'enserrait, étau cyclopéen, mais elle ne pouvait évoluer ; elle restait bloquée dans un vaste champ de glaçons. Les icebergs se dressaient devant elle, en arrière, sur ses flancs, comme de redoutables ennemis, tout prêts à se ruer sur elle, dans une terrifiante mêlée. Ils l'écraseraient, la broieraient, quand il leur plairait. Et l'équipage commençait à suivre avec une angoisse croissante la lente évolution de ces monstrueux glaciers errants, qu'il lui était impossible de fuir.

C'était le 12 juin, par une journée radieuse, un clair soleil, une brise douce du nord-est. On se serait cru dans l'Océan Pacifique où soufflent les vents alizés. Quelques marins étaient allés à la chasse aux phoques et aux guillemots. Soudain, des blocs énormes se précipitent à tribord. Le bâtiment grince sous l'étreinte....

L'imminence du danger surprit tout le monde sans effrayer personne. Vite, un signal rappela les chasseurs. A peine rentraient-ils, que d'autres icebergs, à bâbord, faisaient craquer la membrure du bâtiment prise maintenant entre des mâchoires de monstres. Il haletait, gémissait, résistait pourtant. Il céda enfin et s'inclina. Alors, ce furent de lamentables alternatives d'espoir et de désolation. La *Jeannette* se relevait, se couchait sous des pressions contraires ; sa poupe et sa proue se soulevaient et s'abîmaient tour à tour. La banquise jouait avec sa proie. Puis, l'agonie commença, sinistre. C'étaient des soubresauts, des craquements, de lugubres vibrations dans les agrès, des plaintes et des cris qui terrifiaient l'équipage, qui sentait sa vie fuir avec la vie de la *Jeannette*.

Le vaillant navire était perdu.

Le pont se bomba, prêt à se fendre, les échelles se déplacèrent et, suivant la pittoresque expression du narrateur de ces heures néfastes, « se mirent à danser sur le pont comme des baguettes sur la peau d'un tambour ».

Bientôt, on entendit un déchirement épouvantable. La glace éventrait une partie de la coque et pénétrait dans la soute au charbon. C'était la fin. Le navire, atteint dans ses œuvres vives, coulait lentement. Un matelot descendit dans la cale et, simplement héroïque, entré dans l'eau glaciale jusqu'à mi-corps, passa des provisions à ses camarades. D'autres se disposèrent à descendre les embarcations sur la glace.

Enfin, il fallut abandonner la vaillante *Jeannette*. Quelques-uns des matelots pleuraient, tous étaient consternés. Le présent était lugubre ; l'avenir apparaissait terrifiant. Qu'adviendrait-il de cette poignée de hardis marins perdus dans le champ de glaces aux limites inconnues ?

Tout était débarqué, les subsistances, les médicaments, les munitions. On campa sur la banquise, à quelque distance du lieu du sinistre. Seul, de Long resta auprès de la *Jeannette*. Il voulait assister jusqu'au bout à son agonie ; elle lui était si chère ; il serait près d'elle au dernier moment...

Maintenant ses vergues touchaient la glace... A quatre heures du matin, un horrible craquement réveilla le camp des naufragés.

— « La *Jeannette* s'enfonce ! »

La pointe de ses mâts était seule encore visible ; des épaves flottaient, des sièges de cabines, quelques planches.

Brusquement, la glace se referma...

Rien ne restait de la *Jeannette* ; le monstre arctique l'avait dévorée. Aussi loin que s'étendait le regard, c'était désormais le désert, le désert d'opale et de neige, infini, sans abri, la banquise sans bornes à travers laquelle les infortunés commençaient un retour incertain. Cinq d'entre eux étaient malades, dont les deux officiers en second ; les valides traînaient deux côtres, une baleinière, cinq traîneaux contenant des vivres pour soixante jours.

Ce fut une navrante odyssée. Les hommes tiraient le chargement, côte à côte avec les chiens ; ils n'avançaient qu'avec une peine extrême et ne faisaient, pour ainsi dire, que quelques centaines de mètres en dix heures.

La pluie s'en mêla. Alors, on pataugea dans une boue gluante et, pour comble, la banquise se remit à dériver. Le capitaine le cachait aux matelots afin de leur laisser la belle confiance qui, par moments, leur mettait encore la chanson aux lèvres et la force au cœur.

« Oh ! écrivait de Long, si je n'avais mission de ramener mes camarades au pays, je serais descendu dans les flots avec ma *Jeannette*, afin qu'on ne pût dire de moi : « Voici celui qui entreprit d'aller au Pôle et coula son navire.... »

« Terre !... terre !... » Ce cri ranima l'espoir.

C'était le 10 juillet ; une île apparaissait dans l'étendue chaotique.

Au moment d'aborder, le glaçon sur lequel se blottissaient les malheureux faillit les entraîner au loin. Une saute des glaces le rapprocha de nouveau et ils débarquèrent sur cette île où, tout de suite, claqua au vent du Pôle le drapeau américain ; elle fut baptisée du nom du promoteur de l'expédition : c'est l'île *Bennett*.

Ce fut une joyeuse étape, « un pays de Cocagne », disaient les marins affamés et lassés, qui trouvaient là du bois flotté pour leur cuisine et de gros oiseaux de mer qu'ils faisaient frire dans la graisse d'ours.

Ensuite, ils reprirent leur course comme ils purent, à travers la morne étendue, tantôt marchant d'aspérité en aspérité, tantôt naviguant à travers les clairières.

Ils avançaient lentement, péniblement et, jour par jour, le temps fuyait sans leur apporter le moindre espoir de salut. Vers le 15 août, ils s'aperçurent avec terreur que les vivres diminuaient sans que l'approche d'aucune terre permît la chasse. Ils en arrivèrent bientôt au rationnement. Successivement, les traîneaux avaient servi à faire du feu. Les chiens furent tués et mangés, sauf un, le plus fidèle, le plus aimé.

Plus de pain, plus de sucre, plus de café.

Enfin, il n'y eut plus que pour quarante-huit heures de vivres. Par bonheur, ils rencontrèrent une île ; on tua un peu de gibier.

C'était le 12 septembre.

A cette date, l'équipage, qui s'était réparti dans les deux côtres et la baleinière, naviguait à travers une clairière qui s'étendait à perte de vue. Une épouvantable tempête s'abattit sur les malheureux durant trois jours consécutifs et, finalement, dispersa la triste flottille.

Quand le calme revint, un côtre et la baleinière avaient disparu !
De Long restait seul avec quelques-uns de ses compagnons.

Ils abordèrent, le 17 septembre, à la côte sibérienne, grelottants dans leurs vêtements trempés, que le vent congelait sur leurs membres. La neige tombait ; ils étaient sans vivres et à 95 milles de l'établissement russe le plus rapproché.

Ils déposèrent dans une caisse, sous un cairn, le journal de leur martyre depuis la perte de la *Jeannette*, et commencèrent à travers le désert sibérien un nouveau calvaire.

Il ne leur restait qu'une boîte de pemmican à manger, rien de plus. Ils résolurent qu'elle durerait quatre jours. Après quoi on tuerait le pauvre chien épargné jusque-là....

Ensuite ?...

Pas un n'osait répondre à la question.

Tous étaient las, affaiblis, quelques-uns épuisés, fiévreux, perclus ; l'un d'eux, ses orteils insensibles, ne pouvait plus marcher qu'à cloche-pied.

De Long se montrait admirable, et son courage était pour tous le meilleur réconfort. Noblement croyant et résigné, il soutenait ses camarades, commentait pour eux la Bible et trouvait des textes qui maintenaient l'énergie et réveillaient l'espoir.

Depuis cent jours, ils erraient sur la glace, traînant leurs malades qu'ils ne voulaient pas abandonner. Une après-midi, — o joie! — l'un d'eux, bon chasseur de l'Alaska, tua deux rennes. Quel festin! Et comme ils se reposèrent ensuite, à l'abri de misérables huttes abandonnées par des indigènes sibériaques.

Mais la famine n'avait fait que desserrer ses griffes; elle ne lâchait pas sa proie.

Encore une fois, le pourvoyeur du détachement apporta d'abord un goéland, puis un poisson que les quatorze affamés dévorèrent avec délices.

Ensuite il fallut sacrifier le pemmican, qui fut rationné à raison de 130 grammes par homme et par jour.

Et la marche devint atroce. Les plus faibles s'affaiblissaient davantage et tous étaient accablés ; aux moindres haltes ils tombaient dans un sommeil invincible et perdaient ainsi, chaque fois, un temps précieux.

L'un d'eux, qui boitait fortement, finit par ne plus pouvoir avancer ; il avait sous la plante des pieds un ulcère qui gagnait les orteils. Il fallut se résoudre à le porter... Mais la gangrène se développa, et le docteur amputa le malheureux de quatre doigts à un pied, d'un doigt à l'autre.

Octobre commença ainsi, dans une détresse infinie. Le froid, la faim, le désespoir brisaient la petite troupe qui n'avait plus que deux jours de vivres. Le malheureux opéré s'en allait peu à peu. On l'amputa des doigts qui lui restaient. Et il suivit, étendu sur une sorte de claie, de traîneau de fortune, à la queue de la colonne.

Ses camarades encore debout ne pouvaient presque plus marcher. Leurs bottes humides, en gelant, se contractaient et les blessaient affreusement. La nuit venue, ils attendaient le sommeil en tremblant de froid, collés les uns contre les autres, ordinairement dans un trou de neige, sous une toile de tente et quelques couvertures, et, près d'eux, le fiévreux opéré délirait... La plupart souhaitaient en s'endormant de ne plus se réveiller.

Le 3 octobre fut particulièrement horrible. Le matin, ils avaient consommé la dernière portion de pemmican. Ils allaient à présent le ventre creux, blêmes, les jambes lourdes, grelottants de faim, de froid, de fatigue et d'angoisse.

Enfin, ils crurent apercevoir une hutte au loin. Ils pressèrent le pas de ce côté. De Long, qui suivait avec sa petite troupe le cours d'un des affluents de la Léna, vit la glace s'ouvrir brusquement sous ses pas et s'enfonça dans la rivière. Un autre, puis un autre de ses camarades tombèrent également. Ils sortirent à grand'peine de l'eau tout ruisselants, et, presque instantanément, leurs habits gelèrent, leur épiderme même s'enduisit de glace. Ils se hâtèrent vers la rive et de là vers la hutte... Ce n'était qu'un exhaussement de terre ; point de construction, ni d'êtres vivants !

Avec du bois flotté, ils allumèrent près de ce monticule trompeur, un feu énorme. Mais le froid était si âpre que leurs habits ne séchaient point et dégageaient seulement une légère vapeur au milieu de laquelle les malheureux claquaient des dents.

Il fallait manger. Ils tuèrent le pauvre chien, leur fidèle compagnon, leur ami, et se partagèrent pour le lendemain, ce qu'ils ne dévorèrent pas sur-le-champ.

Puis quelques-uns s'endormirent, raidis, sur la terre dure, sous le froid intense. L'agonisant ne cessait de délirer, ou de gémir ou de pleurer. Il ôta ses gants, et ses mains furent presque instantanément gelées. De Long, près du mourant, récitait à voix haute la prière des agonisants, que ses compagnons, qui ne dormaient pas, écoutaient, en songeant que bientôt, sans doute, leur tour viendrait de ne plus vivre.

Le lendemain, le malade expira. On l'ensevelit dans le drapeau national et, par une fissure de la glace, son corps fut jeté dans le cours d'eau que, durant les heures de marche, ces pauvres gens suivaient, espérant toujours arriver à quelque village indigène bâti sur ses rives.

De Long lut le service des morts, et trois coups de feu tirés au bord du trou furent une salve funèbre.

Les survivants étaient alors à 46 kilomètres de la station russe la plus rapprochée, sans le savoir du reste, égarés, désorientés, et ne portaient, à eux treize, que six kilogrammes de viande de chien. Ils n'avaient plus la force de chasser et, d'ailleurs, ne rencontraient plus de rennes. Pour abattre les quelques oiseaux de passage aperçus ils ne possédaient, malheureusement, que des carabines.

Ils se courbaient de plus en plus et avançaient de moins en moins sous la neige, blanc suaire qui tombait nuit et jour sur leur groupe lamentable.

Un soir, ils n'eurent pour dîner qu'une once d'alcool par homme.

« Courage ! répétait de Long avec son admirable vaillance, courage, nous serons sauvés ! »

Le lendemain, ils burent encore de l'alcool, une demi-once, et ce fut tout.

Et ils allaient, ils allaient toujours, spectres errants de l'étendue morte. A peine faisaient-ils un kilomètre par heure.

De Long envoya les deux plus valides en avant, les autres durent s'arrêter. Et ils dévorèrent des morceaux de peau de rennes, de souliers, de guêtres... Ils soupèrent, ce jour-là, d'une cuillerée de glycérine.

Depuis cent vingt-un jours leur martyre durait.

Ils burent leur dernière ration de glycérine. Un matelot, à bout de forces, se coucha, attendant la mort; les autres se groupèrent près de lui pour réciter le *Pater* et le *Credo*. Et la nuit tomba sur eux, expirants !

Le 19 octobre, deux encore s'éteignirent ainsi que des lampes vides... Leurs camarades laissèrent là, sur la neige, ces cadavres amis. Eux-mêmes allaient mourir !

De Long écrivit avec peine sur son carnet de route, tenu à jour jusqu'à la dernière minute, ces trois mots lugubres :

« Mes yeux se ferment... »

La résistance humaine est prodigieuse : ils n'ont plus rien à manger, rien à boire, ils ne peuvent plus faire un mouvement, et, plusieurs jours encore, ils se survivent, étendus dans la neige, les mourants entre les morts.

De Long n'a plus la force de continuer son journal. Il note seulement les dates des 24, 25, 26 octobre, — sans plus. Concision terrible.

« Jeudi 27 octobre, cent trente-septième jour sur la glace. Iversen agonise. »

« Vendredi 28 octobre, cent trente-huitième jour. Iversen a passé ce matin de bonne heure. »

« Samedi 29 octobre, cent trente-neuvième jour. Dressler mort cette nuit. »

« Dimanche 30, cent quarantième jour. Boyd et Görtz morts dans la nuit. M. Collins mourant... »

Là s'arrête le carnet de Long; le crayon s'est échappé des doigts du héros; l'horrible tragédie dont il fut l'historien est terminée. Tous sont morts, à moins de 40 kilomètres d'une station russe où ils auraient trouvé le salut.

.˙.

On découvrit leurs corps dans la neige cinq mois plus tard. On les ensevelit sous une roche élevée, au pied d'une immense croix faite de bois flotté.

Quant aux deux embarcations qui portaient le reste de l'équipage de la *Jeannette*, et qui avaient été séparées par la tempête, l'une, le petit côtre, avait disparu ; l'autre, la baleinière, après mille péripéties, avait fini par aborder à un rivage hospitalier où des indigènes, les Yakoutes, étaient venus au secours des naufragés. Ceux-ci prirent à peine le temps de recouvrer quelques forces et se mirent à la recherche de leur capitaine et de leurs compagnons.

L'EXPÉDITION DE LA « JEANNETTE »

Entre temps, des secours arrivaient d'Europe. On cherchait la *Jeannette* sur la mer polaire, quand, à la nouvelle télégraphiée par les autorités russes du sauvetage en terre sibérienne d'une partie de l'expédition, le monde scientifique et maritime de tous les pays civilisés s'émut. Et bientôt, jusqu'au fond de la Sibérie, des envoyés du gouvernement américain et du *New-*

> Tuesday October 25th
> 135th day
> Wednesday October 26th
> 136th day
> Thursday October 27th
> 137th day   Ireeson broken down
> Friday October 28th
> 138th day   Iversondied during early morning
> Saturday Oct 29th
> 139th day Dressler died
> Sunday Oct 30th
> 140th day Boyd & Goly died
> during night M Callus dying

La dernière Page du Carnet du Commandant de Long (Voir la traduction page 166).

York-Herald apportèrent aux survivants de la *Jeannette* le témoignage de l'admiration de la patrie américaine et de la sympathie universelle.

Les noms des membres de l'expédition de la *Jeannette*, du premier des officiers au dernier des matelots, méritent d'être rapportés et retenus (Voir ci-contre). Tous ces braves gens, morts ou sauvés, souffrirent pour la science et pour l'humanité. Du plus affiné au plus rude, ils affrontèrent d'un même cœur l'impitoyable sphinx des banquises polaires.

Morts et survivants de l'équipage de la *Jeannette*.

George W. de Long, lieutenant de la marine des États-Unis, commandant de l'expédition.	Mort.
Charles W. Chipp, premier lieutenant.	Mort.
John Wilson Danenhower, second lieutenant.	Sauvé.
George W. Melville, sous-ingénieur de marine.	Sauvé.
D' James Markam Marschal Ambler, chirurgien de la *Jeannette*.	Mort.
Gerown J. Collins, météorologiste, correspondant du *New-York-Herald*.	Mort.
D' Raymond L. Newcombe, naturaliste.	Sauvé.
Capitaine Dumbar, pilote des glaces.	Mort.
Jack Cole, maître d'équipage.	Sauvé.
Alfred Weetman, maître charpentier.	Mort.
William Winderman, charpentier.	Sauvé.
George W. Boyd, charpentier.	Mort.
Walter Lee, machiniste.	Mort.
George Landertack, chauffeur.	Sauvé.
Louis-Philippe Noros, matelot.	Sauvé.
Herbert Wood Leach, matelot.	Sauvé.
James H. Bartlett, matelot.	Sauvé.
Henri-David Warren, matelot.	Mort.
George S. Manson, matelot.	Sauvé.
Adolf Dressler, matelot.	Mort.
Carl-August Görtz, matelot.	Mort.
Peter-Edward Johnson, matelot.	Mort.
Henry Wilson, matelot.	Sauvé.
Edward Star, matelot.	Mort.
Hans Erickson, matelot.	Mort.
Henry Hansen Knack, matelot.	Sauvé.
Nelse Iverser, matelot.	Mort.
Albert-George Kuehne, matelot.	Mort.
Ah Sam, cuisinier (Chinois).	Mort.
Long Sin, boulanger (Chinois).	Sauvé.
Alexis, chasseur indien.	Mort.
Anequin, chasseur indien.	Sauvé.

Le Paquebot la « France » brûlant chargé de Poudre

> *Je viens d'échapper au plus effroyable des dangers que j'aie courus de ma vie... De trois heures quinze jusqu'à neuf heures du soir, je me suis attendu à sauter... Il est réellement inouï que nous n'ayons pas été entièrement détruits.*
>
> (Extrait d'une lettre du Commandant Collier.)

Les drames de la mer touchent au comble du pathétique lorsqu'aux périls de l'eau viennent s'ajouter les dangers de l'incendie ! Le sort du *Cospatrick*, raconté dans les pages qui précèdent, en est un saisissant exemple. Mais combien est plus certaine l'angoisse, plus atroce aussi, s'il est possible, lorsque sommeille dans les flancs du navire disputé aux lames par les flammes, une cargaison de poudre dont une étincelle suffit à déterminer l'explosion ! C'est alors un jaillissement d'incendie dans une vasque d'ondes refoulées, le vomissement d'un volcan, retombant en pluie d'épaves carbonisées et de cadavres...

Et cependant, il est un cas où un navire échappa aux risques successifs d'incendie, d'explosion, de naufrage auxquels il devait, de toute évidence, succomber ; mais c'est un cas unique, un cas de chance merveilleuse et qui, n'étant pas moins dramatique que bien d'autres plus funèbres, méritait de prendre place dans ces annales des grands drames de la mer.

*
* *

Le paquebot la *France*, de la Compagnie Transatlantique, était parti de Saint-Nazaire, le 10 décembre 1886, à destination de l'Amérique du Sud.

Il était commandé par un de ces hommes d'élite que nos grandes sociétés de transports maritimes choisissent avec tant de soin, ordinairement dans le corps de la marine militaire, pour leur confier un paquebot : le commandant Collier.

Il avait à son bord une centaine d'hommes d'équipage, 4 gendarmes,

40 soldats d'infanterie de marine et 250 passagers environ, parmi lesquels des ingénieurs et des ouvriers se rendant avec femmes et enfants à Panama, pour y travailler au Canal, qui donnait à cette époque tant d'espérances.

Toutes les catégories sociales et plusieurs nations, principalement l'Italie et l'Amérique Centrale, étaient représentées dans le nombre des passagers, dont quelques-uns n'étaient pas d'une très grande valeur morale, s'il faut s'en rapporter au baron de Hubner qui, après avoir été un diplomate célèbre, devint un grand voyageur. M. de Hubner vécut, minute par minute, toutes les heures du drame et en a laissé une vivante et originale relation qui a servi à documenter ce récit.

La *France*, navire de 4700 tonneaux de jauge, avait son chargement habituel et portait, en outre, 60 caisses métalliques renfermant plus de 8 000 kilos de poudre destinée à nos garnisons des Antilles et de la Guyane.

A peine le paquebot eut-il franchi la barre de la Loire qu'il fut assailli par de furieux coups de mer. La tempête, qui durait depuis plusieurs jours, venait de redoubler d'intensité. Elle ne devait pas cesser pendant plus d'une semaine.

Le vent soufflait du nord-ouest avec une violence inouïe, et faisait rouler le navire au point de rendre le pont absolument intenable. Les souffrances des passagers étaient vives ; il leur était impossible de dormir, et très difficile de prendre leurs repas, car, outre les maux physiques qui résultaient pour eux du mauvais état de la mer, le service de la table à bord était particulièrement difficile, et bientôt toute la vaisselle fut en miettes.

Ce cauchemar se prolongea jusqu'au 20 décembre. Alors la *France* dépassa le méridien des Açores, et le vent souffla du nord-est. La mer redevint calme.

Ce jour-là[1], le paquebot était par 23° 56 de latitude nord et 50°13 de longitude ouest, à 880 milles de la Guadeloupe, terre la plus proche.

Les passagers remontés sur le pont, sous l'azur balayé, se trouvaient heureux de respirer enfin, de vivre en confiance. Vers midi, l'ordre fut donné d'ouvrir le compartiment qui contenait les bagages et de hisser les malles afin que les passagers pussent en user à leur convenance ; après quoi les malles furent redescendues. Par malheur, dans la même cale, se trouvait une certaine quantité de dames-jeannes aux panses arrondies, pleines d'alcool et insuffisamment arrimées. Durant le transbordement des bagages

---

(1) C'est, du moins, ce que dit M. de Hubner, mais il commet une légère erreur. La position moyenne des Açores est 39° de latitude nord et 30° de longitude ouest. La position donnée ci-dessus pour le navire le place à 1 080 milles environ à l'ouest du méridien central des Açores et à 900 milles au sud du parallèle moyen des mêmes îles. Ce n'est donc pas ce jour-là que le navire dépassait le méridien des Açores. C'était chose faite au moins depuis l'avant-veille.

il arriva que plusieurs de ces touques, qui avaient souffert de quelques heurts causés par le mauvais état de la mer des jours précédents, furent brisées et leur contenu, dont s'étaient déjà imprégnés certains coins de la cale, dut se répandre assez abondamment, sans qu'on s'en aperçût, pour tomber probablement en pluie dans la sommellerie où se balançait un fanal allumé.

De sorte que, tandis que sur le pont les passagers goûtaient les délices d'une mer apaisée et de la douce chaleur des tropiques, et profitaient de ces premiers instants de quiétude et de calme pour organiser une loterie de bienfaisance à propos de laquelle, dames quêteuses et cavaliers les accompagnant s'empressaient à qui mieux mieux, tous gais, tous charmés de la clarté du ciel et de la joie du moment, l'incendie, dans l'ombre, en bas, se déclarait et commençait son œuvre.

A trois heures seulement, le feu, qui a déjà commis à l'intérieur des ravages ignorés, s'annonce à l'arrière, dans les couloirs et les cabines de 1re classe, par des nuages de fumée et de brusques crépitements d'étincelles. La surprise, l'épouvante, s'emparent des premiers passagers qui s'aperçoivent du sinistre; ils montent sur le pont, les bras levés, criant :

« Le feu !... au secours !... »

Aussitôt, la panique est générale.

« L'on courait dans tous les sens, dit M. de Hubner, on s'entrechoquait; on revint sur ses pas, on s'arma d'appareils de sauvetage, on se réfugia dans les canots encore suspendus à leurs portemanteaux, mais tournés en dehors et prêts à être amenés. Pauvres ressources, quand on pense que nous nous trouvions à près de neuf cents milles de terre, dans une mer solitaire où l'on voit rarement un navire en dehors de la route suivie par les paquebots et par les bâtiments à voiles qui remontent du Sud au Nord, le long des côtes de l'Amérique. A quoi il faut ajouter que les quatre chaloupes disponibles auraient pu à peine contenir le tiers des hommes que la *France* portait dans ses flancs... »

On imagine l'ordinaire mêlée autour des embarcations, l'affreuse lutte traditionnelle où les plus forts sont aussi les plus lâches. Mais le capitaine et ses officiers accourent... Les passagers s'obstinent à vouloir amener les canots.

Le commandant Collier refuse ; il proteste, il parle avec véhémence et rassemble les courages dispersés :

Quoi ! partir ? Abandonner la *France* pour un commencement d'incendie que quelques seaux d'eau vont éteindre ? Et que feront les canots en plein Océan ? Les passagers seront condamnés à quinze ou vingt jours de navigation, c'est-à-dire aux tortures de la faim et de la soif et au naufrage. Qu'ils se ressaisissent et se hâtent de descendre des embarcations, car leur poids menace de causer la rupture des palans ; ils risquent d'être immédiatement précipités dans les flots ! Qu'on vienne donc aider l'équipage à refouler l'incendie ! Allons ! Tous à la chaîne !...

Ces paroles énergiques et sages ramènent le calme et le sang-froid. Les passagers cessent de s'agiter, l'ordre est rétabli à bord.

On ferme les panneaux de la soute aux poudres et les portes des cloisons étanches, qui divisent le navire en plusieurs compartiments.

Puis, la *France* vire et présente le cap au nord-est, et cette manœuvre, dirigée par le commandant, donne ce premier résultat qu'au lieu d'être, comme précédemment, rabattues sur le bâtiment, les étincelles et les gerbes de flamme fuient en panache vers le large.

Pendant ce temps, le mécanicien en chef, M. Chenu, a dirigé des jets de vapeur vers le centre de l'incendie, où se trouve la poudre embarquée.

Les matelots ont jeté à la mer de grands cylindres en fer et du matériel qui encombraient le pont et gênaient la manœuvre des pompes. Le navire allégé roule beaucoup moins et tangue seulement. Les lances des pompes sont dirigées vers les parois de la soute aux poudres. Les soldats, les passagers font la chaîne... Les marmitons eux-mêmes viennent verser dans les flammes leurs marmites remplies d'eau ! Tous rivalisent de dévouement sous les ordres des officiers du bord, MM. Dupont, Gorphe, Laudryon, Rapin, du capitaine Martineau et du sous-lieutenant Montmélian, de l'infanterie de marine. Un maître charpentier, nommé Hamet, descend dans le brasier et démolit les cloisons des cabines qui gênent l'action du sauvetage. Il reçoit une blessure au bras et s'obstine parmi les tourbillons d'étincelles. Un jeune homme s'aperçoit que le haut du mât d'artimon est près de s'abattre ; il grimpe dans les haubans, coupe un filin et dégage le mât qui tombe à la mer, au lieu de choir sur la machine qu'il eût gravement détériorée.

« Cependant, dit encore M. de Hubner, le feu avait déjà réclamé ses victimes : le missionnaire Tavernier, qui, pendant la traversée, s'était par le fort du roulis cassé une jambe, ne pouvant s'enfuir, devint dans sa cabine la proie des flammes. Pendant quelques minutes on entendit ses cris déchirants. Un curé de la Guadeloupe, qui essaya de le sauver, eut des brûlures assez graves pour compromettre sa vie. J'ai eu la satisfaction de le rencontrer six semaines après presque entièrement rétabli. Un sommelier et un garçon du bord furent brûlés dans la sommellerie. Parmi les hommes occupés aux travaux de sauvetage, les blessures étaient nombreuses, mais légères. »

A trois heures et demie le fléau triomphait des efforts de l'équipage et des passagers occupés à le combattre.

La flamme croît, monte, s'étend de minute en minute. Le grand salon, l'escalier principal, la cabine des dames située en deçà de la cloison étanche, ne sont plus qu'un brasier; le spardeck et le fumoir se sont effondrés. Plus d'un tiers du bâtiment est en feu! L'incendie va-t-il donc le gagner tout entier?

Et une crainte plus vive, un effroi plus ardent s'emparent des passagers, qu'étreint déjà l'angoisse d'une explosion possible. C'est en vain que les gens de cœur, M. de Hubner en tête, se multiplient pour rassurer les plus alarmés, en affectant un optimisme de commande. Qu'un grain de poudre s'enflamme dans la soute environnée de feu, et les soixante caisses sautent en réduisant en miettes le paquebot et les êtres vivants qui s'y trouvent.

A quatre heures et demie, poignante alerte : une sourde explosion retentit dans la cale. Un même frisson secoue les passagers et les matelots. Une caisse vient d'exploser, les autres vont suivre; c'en est fait de la *France!*...

Mais non, aucune autre détonation ne retentit : c'est une petite charge de poudre, déposée à l'arrière pour les besoins du paquebot, qui a sauté. La terrible soute est encore intacte. Le sera-t-elle longtemps? La cloison étanche qui la ferme est rongée de plus en plus par les flammes!

L'incendie augmente toujours. Pour ne pas perdre son hélice, le commandant se résout à stopper. La machine n'a pas encore été endommagée, mais les chaînes de la barre sont brisées. Ainsi, le bâtiment, sinistre épave, n'obéit plus! Il tourne lentement, se met en travers du vent. Si ce mouvement continue, le transatlantique va se trouver vent arrière; le feu dévorateur attaquera le centre, puis l'avant, et tout sera dit.

Après deux heures de lutte, la situation est donc de plus en plus critique! Les deux cheminées, le grand mât ne sont pas atteints, mais, auprès, une gerbe de flammes jaillit sur le pont; une colonne de fumée striée d'étincelles monte à 40 mètres dans les airs.

Ce spectacle terrifie les plus intrépides. Il est cinq heures. Le commandant, qui fait preuve d'un admirable sang-froid en donnant du haut de sa passerelle les ordres utiles, sans cesser un instant de se promener de long en large, tranquillement, le commandant se dit que tout est perdu et envisage la situation en songeant que s'il donne l'ordre de mettre les chaloupes à la mer, aussitôt l'épouvantable confusion d'une fuite éperdue, d'une lutte féroce, arrachera les travailleurs au combat contre le feu qui, alors, s'étendra rapidement à son gré, tandis que les chaloupes envahies couleront, surchargées.

Le sinistre est sans issue et, mourir pour mourir, mieux vaut tenir sur le paquebot jusqu'à ce qu'il saute ; ce sera plus noble et plus bref....

Le commandant Collier continue sa promenade du même pas égal, du même air tranquille.... Les passagers le regardent et se rassurent....

Mais les forces des travailleurs s'épuisent. Le bâtiment dérive et les soixante caisses de poudre sont toujours entourées de flammes sans qu'on puisse humainement rien tenter pour les en préserver !

Le dénouement est proche. Cependant, un bruit vole de bouche en bouche : la poudre serait noyée, le foyer circonscrit.... Comme pour démentir ces espoirs rassurants, les flammes attaquent maintenant la partie centrale du navire et la rendent intenable.

Toutes les femmes se pressent à l'avant. Des jeunes mères sont là, pressant frénétiquement leurs enfants sur leur sein ; d'autres, isolées, s'enferment dans un morne silence ; une petite Bretonne, seule à bord, appelle en sanglotant sa vieille mère qu'elle a laissée dans son village d'Armorique. Trois sœurs de charité, agenouillées près du beaupré, prient sans discontinuer, à voix haute ; près d'elles, une jeune Espagnole, d'une grande beauté, attend la mort avec un calme empreint d'une grâce farouche.

Il est surprenant de constater que, dans un moment pareil, l'homme le plus intelligent peut avoir des préoccupations étrangères au drame dont il est le témoin et, si inattendues, qu'on en pourrait sourire, si l'on ne voyait justement là une de ces bizarreries de la pensée, qui, par un effet des habitudes prises, se manifestent dans les circonstances les plus tragiques, en dépit de la raison et de la volonté.

« A plusieurs reprises, dit le baron de Hubner, je me suis rendu sur le théâtre de l'incendie, mais l'eau, qui coulait à flots dans les corridors, m'en chassait aussitôt ; je craignais de me mouiller les pieds et de prendre un rhume !... Et pourtant, personne plus que moi n'était convaincu que l'on touchait au moment suprême, à tel point qu'en retournant à l'avant-pont je me demandais toujours si j'aurais encore le temps de rejoindre les sœurs de charité agenouillées près du beaupré... »

Cependant les matelots, les soldats, les passagers qui les aident, se sont obstinés sans répit, dans leur lutte acharnée contre le fléau, et enfin, alors que l'on croyait tout perdu, tout est sauvé grâce à leur héroïque ténacité.

Vers sept heures, victoire ! il est apparent que les progrès du feu sont arrêtés. Cette constatation redouble les efforts des combattants ; à neuf heures, l'incendie est refoulé vers son foyer, et, enfin, vers onze heures, les dernières flammes léchant les bords de la coque envoient leurs lueurs mourantes sous le ciel étoilé, dans la demi-obscurité de la nuit tropicale. Et, privé d'aliments, le feu s'éteint tout à fait.

On s'empresse, on félicite les sauveteurs. Tout le monde s'entasse autour de la machine parmi les décombres calcinés. La joie déborde des yeux et des lèvres. C'est à peine si quelques personnes parlent encore des caisses de poudre.

La fatigue a bientôt raison des dernières craintes, et, après un léger repas de viande froide, chacun s'endort.

Le lendemain, dès l'aube, le commandant fait réparer la barre puis parvient à remettre le bâtiment en marche vers la Martinique.

La *France*, avec son arrière rempli d'eau, file cependant ses douze nœuds à l'heure. Le temps reste calme, ce qui est une chance de plus à ajouter à toutes celles dont on a bénéficié.

Mais voici le fait prodigieux, qui rend cette aventure si mémorable :

Le 24 décembre, quatre jours après l'incendie, le paquebot mouille à Fort-de-France. On constate alors l'état de la soute aux poudres : la cloison étanche a été rongée par les flammes, qui ont dégagé une chaleur effroyable contre les parois des caisses contenant la poudre. Plusieurs de ces caisses sont tordues et *en partie ouvertes*. Un pont de bois qui les surplombe a été presque entièrement carbonisé, mais un hasard vraiment providentiel a voulu que l'eau des pompes tombât précisément sur les caisses éventrées, et les noyât, tandis que les charbons ardents roulaient uniquement sur les caisses restées hermétiquement closes !...

On ne connaît pas d'exemple d'un autre navire qui se soit sauvé dans des circonstances aussi extraordinaires.

Le « Canrobert »
abordé par le « Hoche »

> *Nous ne comprendrons jamais à quels mobiles peut obéir la volonté inconnue qui règle les choses humaines... Ainsi quand elle s'exerce parfois à tourner tout au pire on la prendrait pour une providence à rebours si, l'instant d'après, du pire, elle n'en sortait le meilleur.*
>
> (Madame Ackermann.)

EN pleine tempête, dans le fracas de la foudre et le flamboiement des éclairs, devant les masses écumantes des flots, la mort peut paraître inévitable. On sombre, on disparaît : c'est horrible et c'est logique. Mais périr par un tiède matin d'été, sous un ciel pur, sur une mer aux eaux bleues et tranquilles, c'est une sinistre anomalie, une ironique gageure d'un incompréhensible destin.

C'est ce qui advint au *Canrobert*, le 14 juillet 1892.

Ce jour-là, l'escadre de la Méditerranée se trouvait à trois milles au sud de Marseille, en vue du phare de Planier.

Elle préparait une manœuvre intéressante : neuf cuirassés, en une ligne de front, allaient faire une expérience de vitesse.

A l'extrême droite de la ligne se trouvait le *Hoche*, superbe, commandé par le commandant Boutet.

Les montres du bord marquaient exactement 6 h. 55 du matin. Le temps était splendide, l'atmosphère transparente, la brise légère; des raies de lumière tombant sur la mer faisaient onduler les replis bleus de ses vagues comme une moire aux reflets argentés.

Le *Hoche* avait toute l'escadre à bâbord; il en observait attentivement les mouvements, car mille incidents pouvaient naître et susciter un danger dans la manœuvre générale à toute vitesse.

A tribord, rien en vue, du moins autant que le cône de fumée que le vent du nord-ouest chassait des cuirassés et rabattait en immense panache sur la mer, permettait de s'en rendre compte.

Mais voici qu'au moment où il s'y attendait le moins, au fond de cette masse noire, le second du *Hoche* croit distinguer la silhouette indécise d'un grand vapeur.

Il frémit, puis croit à une erreur, une illusion, quelque jeu étrange de la fumée rabattue sur la mer.... Non.... La forme se précise. C'est un paquebot qui arrive à toute vitesse, et il est à moins de 400 mètres.

Derrière l'écran de fumée, il n'a pu voir vers quel effrayant péril il se précipite. Il surgit de la nappe azurée devant les marins du *Hoche* épouvantés....

Ce transport, c'est le *Maréchal-Canrobert*, qui porte le courrier de Bône et 110 passagers. Les matelots de l'escadre de la Méditerranée connaissent comme un ami ce beau bâtiment à vapeur : il a 80 mètres de long, 1 100 chevaux et jauge 1 223 tonnes.

Le capitaine Dor, qui le commande, a bien vu l'escadre, et de loin. C'est pour lui aussi une amie, et il se flatte de passer aisément à l'extrémité de sa ligne et ne ralentit pas sa course. La fumée le trompe sur la situation exacte des bâtiments dont il approche et sur le mouvement qu'ils exécutent. Il continue donc et avance sur le *Hoche* à la vitesse de douze nœuds.

Tout cela va très vite ; c'est l'affaire de quelques secondes. Le commandant du *Hoche*, lui, a pleine conscience du péril. L'abordage est inévitable et le *Canrobert* est perdu.

Les règlements prescrivent de venir, en pareil cas, en grand sur la droite, mais c'est prendre le *Canrobert* en plein par le flanc et le couler à pic.

Mieux vaut venir sur la gauche et provoquer un abordage simple avec le paquebot. C'est le mouvement qu'ordonne le commandant Boutet. L'excellent marin espère encore que le *Canrobert*, passant sur tribord, évitera le choc.

Trop tard ! le transport se rue sur le cuirassé. L'éperon du *Hoche* s'enfonce dans la proue du *Canrobert* comme dans de la chair vive.

C'est une minute effrayante... Le paquebot, mortellement blessé, plonge de l'avant dans les flots.

Mais il est des hasards miraculeux... Une ancre du *Hoche* s'agrippe au bâtiment qui sombre et, comme une main de fer, le retient sur l'abîme. Cette aide inattendue, ce répit incroyable, c'est le salut de l'équipage et des passagers. L'épouvantable hécatombe est momentanément conjurée.

Toujours ces mêmes petites causes que l'on retrouve dans la plupart des catastrophes humaines et qui provoquent de si désastreux effets : une fumée, un brouillard, un souffle, et, des centaines de vies sombrent dans les abîmes. Dans ce malheur, tout vient d'un nuage sorti des cheminées des cuirassés et d'un caprice du vent, et, à présent, tout dépend de l'aide d'une chose inerte qui, par hasard, retient le paquebot éventré. Que l'ancre qui, providentiellement, suspend sur les flots ces êtres en détresse, que l'ancre cède et tout est mort en un instant.

Dans ces minutes tragiques, les secondes valent des heures, et la volonté, la vaillance décuplent les forces humaines.

Par bonds, par élans et sans tumulte cependant, les secours sont organisés à bord du *Hoche*.

La plupart des passagers du *Canrobert* ont été surpris en plein sommeil. Réveillés par la terrible secousse, ils se précipitent en bande affolée sur le pont, à demi nus. Ils poussent des cris de détresse et s'écrasent sans souci des femmes et des enfants.

Une épaisse fumée cache le soleil. Un voile d'ombre, comme un noir linceul, enveloppe les deux bâtiments.

C'est une chose admirable et qui se remarque à toutes les heures épiques de voir combien le danger multiplie les héros ; un élan d'altruisme fait oublier à chacun son moi pour le dévouer au salut des autres.

A la minute même où s'enfonçait l'avant du *Canrobert*, cent marins du *Hoche* se sont élancés, et accomplissent héroïquement un surprenant et heureux sauvetage. Ils prennent les passagers comme des ballots, et les passent par-dessus les bastingages à leurs camarades restés à bord du cuirassé.

Sous leurs pieds, le pont frémit, la coque tremble et s'enfonce. Les gestes sauveurs s'accomplissent quand même, avec une rapidité tellement grande, que nombre de passagers se trouvent sur le *Hoche* sans savoir comment ils y sont venus.

On s'empresse autour d'eux, on leur prodigue des soins, on les revêt au hasard, les femmes de peignoirs de bains, les hommes d'habits de matelots.

Le *Canrobert* est désert ; on voudrait le sauver, mais le capitaine Dor est le premier à déclarer que les cloisons étanches, ébranlées par l'abordage, ne résisteront pas à la pression de l'eau pendant le remorquage.

Il faut donc l'abandonner. Hâtivement, on procède à une dernière visite de l'épave, on se persuade qu'il n'y reste personne et l'on coupe les amarres qui la relient au cuirassé.

« Machine en arrière ! » ordonne le commandant Boutet.

A peine l'ordre est-il exécuté, que le paquebot, livré à lui-même, plonge rapidement sous l'eau, les chaudières éclatent avec un bruit de tonnerre. Tout sombre dans un vacarme d'horreur.

.·.

A l'appel des passagers, on constata cinq disparus, deux soldats et trois petits enfants, trois innocents que la mort avait pris dans leurs berceaux.

A dix heures et demie, le *Hoche* débarqua à Marseille les naufragés du *Canrobert*, puis il rejoignit l'escadre aux Salins d'Hyères. Ses légères avaries ne l'empêchaient point de continuer son service.

Le conseil d'enquête appelé à juger la perte du *Canrobert*, conclut à la non-responsabilité du commandant du *Hoche*.

Le « Labourdonnais » brisé sur l'Îlot Madame

> *L'horizon offrait tous les signes d'une longue tempête; la mer y paraissait confondue avec le ciel. Il s'en détachait sans cesse des nuages d'une forme horrible, qui traversaient le zénith avec la vitesse des oiseaux, tandis que d'autres y paraissaient immobiles comme de grands rochers. On n'apercevait aucune partie azurée du firmament; une lueur olivâtre et blafarde éclairait seule tous les objets de la terre, de la mer et des cieux.*
>
> Bernardin de Saint-Pierre (*Paul et Virginie*).

Que de bâtiments de notre flotte se sont perdus à Madagascar, avant que la grande île africaine, enfin conquise par la France, présentât quelques mouillages organisés.

En 1885, le 25 février, l'aviso-transport l'*Oise* coulait en rade de Tamatave, engloutissant avec lui 12 hommes dont le médecin du bord ; en 1888, le croiseur *Dayot* se jetait à la côte dans la même rade, ne perdant toutefois qu'un seul homme, le mécanicien.

Enfin, le 21 février 1893, par un de ces effroyables typhons qui bouleversent la mer des Indes, ce fut le tour du *Labourdonnais*.

Ce malheureux navire, vieil aviso en bois de 850 tonneaux, lancé en 1877, monté par 116 hommes, armé de 4 canons de 14 centimètres et commandé par le capitaine de frégate Villaume, était parti de Rochefort, en décembre 1891. Il se trouvait, deux ans après, au mouillage, devant Sainte-Marie de Madagascar.

Le bâtiment était affourché sur deux ancres, par 21 mètres de fond, à environ un mille au nord-nord-ouest de l'îlot Madame, à l'entrée du petit port Sainte-Marie, qui n'offre pas accès aux grands bâtiments. Le 20 février, au coucher du soleil, le temps présentait une étrange apparence. Des tons cuivrés se dessinaient sur le ciel au couchant ; une brise soufflait du sud-ouest fraîchissant d'instant en instant, sans que le baromètre fût encore descendu.

On prévoit un cyclone, mais encore très éloigné et qui, apparemment, étant donné d'où vient le vent, longera seulement la côte est de Madagascar. Cependant, toutes les dispositions sont prises à bord du *Labourdonnais*, et les feux allumés.

Vers dix heures du soir, le ciel se couvre instantanément ; le baromètre baisse jusqu'à 757 et 750, pendant que les vents passent successivement de l'ouest-sud-ouest au sud-ouest. Et l'ouragan se déchaîne, terrible, balayant tout sur son passage. L'aviso se trouve précisément dans la partie dangereuse du cyclone. Comment va-t-il supporter le choc du redoutable météore? L'anxiété pâlit tous les visages à bord, en même temps que, dans les cœurs, la discipline met la force du courage. La mer démontée balaie le pont, inondant les marins qui s'y trouvent, et ses nappes furieuses tentent de les entraîner à l'abîme.

La plus grande partie de la nuit se passe dans une lutte stoïque contre l'assaut soutenu des vagues tumultueuses, qui arrivent du fond de l'ombre et de la nuit avec des grondements de fauves.

A trois heures et demie du matin, tout l'équipage est appelé sur le pont, à l'exception des mécaniciens, pour mettre en place les panneaux pleins, et arrimer, consolider, retenir tout ce qui est près, à chaque trombe, d'être emporté. Le commandant, sur la passerelle, règle l'allure de la machine, qui a été mise en marche afin d'aider à l'action des chaînes ; mais, bientôt, les chaînes cassent au milieu, sous l'effort enragé d'une rafale plus forte ; dès lors le *Labourdonnais* devient le jouet du cyclone et des flots. Il tombe immédiatement en travers du vent et à la lame sans que la machine mise à toute vitesse parvienne à le redresser. Une minute après, le *Labourdonnais* est comme soulevé sur la mer, jeté sur les récifs de l'îlot Madame qu'une lame énorme lui fait franchir. L'obscurité est absolue, et la violence du vent est telle qu'on ne peut ouvrir les yeux dans ces ténèbres, sans éprouver des douleurs intolérables.

Les lames balaient le navire échoué ! Il est trop tard pour tenter quelque manœuvre désespérée. Le commandant se fait attacher sur la passerelle ; il a été renversé, et du sang sort de sa tête qui porte une blessure profonde. Le côté tribord du navire, exposé aux lames, est vite défoncé ; la passerelle arrière est arrachée ; le mât d'artimon s'effondre, tandis que les canons défoncent les bordages du pont et tombent à la mer. Ainsi penché, le navire ne présente plus aucune sécurité sur le pont. Des malheureux sont entraînés par les lames, ils disparaissent et se noient à trente mètres de la terre. Parmi ces infortunés, se trouve l'enseigne de vaisseau Griffart. Et cependant, l'endroit où le navire est échoué n'a, en temps ordinaire, qu'un mètre d'eau, mais les vagues et les courants qui passent par-dessus le récif en ont fait un effroyable brisant.

Enfin, le jour vient après cette nuit désastreuse. Le commandant, vers sept heures du matin, tente d'établir un va-et-vient pour sauver son équipage ; on hasarde deux embarcations sur les flots démontés : l'une est enlevée et détruite, son armement est noyé ; l'autre parvient à terre, mais sans réussir à établir la communication.

L'enseigne Ernult-Lanoe veut recommencer une troisième fois l'aventure, mais, cette fois, à la nage, accompagné d'un autre bon nageur muni comme lui d'une ceinture de sauvetage. La mer ne lui pardonne pas, elle le saisit et l'emporte, il faiblit ; le courant l'entraîne et, finalement, il disparaît, victime de son dévouement. Plus heureux, le matelot qui l'accompagnait atteint la plage sain et sauf.

Un peu plus tard dans la matinée, vers neuf heures, l'ouvrier mécanicien Guillemette, et le deuxième maître voilier Kereun se dévouent à leur tour pour aller à terre. Ils réussissent, cette fois, à établir le va-et-vient. Peu après, l'équipage est sauvé par ce moyen ; et le commandant, épuisé, les yeux en sang, couvert de contusions, quitte son navire le dernier avec l'aide du sergent-fourrier Couraban. Quand tous les survivants sont à terre, on fait l'appel : il manque 23 hommes, dont 2 officiers !

Au milieu des épreuves les plus terribles, l'équipage tout entier s'est montré d'une rare vaillance. Mais que peuvent l'énergie et la clairvoyance humaines dans ces circonstances où la nature elle-même semble vouloir anéantir son œuvre ?

Ce terrible cyclone a dévasté Madagascar. Dans toute l'île il y a des cases détruites, des arbres arrachés, des récoltes perdues. Et le fléau sévit encore. L'équipage naufragé continue à terre de lutter péniblement contre des rafales glacées. Par bonheur pour les survivants du *Labourdonnais*, un administrateur colonial, M. Péan, seul habitant européen de l'îlot Madame, averti du naufrage, arrive au-devant d'eux, au milieu de la tourmente, et les guide jusqu'à un ancien hôpital d'isolement qui, bâti avec solidité, résiste au cyclone ; et là les marins s'installent en sûreté, tandis que les officiers trouvent un refuge à la résidence. Cette fois, tous ces braves gens sont bien sauvés.

Telles furent les péripéties de ce sinistre, qui ajouta 23 noms de plus au martyrologe de la marine française !

Le « Victoria » coulant dans la tombe verte

> *L'Amirauté anglaise pourra inscrire dans son livre d'or le nom de l'amiral Nyon, mort victime et martyr de l'honneur, en marin et en gentleman.*
>
> (JOURNAL DES DÉBATS, juillet 1893.)

Un an après la catastrophe du paquebot *Maréchal-Canrobert*, perdu aux portes de Marseille par abordage du *Hoche*, au cours d'une manœuvre navale française, l'Angleterre devait perdre dans une manœuvre en Méditerranée un magnifique cuirassé, par suite aussi d'abordage et, cette fois, le sinistre, par le nombre des victimes et le détail des circonstances, allait compter au nombre de ceux qui sont, entre tous, inoubliables.

*
* *

C'était le 22 juin 1893, auprès de Tripoli de Syrie, dans ces eaux enchantées que, durant le jour, le soleil moire de larges coulées d'or. L'escadre anglaise naviguait en vue de cette ville, située au nord de Beyrouth, à cent milles à l'est de Chypre.

L'amiral Nyon commandait en chef. C'était un marin réputé habile et savant, instruit de toutes les choses de la mer par quarante-cinq ans de navigation.

L'escadre évoluait sur deux colonnes, distantes l'une de l'autre de six encablures, soit environ 1 200 mètres. L'horizon grandiose, fermé par la dentelure bleuâtre des monts Liban, rayonnait sous un ciel clair; la mer était sereine.

Le vaisseau-amiral, le *Victoria*, conduisait la colonne qui longeait la côte à distance d'un mille environ; celle qui naviguait plus au large avait pour tête de file le cuirassé *Camperdown* que commandait l'amiral Marklam, chef en second de l'escadre britannique.

Le *Victoria* était du type des « amiraux » en acier, à double hélice, de 10 170 tonnes et 1 200 chevaux. Sa longueur était de 103 m. 63, sa largeur de 21 m. 33, sa vitesse de 17 nœuds. Sa construction avait coûté 17 millions et n'était achevée que depuis six ans.

Ce beau navire avait comme armement deux canons de 343 millimètres en tourelle barbette, 12 pièces de 6 pouces, 21 pièces à tir rapide, 8 mitrailleuses et enfin 7 tubes lance-torpilles Whitehead[1].

On l'avait voulu formidable, et tel il apparaissait, tout hérissé de gueules béantes prêtes à cracher la mort. Mais il semblait marqué pour les funèbres aventures. Déjà, en janvier 1891, cet immense bâtiment s'était échoué sur les côtes de Grèce, près de Platée, et son renflouement avait été des plus pénibles.

Il était exactement quatre heures moins sept minutes quand, du *Victoria*, partit une suite de signaux ordonnant à toute l'escadre une manœuvre stupéfiante :

« Seconde division venir de 16 quarts (180 degrés) sur tribord ; première division venir de 16 quarts sur bâbord en conservant l'ordre de la flotte. »

Sur tous les navires de l'escadre les commandants se demandaient s'ils avaient bien compris. A quoi pensait l'amiral Nyon ?

Le contre-amiral Marklam, à bord du *Camperdown*, estimait impossible l'exécution de la manœuvre ou, à tout le moins, voyait dans ce rapprochement subit et exagéré des deux colonnes en marche, convergeant ainsi l'une vers l'autre, un mouvement des plus périlleux. C'était une erreur évidemment, une transmission de commandement inexactement faite par les signaux. Il fit répéter l'ordre, qu'il voulait croire mal traduit ou mal compris.

— Qu'attendez-vous pour exécuter ? fut toute la réponse.

Le contre-amiral jugea qu'il n'avait plus qu'à obéir.

Il n'osa penser que l'amiral Nyon avait subitement perdu la notion des choses et pouvait ne pas se rendre compte de la portée de la manœuvre qu'il ordonnait. Aussi bien n'a-t-on jamais su, et ne saura-t-on jamais, par suite de quelle prodigieuse aberration le vieil et savant amiral voulut ainsi jeter l'une sur l'autre ses deux têtes de colonnes. On a prétendu qu'il avait dû subitement perdre la raison. D'autres l'ont accusé de s'être trouvé sous le coup d'une surexcitation fortuite par l'effet d'un excès de boisson ; mais cette hypothèse, si regrettable pour l'honneur des marins anglais, n'a point

---

1. Cet armement différait un peu de l'armement du type dit *admiral* auquel appartenait le *Victoria* et que voici : quatre canons de 13 p. 5 (343 mill.) de 68 tonnes en tourelles ou deux canons de 16 p. (413 mill.) de 110 tonnes ; six canons de 6 p. (152 mill.) ; dix-neuf canons à tir rapide ; sept mitrailleuses ; cinq tubes lance-torpilles.

été confirmée plus tard par aucun témoignage probant, tandis qu'il a été clairement établi que l'amiral Nyon mourut en brave, visiblement plein de sang-froid, et pour expier, sans doute, une défaillance, une erreur restée inexpliquée.

Toujours est-il que le contre-amiral Marklam ayant décidé de se conformer à l'ordre reçu, infléchit le premier sa ligne de route. Il donne toute vitesse arrière à l'hélice de tribord, de manière à diminuer le cercle dans lequel son vaisseau évolue. Puis il lance ses deux machines à toute vapeur en arrière, pour tourner en se portant le moins possible sur tribord. Mais ses efforts sont inutiles. Avant que l'erre du bâtiment ait pu être amortie, le *Camperdown*, dans un choc formidable, aborde le *Victoria* avec un bruit de foudre et le crève d'un coup d'éperon à vingt pieds de la tourelle.

Les deux géants de fer s'unissent dans une effroyable étreinte. L'éperon du cuirassé abordeur est si fortement engagé qu'il lui faut deux minutes pour se dégager du *Victoria*. Une brèche énorme ouvre le flanc du navire amiral et l'eau s'y précipite en mugissant.

Un autre danger terrible est imminent : emporté par la vitesse acquise, le second bâtiment de la colonne, dont le *Camperdown* est la tête, le *Nile*, approche, de l'autre côté du *Victoria*. Il va l'aborder !... Et ces trois cuirassés vont s'entrechoquer, s'entrepercer et se couler, épouvantable désastre dont toute l'escadre, glacée d'effroi, a la vision, durant un instant.

Par bonheur, le *Nile*, d'un adroit coup de barre, s'écarte, et les deux monstres restent seuls, tous deux blessés ; mais l'un, le *Victoria*, touché à mort, agonise et râle.

L'amiral Nyon a compris que son navire est perdu. Il essaie pourtant de le conduire à la côte, de l'échouer et de sauver ainsi l'équipage.

Les marins sont d'ailleurs admirables. Ils manœuvrent au commandement du chef qui les a perdus et qui vient de ressaisir tous ses moyens ; — ils le supposent du moins, toujours confiants en lui. Ils n'ont pas eu le temps, d'ailleurs, de se reconnaître et d'apprécier la faute de l'amiral qui leur semble dans son ordinaire bon sens, quoique par une nouvelle aberration dont l'équipage du *Victoria* ne mesure pas tout de suite les conséquences, il commande de signaler aux autres bâtiments qui, témoins de la catastrophe, se hâtent de mettre des embarcations à la mer, « de ramener leurs canots » ; le *Victoria* n'a pas besoin de secours !

Rassurés ou non, conscients ou non du péril, ces braves gens se montrent disciplinés et résolus devant la mort imminente ; ils tentent d'aveugler la voie d'eau par où la mer emplit le *Victoria*.

Vains efforts! Encore quelques minutes, quelques secondes, le cuirassé va couler.

L'amiral Nyon ordonne alors aux hommes de se sauver comme ils pourront. Lui, debout sur la dunette, immobile, ne détache pas ses yeux de l'avant du cuirassé qui s'enfonce rapidement.

En dépit de ses ordres, les matelots continuent d'essayer le sauvetage. Ils pompent avec rage et usent de tous les moyens pour arrêter le flot envahisseur. La mer est plus forte, le *Victoria* s'enfonce visiblement. De tous les navires de l'escadre, malgré l'étrange avis de ne pas porter secours au navire abordé, arrivent des canots, des sauveurs.

Soudain, le *Victoria*, dont la moitié s'est remplie d'eau, s'abat sur le flanc avec un fracas assourdissant; ses mâts d'acier frappent violemment la mer et la soulèvent en montagne. Les marins renversés pêle-mêle tombent dans les flots. L'amiral, seul, est resté rivé à sa passerelle, sa longue-vue à la main.

Presque aussitôt, les mâts plongent, disparaissent, accentuant l'irrésistible rotation. Ils déplacent le centre de gravité et entraînent le navire qui se présente enfin la quille en l'air. Les deux hélices continuent à faire tourner dans l'espace leurs quadruples ailes animées d'un mouvement vertigineux! L'escadre entière frappée de stupeur contemple cette scène tragique, qui est un spectacle sans précédent dans les annales des désastres maritimes. Ainsi retournée, avec ses hélices affolées battant l'air, la masse noire s'enfonce. Cependant, les canots s'efforcent de recueillir les naufragés. Beaucoup sont accrochés le long de la coque, beaucoup juchés sur la quille. Avec elle, ils s'abîment dans un tourbillon gigantesque.

Alors, les chaudières éclatent, projetant dans l'air radieux des chairs pantelantes, des braises enflammées, des débris de toute sorte. Un remous prodigieux engloutit les hommes qui surnageaient; les hélices grondent encore dans des tournoiements d'écume, coupant des bras, broyant des jambes. Enfin le *Victoria* disparaît par 100 mètres de fond.

29 officiers et 262 marins sont ensevelis dans la « Tombe Verte ».

Le *Camperdown* était de son côté grièvement atteint : il portait à l'avant un trou de 5 mètres carrés et fit tant d'eau jusqu'à la côte que son pont n'émergeait plus que de 30 centimètres quand, heureusement, il arriva près de terre.

.·.

La perte du *Victoria* fut jugée en cour martiale à Malte, sous la présidence de l'amiral Seymour. Le principal inculpé était le capitaine Bourke, échappé au sinistre, commandant du cuirassé disparu. Il se défendit en alléguant qu'il avait dû obéir à l'amiral Nyon et transmettre l'étrange signal, cause de la catastrophe.

Il fut acquitté ainsi que les autres officiers survivants, et l'amirauté anglaise, se souvenant des innombrables services qu'avait rendus l'amiral Nyon, ne l'accusa d'aucune faute. Sa mémoire est restée respectée. La marine britannique ne considère la perte si cruelle du *Victoria* que comme un sacrifice de plus fait à la mer par la volonté de l'aveugle Destin.

Le Torpilleur 20 chaviré et perdu

> *Les équipages des torpilleurs sont entre tous à la peine et au danger.*
> (Amiral Aube.)

Le jeudi 23 mai 1895, les torpilleurs *119* et *20* appareillaient en rade de La Rochelle par un temps clair de printemps et une mer qui clapotait doucement sous la brise fraîchissante de l'aube.

Les deux petits bâtiments, émergeant à peine, partirent, roulés mollement par la houle légère. Ils s'éloignèrent, rapides, dans un sillage blanc d'écume.

Derrière eux La Rochelle diminuait à vue d'œil, se dégradait, se fondait dans l'horizon lumineux.

Les deux phares, sentinelles avancées postées à l'entrée du chenal, et qui le soir dressent leur torche dans le ciel nocturne, les fortifications de Vauban, les remparts du port et les vieilles tours chargées d'années — l'une d'elles a cinq siècles — patinées de soleil et d'embruns, coiffées de mousse, tout cela s'évanouissait dans le lointain comme un souvenir dans le passé....

Il semble, à la vue de ce décor archaïque, que les canons de la ville menacent encore les flottes de Louis XIII et de Richelieu, ces deux hommes dont les grands noms restent unis d'une façon impérissable aux noms de cette côte, et s'imposent inévitablement à nos mémoires devant ces digues et ces tours, ces rochers et ces bois!...

∴

Les torpilleurs étaient maintenant au large de la côte charentaise ; ils laissaient à tribord l'île de Ré, vaguement dessinée ; ils se trouvaient dans le pertuis d'Antioche. Antioche fut une ville située dans ces parages au temps où l'île de Ré était reliée au continent. Du moins, la légende l'affirme.

Et les pêcheurs, quand la mer est calme, assurent qu'ils la voient, la ville merveilleuse, à travers les profondeurs vertes; ils distinguent des pans de murailles revêtus de lichens, des tours aux chevelures d'algues, ils entendent des sons de cloches monter dans le rythme des vagues. Jadis, au long des rues de cette cité maintenant enfouie, sur ses quais inondés de soleil, s'agitaient des foules murmurantes et joyeuses. Aujourd'hui, selon la parole du poète :

> Aujourd'hui le requin poursuit en paix les scombres,
> Et le nuage errant allonge seul des ombres
> Dans la rade où roulaient les galions géants....

Mais, sans que leurs équipages puissent s'attarder à de telles rêveries, les torpilleurs filent, et, parmi la flottille des bateaux pêcheurs, leurs grandes voiles au vent pareilles à des ailes, ils passent tous deux au ras de l'eau ; ils glissent comme des squales silencieux.

Les voici à présent en vue de l'île d'Aix, qu'ils doivent rallier. Dans le lointain se profilent les lignes de la grande île d'Oléron, se dessinent ses phares et ses forts. Il est deux heures après midi ; le temps est magnifique. Le *119* et le *20* sont au nord-nord-ouest de l'île d'Aix et se suivent, à 100 mètres l'un de l'autre. Quelques matelots apparaissent de temps en temps sur la carapace presque invisible dans le creux des vagues, puis redescendent dans le poste exigu.

Soudain, le lieutenant de vaisseau Lefèvre, commandant le *119*, voit le *20* qui se présente par le travers. Pourquoi? Comment? A la suite de quel ordre fatal, mal conçu ou mal exécuté ?... La collision est imminente, inévitable ! Déjà l'alarme est la même à bord des deux bâtiments ; les ordres se croisent, se multiplient.... Un cri, un juron!...

Trop tard!... Les deux torpilleurs se heurtent avec un bruit sec, au milieu d'un éclaboussement de vagues.

Le *119* se dégage immédiatement. Ses avaries sont légères ; il n'en est pas de même de l'autre : le *20* a subi un choc si violent qu'il bascule ; deux de ses hommes se jettent à l'eau et nagent vers le *119*. Le *20* chavire complètement. Le voilà la quille en l'air, mais, comme doué de vie et se débattant contre la mort, par une volte brusque, imprévue, il se relève à demi, et reste sur le flanc quelques secondes. Plusieurs hommes à l'intérieur de sa coque, malgré l'étourdissement de cette rotation tragique, profitent du court répit. Ils culbutent le long de l'échelle, plongent et se sauvent. Une seconde fois le bateau chavire, mais sans retour cette fois, et coule à pic entraînant les malheureux restés dans ses flancs !

Le timonier Ellen a décrit le cercle complet avec son torpilleur, sans lâcher la barre ; il l'abandonne enfin, et, vigoureusement, remonte à la surface où le canot Berthon du *119* le recueille.

Le commandant du *20*, l'enseigne de vaisseau Souviron, n'a pas reparu. On l'avait aperçu un instant, accroché à la coque, avec le second maître mécanicien Bonnardel et l'ouvrier Toullat, mais tous trois ont sombré, suivant leur bâtiment par douze mètres de fond. Avec les matelots Salon, Cadro, Portaspona, Despujols, ils portent à sept le nombre des victimes de la catastrophe.

Le *119* resta sur les lieux jusqu'à la fin du jour pour recueillir au moins quelque cadavre, mais la mer garda sa proie.

Le soir tombait ; le *119*, seul désormais, reprit sa route, passa près de l'île Madame, et, guidé par la lueur des phares, se dirigea vers l'estuaire de la Charente sinueuse, et remonta l'étroite rivière. Dans la nuit, il arrivait à Rochefort, où la triste nouvelle de la perte du torpilleur *20* répandit la consternation et le deuil.

Le « Drummond Castle » en Fête se perd à Ouessant

> *Qui voit Groix voit sa joie.*
> *Qui voit Ouessant voit son sang !*
> (Proverbe breton.)

De même, dit Reclus, que la pointe de Cornouailles se prolonge en mer par l'île de Sein et toute une chaussée d'îles morcelées, de même, plus au nord, le large musoir de Léon se continue par une myriade d'îlots et d'écueils que termine, à l'extrême ouest, la terre d'Ouessant.

Cette île est entourée presque entièrement d'une ceinture de roches abruptes, noires, inabordables, percées de grottes ; elle forme à sa partie centrale un plateau mollement ondulé, couvert de rases cultures, qui descend en pente douce vers un petit port de pêche ouvert sur la haute mer.

Aux alentours, entre les roches, les écueils, les hauts fonds innombrables, sous les sautes de vent incessantes, les eaux tournoient, les courants se heurtent en remous écumants. Un orage éternel gronde et s'acharne autour de ces granits immuables et sombres.

L'une de ces passes, où les marins du pays eux-mêmes ne se hasardent pas sans angoisse : le Fromvœur ou « Grand-Effroi », sépare d'Ouessant l'île de Molène, à l'ouest de laquelle gisent, affleurant à peine, les sinistres « Pierres Vertes ».

C'est sur ces « Pierres Vertes » que, tour à tour, la furie des flots et l'inadvertance des hommes vinrent briser tant de navires ; c'est sur ces « Pierres Vertes » que l'explorateur Mage se perdit une nuit avec tous ses compagnons de la *Magicienne* ; c'est enfin sur ces « Pierres Vertes », à jamais célèbres dans l'histoire des désastres maritimes, que, le 17 juin 1896, le vaisseau anglais le *Drummond Castle* sombra avec les 251 personnes qu'il avait à son bord ! Trois seulement furent sauvées.

.·.

Le *Drummond Castle*, vapeur de 3 600 tonneaux, appartenant à la Compagnie Curry, de Londres, était parti de Capetown, le 29 mai 1896, avec

105 hommes d'équipage et 146 passagers, femmes et enfants pour la plupart.

La plus grande partie de la traversée se fit heureusement. Le 16 juin, le *Drummond Castle*, approchant des côtes du Finistère, poursuivait sa route vers Londres, à toute vitesse, malgré la brume d'été qui s'étendait sur les flots.

La mer était aussi calme qu'elle peut l'être dans ces parages; mais, au cours de l'après-midi, le brouillard redoubla d'intensité. Le capitaine ordonna de ralentir la marche et n'avança plus qu'avec les précautions d'usage; il fit même pratiquer des sondages.

La plupart des passagers maudissaient cette brume malencontreuse qui retardait de quelques heures le moment où ils mettraient le pied sur le sol anglais; d'autres n'en ressentaient que plus vivement la joyeuse impatience d'embrasser les êtres chers qui, là-bas, les attendaient.

Mais comme de toute façon la soirée de ce jour devait être la dernière que les passagers vivraient à bord, ils furent unanimes à décider d'organiser après le dîner un concert suivi d'une sauterie.

Et la nuit vint.

La température était d'une douceur exquise. Les fanaux éclairaient le pont. A leurs lueurs, les femmes et les jeunes filles, en toilettes claires, causaient et riaient; quelques-unes chantèrent; leurs compagnes, de leurs mains frêles, jetaient des applaudissements qui se perdaient dans l'immensité. Puis, un piano, un violon attaquèrent les premières mesures d'une valse, et les couples, bavards et gais, ne tardèrent pas à tourner jusque sur le pont à travers les fumées de la brume et sous les lumières du bord.

Cette fête, fort réussie, dura jusqu'à dix heures et quart.

A ce moment le capitaine distingua un feu, au loin, dans le brouillard. Il le prit pour le phare d'Ouessant et se convainquit d'être dans la bonne route. Il mit donc le cap sur ce feu, qu'il devait reconnaître comme celui d'Ouessant-Creach avant de s'engager dans la Manche. C'est le point de repère indispensable, et les navigateurs qui entrent dans la Manche ou en sortent passent toujours en vue d'Ouessant. Toutefois, le capitaine du *Drummond Castle* eut une hésitation : comment pouvait-il être déjà à hauteur de ce point? D'après la vitesse du paquebot, il ne comptait doubler Ouessant que quatre heures plus tard....

L'excitation de cette fête mondaine, autour de lui, avait-elle altéré ce soir-là ses facultés d'attention? Toujours est-il que le commandant n'accorda pas crédit à ses doutes; il crut reconnaître l'entrée de la Manche et mit le cap sur l'Angleterre.

Or, ce feu n'était pas celui d'Ouessant, c'était celui de l'île Molène; et le navire n'était encore qu'au sud-ouest de cette île. C'était une erreur de

Le " Drummond-Castle s'engloutit en un instant.

douze milles dans la direction ; une erreur qui devait être fatale au *Drummond Castle !*

La plupart des passagers étaient encore sur le pont. Ils prolongeaient cette soirée délicieuse, s'entretenant avec complaisance de l'atterrissement prochain sur les côtes d'Angleterre, tout à leur joie de revoir la patrie ; quelques-uns s'attardaient au fumoir ; les enfants dormaient....

..

Il était environ onze heures.... Un bruit rauque, prolongé, terrible, monte de la cale ! Le capitaine et les matelots, les premiers, frémissent. Ils ont compris : on a touché ! Le navire s'est élevé sur la mer, d'un saut brusque, puis s'est arrêté et tombe, s'enfonce, disparaît. L'avant baisse au milieu d'un remous qui s'élargit. Hagards, les passagers accourus sur le pont ont compris l'affreuse réalité ; ils tourbillonnent dans l'épouvante. Le capitaine Pearce, sur la passerelle, le lieutenant Wood, à l'avant, essayent de les rassurer. Ils comptent sur la solidité des cloisons étanches.

Mais le *Drummond Castle* coule, sans arrêt, irrésistiblement aspiré par le gouffre. Les passagers, pressés de tous côtés par les flots, étreints par la mort, crient, pleurent, luttent, s'embrassent.

Le capitaine, qui, maintenant, juge tout perdu, ordonne de mettre les embarcations à la mer. Les matelots se précipitent, dégagent les canots des portemanteaux, larguent les amarres.... Subitement — il n'y a pas dix minutes que le paquebot a touché — le *Drummond Castle* sombre, d'un seul coup, comme un plomb, entraînant dans un remous immense barques chavirées et passagers hurlants !

Quelques-uns de ces malheureux reparaissent à la surface, roulés par les vagues... Ils poussent dans la nuit des clameurs lamentables, mais les flots impitoyables leur refoulent leurs cris dans la gorge. Ils coulent, les uns après les autres. Certains ont fermé leurs mains crispées sur un morceau de bois, un bout d'épave, mais, à demi asphyxiés, ils desserrent les doigts et disparaissent enveloppés du double suaire de la vague et de la nuit. A chaque instant un nouveau cri s'éteint dans les flots et dans les ténèbres.

A l'aube, trois survivants seulement sont là, sur le lieu du sinistre, soulevés par l'Océan : M. Ellis, quatrième officier ; un passager, M. Macquor, et un autre passager. Et nul secours à l'horizon ! La mer, la mer immense et les brisants lointains.

Les trois infortunés, soutenus par des épaves, n'ont même plus la force de se diriger vers des récifs qu'ils aperçoivent à proximité ; la manœuvre serait d'ailleurs périlleuse. Ils emploient toute leur énergie à se maintenir sur les débris flottants.

Les premières heures du jour s'écoulent. A la fin, épuisé, le passager voisin de M. Macquor défaille et s'abandonne. Son compagnon d'infortune veut le retenir par sa ceinture ; il lui échappe et disparaît.

Un bateau pêcheur profile au loin sa silhouette légère. Le malheureux Macquor le hèle éperdument, mais on ne l'entend point. Il est à bout de forces ; le désespoir l'achève et il s'évanouit sur l'épave où, depuis la veille, il est ballotté.

* *

Cependant, vers dix heures, le patron Joseph Berthelet, en se rendant à ses « casiers » dans sa « plate » *Marie-Louise*, aperçoit environ à deux milles au sud-ouest d'Ouessant, dans le courant de Fromvœur, une forme humaine qui s'agite. C'est Macquor, revenu à lui. Le patron Berthelet, vieux brave qui n'en est plus à compter ses sauvetages, se dirige à la rame vers le naufragé ; mais, à peine est-il à sa portée que celui-ci s'agrippe avec tant de violence au bordage qu'il va faire chavirer la légère embarcation qui est son salut. Berthelet se jette en arrière pour établir un contre-poids, puis il s'arc-boute, saisit Macquor par les aisselles et l'aide à se hisser hors du gouffre. Et il le laisse s'abattre, ruisselant, au fond du bateau.

Berthelet recueille en outre le corps d'une fillette de deux ans, la petite Alice Reed, dont le père est au nombre des noyés.

Non loin apparaît alors, dans le sillon des vagues, l'officier Ellis qui gesticule et, d'un visage suppliant, implore du secours. Le vieux pêcheur breton passe à peu de distance, mais sa « plate », déjà surchargée, ne peut donner place à Ellis. Berthelet fait force de rames ; il hèle des pêcheurs dont les barques dansent près de Pennanroch. Le patron Botquelin, averti, se presse vers le lieu du sinistre et repêche Ellis ; l'officier est à bout de souffle, il respire à peine et, malgré les soins les plus empressés, il meurt, épuisé, entre les bras de ceux qui l'ont arraché aux flots.

Berthelet a conduit chez lui M. Macquor ; il y a porté aussi la petite Alice Reed. La femme et les trois filles du vieux marin se multiplient, soignent et réconfortent le naufragé, puis elles revêtent l'enfant inanimé, innocente créature que la mort a laissée jolie, d'un petit costume breton, et l'étendent, toute blanche, sur un lit de parade qu'elles jonchent de fleurs.

Cependant, deux autres hommes, les timoniers Wood et Godbold, sont sauvés, comme M. Macquor.

Au moment où le navire s'abîmait dans les flots, Wood se trouvait dans une petite embarcation qu'il était parvenu à démarrer. Entraîné par les tourbillons du *Drummond Castle* et pris sous la chaloupe, il plongea, revint à la surface, saisit une planche et put, par ce moyen, gagner un panneau sur lequel se trouvait le matelot Godbold. Tous deux passèrent ainsi la nuit, à demi nus, blessés, la figure en sang, trempés par les embruns, assourdis par l'incessant hurlement des vagues, exposés à mille dangers. Le matin, vers huit heures, le patron Mathieu Masson, du côtre *Couronne de Marie*, qui pêchait à la pointe de Stiff, les a sauvés.

De tous côtés, maintenant, les cadavres apparaissent, abordent à l'île Molène, poussés par les flots. La population est sur la plage, commentant l'épouvantable drame.

Le maire, M. Masson, le syndic des gens de mer, M. Colin, dirigent les recherches des corps. Ceux des passagères sont pour la plupart chargés de bijoux, la mort les a pris presque en plein bal. Les montres trouvées sur les cadavres sont arrêtées entre onze heures et onze heures et quart, moment du naufrage.

Tous les côtres des environs : la *Marie*, l'*Augustine*, le *Courrier de Sainte-Anne*, la *Notre-Dame de la Garde*, le *Joseph et Marie*, la *Jeune Hortense*, la *Séraphique et Marie*, la *Marie-Philomène*, se dévouent à la lugubre besogne.

Les corps sont débarqués à Molène et déposés provisoirement dans une auberge, où le recteur assisté d'un autre prêtre les bénit et les veille, tandis que, dans le petit cimetière tout proche, les fossoyeurs se hâtent à préparer des tombes.

Le consul d'Angleterre à Brest est arrivé. La triste cérémonie des funérailles des victimes du *Drummond Castle* se fait au milieu du recueillement de toute la population maritime de Molène et des pays voisins.

Les jours suivants, de nouveaux cadavres sont encore rendus par les flots au dévouement et à la piété des pêcheurs bretons. Ils sont inhumés à Ladenez-Molène, îlot en face de Molène. C'est là que les parents, les amis d'Angleterre, avisés de la catastrophe, pourront prier en plus grand nombre sur les restes de ceux qui leur étaient chers : c'est là que les naufragés du *Drummond Castle* sont le plus nombreux.

Ainsi, cet îlot, vaste ossuaire qui se dresse tout près des sinistres « Pierres Vertes », témoigne à jamais d'un des plus terribles et lamentables holocaustes humains offerts à l'Océan.

* * *

Lors de cette catastrophe inoubliable, la conduite des pêcheurs bretons provoqua l'admiration du monde entier.

Leur empressement n'eut d'égal que leur désintéressement; leur pitié, que leur délicatesse. La reine d'Angleterre crut devoir faire exprimer d'une manière toute spéciale ses remerciements et ses félicitations aux autorités et aux habitants de Molène et d'Ouessant, qui, dans ces tristes circonstances, se montrèrent animés de cet esprit de généreux dévouement qui est une des plus belles et des plus rares vertus dont puisse s'honorer l'âme française.

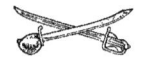

La perte du « Vaillant » à Terre-Neuve

Va donc, le vent du nord, l'homme qu'un flot emporte,
Le cœur en deuil, les gas orphelins; eh! qu'importe!
La mer qui fait tout ça ne le fait pas exprès.
Puis, la mer avant tout, et les autres après!
Houp! quand même, et gaîment, en marins que nous sommes!
Tant que la mer vivra, la mer aura des hommes.

JEAN RICHEPIN, *La Mer* (*Le gas*).

On désigne communément sous le nom de « navires banquiers » ceux de nos grands bateaux de pêche qui s'élancent, chaque année, de nos côtes bretonnes, vers les parages de Terre-Neuve et d'Islande.

Ce sont des bricks-goélettes de 90 à 100 tonneaux, solidement pontés, de forme élégante ; leur équipage est d'une vingtaine de matelots. Dix mille de nos pêcheurs se hasardent ainsi, annuellement, sur les mers grises, brumeuses et glacées, à la recherche du banc de morue qui viendra alourdir les lignes, puis charger les flancs du navire à le faire couler.

Le départ des flottilles se fait ordinairement en mars, par un morne et pâle soleil d'hiver. C'est toujours trop tôt, et fréquemment cette précipitation à partir pour occuper, là-bas, les meilleures places, sur le passage du flot poissonneux, innombrable et vivant, est la cause de sinistres navrants.

Ce départ des Islandais et des Terre-Neuviens pour des lieux d'où tant des leurs ne sont pas revenus, a fourni aux pieuses populations bretonnes l'occasion d'émouvantes cérémonies religieuses bien des fois décrites. On sait la Vierge, protectrice des marins, sortie en grande pompe et processionnellement promenée sous un dais somptueux devant les navires balancés par la houle; on sait les bannières déployées, les croix dressées, et enfin la bénédiction du clergé, sur la mer et sur les bateaux... Et qui ne s'émeut d'imaginer par la pensée le peuple breton agenouillé sous le geste d'espoir et de miséricorde et priant avec ferveur pour la vie des pères, des maris, des fils et des frères qui vont affronter des périls lointains...

Il n'est pas de dangers plus nombreux, ni de plus redoutables, que ceux auxquels s'exposent nos pêcheurs d'Islande ou de Terre-Neuve : coups de vent d'une violence soudaine, tempêtes et ouragans dévastateurs, paquebots aveugles passant à toute vitesse au travers des flottilles, et tant pis pour qui se trouve devant leur étrave tranchante et ne s'est pas garé à temps au bruit sinistre de la sirène retentissant au fond des brumes nocturnes; et surtout, oh, surtout! la banquise traîtresse plus dure qu'un récif sur une côte tourmentée, et qui approche, invisible, à fleur d'eau, et soulève, renverse, éventre le navire « banquier ». Ainsi qu'il advint du *Vaillant* qu'un écueil de glace prit en traître et, d'un choc, coula.

Le *Vaillant* était un beau et grand brick-goélette armé et immatriculé à Saint-Malo par la maison Coste et Cie, armateurs. Son capitaine, Pierre François, de Dinan, était un vieux loup de mer, familier de Terre-Neuve.

Le 8 mars 1897, le *Vaillant* quittait son port d'attache à destination de Saint-Pierre, avec 23 hommes d'équipage et 17 marins passagers destinés à l'armement des goélettes locales : l'*Intrépide*, la *Décidée* et la *Vigilante*.

Après une traversée mouvementée, il arrivait dans les parages de Terre-Neuve, par 46°50 de latitude nord et 46°55 de longitude ouest, et, dès ce moment, la navigation devenait plus difficile et plus dangereuse au milieu de glaçons innombrables qui dérivaient, épaves perdues des mers arctiques. Une brume épaisse accroissait encore le péril de la navigation. Le vent secouait et fatiguait le brick. Une neige incessante fouettait et aveuglait les matelots.

On était au 13 avril. Le *Vaillant* avançait à une vitesse de 7 nœuds 1/2, filant entre les glaçons, qui glissaient à bâbord et à tribord en masses trop fragmentées pour sembler un danger.

Dans la nuit, un choc épouvantable ébranle le bâtiment, de la quille à la flèche du grand mât.

Pourtant, l'homme de bossoir n'a rien vu; les cartes ne révèlent la présence d'aucun récif. Mais il n'y a pas à se tromper : les glaçons n'étaient que les avant-coureurs de quelqu'île de glace, flottant entre deux eaux.

Le *Vaillant* vient de donner en plein contre une banquise à peine émergeante, invisible dans les ténèbres.

Le heurt a été si terrible que tout l'avant du brick est fracassé : une voie irrémédiable livre passage aux flots glacés qui se ruent dans la cale et envahissent le poste des matelots. Ces pauvres gens, surpris dans leur sommeil, montent précipitamment sur le pont. Le capitaine y est déjà. Tout espoir est perdu de conserver le *Vaillant*...

— Les canots à la mer!

Les hommes s'affolent au milieu des ombres opaques. La voilure n'a été qu'en partie amenée, de sorte que le *Vaillant*, après avoir légèrement dévié, continue sa route en plongeant de l'avant, de plus en plus. Deux chaloupes et onze doris sont suspendues aux portemanteaux. Une des chaloupes chavire; les doris manquent d'amarres et de rames, de sorte qu'on ne sait comment les retenir aux flancs du *Vaillant;* trois se perdent dans la nuit. La confusion augmente. Plusieurs matelots que la terreur rend insensés, enjambent les bastingages et s'engloutissent dans la nuit et dans les flots.

Cependant la seconde chaloupe est heureusement lancée ; 22 matelots s'y embarquent; les autres se répartissent dans les 8 doris qui restent.

Mais, dans le désordre général, les malheureux ne se sont munis ni de vivres, ni d'avirons; et quand ils y songent, il est trop tard : le *Vaillant* s'abîme au milieu d'un effroyable remous.

Les voilà donc en pleine nuit sur une mer houleuse, exposés à un froid humide et pénétrant, sans nul moyen de se diriger et à la merci de la mer et du vent. Les moindres lames les submergent, et c'est à peine s'ils peuvent arriver à vider, à l'aide de leurs sabots, l'eau qui menace de faire couler leurs embarcations.

Pour comble d'infortune, les 8 doris et la chaloupe sont tout de suite dispersées, au gré des courants. Les naufragés se hèlent dans la nuit et, de minute en minute, leurs voix se répondent plus lointaines. Ils se sentent emportés, séparés et perdus...

Sur l'une des doris, 8 hommes sont groupés. Ils n'ont d'autre espoir que d'être recueillis, au jour levant, par un navire de passage ; ils ne peuvent ni manœuvrer ni diriger, ni tenter quoi que ce soit pour se sauver. Leur sort est celui des épaves. Il leur est même impossible de porter secours à un de leurs camarades, Rabel, qui appelle désespérément, à 8 ou 10 mètres d'eux, agrippé sur une doris renversée ; il se noie en cherchant à les rejoindre à la nage.

Un jour se passe pour ces 8 hommes, dans les plus cruelles angoisses. Au large, rien : ni chaloupe, ni doris, ni secours!

Le 15, c'est-à-dire le surlendemain du naufrage, le destin les rapproche d'une autre doris, montée par le capitaine, le saleur, le mousse et deux matelots. Le capitaine déclare aux 8 hommes qu'il a quitté son bord le dernier sans avoir pris de provisions, et qu'il va s'efforcer de naviguer vers l'est pour avoir plus de chance d'être recueilli ; il reviendra ensuite à leur secours.

La doris du capitaine s'éloigne.

Jamais plus nul ne la reverra!

Sur l'embarcation des 8, ce jour même, un des matelots, du nom de Gicquel, succombe de froid, de faim et de fatigue. Le lendemain 16, un de ses camarades, Carré, le suit dans la mort.

Et la situation des survivants est épouvantable. L'âpre bise du pôle, la faim, la soif, la fatigue semblent s'unir pour les torturer affreusement. La douleur devient si aiguë, si ardente; l'instinct de la conservation rompt si violemment une fois de plus toutes les lois naturelles et morales, qu'ils se décident d'un commun accord à découper des lambeaux de chair sur le cadavre d'un de leurs camarades expirant et à s'en repaître.

Le 18, au matin, un nouveau décès se produit, celui du matelot Duteil. Les survivants savent maintenant comment apaiser leur faim. Mais une soif lancinante, horrible dessèche leur gorge d'une flamme infernale. Ils perdent la raison, se jettent sur le cadavre de Duteil, lui ouvrent la poitrine, collent leurs lèvres frémissantes sur la région cardiaque, aspirent avidement quelques gouttelettes de sang et s'en abreuvent avec délices.

Cette scène atroce est la dernière de leur horrible odyssée.

Quelques heures plus tard, ils distinguent une voile à l'horizon. Ils tendent et agitent désespérément un lambeau d'étoffe. Ils sont aperçus et, peu après, le *Victor-Eugène*, capitaine Ève, de Saint-Malo, les recueille et son équipage leur prodigue les soins nécessaires.

L'un d'entre eux a les deux jambes gelées, les trois autres, les pieds seulement.

Le *Victor-Eugène* arrive à Saint-Pierre le 27 avril avec les quatre naufragés, que l'on transporte aussitôt à l'hôpital militaire.

Quelques jours plus tard, la goélette *Amédée*, capitaine Fortin, touche à son tour à Saint-Pierre. Elle a trouvé et recueilli en mer, dans la nuit du 20 au 21 avril, quatre autres naufragés du *Vaillant*.

Ces malheureux sont les seuls survivants des 22 hommes embarqués dans la chaloupe. Huit jours ils sont restés en mer, sans vivres et sans avirons, et successivement 18 d'entre eux ont succombé de froid et d'épuisement. Le chien du bord qu'ils ont tué et mangé, quelques morceaux de glace arrachés à un iceberg dont ils se sont désaltérés, leur ont permis d'échapper à la triste fin de leurs camarades. Ils vivront, sauf un d'entre eux, trop affaibli, qui meurt entre les bras des médecins.

Sept hommes, dont 5 estropiés, 7 hommes seulement. Gallet, Delarose, Agenais, Dagorne, Tellier, Maubèche et Boulanger ont donc survécu des 70 pêcheurs bretons que portait le *Vaillant*.

Tous les autres sont morts; tous les autres reposent au fond des eaux glacées. Et leur souvenir subsiste seulement au cœur de ceux qui, jadis, les aimèrent.

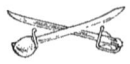

Toute une guerre dans deux naufrages
Le « Maine » et Le « Merrimac »

Remember of the Maine!

L'EXPLOSION du *Maine* a été le prétexte avoué de la guerre hispano-américaine; le nom de *Merrimac* se rattache à un épisode du blocus de Santiago de Cuba, épisode qui fut la cause déterminante de la fin de la lutte entre l'Espagne et les États-Unis.

On peut dire que le naufrage émouvant du *Maine* commença les hostilités sur mer entre la jeune République américaine et la vieille Monarchie espagnole, et que la perte héroïque du *Merrimac* les termina.

*
**

Au mois de février 1898, la situation était déjà très tendue entre le peuple américain et le peuple espagnol. M. Dupuy de Lôme, ministre d'Espagne à Washington, avait jugé, en termes plus que vifs, l'attitude politique du président Mac Kinley, dans une lettre absolument privée, adressée à l'un de ses amis.

Cette missive fut, on ne sait comment, interceptée par la junte insurrectionnelle cubaine et livrée à la publicité.

L'indignation, suscitée par les expressions employées dans ce document, éclata. Les États-Unis étaient fort montés, d'autre part, contre l'Espagne. Une réparation fut formellement demandée au gouvernement de la Reine-Régente, qui l'accorda : M. Dupuy de Lôme dut donner sa démission. Les relations entre les deux peuples purent redevenir officiellement pacifiques.

Mais les jingoïstes américains ne se déclarèrent pas satisfaits; ils continuaient, au contraire, à pousser des clameurs belliqueuses et à préparer la guerre en sourdine, cette guerre qu'ils voulaient depuis si longtemps.

C'est dans ces conjonctures que, par mesure diplomatique, et pour témoigner que malgré les excitations des journaux « jaunes », tout dissentiment était oublié, le gouvernement américain désigna un navire de guerre chargé d'aller visiter successivement tous les ports de Cuba, tandis qu'en retour un croiseur espagnol devait faire escale dans divers ports des États-Unis.

Le navire américain s'appelait le *Maine*.

Le *Maine* était un superbe cuirassé de 6 682 tonneaux, armé de 4 pièces de 254 millimètres, de 10 canons à tir rapide de 54 millimètres, de plusieurs pièces légères, et de nombreuses mitrailleuses. Il avait un équipage de 400 hommes commandé par le capitaine Sigsbee.

Le *Maine* arriva à la Havane dans les premiers jours de février et fit solennellement son entrée en rade, salué par les batteries des forteresses et les canons des navires de guerre à l'ancre dans le port.

Au soir du 15 février, il était immobile à son mouillage, sur l'eau tranquille. Les matelots que leur service ne retenait pas sur le pont, étaient descendus dans le poste de l'équipage, en raison du froid assez vif ; les uns jouaient aux cartes, d'autres fumaient, d'autres enfin, fatigués, dormaient déjà dans leurs hamacs. Les officiers, qui venaient d'achever leur dîner, s'étaient réunis dans le carré.

A terre, le même calme profond régnait. La nuit était obscure ; seules, les lumières du port marquaient de points brillants la ligne sombre des quais.

A neuf heures et demie le commandant monta sur le pont afin de s'assurer que tout était en bon ordre : il vit les feux allumés, l'homme de quart à son poste ; il redescendit en toute satisfaction prendre quelque repos dans sa cabine.

Mais à peine y était-il que, sans que rien pût faire prévoir une telle catastrophe, exactement à 9 h. 40 minutes, une détonation formidable retentit. Le *Maine* eut un craquement de toute sa robuste membrure. Une lueur immense illumina la rade entière avec la rapidité et l'intensité d'un éclair, et les échos des montagnes voisines répercutèrent en roulements de tonnerre ce bruit épouvantable.

Le *Maine* venait de sauter.

La force de l'explosion l'avait soulevé entièrement au-dessus de l'eau.

Comme il retombait, une seconde explosion se produisit plus effroyable encore : ses soutes à poudre éclataient toutes à la fois.

Ce fut un prodigieux jaillissement de flammes. Là où se trouvait un instant plus tôt le *Maine*, un volcan parut en éruption, durant quelques secondes. A travers l'espace d'innombrables débris de métal et de bois, tuyaux de cuivre, garnitures d'acier, barres de fer tourbillonnaient, volaient et retombaient en pluie jusqu'à des distances considérables. Le massif cuirassé, tordu, brisé, rompu comme un fétu, coulait en même temps par l'avant et par l'arrière. Nombre de matelots avaient été broyés à l'intérieur de la citadelle flottante ; d'autres, blessés, se hissaient sur le pont, ou ce qui restait du pont, avec des cris de douleur et d'effroi. Les plus valides couraient éperdus au milieu des flammes et des détonations. Les eaux, violemment refoulées, se refermaient avec un rugissement de rage et roulaient les vivants et les morts dans leur écume.

A bord des navires en rade et dans les habitations du port, le fracas de la double explosion avait répandu l'épouvante.

Le premier moment de crainte et de stupeur passé, on accourut de toutes parts sur le lieu de la catastrophe, où convergeaient déjà des projections de lumière électrique.

Le spectacle était affreux.

Au milieu de remous pleins de sourds grondements les débris du *Maine* achevaient de sombrer. Des malheureux se débattaient dans une eau ensanglantée, des lambeaux humains surnageaient. Une canonnière espagnole, un vapeur américain en recueillirent un grand nombre.

Sur 400 hommes, matelots et officiers que portaient le *Maine*, 270 avaient péri, broyés ou noyés, 115 étaient blessés, 15 seulement avaient la chance prodigieuse de se trouver sains et saufs !

On se souvient de l'émotion considérable qu'une telle catastrophe, survenue dans des circonstances si graves, souleva aux États-Unis, en Espagne et dans le monde entier.

Le maréchal Blanco, gouverneur de la Havane, alla, le lendemain du sinistre, exprimer sa sympathie aux survivants du vaisseau explosé. Le gouvernement espagnol fit parvenir ses condoléances au gouvernement américain.

Cependant on se perdait en conjectures sur les causes de cette terrible explosion. A bord du *Maine*, on avait constaté jusqu'à huit heures du soir la température normale des soutes à poudre, sauf toutefois celle de la soute arrière, affectée aux munitions des canons de dix pouces, et qui, du reste, n'éclata pas, ainsi que les scaphandriers le constatèrent ensuite. La discipline était excellente à bord. Les Américains n'admettaient point que par le fait d'une négligence de service, d'un manque de surveillance, d'une imprudence ou d'un accident, une explosion eût pu se produire sur le *Maine* et entraîner sa perte. Quant à supposer qu'un ennemi, un traître, se fût glissé à bord, — pour parvenir jusqu'aux poudres et les incendier, sans être dérangé ou reconnu, — c'était impossible !

De discussion en discussion, d'hypothèse en hypothèse, l'effervescence allait en augmentant aux États-Unis. Des insinuations vagues se firent jour, se précisèrent en accusations formelles, et l'opinion américaine commença à croire que le désastre avait été causé par une torpille ou une mine sous-marine, et que les Espagnols n'y étaient pas étrangers.

L'amiral commandant en chef l'escadre américaine du nord de l'Atlantique nomma une commission d'enquête. Cette commission, exclusivement composée d'officiers supérieurs, partit immédiatement pour la Havane sur le navire de guerre le *Bougrone*. Elle entendit le capitaine Sigsbee, échappé à la catastrophe, interrogea les matelots survivants et fit explorer par des scaphandriers la coque du bâtiment coulé.

La commission gardait le secret sur ses découvertes, quand le journal américain le *New-York Herald*, publia, à la date du 28 février, la note suivante :

« *Il semble établi que l'explosion qui a détruit le* Maine *s'est produite sous la quille du navire et que les magasins à poudre n'ont eu aucune part dans l'explosion, comme on l'avait cru tout d'abord.*

La catastrophe aurait donc été déterminée par une mine sous-marine. »

C'était là, en termes clairs, une accusation qui pouvait faire naître un « casus belli ».

Le gouvernement espagnol protesta, affirmant qu'il n'existait aucun engin sous-marin dans le port de la Havane ; les journaux américains répliquèrent en maintenant qu'il en existait et que le fait était établi par une carte déposée à la bibliothèque de Washington ; cette carte déterminait la position exacte de ces mines, reliées au rivage, et à proximité desquelles le *Maine* avait été mouillé.

Mais les Espagnols, eux aussi, avaient nommé des commissaires-enquêteurs. Ils aboutirent à des conclusions absolument opposées à celles des commissaires américains. Ils attribuèrent l'explosion à des imprudences commises à bord, imprudences si graves qu'elles auraient amené le feu jusque dans la soute aux poudres.

Où était la vérité dans ces opinions contradictoires ? On ne le saura jamais. Les constatations étaient extrêmement difficiles à faire. La passion et la haine augmentaient de jour en jour. Les deux pays voyaient leur honneur et leurs intérêts engagés dans cette triste aventure. Chacun d'eux s'acharnait à imputer à son adversaire la responsabilité du désastre.

Et quoi qu'il en fût, en réalité, la guerre devenait plus inévitable que jamais. Les Américains s'y excitaient quotidiennement par ces mots fatidiques : devenus pour eux le « delenda Carthago » du vieux Caton : « Remember of the Maine ! » (« Souvenez-vous du Maine ! ») Et c'est à ce cri qu'ils assaillirent l'Espagne, aux Philippines et à Cuba.

L'Explosion du " Maine ", cause de la guerre hispano-américaine.

.·.

Quant à l'épisode dramatique du *Merrimac*, outre qu'il est un fait de guerre remarquable, il constitue un naufrage volontaire, événement rare. Les marins qui montaient ce navire le coulèrent eux-mêmes, au risque de leurs jours, et de propos délibéré.

L'amiral espagnol Cervera, après une série de manœuvres admirables où il était parvenu à dépister, plusieurs semaines, les cuirassés américains, s'était réfugié avec toute son escadre dans la baie de Santiago de Cuba. La flotte américaine vint l'y bloquer.

Elle comptait vingt navires sous les ordres du commodore Schley et de l'amiral Sampson, vingt vaisseaux parmi lesquels des cuirassés de premier ordre munis d'un armement des mieux perfectionnés : l'*Iowa*, le *Massachusets*, le *Brooklyn*, le *Texas*, le *New-Orleans*, le *Marblehead*, le *Minneapolis*, l'*Oregon*, etc., et enfin le *Merrimac*, vieux garde-côtes hors de service et qu'on chargea de ferraille dans un but tout particulier.

Le 3 juin 1898, à trois heures et demie du matin, c'est-à-dire au petit jour, deux vaisseaux américains se dirigent vers le goulet qui est l'unique et étroit accès de la baie de Santiago. L'un d'eux est un grand cuirassé, l'autre, le *Merrimac*. Ils semblent vouloir forcer la passe. Les forts de la côte, notamment le fort Morro, commencent à les canonner ; le cuirassé espagnol *Reina Mercédès*, secondé par les destroyers *Furor* et *Pluton*, unit son tir à celui de la côte. Soudain, le cuirassé américain stoppe et laisse le *Merrimac* avancer seul sous le feu. Ce bâtiment criblé de mitraille n'est monté que par sept hommes : trois Américains, dont le jeune lieutenant Hobson qui a le commandement, deux Irlandais, un Allemand, un Français, Georges Charette ; sept héros qui s'exposent à la mort pour l'exécution d'une manœuvre singulièrement ingénieuse.

Le *Merrimac* s'avance jusqu'au milieu du goulet, stoppe à son tour, et, à la stupéfaction et au désespoir des Espagnols, coule lentement sur place, par l'effet d'une voie d'eau que son équipage a ouverte dans ses flancs.

Les audacieux marins, leur manœuvre accomplie, se jettent dans une chaloupe et font force de rames pour rejoindre l'escadre américaine. Mais ils ne peuvent aller si vite qu'ils ne soient entourés par les destroyers espagnols et capturés. Ils sont conduits à bord de la *Reina Mercédès*, et, du reste, traités avec égards.

Le cuirassé qui accompagnait le *Merrimac* était resté sous le feu du fort Morro et des bâtiments espagnols. Il battit alors en retraite sous une canonnade nourrie qui l'avaria gravement.

Dans le goulet, le *Merrimac* n'obstruait pas complètement la passe, mais il constituait un dangereux obstacle pour l'escadre espagnole, si elle tentait de sortir du guêpier où elle s'était placée ; et c'est là tout ce que souhaitaient les Américains qui tenaient à se réserver la faculté de franchir eux-mêmes l'entrée de la baie de Santiago si l'occasion s'en présentait.

Les événements devaient bientôt démontrer que leur plan avait été remarquablement conçu et exécuté : un mois après, exactement le 3 juillet, l'escadre de l'amiral Cervera, en essayant de s'évader, se faisait anéantir à la sortie du goulet!

A la prime aube, le *Viscaya* et l'*Oquendo* apparurent successivement. Avant d'avoir pu se mettre en état de riposte efficace, ils étaient canonnés, désemparés, mitraillés et rejetés à la côte où ils s'échouèrent. Le *Maria-Teresa* leur succéda. De leurs obus explosibles, les cuirassés américains habilement postés, ravageaient affreusement les flancs de ce navire. Le *Maria-Teresa* coula, sans avoir pu répondre à ses adversaires. Mais les marins espagnols furent vaincus, et non pas soumis. Le *Maria-Teresa* disparut en entraînant glorieusement dans les flots le pavillon hispanique.

Le *Viscaya* et l'*Oquendo*, abîmés à la côte, essayèrent un semblant de défense. Mais leurs munitions inférieures, leurs canons sans portée suffisante ne pouvaient arrêter l'ouragan de fer et de feu qui s'abattait sur eux.

Qui ne se souvient de cette bataille, la plus importante et la plus sanglante des rencontres des bâtiments de guerre de la marine moderne ?

Les machines éclatent ; l'incendie crépite sur le pont ; les Espagnols vont et viennent sous les obus et dans la fumée, démons qui bondissent entre la flamme et l'onde. Les soutes à poudre explosent et les derniers cuirassés de l'Espagne se couchent dans la vase de la côte, entièrement anéantis.

Une chaloupe à vapeur détachée par le *Gloucester* vient sauver les marins de la reine, qui surnagent et rougissent de leur sang la mer chargée d'épaves. L'amiral Cervera est recueilli, blessé au bras ; 1 300 marins sont pris avec lui, et plusieurs centaines manquent, tués ou noyés, morts pour leur pays.

Ce désastre est le coup suprême de la fortune contre les Espagnols. Ils ont perdu désormais leur empire colonial ; mais, du moins, l'honneur de l'Espagne est sauf, et les siècles à venir diront si la nation ibérique, si longtemps maîtresse du monde, ne connaîtra plus la gloire et la puissance d'antan...

C'est quelque chose d'avoir eu Washington, mais c'est quelque chose aussi d'avoir eu Charles-Quint.

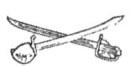

Un Choc dans la Brume et la « Bourgogne » engloutie

> *Elle roule à travers les mornes étendues*
> *D'où montent sur les eaux tant de voix éperdues,*
> *Quand la tempête fait trembler les matelots,*
> *Et réveille les morts endormis dans les flots.*

La perte du paquebot la *Bourgogne* coulant en quelques minutes, par temps de brume, au large de la *Nouvelle-Écosse*, émut le monde entier et mit la France en deuil.

Le nombre des morts approcha de 600 !

L'Océan exigea cette hécatombe humaine, à peine un an après qu'à Paris le feu avait ravi d'un seul coup tant de victimes dans l'épouvantable incendie du Bazar de la Charité.

Après les flammes dévorantes, ce fut le tour des flots implacables. Et comme pour ajouter à l'épouvante du drame, à cette heure tragique, les cris des malheureux naufragés de la *Bourgogne*, victimes de la cruauté des éléments, répondirent, sur les côtes d'Amérique, à la canonnade qui, à quelques centaines de milles plus au sud, retentissait, sur les côtes de Cuba, couvrant aussi la mer de naufragés, victimes, ceux-là, de la lutte sanglante des passions et des intérêts humains.

∴

La *Bourgogne* était un paquebot construit en 1886 à la Seyne, par la Compagnie des Forges et Chantiers de la Méditerranée. Il avait 150 mètres de long sur 15 m. 50 de large, jaugeait 7 395 tonneaux et pouvait contenir près de 1 500 personnes dans ses flancs immenses. Sa machine, du système Compound, à pilons avec cylindres superposés, type tandem, ses douze chaudières, ses moteurs de 8 000 chevaux, lui permettaient de développer une vitesse de 18 nœuds.

Ses quatre ponts complets avec tengue à l'avant, dunette à l'arrière et roufs au centre, recouverts par des ponts-promenades reliés entre eux au moyen de passerelles volantes, lui donnaient l'aspect grandiose et fort d'un bâtiment qui semble n'avoir rien à redouter de la fureur des flots. A l'intérieur, le confort le plus grand : ses luxueux salons éclairés à la lumière électrique présentaient cette richesse de décor et d'ameublement qui charme le passager et lui donne l'illusion rassurante d'être en sûreté dans une sorte de palais soigneusement gardé et où rien n'est à craindre.

Aussi bien les mesures de sécurité avaient été multipliées sur ce bâtiment modèle.

Un tuyautage complet d'eau salée se raccordait aux bouches d'incendie placées en grand nombre dans les cales et dans les couloirs. Des cloisons étanches divisaient le vaisseau en dix compartiments, et les chambres des machines étaient spécialement protégées par d'épaisses cloisons longitudinales. Enfin, recours suprême ! dix embarcations de sauvetage et deux baleinières se balançaient aux portemanteaux, prêtes à parer aux pires accidents.

Quant à l'équipage, il se composait, matelots et serviteurs, de 220 personnes. Il était commandé par un officier d'élite, le lieutenant de vaisseau Deloncle.

Né en 1854, Deloncle était sorti de l'École navale en 1870. Il avait pris part aux campagnes d'Indo-Chine et de Tunisie, comme officier d'ordonnance de l'amiral Barrera, puis fut nommé professeur au *Borda*, en qualité de lieutenant de vaisseau, et promu au grade d'officier de la Légion d'honneur.

Il passait auprès de ses pairs et de ses supérieurs pour un esprit ferme et cultivé, doué des qualités d'énergie et de dévouement qui font les grands marins.

En 1894, il entra à la Compagnie transatlantique ; il commanda la *Champagne* et la *Normandie* ; puis la *Bourgogne* lui fut confiée. C'était la deuxième traversée qu'il accomplissait avec ce paquebot.

Tant de précautions et de soins dans la construction et dans l'aménagement de ce navire, tant de science et d'expérience dans sa direction ne devaient pas parvenir à éviter la catastrophe, ne devaient pas même servir à en atténuer l'horreur !

*.

La *Bourgogne* était partie de New-York, le 2 juillet 1898, par un clair soleil ; elle pouvait compter sur une de ces traversées merveilleuses comme en accorde la saison d'été.

Il y avait à bord, outre l'équipage, 191 passagers de première classe, 125 de deuxième, 296 de troisième : en tout, 832 personnes.

Le 3 juillet au soir, la *Bourgogne* se trouvait au large d'Halifax, à un peu plus de 50 milles de l'île de Sable. Ces parages sont dangereux. La route de nos transatlantiques y coupe la voie suivie par les bâtiments qui vont d'Irlande à Halifax ; souvent, ces navires luttent de vitesse, cherchant à se devancer ; les collisions sont fréquentes et terribles.

Le capitaine Deloncle, brave, mais prudent et humain, n'aimait pas à passer par cette route ; il avait plusieurs fois manifesté son opinion à ce sujet.

Pendant la nuit du 3 au 4 juillet, le brouillard tomba, brouillard d'été, lourd et dense. La *Bourgogne* filait, ses fanaux allumés, sa sirène en action. Tout reposait à bord, sauf l'officier et les hommes de quart. La nuit s'écoula sans accident ni incident. Les premières lueurs de l'aube apparurent, les premières lueurs de ce jour du 4 juillet 1898 où tant de créatures humaines, dans cet instant encore endormies et confiantes, à bord du magnifique paquebot, allaient brusquement disparaître de la vie !

Le brouillard était toujours opaque ; l'homme de barre ne distinguait rien à plus de 20 ou 30 mètres du bâtiment. A voir la mâture de la *Bourgogne*, grise sous le petit jour gris, et noyée de brume, on eût dit quelque vaisseau de rêve ou de légende naviguant dans les nuées. Dans ce brouillard intense le silence, troublé seulement par le rythme sourd des machines et, de temps en temps, par le bruit de la sirène, était tout autour du paquebot profond et impressionnant. La mer, invisible à travers la brume, semblait absente ou, par magie, plongée elle aussi dans le sommeil.

Cinq heures !

A ce moment, l'homme de quart entend sous le vent le sifflet d'un navire très proche. Le paquebot répond par un coup de sifflet bref, strident. Et, avant qu'on ait pu tenter la moindre manœuvre, un grand voilier de fer avec ses hautes vergues sort du brouillard, à portée de voix, et se dresse à tribord par le travers de la passerelle.

Le choc est inévitable....

Il se produit brutal, retentissant ; les deux bâtiments s'immobilisent dans un même sursaut. Le navire abordeur, le *Cromartyshire*, n'est qu'un voilier en fer de 3000 tonneaux, muni d'une machine, mais ne marchant, au moment de la collision, qu'à une vitesse de 5 nœuds, et tandis qu'il ne reçoit qu'une longue éraflure qui balafre tout son flanc à bâbord, il fait à la *Bourgogne* une avarie effroyable. Son bout-dehors de foc pénètre avec fracas dans la passerelle, et son bossoir, faisant voler en éclat la baleinière de tribord, entre dans le flanc du transatlantique, près de la chambre des machines, brise le pont et le spardeck, du rouf des premières jusqu'à celui du commandant.

C'est une voie de 7 mètres de largeur sur 5 mètres de profondeur par où l'eau pénètre en grondant.

La *Bourgogne* vire de bord et s'éloigne du voilier ; elle lance de longs coups de sifflet, telle une bête blessée qui hurlerait lamentablement.

Déjà, tous les matelots sont sur le pont, pâles, mais calmes, attendant des ordres. Les passagers apparaissent à toutes les écoutilles, les yeux pleins d'effroi, le visage décomposé par l'angoisse. Le choc les a brusquement réveillés ; le bouillonnement de l'eau qui se rue par la plaie béante du navire, la plainte du sifflet, continuelle, éperdue, leur ont révélé la gravité et l'imminence du péril. Ils sont demi-nus, frissonnants dans l'aube pâle, déjà semblables à des spectres.

Le commandant les rassure, les encourage du geste et de la voix. Puis il prescrit les mesures de circonstance, promptement, énergiquement.

Une partie des matelots s'active aux pompes d'épuisement. Le commandant ordonne de régler la route au Nord 10° Est et fait donner « toute » la vitesse. Il veut tenter d'atteindre l'île de Sable qui est à 70 milles environ, et d'y échouer son navire. Ce parti lui semble le meilleur — et qui dira que, dans la confusion qui régnait à bord et au milieu du brouillard qui paralysait l'organisation du sauvetage, il eût été mieux inspiré en restant sur place pour attendre du secours de l'inerte et indifférent *Cromartyshire*, déjà éloigné de plusieurs encablures et tout entier occupé de ses propres avaries ?

Mieux à même que personne de juger ce qu'il convenait de faire, le commandant Deloncle prit une décision qui était à la fois sage et désespérée. Il avait pu voir, du premier coup, que son navire était perdu ; mais s'il ne coulait pas sur-le-champ et tenait bon seulement quelques heures, il atteignait un îlot, et tout le monde avait la vie sauve. C'était une chance à tenter, une dernière carte à abattre. Il s'y risqua, conscient de son droit et de son devoir, et il perdit : il jouait contre le Destin.

Voilà donc la *Bourgogne* lancée vers l'île de Sable.

La coque frémit avec un sourd grondement, le navire fuit, aussi vite qu'il peut, mais il sent au côté un poids qui, de plus en plus, s'alourdit et devient invincible. Le paquebot s'incline à tribord, l'eau s'insinue par les tuyautages ; la machine ralentit son mouvement, et enfin s'arrête, paralysée : l'immense bâtiment s'immobilise et penche, penche....

On fait des signaux de détresse... Peut-être le navire abordeur apportera-t-il quelque secours ? On ne le voit plus dans la brume, mais on continue d'entendre son sifflet qui semble, lui aussi, désespéré. On tire des bombes, on lance des fusées. Le *Cromartyshire* répond de son canon d'alarme.

Alors, le commandant réunit en hâte ses officiers, leur donne brièvement ses ordres suprêmes et leur serre une dernière fois la main.

Les passagers se sont répandus en désordre sur le pont. C'est un flot humain pleurant, sanglotant, rugissant, plus tumultueux que le flot écumant qui bat et attire toujours davantage, irrésistiblement, la *Bourgogne* entr'ouverte. Le navire se couche et coule, et rien ne pourra le sauver. La panique est à son comble et, dans l'affolement, les scènes d'atrocités se confondent avec les scènes d'héroïsme.

On s'étouffe, on se frappe, on se déchire, on s'égorge autour des canots de sauvetage. Les yeux s'enflamment, les dents mordent ; les couteaux brillent entre les doigts. Et, dans cette mêlée, des hommes se dévouent, sans un mot, sans un cri, protégeant des femmes, soutenant des vieillards, portant des enfants.

L'un des canots est descendu ; il est surchargé de passagers. Quand même, une trentaine d'émigrants se glissent le long de la coque du grand bâtiment qui sombre. Malgré les supplications des passagers, ils se jettent comme des forcenés sur la frêle embarcation... Elle chavire, engloutissant tous les malheureux qu'elle portait.

Des matelots descendent une baleinière sur ses palans ; elle est également trop remplie. Avant d'avoir atteint la surface des eaux, elle se rompt sous le poids. Les infortunés qu'elle contenait disparaissent dans les flots.

Plusieurs Italiens de l'entrepont brandissent des lames ensanglantées, frappent dans la chair des femmes et des enfants pour s'emparer des meilleures places dans les embarcations. Seize Autrichiens sont parvenus à détacher et à lancer un canot dans lequel ils se trouvent seuls avec un Français. Ce canot en porterait le double ; ils fuient. Sur leur passage des cris s'élèvent, des faces à demi asphyxiées, des bras à bout de force se tournent vers eux, implorants ; des mains s'accrochent au bordage. Les Autrichiens tranchent les doigts à coups de couteau, frappent sur les crânes à coups d'avirons ; le Français proteste ; on le menace de le jeter par-dessus bord.

Et la *Bourgogne* penche, penche toujours de plus en plus....

Des femmes et quelques enfants se sont groupés dans une embarcation, et restent là, suspendus ; les femmes crient ; elles supplient qu'on les détache et qu'on les fasse glisser à la mer. On passe, on court à leurs côtés sans les voir ni les entendre — et personne ne les descendra.

Le grand navire se penche, se penche et s'enfonce encore davantage !

Un homme échevelé, les yeux hagards, injectés de sang, gesticule au milieu d'un canot où il est seul. Nul n'ose approcher ; il est armé d'un coutelas qu'il brandit. C'est un alcoolique devenu subitement fou. Un jeune timonier de dix-huit ans, Devals, passe derrière lui promptement et l'étourdit d'un rude coup sur la nuque. Le canot est ainsi reconquis.

A l'avant du bâtiment une rixe terrible éclate. Des matelots distribuent des ceintures de sauvetage. On les leur arrache, on se les dispute. Les plus robustes s'en entourent hâtivement et se jettent à la mer ; mais dans leur précipitation ils les ont placées trop bas, à la taille, au lieu de les nouer sous les aisselles ; ils ne peuvent maintenir leur équilibre, plongent, la tête en avant, et se noient.

Le lieutenant Pichend aide à mettre un canot à la mer. De nombreux passagers s'y sont réfugiés ; il va y prendre place à son tour.... La grande cheminée d'arrière s'abat, le tue net et fait sombrer le canot.

Le lieutenant Delinge a, de son côté, dirigé l'embarquement d'un certain nombre de passagers et de matelots dans un canot léger. Le canot est plein. L'officier s'abstient d'y monter :

« Débordez ! » commande-t-il.

Les matelots s'étonnent, insistent pour qu'il se sauve avec eux.

Mais Delinge s'impatiente :

« Ce n'est pas la question ! dit-il. Débordez ! »

Et, sublime, il reste sur l'épave qui va descendre dans l'Océan !

Une femme tombe à l'eau (Mme Lacasse, de Plainville, New-Jersey), son mari s'y jette à sa suite et la soutient. Des chaises liées flottent auprès d'eux, ils s'y accrochent.... Ce sera la *seule femme* sauvée de la *Bourgogne*.

Quelques passagers de première classe se sont groupés au bas de la passerelle ; ils entourent le commandant, épient ses moindres mouvements, boivent avidement les paroles d'encouragement qu'il leur prodigue, sans qu'il ait lui-même aucun espoir. Cet officier qui conserve tout son sang-froid, ce mari, ce père de famille — il a une femme et cinq enfants, en France, attendant son retour — qui contemple le désastre sans trembler et voit, sans frissonner, la mort venir du fond de l'onde, les anime de son courage. Jusque dans l'abîme ils le suivront, soumis comme lui à l'inévitable fatalité.

Cependant, parmi eux un homme pleure abondamment : il tend ses deux petits enfants presque nus, qui poussent des cris déchirants ; il les élève déjà comme pour les soutenir au-dessus du gouffre, et leur mère a la précaution de jeter sur eux une couverture de voyage....

Plus loin, trois Dominicains agenouillés prient et bénissent les mourants.

Une embarcation pourrait encore être mise à flot, mais elle est à ce point surchargée que les matelots ne peuvent faire glisser les palans. Et personne ne consent à en descendre, nul ne veut abandonner sa place. L'embarcation

La " Bourgogne " penche, penche... Rien ne peut la sauver.

reste accrochée avec sa cargaison humaine qui sera noyée dans l'effroyable remous final.

L'instant suprême approche... Il y a près de quarante minutes que la collision s'est produite. La *Bourgogne* n'a cessé de couler lentement, et son inclinaison est telle, à présent, qu'il n'est plus possible de se maintenir sur le pont à moins de se cramponner à tout ce qui fait saillie. Plusieurs passagers glissent de bâbord à tribord, le long du spardeck, passent entre le rouf du commandant et celui des premières, se maintiennent un moment à la claire-voie du salon, puis lâchent prise, épuisés, et roulent à la mer en jetant des cris affreux. Et de tous côtés montent ainsi des exclamations de désespoir, de rage ou de pitié, des clameurs d'agonie mêlées au mugissement lugubre de la grande sirène.

Enfin, la grande sirène elle-même expire dans un râle, tous ses tuyaux engorgés d'eau. La *Bourgogne* agonisante a un sursaut désespéré ; puis ses bastingages de tribord plongent dans l'écume ; la houle, plus forte, enlève les derniers passagers.

Deloncle, resté à son banc de commandement sur la passerelle, voit le flot atteindre à ses pieds ; il saisit le cordon de la petite sirène et le tire. Elle fonctionne encore et lance son appel strident sur la mer morne et endeuillée... La *Bourgogne* va sombrer entièrement. Déjà le remous blanchit. L'écume monte à la ceinture du commandant. Le second Dupont, le timonier Devals sont emportés, à ses côtés.

Deloncle, pâle, est toujours debout, immobile, rivé au poste où il a servi, où il va mourir. Les yeux au ciel, il ne lâche pas la corde de la sirène, et le dernier signal d'alarme du paquebot expirant continue de retentir comme un cri d'agonie. L'eau monte au cou de Deloncle ; l'eau monte à ses lèvres.... La sirène s'entend encore. La tête de Deloncle est recouverte par la vague, et la *Bourgogne* s'abîme brusquement avec son commandant noyé sur sa passerelle.

Et quand le remous formidable est effacé, il ne reste plus trace de ce qui fut le rapide et somptueux paquebot.

Seuls, quelques naufragés surnagent, çà et là, soutenus par des épaves.

Le timonier Devals, entraîné par le remous à vingt mètres de profondeur, se sent frôlé par la coque énorme. Il tournoie, il se croit perdu, il revoit dans un éclair le visage de ceux qu'il aime.... Il se débat et il remonte. Il distingue dans la transparence livide des flots une ombre qui passe à portée de sa main. Il serre les doigts ; il tient un cordage ; il se hisse, émerge et grimpe sur la quille d'un canot chaviré où quinze personnes déjà sont agrippées. La houle leur apporte un aviron dont ils se servent pour sauver deux nageurs à bout de souffle.

Le canot renversé, qui les porte, est muni de chambres à air : ils ont le courage et l'adresse de le retourner et s'y installent. Ils y admettent quatre malheureux qui étaient comme eux accrochés à la quille d'un canot, mais que les lames plus fortes menaçaient à tout instant d'arracher de leur refuge.

Quelle direction vont-ils prendre ? Ils entendent dans la brume résonner la sirène du *Cromartyshire*. Ils vont vers le voilier abordeur. Ils rencontrent un canot monté par le gabier Gendrot et le timonier Le Corre. Ces deux braves matelots parcourent le lieu du sinistre, sauvant à eux seuls le plus de monde possible. Le capitaine du *Cromartyshire* n'a pas mis d'embarcation à la mer pour coopérer au sauvetage. C'est un marin, c'est un Anglais, mais c'est aussi un homme d'affaires : il a des avaries, il va perdre du temps, c'est-à-dire de l'argent, et voilà ce qui l'inquiète. Il se contente d'accueillir les naufragés qui lui arrivent. Le canot qui porte 19 naufragés approche du *Cromartyshire* et se hâte. Des têtes hideuses de poissons de proie apparaissent à la surface des eaux. Trois cachalots énormes bondissent, menacent de faire chavirer le canot. Un des naufragés en éprouve une telle frayeur qu'il perd subitement la raison !

Enfin les voilà tous à bord du grand voilier, en sécurité relative. Et bientôt le vapeur *Grécian*, de la ligne « Allan », passe en vue du *Cromartyshire* en détresse et lui offre ses services qui sont acceptés.

Cette fois, c'est le salut définitif. Le *Grécian* remorque le *Cromartyshire* à Halifax, avec les survivants de la *Bourgogne*. Ils sont 267.

Mais 88 passagers de première classe, 113 de deuxième, 246 de troisième et 118 hommes d'équipage, soit 565 personnes, ont disparu ! Tous les officiers, sauf le commissaire Scott, ont péri.

Et maintenant, qu'est devenue la gigantesque épave ?

Elle gît par plusieurs centaines de mètres de fond, côte à côte avec quelque autre de ces grands navires dont l'audace de l'homme et la cruauté des éléments jalonnent les grandes voies maritimes ; ou bien, lentement, poussée par les courants sous-marins, et pour l'éternité, selon la parole du poète :

> Elle roule à travers les mornes étendues,
> D'où montent sur les eaux tant de voix éperdues,
> Quand la tempête fait trembler les matelots,
> Et réveille les morts endormis dans les flots.

Le Naufrage du « Saint-Paul » en Islande

> *Blessés à bord, dans la bataille, malades en Islande dans les brumes glacées, longtemps le marin et le pêcheur furent abandonnés à leurs seuls moyens pour combattre la douleur... Il n'en est plus ainsi : le domaine de la Charité fraternelle s'est agrandi de l'étendue des mers.*
>
> (LES AMBULANCES DE LA MER,
> *Almanach du Drapeau, 1902.*)

Pendant la saison de la pêche à la morue, il ne se passe point de semaine où l'on n'ait à déplorer la perte d'une ou plusieurs barques et de leurs équipages.

Il est tels cimetières sur nos côtes, peuplés seulement de croix blanches dont les inscriptions ne portent guère que des noms de femmes.... Tous les hommes, tous les gars sont « morts en mer ! »

On a eu, dans ce livre, en lisant le naufrage du *Vaillant*, un aperçu de la dure navigation des morutiers et des dangers qu'ils courent. Mais la pêche à la morue ajoute trop de feuillets aux annales des désastres maritimes pour ne pas mériter d'être décrite et expliquée dans ces pages qui racontent les périls de la mer.

Il faudrait aussi rendre hommage à la hardiesse de nos 4000 pêcheurs de hareng qui s'élancent des côtes de Flandre, de Picardie, de la Haute-Normandie, et groupés de 16 à 22 hommes sur un petit bâtiment de 30 à 50 tonneaux, mangeant, s'abritant, couchant dans un poste exigu où nul ne peut se tenir debout, parcourent la rude mer du Nord pendant cinq à six mois et ne rentrent au port que pour y déposer le produit de leur pêche.

Certains dundees de 70 à 120 tonneaux, montés par 20 à 25 hommes, se hasardent jusqu'au nord de l'Écosse, ou encore dans les mers d'Irlande à la recherche du maquereau.

Les « Morutiers » vont bien plus loin. Ils vont jusqu'à Terre-Neuve et jusqu'en Islande.

Tous les ans, près de 8000 d'entre eux, répartis par équipages de 20 à 30 hommes, sur 450 goélettes ou trois-mâts, de 200 à 500 tonneaux, quittent les rivages français, du 1ᵉʳ au 15 mars, et se rendent à Terre-Neuve. Ils livrent leur première pêche à Saint-Pierre et Miquelon, en juin, et rapportent la seconde en France, en novembre.

Quant aux Islandais, par 20 à 25 hommes d'équipage, sur des goélettes de 100 à 150 tonneaux, armées plus particulièrement par Dunkerque et les ports de Bretagne, ils partent de France au mois de février. Ils n'y reviendront — pas tous ! — qu'en octobre.

Quand ils arrivent dans les parages de l'Islande, en mars, au milieu des tempêtes, la morue se tient au sud de l'île, à une faible distance de terre, par des fonds variant de 50 à 100 mètres.

Aussitôt commence la pêche.

Elle ne se fait pas comme à Terre-Neuve, au moyen de lignes dormantes.

Chaque homme, tenant une ligne munie d'hameçons, entraînée vers le fond par des plombs, pêche le long du bord, au vent du navire. Et le travail se fait par « bordée ». Une moitié de l'équipage manœuvre les pesants engins, tandis que l'autre moitié se repose en attendant son tour d'être à la peine.

Cette côte sud est inhospitalière, très accessible aux grands vents du large et féconde en sinistres.

Pour résister au roulis les matelots s'attachent aux bastingages et pêchent ainsi, entourés de cordes. Quand il faut retirer la ligne alourdie de butin, pour la haler les mains sont gantées, mais les gants se déchirent, et la chair du pêcheur se crevasse et se fend sous l'action du froid et la morsure de l'eau salée.

Cette pêche, que l'on pratique jusqu'au groupe des Feroë, est terminée en mai. Les goélettes rentrent alors dans les fjords ; les bateaux « chasseurs » les y rejoignent, recueillent le produit de la pêche et le transportent en France. L'autre partie sera rapportée par les goélettes elles-mêmes.

Les anses les plus fréquentées sont Reikiavik, Patrixfjord, Fatrusfjord et Dyrafjord. Les déchirures et les vallonnements du fjord pénètrent jusqu'à dix milles dans les terres entre les ramifications des montagnes aux formes étranges, celles-ci semblables à un cône tronqué, celles-là régulières comme une pyramide, et toutes couronnées de neiges et de glaciers que le soleil montant et déclinant caresse de colorations variées, et d'aiguilles de glace où la lumière joue comme à travers un prisme.

Au fond, l'Hékla mugissant.

La ville de Dyrafjord dort au creux de la baie. Elle se compose de quatre maisons, d'une église et d'un cimetière : des croix piquées dans le sable marquent les tombes de vingt pêcheurs français.

Du reste, nul refuge. Une épave est là : un grand lougre de Dunkerque, à demi enlisé, comblé de détritus maritimes.

Les « Islandais » se hâtent de renouveler leur provision d'eau pure et repartent. La deuxième partie de leur pêche a pour champ d'action une étendue de mer encore plus lointaine ; les morues ont émigré vers le nord de l'île.

Mais déjà, au large, sept ou huit navires en panne dénoncent la proximité d'un banc... Les autres bateaux accourent.

Aussitôt arrivés, ils débarquent les « doris », petites embarcations au nombre de 6 à 10 par goélette, montées chacune par deux hommes qui vont tous les jours à plusieurs milles de leur bâtiment plonger et lever des lignes garnies d'hameçons espacés de 2 mètres en 2 mètres. Si la brume tombe au cours de ces opérations, ou si le mauvais temps survient, ces frêles embarcations sont dans l'impossibilité de regagner le grand navire, et les deux hommes qui les montent, sans vivres, sans eau, sans ressources, sont irrémédiablement perdus, proies des vents et des flots, proies de l'immensité ténébreuse et glacée. Chaque campagne, nombre de doris disparaissent ainsi.... Pour la seule année 1896 on en compta 163 « en dérive ».

Le réveil a lieu de bonne heure à bord des goélettes. On entend retentir l'appel à la goutte, on court à la dunette où le « saleur » verse à chacun son « bougearon », soit 6 centilitres d'alcool de qualité inférieure ; après quoi, au travail !

Le mousse s'installe à la cuisine où il préparera pour les 20 hommes du bord un repas fait de lard et de morue assaisonnés.

Cependant les pêcheurs tirent les lignes. Ce labeur exténuerait d'autres hommes que ces rudes marins ; il s'agit de tirer, de tirer sans relâche, par gros temps, pied à pied, d'une profondeur de 100 mètres, des câbles chargés de poissons.

Bientôt 4000 morues environ, monstrueux entassement de corps visqueux, encombrent le pont ruisselant d'eau.

Alors, tandis que la plupart des marins, de nouveau, s'occupent à « boitter », c'est-à-dire à amorcer les hameçons — et chacun des pêcheurs a 500 hameçons répartis sur 500 brasses de ligne, ou 800 mètres et plus, et les lignes reviennent souvent embrouillées, entortillées, — les autres matelots « ébrouaillent », c'est-à-dire enlèvent les intestins du poisson, réservent soigneusement les langues et les foies, puis, au fur et à mesure, jettent les morues ébrouaillées dans un parc rectangulaire construit au milieu du pont.

Des centaines et des centaines de poissons ont été déjà ébrouaillés, mais il en reste encore des milliers à « travailler » ; et beaucoup d'entre eux sont énormes, monstrueux. Les pêcheurs les éventrent et plongent activement des doigts rougis dans ces entrailles à demi vivantes. Ils écrasent de leurs bottes des amas de chairs visqueuses et pantelantes; ils marchent dans des flaques sanglantes. Le pont présente un répugnant aspect de carnage.

Au milieu du parc le novice est debout, botté et sanglé dans un grand tablier de toile à voile goudronnée. Hâtivement, il s'empare avec la main gauche de chaque cadavre sanguinolent; de sa droite armée, il l'entaille largement au-dessous des ouïes et lui arrache proprement la tête. C'est un travail fastidieux, éreintant, écœurant. Le novice n'a pas de répit. Entré dans le parc, pour « décoller », à dix heures du matin, il ne s'interrompt de cette atroce besogne que pour prendre une collation, pour absorber de rapides « bougearons », et ne sort de cette géhenne qu'à onze heures du soir, pour souper.

Puis, le novice, dont les dix-sept ans s'épuisent à ce travail hideux, gagne péniblement son grabat.

Et à trois heures du matin il recommence!

Il descend dans la cale, y remplir les mannes à boitte; il doit pour cela plonger dans le sel ses mains brûlantes, écorchées de la veille.

Et 3 000 morues à décoller, encore!

Ses tempes se gonflent, ses oreilles bourdonnent, ses forces diminuent. Reverra-t-il jamais sa mère et sa Bretagne?

Le matin, au réveil, de vieux matelots même pleurent parfois à l'idée du travail énervant qui les attend. Leurs doigts gercés sont impuissants à boutonner leurs vêtements.

Ainsi, la vie à bord est pleine de labeurs, de souffrances et de misères, et comme diversion on a la tempête.

Terrible métier! Et au bout de ce métier, la fortune? Jamais... En revanche, souvent la mort. Les sinistres s'accumulent, inévitables. Vienne le gros temps, quelques-unes des goélettes étaient trop à l'arrière, elles ont appareillé pour fuir devant la mer mauvaise, mais trop tard.... Après une lutte inégale, les rapides navires qu'une gigantesque lame de fond a recouverts, comme engloutis, ou soulevés, chavirent ou se perdent à la côte.

Et, sans parler des paquebots qui, à Terre-Neuve, passent, trombes vivantes, dans la nuit et dans la brume, coupant et coulant goélettes et doris pour l'avantage profitable d'un record de vitesse, il y a en Islande comme à Terre-Neuve un autre danger encore, — le danger qui perdit le *Vaillant* : les glaces flottantes, énormes, qui dérivent du pôle entraînées par les courants et qui viennent sournoisement entr'ouvrir les bateaux pêcheurs ou les écraser.

Voilà pourquoi, en Islande et à Terre-Neuve, les cimetières sont pleins de corps de marins bretons.

A Faskrudsfjord, non loin de l'hôpital édifié par les « Œuvres de mer », le petit cimetière dresse ses croix françaises comme les épis d'une moisson funèbre. Des fils de fer entourent cette terre consacrée. Ce sont des humbles et des braves qui dorment là, loin des leurs, loin de la France, sous le ciel gris de l'Islande.

* *

De toutes les infortunes qu'endurent les malheureux pêcheurs au cours de leur rude campagne d'Islande, celle qui leur semble la plus redoutable est la maladie. On conçoit dans quelles déplorables conditions doivent se trouver ceux d'entre eux qui succombent sous un mal physique durant ces périodes de pêches lointaines.

Autrefois, les pêcheurs d'Islande, absolument livrés à eux-mêmes, passaient la saison sans visite autre que celle de la frégate de l'État, du vaisseau de guerre, qui leur apportait le courrier de France vers le milieu de juin.

Mais leur situation si rude et périlleuse, si digne de secours et de sympathie, a ému de bons Français. Les pêcheurs d'Islande ne sont plus maintenant abandonnés : un navire-hôpital séjourne au milieu d'eux.

Tandis que dans la tourmente glacée qui hurle et les secoue, ils se déchirent les mains en halant les lignes pesantes, ils se sentent le cœur réchauffé à la pensée que des amis veillent sur eux, si loin de la patrie.

Quand la blanche voile du navire-hôpital se dessine à l'horizon, il leur apparaît comme un messager d'espérance qui leur apporte les consolations du prêtre et les soins du médecin.

Le *Saint-Paul*, navire-hôpital spécialement affecté au voyage en Islande, avait été construit d'après le type des bâtiments armés par les « Œuvres de mer », association charitable dévouée à secourir nos marins et plus spécialement les pêcheurs.

C'était un navire de grande marche sous toutes allures, capable de bien tenir le plus près pour louvoyer utilement, si les circonstances l'exigeaient. Il était gréé en trois-mâts-goélette de façon à rendre la manœuvre facile, et la surface de sa voilure, assez considérable, était de 612 mètres carrés. Il avait 37 mètres de long, 8 mètres de large, 3 mètres de tirant d'eau. Ses formes étaient élégantes, ses lignes fines. Il comptait 20 hommes d'équipage, un médecin et un aumônier.

On l'avait spécialement aménagé en vue de l'usage auquel on le destinait :

Salle de consultation, pharmacie, infirmerie meublée de lits en fer, chapelle, salle de repos et de réunion, avec cloisons démontables facilitant un nettoyage hygiénique et claires-voies nombreuses distribuant en abondance la lumière ; tout avait été établi pour faire de ce navire un modèle du genre.

Sa campagne de 1898 fut féconde en résultats.

Le *Saint-Paul* avait quitté Saint-Servan le 22 mars, puis avait touché à Dunkerque, d'où il était reparti, le 10 avril, pour l'Islande.

Arrivé le 18 dans les parages islandais, il s'était trouvé, dès le 23, à l'est des îles Westmann, au milieu d'un grand nombre de goélettes occupées à pêcher. Elles n'étaient pas moins de 35. Elles saluèrent le *Saint-Paul* et l'accueillirent avec joie, et 5 d'entre elles mirent aussitôt leur pavillon en berne pour indiquer qu'il y avait un malade à bord. Le *Saint-Paul* accourut. A quatre de ces malades il donna les consultations nécessaires, les médicaments suffisants ; il prit à son bord le cinquième : un officier atteint de fièvre typhoïde.

Après quoi, ces premiers soins assurés, le *Saint-Paul* distribua le courrier de France, et Paimpolais et Dunkerquois reçurent avec attendrissement les lettres, de si loin apportées.

Puis, le bienfaisant navire mit le cap sur Reikiavik. Là, l'aumônier arriva juste à temps pour assister aux derniers moments d'un pauvre petit mousse breton qui ne savait pas le français et appelait sa mère... L'enfant mourut entre ses bras.

Le vaisseau repartit pour la côte est d'Islande. Il trouva à Nordsfjord 15 paimpolais, 2 navires de Saint-Brieuc et 6 chasseurs. Là encore, un homme était en proie à la fièvre typhoïde. On le prit et on le conduisit à Faskrudfjord où est installé un hôpital français.

Dans la baie de Faskrudfjord le médecin du bord visita 21 navires et soigna ou pansa 25 malades.

Dans son prêche du dimanche, l'aumônier, l'abbé Giguello, insistait auprès des marins pour qu'ils fissent appel sans scrupule au dévouement du *Saint-Paul*, de ce *Saint-Paul* qui était *leur* navire et à bord duquel ils devaient se sentir *chez eux*.

Le 18 mai au soir, la brume tomba. Elle allait durer de longs jours. Néanmoins le *Saint-Paul* ne chômerait pas pour cela. Il y avait là, en rade, à Faskrud, 39 bâtiments dunkerquois, c'est-à-dire de quoi lui procurer toujours quelque occupation : ici pour un pêcheur atteint de vomissement de sang, ailleurs pour un blessé, autre part encore pour un malheureux alcoolique précipité à la mer, et sauvé par une embarcation du navire-hôpital.

Dès les premiers jours de juin, la brume dissipée, le *Saint-Paul* entreprit toute une série de croisières. Il reconnut 27 navires dont 8 sollicitèrent les secours du médecin. Et ce fut ainsi tous les mois de l'été. Le navire passa au nord de l'Islande, puis à l'ouest, tournant autour de l'île, prodiguant ses soins et ses consolations. Œuvre admirable !...

Enfin, le *Saint-Paul* quitta l'Islande le 17 août, emportant 4 malades. Il toucha le 28 à Dunkerque pour y déposer l'un de ses hospitalisés, débarqua les trois autres à Paimpol le 3 septembre, et rentra pour son hivernage, à Saint-Malo, le lendemain.

La campagne de 1899 devait avoir une autre issue....

Le *Saint-Paul*, réarmé et réapprovisionné avec soin, quitta Saint-Servan le 3 mars. Il était commandé par le capitaine Lacroix qui avait dirigé si heureusement la campagne de 1898. Il portait, en outre, l'aumônier, le P. Bonaventure, le second, M. Collin, le médecin-major de deuxième classe, M. Lucas, et 16 hommes d'équipage.

Il fit d'abord relâche au Havre où une imposante cérémonie fut organisée à son bord par le Comité local des « Œuvres de mer » ; il toucha ensuite à Dunkerque afin d'y prendre lettres et commissions pour les pêcheurs partis auparavant, et ouvrit enfin toutes grandes ses voiles pour se diriger vers l'Islande. Il alla atterrir sur la côte sud-est, à environ dix milles d'Hormig, le 2 avril au matin. Dès le lendemain, le P. Bonaventure et le Dr Lucas visitèrent le *Sirius* de Calais et l'*Islandaise* de Dunkerque, et virent sur ces navires deux malades, dont l'un souffrait d'un phlegmon à l'avant-bras, et l'autre d'une angine.

La mission du *Saint-Paul* était commencée.

Il approchait du point où se trouvaient groupées toutes les goélettes ; il comptait dans la journée du 4 avril en visiter un grand nombre.

Dans la nuit du 3 au 4, le capitaine Lacroix navigua pour s'éloigner de la côte. A deux heures du matin le point indiqua une position plus au sud que le cap Portland ; la sonde accusait 100 mètres.

Tout est bien... Le capitaine donne l'ordre de prendre route à l'ouest pour arriver au jour parmi les pêcheurs. Le navire prend cette direction ; il file sur les eaux grises voilées d'ombres.... Tout d'un coup, il talonne rudement par deux fois. L'alarme est grande, parmi ces braves matelots, l'alarme mais non la panique. Sous les ordres de leur chef ils se multiplient en efforts pour dégager leur cher bâtiment, mais en vain ! Les lames qui le prennent par l'arrière le poussent peu à peu plus avant.

Le point sans doute a été mal estimé ; une erreur est facile dans ces parages où l'aiguille aimantée a des déviations extraordinaires et inattendues causées par le voisinage de roches magnétiques, et où, au surplus, la direction et la force des courants sont peu connues. Beaucoup de navires ont dû leur perte aux mêmes causes. Près du *Saint-Paul* on distingue dans les demi-ténèbres, sous les vagues blanchissantes, des épaves de vapeurs anglais victimes d'une aventure analogue.

Il est quatre heures du matin. C'est à peine si la brume nocturne s'éclaircit à l'approche vague de l'aube. La mer déferle sur le pont ; il est temps que ces braves gens, dont la situation devient critique, pourvoient à leur sauvetage. Ironie de la destinée humaine! Ce sont ces sauveteurs qui ont besoin à présent d'être secourus !

Un matelot, nommé Henri, se dévoue. Malgré l'état dangereux de la mer, et le froid, plus périlleux encore, le froid extrême, car l'hiver dure encore à cette époque en Islande, il se jette à l'eau pour porter une corde à terre. Au prix d'efforts surhumains il atteint le rivage, il réussit à établir un va-et-vient. C'est le long de cette corde, suspendus à la force des poignets, plongeant souvent jusqu'aux épaules dans l'eau glacée, que les naufragés gagnent la terre, une plage déserte où, par un froid intense, ils attendent, grelotants sous leurs vêtements trempés, les secours qui, heureusement, leur arrivent. Ils ont abordé non loin du village de Robayc ; on les y recueille, on les réconforte. Mais ils n'ont qu'une pensée : leur *Saint-Paul*. Aussitôt séchés, ils retournent sur le lieu de la catastrophe. Quelle déception ! Remettre le bâtiment à flot semble impossible tant la mer l'a poussé avant dans les sables. Il faut se contenter de procéder au sauvetage de l'armement, puis abandonner le navire aux prochaines marées qui le démembreront.

Ensuite, la petite troupe des naufragés se met en route pour Reikiavick. Les autorités islandaises, très empressées, ont réquisitionné une centaine de chevaux et dix guides, et la triste caravane du *Saint-Paul* se met en marche à travers l'Islande. Elle a 400 kilomètres à faire dans ce pays difficile et sous un ciel ingrat. Pendant huit jours elle marche par des sentiers abruptes, sur la neige, à travers les glaciers, sous des tourmentes continuelles. De temps en temps, la nuit, on s'arrête, dans les fermes éparses sur la route. Partout, d'ailleurs, l'accueil est cordial.

Enfin, le 16 avril, les naufragés, victimes de leur dévouement, arrivaient tous à Reikiavick. Ils n'étaient pas en trop mauvaise santé. Le consul français, M. Limsen, pourvut à leurs besoins, et, quelques jours après, un paquebot les ramena en France.

Des Navires naufrageant dans le Port de New-York en flammes

> *On dirait qu'une flotte ennemie s'est introduite dans la rade et a criblé d'obus incendiaires les navires et la cité.*

Le port de New-York est un immense bassin d'une centaine de kilomètres carrés, se continuant au nord par les deux estuaires de l'Hudson et de l'East-River. Des îles parsèment la partie septentrionale de la baie : Governor's Island où, jadis, résidait le gouverneur de la colonie néerlandaise ; Ellis Island où se dresse un vaste édifice pour la réception des immigrants, souvent au nombre de dix mille à la fois ; et enfin Bedloes Island qui portait un ouvrage militaire utilisé maintenant comme base du piédestal de la statue de la *Liberté éclairant le monde*, œuvre du sculpteur Bartholdi offerte au peuple américain par le peuple français.

Le passage dit *Narrows* ou *Étroits* réunit le port intérieur à la grande rade ou Lower Bay. Un promontoire sablonneux, Sandy Hook, s'avance dans la haute mer. Ces rives voient quotidiennement défiler des milliers d'embarcations et de navires qui arrivent ou qui partent, battant tous les pavillons du monde et, surtout, le pavillon étoilé des États-Unis.

Parmi ces bâtiments divers, les grands transatlantiques sont les plus remarqués. Ils se distinguent toujours de la flotte innombrable qui les entoure par leurs dimensions. Ce sont presque exclusivement des paquebots anglais, allemands et français.

Ils ont leur port à l'île Manhattan. Cette île est le centre, le noyau même de l'immense ville qu'est New-York.

Motthaven, Melrose, Fordham, autant de faubourgs qui convergent vers le point central où le cœur de la capitale des États-Unis bat ses puissantes pulsations.

Brooklyn, Lovy Island City, Jersey City, autant de villes qui s'étendent autour de la cité et qui contribuent à former cette agglomération formidable de 3 250 000 habitants !

Le port de l'île Manhattan est un invraisemblable fourmillement de canots, de barques et de navires dressant une forêt de mâts qui s'agite sans cesse et tremble sur la houle, qui chante et gronde sous la brise et sous l'ouragan.

Quelques chiffres donneront une idée précise du mouvement de la navigation dans le port de New-York; il a été en 1900 — sans compter les innombrables barques — de 11 354 navires, entrées et sorties, jaugeant 13 200 000 tonnes; et l'ensemble du commerce, importation et exportation, pendant l'année fiscale 1901, a été de 4 550 000 000 de francs ! 510 000 passagers ont été, pendant le même laps de temps, amenés par les seuls paquebots anglais, allemands et français.

Aussi, nulle part n'a-t-on une impression plus forte, plus saisissante de l'activité prodigieuse de l'homme, que devant ce port où ces forêts de mâts emmêlent inextricablement leurs vergues innombrables; où les bordages écrasés contre les bordages, grincent et gémissent sous la pression de cette multitude invraisemblable de bâtiments; où des foules de cheminées bariolées, de cheminées larges et courtes, ou hautes et minces, sifflent, soufflent, grondent, en jetant aux vents leurs panaches de fumées blanches, grises ou noires.

Mais une autre impression, d'une nature bien différente, s'empare du spectateur de ce panorama vivant et mouvant : s'il songe qu'une étincelle tombant dans une telle agglomération de mâts les ferait flamber comme les arbustes résineux d'une sapinière immense. La flamme courrait, hardie et violente, irrésistible sur cet océan couvert de bois. Et où s'arrêterait-elle ?

Ce fut là, de tout temps, l'appréhension des riverains de la ville de New-York, des dockers, des maîtres de port, des matelots. Quel épouvantable désastre ! Ce serait peut-être la ruine, la mort du grand port américain...

* *

Le dimanche 30 juin 1900, par un temps magnifique, sous un ciel de fête, la foule des habitants, avide de se délasser du travail de la semaine, s'était répandue dans New-York et aux alentours. Les uns étaient allés chercher quelque verdure dans la fraîcheur des parcs citadins : à Riverside, où dort dans son tombeau le général Grant, où la vue sur l'Hudson est admirable ; à Pelhans Bay Paris, à Prospect Park la gloire de Brooklyn ; ou encore à certains cimetières qui sont de véritables lieux de promenade : Woodlown en terre ferme, Greenwood dans Lovy Island.

D'autres avaient pris, qui des bateaux, qui le train, et s'étaient rendus à la plage de sable fin de Coney Island. L'animation, comme toujours, y était grande. Des pavillons et des belvédères situés en face de Sandy Hook, on suivait du regard les navires qui cinglaient sur le chenal, de New-York à la haute mer. Les restaurants, les hôtels de toutes sortes qui bordent l'estuaire sur une longueur de plusieurs kilomètres étaient noirs de monde.

Et un nombre bien plus considérable encore de personnes avaient choisi pour but de leur promenade les docks de New-York si bien aménagés, où l'on peut aller jusqu'aux grands transatlantiques qui sont accessibles au public le dimanche.

Des femmes et des enfants, en majorité, circulaient le long des quais ; des marchandises de toutes sortes gisaient là, entassées, et particulièrement des balles de coton, par monceaux. Sur le pont des navires envahis, selon l'usage dominical, les enfants se plaisaient à courir, à enjamber les cordages. La gaieté, la confiance animaient cette multitude sous le soleil d'été.

C'est alors que sur un quai des Docks — quelle en fut la cause ? une étincelle de cigare ? un débris d'allumette mal éteint ? on l'ignorera toujours — des balles de coton, matière inflammable par excellence, s'embrasèrent brusquement...

Le vent souffle. Les flammes, déjà hautes avant qu'on les ait aperçues, lèchent des tonneaux de whisky, tout proches. Ceux-ci, gonflés par la chaleur, éclatent ; le dangereux liquide se répand, prend feu à son tour au contact du coton incandescent, et s'étale en nappes d'incendie. Des cris d'effroi s'élèvent, des remous se produisent dans les rangs les plus proches de la foule. On se pousse, on s'écarte, on s'écrase, on crie : « Au secours ! » Mais les flammes bleuâtres, les grandes flammes dansantes glissent de tous côtés avec rapidité ; elles surgissent en jets imprévus ; elles incendient une partie des Docks.

On entend des explosions, des crépitements ; une fumée noire tour à tour plane et tourbillonne dans le ciel. Les appontements du *North German Lloyd* sont attaqués par les flammes ; plusieurs transatlantiques allemands y sont amarrés : la *Saale*, le *Bremen*, le *Kaiser Wilhelm der Grosse*. Ces mastodontes qui courent sur l'océan immense avec la vitesse d'un express, ne sont plus, dans ce port, que des masses inertes, incapables de fuir la morsure du terrible ennemi. Et celui-ci s'attaque impitoyablement à leurs flancs !

L'émoi, l'angoisse ont gagné la ville entière. Les communications multiples et rapides ont porté la nouvelle du sinistre jusque dans les quartiers les plus lointains. Tout un peuple accourt pour voir à l'œuvre le fléau redouté depuis si longtemps. Plusieurs centaines de mille de spectateurs contemplent l'affreux et grandiose spectacle.

Les appontements du *North German Lloyd* flambent sur un quart de mille ; ceux de la Compagnie Hambourg-Américaine commencent aussi à prendre feu. New-York est menacé d'un désastre effroyable : tout le port va être la proie de l'incendie. Il faut recourir aux mesures suprêmes, désespérées, et l'on fait sauter les appontements à la dynamite !

L'explosion emplit la rade de son fracas formidable qui se mêle aux cris de saisissement des spectateurs, au son lugubre des trompes d'avertissement des pompes qui accourent par toutes les avenues.

L'incendie sera vaincu sur les quais ; il périra faute d'aliments. Mais il triomphe à bord des transatlantiques, où grouille une multitude de curieux.

Le *Bremen* est, le premier, la proie de l'incendie. De longues flammes jaillissent par toutes ses écoutilles ; une panique folle s'empare des visiteurs qui s'écrasent autour des mâts, le long des bastingages. C'est un « sauve-qui-peut » général. Mais la mort les a déjà tous en sa possession. Une fumée épaisse, âcre, empêche le sauvetage de l'extérieur. Soudain, une explosion terrible retentit, et les malheureux sont projetés à travers l'espace par centaines. Puis la carcasse du *Bremen* oscille et coule.

A bord de la *Saale*, le feu gagne aussi en crépitant, et la fumée se déroule enveloppant nombre d'infortunés de ses volutes funèbres. Les uns, désespérés, se jettent par-dessus les bastingages et se noient ; d'autres veulent se sauver par les hublots, s'y engagent jusqu'à mi-corps, et, pris comme dans un étau, meurent là, affreusement, ceux-ci rongés par le feu et carbonisés, ceux-là asphyxiés.

Vingt-neuf chauffeurs de la *Saale* se tiennent cramponnés aux flancs du bâtiment. Des pompes dirigent sur eux leurs jets, les inondent d'un continuel torrent d'eau. Ils seront ainsi sauvés, tandis qu'auprès d'eux, sur le même vaisseau, plus de 70 personnes auront misérablement péri. Enfin, la *Saale* en dérive va s'échouer sur l'île Liberty. Plus tard on en retirera 50 cadavres méconnaissables.

Le *Kaiser Wilhelm der Grosse*, merveille d'architecture navale, est à son tour en danger. Tous les efforts s'unissent pour l'arracher à la fournaise. On l'en tire à grand'peine. On le remorque dans le fleuve. Son équipage déploie une célérité prodigieuse et se rend maître du feu, mais néanmoins tous ses ouvrages en bois sont détruits, et il y aura sur ce seul paquebot — le moins endommagé — pour 100 000 dollars de dégâts.

Le *Phœnicia*, transatlantique de la ligne Hambourg-Américaine, n'échappe pas non plus au désastre sans de graves avaries.

Le pétrole, projeté de toutes parts des flancs du *Bremen* au moment de l'explosion, s'étale dans le port. Les eaux elles-mêmes sont en flammes ! Ces flots incendiaires font craquer des remorqueurs et des chalands, qui prennent feu comme des allumettes. Quatre wharfs sont détruits. Les entrepôts de l'usine Campbell, pourtant situés à plusieurs centaines de mètres du foyer primitif, sont également dévorés.

Et la nuit qui descend sur ce tableau tragique lui donne une intensité, un relief plus violents encore. La flamme qui s'élève des remorqueurs brûlant comme des torches, jette sur la ville des reflets rougeâtres que l'eau du port reflète sur toute son étendue.

On dirait qu'une flotte ennemie s'est introduite dans la rade et a criblé d'obus incendiaires les navires et la cité. New-York semble une ville bombardée. La terreur et le deuil y règnent.

Et les détails atroces des scènes d'épouvante et de cruauté, dont les Docks et les navires incendiés sont le théâtre, ajoutent encore à l'horreur du spectacle....

Cent cinquante morts, 10 millions de dollars, tel fut l'affreux prix de ce sinistre mémorable.

La « Framée » abordée par le « Brennus »

> « *Courage, mes hommes !... Adieu !* »
> *Et le commandant de Mauduit-Duplessix
> disparaît, entraîné dans un tourbillon.*

EN 1900, l'escadre de la Méditerranée, sous le commandement de l'amiral Fournier, avait pris part, avec l'escadre du Nord, à une grande revue navale passée dans les eaux de Cherbourg par le Président de la République.

Au cours de son voyage de retour vers Toulon, le gouvernement l'autorisa à faire escale et même à séjourner à Royan.

Dans les premiers jours du mois d'août, par un matin ensoleillé, la foule accourue sur les roches de Pontaillac, aperçut à l'horizon les premiers flocons de fumée qui annonçaient la présence de l'escadre. Et bientôt les grands bâtiments cuirassés furent en vue, arrivant en une majestueuse ligne de file. On perçut des accords d'harmonie qui, d'ondes en ondes, arrivaient du *Brennus* jusqu'au rivage. Enfin on distingua à l'œil nu les marins de la musique de l'amiral rangés en cercle à l'arrière. Auprès du formidable cuirassé, évoluait un contre-torpilleur semblable à quelque oiseau de mer rasant les flots autour d'un cétacé.

Ce léger navire était la *Framée*.

Les fêtes données à terre en l'honneur de l'escadre furent très simples, mais très réussies. Tous les marins y prirent part. Ils rivalisèrent d'entrain, et ceux dont le béret, crânement posé sur l'oreille, portait ces mots, en lettres d'or : La *Framée*, firent, entre tous, preuve du plus martial enjouement.

Après quelques jours de repos, une après-midi, l'escadre leva l'ancre et repartit, emportant les regrets de tous les Royanais dans son sillage.

Elle fit route pour Gibraltar qu'elle devait doubler afin de rentrer dans la Méditerranée.

Dans la nuit du vendredi 10 au samedi 11 août, l'escadre venait de dépasser à 70 milles au large le cap de Saint-Vincent, pointe hardie du Portugal dans l'Océan, et elle filait par le travers du cap Santa-Maria, vers la baie de Cadix et le détroit de Gibraltar, à la vitesse de 10 nœuds.

Le temps était d'une douceur et le ciel d'une pureté qui enchantaient les âmes. La lune dans son plein éclairait merveilleusement la mer où les vaisseaux glissaient, noirs et silencieux, en ligne de file, avec tous leurs feux de navigation qui pointillaient l'ombre claire de lueurs blanches, rouges, vertes, qui semblaient superflues. On y voyait comme en plein jour ; la mer était calme, avec seulement un peu de houle sud-est.

A bord de la *Framée* les deux tiers de l'équipage étaient couchés. L'amiral, tenant compte des longues heures de quart supplémentaires fournies pendant la formation de l'armée navale dans la Manche, n'avait imposé, pour la rentrée à Toulon, que le service ordinaire. Seuls, les hommes indispensables se trouvaient sur le pont et veillaient. Les autres reposaient, presque nus à cause de la chaleur intolérable qui régnait à l'intérieur du contre-torpilleur. Les écoutilles étaient fermées par suite de la houle grandissante, et l'air embrasé des machines emplissait le poste des matelots et le carré des officiers.

Ceux-ci, le commandant de Mauduit-Duplessix, lieutenant de vaisseau ; son second, l'enseigne de vaisseau Epaillard ; le mécanicien principal de deuxième classe Coupé, marié et père de quatre enfants, causaient sur le pont et ne pouvaient s'arracher aux douceurs de cette nuit d'été.

En eurent-ils quelque distraction ? On ne sait... Toujours est-il que le commandant en chef qui, du *Brennus*, voulait faire transmettre, par la *Framée*, un ordre à la *Foudre*, croiseur porte-torpilleurs qui venait de rallier l'escadre, ne reçut point de réponse à ses signaux répétés d'avertissement. De telle sorte que l'officier de quart du *Brennus* cria à la *Hallebarde*, « sœur » de la *Framée*, qui naviguait à proximité du grand cuirassé :

— Allez dire à la *Framée* de venir prendre un ordre verbal de l'amiral ; on l'appelle en vain depuis une demi-heure.

La *Framée*, qui naviguait à 400 mètres en arrière, enfin avisée, porta sa vitesse à 16 nœuds et s'avança à 60 mètres à gauche du *Brennus* par le travers de la passerelle arrière. Mais cette distance était encore trop grande pour qu'une communication verbale pût être établie entre les deux bâtiments. Aussi M. de Lapérouse, officier de service du vaisseau-amiral, ordonna-t-il d'employer les signaux lumineux à bras.

La phrase à transmettre était d'abord la suivante :

— Pourquoi n'avez-vous pas répété ? — c'est-à-dire signalé : « aperçu ? »

Le marin signaleur du *Brennus* exécute d'abord le mot : « Pourquoi ». La *Framée* ne répond point. Il recommence. Cette fois la *Framée* répond : « aperçu ». Le *Brennus* continue : « n'avez-vous pas » ; la *Framée* répond : « aperçu ». Et l'on arrive ainsi au mot : « répété » qui termine la phrase interrogative, quand, à ce moment, le quartier-maître du cuirassé s'aperçoit que le contre-torpilleur ne suit plus une marche exactement parallèle et se rapproche d'une façon inquiétante.

Il abandonne précipitamment le signal et court avertir M. de Lapérouse :

— Voyez, dit-il, comme la *Framée* se rapproche...

Le lieutenant de vaisseau, d'un coup d'œil, juge le péril :

— Attention ! s'écrie-t-il.

Mais, sur la *Framée*, la même inquiétude s'est emparée du commandant de Mauduit-Duplessix. Il a vu son bâtiment courir sur la droite. Il n'y comprend rien, mais monte rapidement sur la passerelle et commande d'une voix forte que l'on entend jusque sur le pont du vaisseau-amiral : — 20 degrés à gauche !

Ce mouvement de barre, bien compris, bien exécuté, doit éviter toute collision, tout danger. Le commandant attend, une seconde, l'effet de son ordre... Il sent la barre frémir... et voit avec terreur son navire obliquer à droite et foncer sur le grand bâtiment !

L'abordage est inévitable !... à moins que... jouant le tout pour le tout...

Il fait donner toute la vitesse. De son côté, sur le *Brennus*, le lieutenant de vaisseau Dumesnil, pour parer à cette fausse manœuvre, si imprévue, fait porter avec décision le grand navire à 20 degrés sur la droite et renverser les machines.

Mais déjà la *Framée* s'est offerte par le travers à l'étrave puissante du cuirassé.

Sous le formidable coup de boutoir le petit navire est affreusement éventré, et s'entr'ouvre dans un craquement terrible. Avant qu'on ait pu rien tenter, il se couche sur le côté de sa membrure. L'eau pénètre par l'énorme plaie béante faite dans son flanc ; il chavire sens dessus dessous, montre sa quille et ses hélices qui tournent dans l'air, et, enfin, presqu'instantanément, il disparaît !

Cette catastrophe épouvantable a duré trois minutes à peine.

Les matelots qui se trouvaient sur le pont, précipités à la mer, surnagent à grand'peine et appellent à l'aide, entraînés par les flots qui tourbillonnent là où la *Framée* est disparue et par les remous qu'a faits le recul du *Brennus*. Mais les malheureux qui travaillaient aux machines ou qui étaient endormis dans les postes ont péri avant même d'avoir pu se reconnaître, asphyxiés, noyés par l'irruption foudroyante de l'eau.

L'escadre tout entière stoppe dans le plus grand ordre. L'amiral et les officiers du *Brennus* accourent sur le pont. Les projecteurs électriques convergent sur le lieu du sinistre.

Quatre embarcations vont et viennent déjà, essayant de répondre aux appels désespérés :

— Par ici, la baleinière !...
— Par ici, le canot !...
— *Brennus !* à droite !...
— *Brennus !* à gauche !...
— Sauvez-moi !...

Et ceux qui appellent ainsi, ce sont les meilleurs nageurs ; d'autres matelots, moins exercés à la natation, ont été déjà engloutis. Parmi les bons nageurs il en est qu'on ne peut saisir. Soit qu'ils aient perdu la raison, soit que leurs forces se trouvent épuisées, ils ne saisissent pas les premiers moyens de secours qui s'offrent à eux.

— Accroche-toi... vite ! dit dans un canot un homme du *Brennus* à un de ses camarades de la *Framée*.

Le naufragé essaie d'empoigner l'aviron qu'on lui tend, mais sa main n'a plus la vigueur nécessaire, il lâche prise :

— Je suis f...., murmure-t-il.

Et dans un remous il disparaît.

Aux lueurs électriques qui percent les premières nappes d'onde on voit des corps zigzaguer dans l'eau avant de couler comme des plombs.

Quant au commandant de Mauduit-Duplessix, aussitôt après la collision, on l'a aperçu qui, volontairement, se cramponnait à la muraille de son bâtiment... Il descend avec lui dans le gouffre... Bientôt sa tête seule émerge... La première baleinière se hâte vers lui.

— Tout à l'heure... dit-il.

Et il encourage ses matelots qui se débattent non loin de son bord.

— Courage, mes hommes ! leur crie-t-il.

Puis il ajoute : « Adieu !... » et il est entraîné par un tourbillon.

Le premier mouvement de l'officier mécanicien Coupé a été de descendre dans la machine pour aider au sauvetage de ses chauffeurs. Mais il périt lui-même sans les pouvoir sauver.

D'admirables dévouements répondent, du *Brennus*, à ces sacrifices héroïques. Le chauffeur auxiliaire Burguin s'est fait attacher par un filin, sous les aisselles ; il plonge à plusieurs reprises jusque dans les remous et sauve un matelot que l'on jugeait perdu. Mais d'autres, au moment où il croit les saisir, lui échappent et sombrent comme des blocs de pierre.

A côté de tant d'infortunes, quelques chances heureuses diminuent en partie l'étendue du sinistre.

Un fusilier est resté cramponné sur un coffre où il se trouvait par hasard accroupi au moment du naufrage. Ballotté par les eaux, il se répète en claquant des dents :

— Eh bien, mon vieux, nous sommes propres... C'est notre dernière heure, dis, c'est notre dernière heure...

Les sauveteurs l'arrachent à son monologue et à la mort.

Le quartier-maître torpilleur Torse a déjà fait naufrage trois fois : d'abord sur le torpilleur 116 de la défense mobile de Rochefort, puis sur le torpilleur 20 qui coula en quittant la Rochelle, enfin sur l'*Ariel* qui fut abordé par un croiseur de l'escadre du Nord. Cette fois — la quatrième ! — il s'est trouvé pris sous le contre-torpilleur retourné la quille en l'air. Mais, plongeant vigoureusement, il est allé ressortir au large, hors des remous. Il se rapproche alors du *Brennus* et crie à l'aide.

De l'avant on lui jette une corde, il la saisit et on le hisse le long de la coque, mais il est épuisé ; son étreinte se desserre et il retombe à la mer. On lui relance le filin, il le rattrape ; défaillant il retombe encore ; alors un homme du *Brennus* s'amarre lui-même, plonge et le sauve !

Trois heures durant, l'escadre stationne sur le lieu du sinistre, les embarcations de secours errent sur l'Océan tout autour du point où l'abordage s'est produit et que les feux électriques éclairent. On a sauvé seulement 14 matelots.

Un croiseur file sur Cadix porter la terrible nouvelle ; deux autres croiseurs vont séjourner jusqu'à l'aube sur le théâtre du naufrage. L'escadre se reforme sur deux lignes et se remet lentement en marche.

La mer est toujours calme, la nuit sereine.

Le jour se lève et les hauteurs sombres de Gibraltar se dessinent au loin. La *Hallebarde* parcourt la ligne des cuirassés, demandant :

— Avez-vous sauvé des hommes de la *Framée ?* Si oui, signalez leurs numéros matricules.

Les réponses sont toutes également lugubres :

— Nous n'avons sauvé personne.

Ainsi donc, il n'y a bien que 14 hommes arrachés à la mort : 14 matelots et tous les officiers de la *Framée* ont péri.

Le *Brennus* signale alors le triste avis que voici :

« Adieu, mes hommes ! », crie le Commandant de Mauduit-Duplessix.

« Le commandant en chef a la douleur d'annoncer à l'escadre la perte de la *Framée* dans les circonstances suivantes : le contre-torpilleur était par le travers du *Brennus* pour interpréter un signal à bras. Son commandant, le voyant arriver trop près, commanda : « Augmentez de vitesse » et mit 20 degrés de barre à gauche pour s'écarter ; mais la barre fut mise à droite et le bâtiment se jeta avec violence sur l'avant du *Brennus* qui renversa immédiatement sa marche sans pouvoir éviter l'abordage. La *Framée* coula rapidement. Quatorze hommes seulement furent sauvés ; ils ont donné l'explication précédente. »

La France pleura les infortunés marins de la *Framée*.

On fut unanime à reconnaître que cette catastrophe était due à une mauvaise interprétation des ordres donnés par le commandant, interprétation qui n'était sans doute elle-même qu'une conséquence de la défectuosité du système de transmission. Maintes fois, auparavant, M. de Mauduit-Duplessix avait signalé avec énergie ces défectuosités sans pouvoir obtenir des ingénieurs de la marine qu'il y fût remédié.

⁂

Le 14 août le *Brennus* aborda à Toulon et, peu après, un conseil d'enquête, tenu à bord du *Charles-Martel* sous la présidence du contre-amiral Roustan, jugea dans ses conclusions que le *Brennus* devait être exonéré de toute responsabilité ; que le malheureux commandant de la *Framée* avait héroïquement accompli son devoir et que le sinistre ne pouvait qu'être attribué à un concours de circonstances en dehors des prévisions humaines.

Cependant la commission exprima ses regrets qu'il n'y eût pas à bord de tous les navires un appareil permettant au commandant ou à l'officier de quart de contrôler l'exécution des ordres de marche.

Quant à l'épave de la *Framée*, elle avait sombré par 760 mètres de fond, mais elle ne dut pas couler à plus de 60 mètres au-dessous du niveau de la mer. Et peut-être flotte-t-elle encore, sinistre épave, jouet des courants sous-marins.

Le Transport la « Caravane » coulé dans la Mer de Chine

> ... La Caravane craque, gémit, va se rompre et couler... Les marins, rangés par le flanc et dans le plus grand ordre, sans précipitation, sans bruit, sans cri, calmes et superbes comme à la parade, un par un, à travers la nuit, grimpent sur le vapeur japonais par les haubans de misaine et la corne de misaine goélette.

Une des plus belles qualités morales du marin, et celle dont il témoigne le plus souvent, est le sang-froid. Les matelots de notre marine de guerre en ont donné d'inimitables exemples.

Lors du naufrage de la *Caravane*, en octobre 1900, ils furent, notamment, au milieu du péril, si calmes et si héroïques, tous, officiers et matelots, que l'on ne sait ce qu'il faut admirer le plus de leur bravoure ou de leur discipline.

∴

La *Caravane* était un transport français, chargé de s'approvisionner au Japon de ballots de vêtements chauds et de couvertures d'hiver, à destination de nos troupes du corps expéditionnaire de Chine.

Le navire avait opéré son chargement à Kobé. Le 22 octobre, à six heures du soir, il appareillait à destination de Nagasaki, où il devait faire escale trente-six heures plus tard.

La navigation est difficile dans la mer Intérieure, resserrée entre les îles de Kiou-Siou, de Sikok et de Nippon. Il y a là de nombreuses passes fort étroites, et les sampans ou autres bâtiments sino-japonais, qui fourmillent dans ces eaux, manœuvrent à leur fantaisie, et, dans les rencontres, ne se conforment pas toujours aux règlements prescrits dans les marines européennes ; d'où il résulte qu'une surveillance de tous les instants est nécessaire.

Le commandant de la *Caravane*, M. le lieutenant de vaisseau Diacre, n'ignorait rien de tout cela, aussi avait-il manifesté l'intention de ne naviguer la nuit que si le temps était clair. Dans le cas contraire, il préférait, disait-il, profiter des nombreux mouillages qu'offre la mer Intérieure, et y attendre le lever du jour.

Or, la nuit du 22 ou 23 octobre fut une des plus belles et des plus lumineuses de ce délicieux climat. La mer était calme, le ciel étoilé. Le commandant, trouvant le temps propice, ordonna de continuer à naviguer; mais, il resta sur la passerelle pour faire exécuter lui-même les diverses manœuvres, et recommanda à la bordée de quart de redoubler de vigilance.

Le navire longeait encore la côte japonaise. De la *Caravane*, on apercevait distinctement de loin, et par le travers, les feux du phare d'Oga Sima.

Enfin on laissa la terre derrière soi, par tribord.

Matelots et officiers, que le service n'occupait pas, dormaient. Il était plus de onze heures du soir. Sur le pont, l'homme du bossoir avait déjà signalé de nombreux feux blancs, indiquant des bâtiments, venant en sens contraire de la *Caravane*. Parmi ceux-ci M. Lainé, officier rendant le quart, put indiquer à son successeur les feux d'un vapeur légèrement à bâbord.

A ce moment, la *Caravane*, dont le cap avait été jusque-là à l'ouest, doit changer de route et venir au sud 72°0. Le commandant prend lui-même la direction du bâtiment; il examine les feux du vapeur qui est alors à un quart par bâbord; il s'assure qu'on ne voit pas les feux de couleur, et comme il peut en conclure légitimement que le navire est encore éloigné de 2 à 3 milles — et que, par conséquent, il n'a pas à s'en préoccuper — il donne l'ordre de changer la route.

Tout à coup — un peu avant minuit — l'officier de quart, M. Béard du Dézert, aperçoit le feu rouge du vapeur, le feu de bâbord, que l'homme de bossoir signale en même temps. Aussitôt, le commandant exécute une manœuvre qui a pour but d'éviter l'abordage : il vient immédiatement sur sa droite.

Le vapeur en vue, grand vaisseau japonais de 4000 tonneaux, le *Yamaguchi-Maru*, s'apercevant qu'il suit, en sens inverse, la même route que la *Caravane*, fait à droite lui aussi, — tels deux véhicules qui se rencontrent dans une rue prennent chacun leur côté droit. Donc, les deux navires, ayant pris chacun à droite, comme il est prescrit, se montrent alors réciproquement leurs feux rouges, environ à 300 mètres l'un de l'autre. Tout danger de collision semble par conséquent écarté, et c'est avec raison que M. Béard du Dézert peut dire, dans un soupir de soulagement :

« Nous sommes parés ! »

Deux à trois minutes s'écoulent, et, soudain, le jeune officier, toujours l'œil sur le vapeur, voit avec stupeur le feu vert, c'est-à-dire le feu de tribord, se joindre au feu rouge, puis le feu vert rester seul en vue !

M. Béard du Dézert pousse une exclamation de colère.

Contrairement au règlement, envers toute logique, par une manœuvre inexplicable, et dont la responsabilité doit peser lourdement sur les officiers japonais, le *Yamaguchi-Maru* est venu sur la gauche, sans reprendre son ancien cap ; et, filant 10 nœuds, arrive rapidement en droite ligne sur l'avant de la *Caravane !*

A bord du transport français les officiers et matelots qui sont sur le pont jugent la collision inévitable. Néanmoins, le commandant, plein de présence d'esprit, jette son navire le plus possible sur la droite et, d'un mot, ordonne de fermer les cloisons étanches, et d'amener les embarcations.

Cela fait, il dit froidement, à l'officier qui est à ses côtés :

— Cette fois, nous y sommes !...

A peine ces mots sont-ils prononcés que la collision se produit. Le croiseur japonais traverse la *Caravane* de part en part, de bâbord à tribord, la coupant en deux, sa quille croisée sur celle du transport français.

Tout a été mis en miettes sous ce choc effroyable. Le *Yamaguchi-Maru* est entré dans la *Caravane* comme un coin de fer dans un tronc de chêne.

Le bâtiment japonais tient heureusement rivés à ses flancs les deux parties de sa victime ; en sorte que les deux vaisseaux sont comme soudés l'un à l'autre, en croix, et continuent à se mouvoir lentement.

La stupeur, la terreur même seraient explicables, excusables en un pareil moment. Il faut dire, à l'honneur de nos marins, qu'aucune panique ne met le désordre à bord. Au choc, les hommes ont sauté de leurs hamacs et sont montés sur le pont.

Le commandant Diacre s'est dégagé des décombres qui le couvraient, car la passerelle a été réduite en miettes. Les machines se sont arrêtées ; on n'entend plus ce bruit régulier des bielles, qui est comme le battement du cœur du navire. Dans cet affreux silence, le commandant rassemble tout son monde.

Le seul moyen de salut est de profiter de cette circonstance providentielle du *Yamaguchi-Maru* encastré dans la *Caravane*, en faisant grimper prestement nos hommes à bord du navire abordeur.

M. Diacre va envoyer son subordonné, M. du Dézert, aux Japonais. Mais le jeune enseigne a pressenti cet ordre. Il se hisse déjà par une drisse de flamme et se trouve face à face, à bord du bâtiment étranger, avec un officier jaune à casquette très galonnée qui lui dit avec emphase :

— I am the captain !

M. du Dézert prie en anglais cet étrange capitaine de continuer à avancer doucement, pour soutenir l'épave, tout en gouvernant vers une plage de sable située à quelques milles.

Pendant ce temps — et c'est là une chose admirable ! car la *Caravane* craque, gémit, va se rompre et couler — les marins, *rangés par le flanc, et dans le plus grand ordre*, sans précipitation, sans bruit, sans cri, calmes et superbes comme à la parade, *un par un*, à travers la nuit, grimpent sur le vapeur japonais par les haubans de misaine et la corne de misaine goélette. Deux d'entre eux sont blessés ; leurs camarades les transportent. Pas un seul Japonais n'a bougé ou daigné jeter le moindre filin. Ces extrême-orientaux restent tous stoïquement ahuris de l'accident qu'ils ont provoqué !

Depuis un moment déjà, une baleinière montée par deux des aspirants de la *Caravane* circule le long du bord, prête à porter secours aux naufragés.

Quand les marins français sont tous réunis sur le gaillard du bâtiment japonais, le commandant Diacre, qui est encore sur le pont du transport en train de naufrager, crie l'ordre de faire l'appel pour s'assurer qu'il n'y a point de manquants.

M. du Dézert s'acquitte de cette tâche ; et tandis que les débris de la *Caravane*, où reste seul le commandant, craquent de plus en plus fort et commencent à se détacher du *Yamaguchi-Maru*, l'appel se fait et se poursuit, militairement. Et devant cet exemple de discipline au sortir d'un danger si grand, les Japonais, stupéfaits, ne bougent, comme pétrifiés.

Les « présent ! » succèdent aux : « présent ! » et sauf le malheureux gabier Shyver qui était à la barre dans le « kiosque » au moment de la collision et qui a été écrasé et jeté à la mer, tout le monde est sauf, à quelques blessés près.

Alors, le second du transport, qui s'appelle — particularité bizarre — M. Capitaine, et M. Béard du Dézert, redescendent froidement à bord de la *Caravane* rendre compte de l'appel à leur chef. Ils sont suivis du quartier-maître Guérin. Ce brave marin veut offrir son aide au commandant Diacre qui, par suite d'une ancienne blessure, glorieusement reçue au combat, est privé de l'usage du bras droit.

Voilà donc ces quatre hommes, groupés sur l'épave qui peut s'engloutir d'une seconde à l'autre, brusquement, et ils cherchent, plutôt que de fuir le péril imminent, ce qu'ils pourront bien encore arracher à l'abîme.

Le rôle, les journaux, toutes les pièces de comptabilité sont enfouies sous les décombres. Inutile d'essayer de les atteindre ; mais la vedette pourra sans doute flotter... Il suffit de couper ses saisines. Déjà M. du Dézert fait un signe ; un gabier va s'élancer... Il n'est plus temps ! La quille brisée se sépare en deux tronçons. La *Caravane* coule avec un grondement.

Alors, le commandant se décide à quitter son bord. MM. Capitaine et du

Dézert se hissent les premiers à une échelle de corde suspendue au bordage du vaisseau japonais, puis le quartier-maître Guérin, puis le commandant... Dans cet instant, un craquement sinistre domine le bruit de l'engloutissement du transport : le grand mât s'effondre, et dans sa chute assomme M. Capitaine et le quartier-maître, et les précipite à la mer !

M. Béard du Dézert est blessé grièvement à la tête ; le commandant Diacre, atteint de même, manque de tomber dans les flots. On le sauve au moyen d'un filin auquel il s'accroche de son bras valide.

Et sous lui, la *Caravane*, dont les vergues tourbillonnantes ont blessé un officier japonais et quelques hommes penchés aux bastingages, la *Caravane* sombre et s'évanouit dans un remous écumant...

...

Les Japonais ramenèrent nos marins à Kobé.

Quelques mois après, le 9 février 1900, le commandant, lieutenant de vaisseau Diacre, passait devant le conseil de guerre maritime de Toulon, réuni pour statuer sur la perte de la *Caravane*.

L'enquête ni les débats du procès ne purent fournir une explication plausible de la manœuvre incompréhensible du navire japonais.

Aussi, non seulement le rapporteur, commandant de Marliave, demanda l'acquittement du commandant Diacre, mais son rapport, après avoir exprimé les regrets de tous au sujet de la mort de M. Capitaine et de deux de nos marins, conclut tout à l'honneur de l'accusé.

Le lieutenant de vaisseau Diacre fut donc acquitté à l'unanimité, et le président du conseil, le capitaine de vaisseau Compriste, lui adressa les paroles suivantes :

« Je ne parlerai pas de votre conduite. Les débats qui viennent de se terminer brillamment pour vous sont plus élogieux que je ne saurais l'être.

« Aussi adresserai-je plutôt mes félicitations aux officiers, vos vaillants collaborateurs, aux maîtres et marins de la *Caravane*, qui, pendant ces poignantes minutes, ont fait preuve de tant de calme, de ferme résolution et d'admirable discipline. »

Entre tous s'était distingué M. Béard du Dézert, un jeune enseigne bien près encore de ses vingt ans et qui faisait sur la *Caravane* sa première campagne dans son grade. Il reçut, pour sa bravoure et son sang-froid, la croix de la Légion d'honneur.

La frégate allemande « Gneisenau » brisée à Malaga

Le commandant Kresthmann préféra sauver son épée plutôt que sa vie.

(Militar Zeitung.)

MALAGA, ville pittoresque qui se groupe en bicoques autour d'une cathédrale immense, et s'étale en villas sur des collines ensoleillées, Malaga domine une vaste baie, ouverte entre un hérissement de roches basaltiques.

Malheur au vaisseau qui, fuyant sous la rafale, ne se dirige pas droit vers l'endroit du port ; il doit infailliblement se briser sur ces récifs, où, par gros temps, toute tentative de sauvetage devient presque impossible.

Au mois de novembre de l'année 1900, une catastrophe retentissante devait rappeler à l'attention des marins, ces écueils de Malaga, où tant d'obscures barques s'étaient déjà perdues, et faire tourner vers eux l'Allemagne en deuil.

Le 1er novembre, les Malaguénos, ou habitants de Malaga, avaient vu entrer dans leur rade une superbe frégate allemande de grande allure, le *Gneisenau*. Commandée par le capitaine Kresthmann, elle venait en droite ligne de Mogador, au Maroc, où elle avait conduit une ambassade.

De nombreux cadets complétaient leur instruction maritime à bord de ce vaisseau de guerre.

Ils passèrent les premiers jours de novembre à effectuer, au large de Malaga, des exercices de tir avec canons de gros calibre.

Chaque soir la frégate rentrait et se mettait à l'abri dans la rade.

Le mois de novembre est souvent marqué dans la Méditerranée par des perturbations atmosphériques. Et l'on sait combien les tempêtes y sont violentes. Cette mer, que l'on a pu comparer à un saphir enchâssé dans l'or de ses rivages, perd alors sa teinte pure et merveilleuse. On pourrait la croire remuée jusqu'en ses profondeurs, et révélant ses boues et ses écumes. Ses vagues, comme plus emportées d'avoir été si longtemps endormies, se jettent, avec une folle exaspération, contre les terres qui circonscrivent leurs fureurs.

Ainsi apparut la Méditerranée, au matin du 16 novembre.

La frégate-école, dans l'avant-port, se trouvait effroyablement secouée et il était visible que sa position devenait périlleuse. Mais la plupart des cadets riaient à l'ouragan avec l'imprévoyante assurance de leurs dix-huit ans. Seuls, les plus jeunes, qui n'avaient jamais vu la mer à ce point déchaînée, ne pouvaient s'empêcher de montrer quelque frayeur.

Le commandant de la marine à Malaga, devant les menaces encore grandissantes de la tempête, fit conseiller au commandant Kresthmann d'abandonner son mouillage et de rentrer dans le port. Le commandant Kresthmann, sans doute par ce sentiment de confiance en face de la tempête qui est le propre des vrais marins, mais qu'ils poussent quelquefois à l'excès, ne tint pas compte de cet avertissement. Il était dix heures du matin, et, suivant le programme de la journée, en dépit de la violence des vents et des flots, qui permettait à peine de se tenir debout à bord de la frégate, le commandant Kresthmann passa la revue de ses cadets.

Ceux-ci étaient rangés sur le pont, pâles mais calmes, et leur commandant les examinait, lentement, un à un... La leçon de courage qu'il entendait ainsi leur donner n'était pas sans grandeur, ni sans témérité...

Soudain, un bruit sec retentit près du bâtiment : c'était une des chaînes, tendues à l'extrême, qui venait de se rompre.

Le commandant laissa là ses cadets et courut vers la dunette. Il n'y était pas arrivé que les autres chaînes se rompaient. Le *Gneisenau*, livré à lui-même, tournoyait, puis était porté vers les rochers de l'avant-port, dans la direction de la jetée Est.

En vain, le timonier, cramponné à sa barre, s'épuisait en efforts désespérés. Le *Gneisenau*, dominé par les vents et les flots, n'obéissait plus aux forces humaines. En un instant, il est précipité sur les écueils où il se brise, avec un choc sourd accompagné d'un craquement d'acier. Et l'eau entre à torrents dans la cale.

Tout l'équipage est accouru sur le pont. Déjà une chaloupe est mise à l'eau. Quarante cadets y prennent place. On les voit disparaître au creux des vagues puis remonter et s'éloigner. Quelques hommes de l'équipage se jettent à la mer avec l'espoir d'atteindre le rivage qui est tout proche. Mais ils sont pris dans l'effroyable bataille des lames écumantes qui s'entrechoquent et tourbillonnent avec fracas. Meurtris, brisés, déchiquetés aux pointes aiguës des rocs, ils expirent à la vue des habitants de Malaga accourus sur les jetées, à quelques mètres des bras qui se tendent vers eux.

Et l'eau bouillonne toujours, noyant la cale... Le navire coule.

Le commandant, les mains crispées à la balustrade de la passerelle, assiste, impuissant et désespéré, à ce sinistre dont il s'accuse, puisqu'il n'a pas écouté les conseils que lui suggérait la prudence. Il ne quitte pas son poste et descend avec son bâtiment dans l'abîme.

Un matelot espagnol qui est parvenu à s'approcher de la frégate, sur une frêle embarcation, jette un cordage au commandant et le supplie de se sauver. Déjà le pont du navire est tout entier submergé ; les vagues furieuses tournoient et montent jusqu'à la ceinture du capitaine Kresthmann. Autour de lui ses cadets grimpent de tous côtés dans les haubans. Mais l'officier répond par un signe de dénégation au sauveteur espagnol qui l'adjure d'accepter le secours qu'il lui apporte, et, rachetant par une mort héroïque une seconde d'erreur, il se contente de lui jeter son épée, plus précieuse à ses yeux que sa vie, et reste sur sa passerelle.

Le *Gneisenau* sombre tout entier, et son commandant s'abîme sous les flots avec lui. Les cadets, agiles, se hissent désespérément dans la mâture, à mesure que la frégate descend. Enfin l'épave atteint le fond, et le haut des mâts émerge encore. Tous ces adolescents sont là, pressés, agrippés aux cordages, d'où les lames qui les inondent arrachent parfois l'un d'entre eux, plus faible et plus épuisé.

Une chaloupe de sauvetage sort de Malaga. Elle lutte avec effort pour parvenir jusqu'aux naufragés. En cours de route elle recueille quelques malheureux qui surnageaient, accrochés à des épaves. Elle approche de la mâture qui pointe sur les flots ; quinze cadets, à bout de forces, se laissent glisser contre son bordage. Mais ce poids est trop lourd, par cette mer démontée ; la chaloupe chavire, et les braves gens qui la montaient roulent pêle-mêle dans les vagues.

Mais, de la jetée, le personnel du port lance des planches, des bouées, des amarres. Tous ceux des naufragés qui surnagent encore s'y accrochent et se sauvent ainsi. Le flot les porte brutalement à terre, mais du moins ne les submerge pas. Ils sont aussitôt recueillis dans des maisons particulières dont les habitants rivalisent de dévouement avec les autorités.

Les pauvres gens ! ils ont besoin d'être soignés, réconfortés ! Trente-cinq marins et cadets ont péri au cours de ce sinistre, cent cinquante sont blessés, la plupart à la tête, par les roches ou la violence des lames, et quelques-uns ont passé par de telles angoisses que leur raison est ébranlée…

A la nouvelle de la perte du *Gneisenau* à Malaga, la reine régente d'Espagne envoya ses condoléances au gouvernement allemand et l'Allemagne entière prit le deuil.

La « Russie » échouée tient cinq jours contre la tempête

> On ne sait ce qu'il convient d'admirer le plus de la force d'âme des passagers et de l'équipage de la Russie, ou des efforts de leurs sauveteurs que rien n'a pu décourager.
>
> (*Daily Telegraph*, 12 janvier 1901.)

Sur le point où le Rhône, charriant ses limons et ses alluvions, a peu à peu formé son delta, et continue à déposer, de chaque côté de ses rives, le long des côtes, une succession d'îlots de sable, se rattachant au continent, des dunes toujours nouvelles se forment quotidiennement. C'est ainsi que le terrain s'avance, gagne sur la mer, d'environ 57 mètres par an, et que la tour Saint-Louis, qui fut construite en 1737, proche du flot sur le « grau » du Rhône, alors bouche principale de ce fleuve, en est maintenant éloignée de 8 kilomètres !

Plus encore, à l'embouchure même du Rhône existe une forte barre qui change de place suivant les tempêtes, ce qui rend la navigation presque impossible, car alors le fond moyen de ces parages varie brusquement de 3 mètres et demi à 2 mètres.

Ailleurs, c'est la mer qui sous les furieuses houles du sud-ouest et du sud-est empiète sur les rivages. La côte de toute cette région présente, du reste, un aspect uniforme et désolé très différent de celle qui avoisine Marseille, rocheuse et coupée de criques profondes. Là, il n'y a que rivages plats et dunes sablonneuses ; pas une baie, pas un port, pas une habitation.

C'est dans cette région que le phare de Faraman se dresse, sentinelle qui a pour mission d'éloigner les navigateurs d'une côte inhospitalière.

Construit en 1836, à 700 mètres de la mer, il se trouve sur un point qui cède aux flots et n'en est plus aujourd'hui qu'à 50 mètres. Son feu lenticulaire de 2 300 becs Carcel rayonne à 40 mètres de hauteur et porte à 32 milles ses deux éclats blancs réguliers de dix en dix secondes.

A quelque distance, plus au sud, le phare du Planier indique au contraire la route de Marseille. Ses 6 000 becs Carcel qui se dressent à 63 mètres au-dessus du niveau de la mer, font de 15 en 15 secondes fulgurer jusqu'à 50 milles leurs trois éclats blancs séparés par un éclat rouge.

Les caractéristiques de ces deux phares sont donc très différentes. Et cependant, il arrive que par gros temps, par une de ces furieuses tempêtes qui bouleversent parfois la Méditerranée, à travers les embruns et les brumes de l'hiver, dans la nuit obscure, les navigateurs prennent l'un pour l'autre.

C'est à une telle erreur que doit surtout être attribué le dramatique échouage de la *Russie*, sinistre qui tint, cinq jours durant, la France entière dans l'angoisse.

.·.

La *Russie* avait été construite en 1897, à Sunderland, par la Sunderland S. B. Cº, pour le compte de la Compagnie Marseillaise des Transports Maritimes.

Son modèle réduit, exposé en 1900 au pavillon de la Navigation commerciale, fut très admiré.

C'était un paquebot de 2 000 tonneaux, fort de 4 000 chevaux-vapeur, gréé en goélette latine. Il était affecté au service des passagers entre Oran et Marseille. Sa haute coque blanche, dominant de très haut la mer, lui donnait un aspect imposant, mais il ne plongeait que peu profondément et subissait fortement le tangage et le roulis.

Dans les premiers jours de janvier 1901, la *Russie* partit d'Oran avec 45 passagers et son équipage de 32 hommes, sous le commandement du capitaine Jouve, un vieux routier de la Méditerranée.

A peine le bâtiment eut-il quitté le port, qu'il fut assailli par une épouvantable tempête qui l'accompagna durant toute la traversée. Malgré le mauvais temps, il arriva, dans la nuit du dimanche 6 au lundi 7 janvier, à proximité des côtes de France. Il ne lui restait pour gagner Marseille qu'à s'orienter sur le phare du Planier.

L'officier de quart distingue dans les ténèbres, du côté où est la terre, des éclats blancs qui lui semblent si puissants que pour apparaître ainsi à travers les brouillards nocturnes et les embruns que la tempête soulève, ils ne peuvent venir, selon lui, que du phare du Planier, dans la direction duquel, du reste, le navire doit se trouver. Il ne songe pas que, depuis son départ d'Oran, la *Russie* a dérivé sensiblement vers l'ouest, sous la pression continuelle des vents d'est. L'officier croit donc reconnaître le phare du Planier et... fait route sur Faraman!

Les conséquences de cette erreur ne tardent point à se manifester. Brusquement, la *Russie* s'arrête ; elle a donné en plein, le cap au nord, dans les fonds de vase qui s'avancent jusqu'à 300 mètres de la côte.

Comment dépeindre la stupeur du capitaine et de son équipage et l'anxiété des passagers dont beaucoup sont des femmes et des enfants?

La *Russie* est là, immobilisée avec sa cargaison de vies dans la nuit épaisse, sous le vent furieux qui passe en traînant, semble-t-il, des vagues de ténèbres. Elle est en proie à la rage des lames déferlantes qui font retentir de leurs chocs les flancs du bâtiment qu'elles entourent de baves blanchissantes.

C'est le début poignant de ce drame qui va, pendant cinq jours, se dérouler avec des alternatives d'espoir et d'angoisses, et tenir en haleine le monde maritime qui suivra, heure par heure, le supplice des naufragés de la *Russie*, dont le télégraphe dira toutes les phases.

Au début, la situation de la *Russie*, quoique critique, n'est pas désespérée ; son arrière seul est enlisé ; de prompts secours peuvent la sauver. Le capitaine encourage ses passagers et fait des signaux de détresse auxquels rien ne répond!

Le brave marin compte sur une accalmie qui lui permettra de débarquer au petit jour. Mais ses prévisions ne se réalisent pas ; bien au contraire, la houle grossit, et le péril augmente. Il est impossible de mettre une embarcation à la mer.

De Faraman on a enfin aperçu le navire échoué, exposé aux colères du large et qu'à tout instant des lames formidables menacent de chavirer et d'engloutir, mais il n'y a, à Faraman, ni canots de sauvetage, ni canons porte-amarres ; il faut attendre des secours du Carro et de Saint-Louis-du-Rhône... Et les heures passent, tandis qu'à bord de la *Russie* la situation empire.

Le rouff central et le gaillard d'avant émergent seuls. Les naufragés s'y pressent, tremblants de peur et de froid.

Il est plus de midi, quand ils aperçoivent un canot qui s'éloigne du rivage. Quelle joie pour eux, voici l'aide attendue. Dix pêcheurs ont pris place dans une barque; dix braves du Carro se risquent sur la mer démontée. Un moment, ils tiennent bon sur les crêtes écumantes... Mais que peuvent leurs vingt bras réunis contre les vagues immenses et pressées qui les balancent et les rejettent, impuissants, à la côte? Ils s'acharnent en vain, la mer est plus forte que leur courage. Il leur faut remettre une nouvelle tentative au lendemain, car déjà la nuit tombe, la nuit qui accroît l'épouvante des naufragés.

Cependant, la nouvelle du naufrage s'est répandue sur la côte. Les autorités maritimes accourent ; la Société centrale de secours aux naufragés et les

Sociétés de sauvetage de la région multiplient d'héroïques tentatives.

L'Éclaireur, navire du pilotage, sort du port de Marseille pour tenter d'approcher du navire échoué, mais la mer est intenable et le petit bâtiment ne peut aller que jusqu'à mi-chemin de Marseille à Faraman et se voit contraint de gagner un abri.

Deux remorqueurs partent alors et sont obligés de relâcher aussi à Port-Louis-du-Rhône.

Un vapeur danois, le *Danmark*, plus résistant, peut aller jusqu'à 1500 mètres de la *Russie*, mais, à cette distance, la mer brise déjà avec une telle violence — et par dix-huit mètres de fond ! — que ce serait vouloir être démembré et englouti que de pousser plus loin.

Il reste là, pourtant, durant plusieurs heures, au risque de se perdre, et fait des signaux auxquels la *Russie* ne répond point. A la fin, il ne peut plus tenir et rentre à Marseille.

Les malheureux assiégés de la tempête, isolés du reste du monde, ne doivent leur salut jusqu'à présent qu'à l'exceptionnelle solidité de la coque de la *Russie*. Résistera-t-elle encore longtemps à ce déchaînement épouvantable des éléments, à cette ligue acharnée des vents et des flots ? Rien n'est moins sûr. Il faut tenter l'impossible pour sortir de là et en hâte. Mais quoi ?...

Les marins du paquebot lancent des flotteurs porte-amarres ; les courants les emportent vers la haute mer.

Le bâtiment est incliné de 30 degrés à tribord et présente son pont à l'attaque directe de la mer en furie. Les lames ont défoncé les panneaux, et, sous le poids de l'eau qui s'écroule en avalanches dans les profondeurs des cales, la *Russie* s'enfonce peu à peu dans une vase molle.

Les naufragés, que cette terreur prolongée finit par affoler, se cramponnent aux cordages, se hissent contre un mât ou sur les bastingages et crient désespérément à l'aide, vers la terre, mais leurs voix se perdent dans la tempête ; d'autres tendent les bras vers cette plage de Faraman qu'ils aperçoivent couverte de monde. Il y a là toute une foule qui se lamente et se révolte. On a apporté des vivres, des vêtements, des bouées, des ceintures, des cordages ; et tout cela est inutile, et la *Russie* est à 300 mètres seulement ! Faut-il donc laisser ces passagers périr ? Enfin, voici les canons porte-amarres de Grau-du-Roi et des Saintes-Maries ! On les met en batterie, on tire...

Les flèches ne portent pas jusqu'à la *Russie*...

Et la nuit, l'horrible nuit, la seconde depuis celle où le navire s'est échoué, revient tendre son voile de deuil sur l'immensité, inlassablement tumultueuse.

Au matin, le 9 janvier, la situation est la même. La *Lorraine*, des « Transports Maritimes », croise au large de Faraman sans pouvoir approcher. Des bateaux du service de pilotage, des torpilleurs essaient une sortie ; ils risquent de se perdre à leur tour, et doivent rentrer au port précipitamment.

La population pressée sur le rivage croit que le nombre des victimes est déjà grand, à bord de la *Russie*, ou plutôt de ce qui reste de la *Russie*, car tous les signaux adressés aux naufragés restent sans réponse ; et nul ne peut penser — le fait est vrai, mais incroyable — qu'aucun des matelots de ce navire ne connaît la manœuvre des signaux à bras !

Aussi bien, du côté de la terre, la prévoyance humaine n'est pas moins en défaut. On ne peut même plus tirer les canons porte-amarres, faute de munitions.

La seule chance de salut qui reste est le canot du Carro dont les vaillants marins sont là, en permanence, prêts à profiter de la moindre accalmie.

Les heures passent et l'accalmie ne se produit point. A Marseille, à Paris, dans toute la France, l'anxiété croît d'heure en heure. L'amiral Besson télégraphie au Ministre de la marine :

« La mer est très grosse. Nombreuses victimes probables. »

On s'attend partout à recevoir la nouvelle du plus complet et du plus navrant des désastres.

Non ! l'heure fatale n'a pas encore sonné ; la mer semble s'apaiser dans l'après-midi du 9.

La Préfecture maritime de Toulon télégraphie qu'elle fait partir un remorqueur de faible tirant d'eau, le *Travailleur*, et le croiseur *Galilée*. Mais les canotiers du Carro n'attendent pas plus longtemps. Ils se lancent pour la seconde fois sur les vagues dans un éclaboussement d'écumes. Vingt fois roulés par les flots, vingt fois ils remontent à l'assaut des masses liquides qui s'écroulent sur eux ; ils approchent enfin de l'épave qui craque et qui gémit sous l'attaque des vagues.

Mais ils ne peuvent aborder ; leur embarcation serait réduite en miettes contre le bâtiment échoué. Ils sont à portée de voix. On leur crie que nul encore n'a péri, et qu'on souffre seulement de la faim. Ils lancent habilement l'extrémité d'un filin et reviennent à force de rames. Dans leur sillage le précieux lien se déroule, s'allonge, espoir croissant de sauvetage. Ils arrivent à la côte, juste à temps ! A nouveau, la furie des flots se réveille. Ils rient de la mer à présent. L'union est désormais établie entre l'épave et la terre ferme, et toutes les existences menacées vont être sauvées !

On tire sur le filin pour amener l'amarre qui établira le va-et-vient...

La corde casse !

Un double cri de désespoir s'élève, du bâtiment à demi submergé, et du rivage.... Et quant à recommencer sur-le-champ un aussi périlleux effort, impossible.

Sur l'épave on essaie de construire des radeaux, mais la mer les enlève au fur et à mesure, et en disperse les débris au large. Le capitaine Jouve voit, de minute en minute, venir l'instant terrible où son navire sera démembré, dispersé.

Il se fait attacher sur la passerelle.

Et pour la troisième fois, la nuit redescend sur cette scène dont l'horreur croît avec la durée.

Et quelle nuit !

Une nuit de ténèbres opaques et de rafales glacées. La coque de la *Russie* geint douloureusement, mais les clameurs épouvantables de la mer dominent les plaintes de l'épave et les appels des passagers.

Du rivage on écoute, on frémit. À chaque instant il semble aux sauveteurs impuissants que la *Russie* vient de céder, de s'émietter et que des épaves et des cadavres arrivent au rivage.

Des hommes s'avancent au bord des flots qui déferlent en tumulte ; ils tiennent des torches, des falots, et cherchent à éclairer les vagues, à voir si dans leur écume des naufragés ne roulent point. Ils se rassurent : à travers les embruns et le brouillard une lueur est visible sur le point où est l'épave. La *Russie* lutte encore. Du côté de la terre, dans la nuit, au loin, d'autres lueurs....

La Société des Transports Maritimes a organisé une colonne de secours qui, à travers les ténèbres et la plaine inondée, sous les averses, apporte en quantité sur la côte de Faraman, des couvertures, des vêtements et des vivres... Étrange et lugubre campement sur lequel se lève l'aube blafarde.

Aux premières clartés du jour, les sauveteurs se précipitent, jumelles et lunettes en main : à 300 mètres l'épave émergeante à peine, chargée de monde, vacille, battue des flots, mais elle est toujours là, non démembrée.

Les marins du Carro se consultent du regard. Ils se sont compris. Ils poussent leur barque, et, s'y jetant ensemble, la livrent à la première lame qui en se retirant l'enlève comme une proie qu'elle va engloutir... Non ! la barque reparaît avec ses vaillants, et, tantôt bondissant au sommet des vagues, tantôt redescendant dans des gouffres tourbillonnants, ils nagent, ils nagent, ivres d'héroïsme.

Enfin, d'un élan, ils frôlent la proue de la *Russie*. On leur lance une amarre. Ils la saisissent. Ils repartent...

L'amarre se rompt !

Mais, cette fois, les lutteurs s'acharnent, et ils triomphent, car l'amarre est reconquise ; ils reviennent vers la terre en combattant à coups de rames ; leur vie tient à une erreur de barre, à une faiblesse d'aviron. Et cette fois, le filin de secours ne se rompt pas. Ils l'amènent enfin jusqu'à terre.

L'émotion étreint tous les cœurs ; on acclame ces braves gens. Ce sont : le patron Domange, Ansaldi, les quatre Fouque (Bernardin, Jules, Maurice et Paul), les trois Hubert (Antoine, Armand et Louis-Joseph), Truca et Xavier.

L'amarre est solidement fixée au sol ; la communication est enfin assurée avec le vaisseau naufragé. La bonne nouvelle court de bouche en bouche. L'espoir renaît.

Soudain, pour la troisième fois, le câble se brise !...

Un cri d'épouvante s'échappe de toutes les lèvres, et les plus courageux frissonnent ; ils sentent qu'une inexorable fatalité veut la perte totale du paquebot.

Mais les marins du Carro, dont le sang-froid et l'énergie grandissent avec le péril, revendiquent l'honneur de tenter encore une sortie. Or la houle est redevenue formidable. Le bateau du Carro est à peine poussé dans les lames qu'il chavire à demi, embarque un paquet de mer et se trouve rejeté sur le rivage.

On distingue alors que, de la *Russie*, on essaie de mettre un canot à la mer ; les flots l'emportent et le détruisent.

Un nouveau canon, de fort calibre, arrive enfin, envoyé par la Marine. On le braque sur le navire. Le coup part... Il porte encore moins loin que les autres !

L'effet de ce nouvel échec est désastreux sur la foule des témoins de ce drame épuisant. Et dans quel état de démoralisation et d'affolement doivent être les malheureux naufragés, depuis si longtemps en proie à la terreur, à l'insomnie et à la faim !

Les marins du Carro tentent à nouveau à deux reprises de revenir près de la *Russie*. Mais la nuit tombe, — pour la quatrième fois! — rapide et noire. L'inlassable tempête augmente de violence. Les sauveteurs sont ramenés brutalement à la côte dans des tourbillons d'embruns, et force leur est de rester là, trempés jusqu'aux os, transis de froid et sans abri.

Les curieux se sont en partie retirés. Les douaniers allument de grands feux sur le rivage. Les sauveteurs, les jambes raidies par le froid, attendent ainsi le jour, à peu près assurés que, cette fois, la *Russie* ne sera plus là !

Mais, avant l'aube, le vent, ce fatal vent du sud-est, faiblit, la mer se calme.

Les héros du Carro, impatients de triompher s'il en est temps encore, n'attendent pas le grand jour. Dès cinq heures du matin ils s'embarquent. Une seconde équipe de sauveteurs, l'équipe des Saintes-Maries, les accompagne, munie d'amarres solides.

LA « RUSSIE » ÉCHOUÉE

Ils approchent de la *Russie* ; ils lancent une amarre que les naufragés à bout de forces saisissent. Cette fois la mer est décidément vaincue : on peut accoster. Les marins du Carro et des Saintes-Maries passent des vivres aux naufragés de la *Russie* ; puis ils repartent, arrivent au rivage, fixent l'amarre résistante et établissent le va-et-vient.

Après cinq jours et cinq nuits d'angoisses inoubliables, le sauvetage commence enfin !

Les femmes, placées dans des mannes à ballast, sont descendues dans les barques qui font le transbordement. L'une d'elles serre un bébé entre ses bras. Quand la première embarcation approche, portant sa charge de vies si péniblement arrachées à la tempête, c'est, sur le rivage, un délire de joie et d'enthousiasme. Des hommes se précipitent en avant, rentrent dans l'eau jusqu'au ventre pour être plus vite auprès des barques. Ils reçoivent les femmes dans leurs bras et les transportent sur la terre ferme. Des scènes émouvantes se produisent. Toutes les passagères de la *Russie* sont transies de froid, et leur visage porte les traces des angoisses mortelles qu'elles viennent de traverser.

Une d'elles s'évanouit entre les bras de son fils. Toutes, elles tombent d'inanition. On les conduit au phare de Faraman.

Les barques continuent leurs voyages de va-et-vient, et tous les passagers sont transbordés ; puis l'équipage, et le commandant, le dernier.

A sept heures du matin tout le monde est sauvé — jusqu'au chat du bord !

Aussitôt que les naufragés sont réconfortés, on les fait monter en voiture pour les mener à Salins-de-Giraud, d'où un train spécial les transporte à Marseille. Quand ils arrivent en gare de la grande ville, une foule délirante franchit les barrières, envahit le hall ; mille mains se tendent vers les naufragés et leurs sauveteurs, désormais également célèbres.

Ces braves gens reçurent de toutes parts des témoignages de l'admiration que leur héroïque conduite avait éveillée dans tous les cœurs. Dons d'argent, souvenirs, médailles, félicitations officielles, etc. Enfin trois croix de la Légion d'honneur furent décernées à l'occasion du sauvetage de la *Russie* : une au lieutenant des douanes, à Saintes-Maries, Franceschi ; une au patron du canot de sauvetage des Saintes-Maries, Sellier ; une au sous-patron du canot du Carro, Domange.

Un Naufrage au Pays de l'Or

> *L'or est un implacable ennemi qui se présente à l'homme sous les traits d'un ami.*
>
> (GOETHE.)

Le steamer l'*Islander*, de la Compagnie Canadian-Pacific-Alaska, avait quitté Skagway (Alaska) le mercredi 14 août 1901, pour Victoria. Il devait faire escale à Juneau, et, le lendemain matin, se dirigeant vers l'entrée du canal de Lynn-Alaska, il filait à toute vapeur, dans les parages de Douglass Island, sur cette mer glacée, à travers un brouillard pénétrant.

Brusquement, un choc retentit, suivi d'un grincement, d'un déchirement de la coque : l'*Islander* a donné contre un iceberg qui dérivait à fleur d'eau. Le steamer s'arrête et pointe son avant vers l'abîme. Le capitaine est en bas ; le pilote court à la première écoutille et le hèle : Que faire?... Donner toute la vitesse pour s'échouer à la côte qui est à un mille à peine ?... Il est trop tard ! L'*Islander* coule avec rapidité. Le second fait mettre les embarcations à la mer. Les passagers, éveillés en sursaut dans leurs couchettes, se frottent les yeux, plus ahuris qu'effrayés. Ils croient sortir d'un cauchemar. Pourtant un bouillonnement menaçant monte des profondeurs de la cale... puis... une explosion terrible.... C'est une trombe d'air et un torrent d'eau qui font éclater les machines ! Maintenant tous sont sur pied, tous ont compris. Ils n'ont qu'une idée : s'évader des cabines, monter sur le pont, fuir... Hélas ! les chambranles, les cadres resserrés, écrasés sous l'effort de la collision ne laissent plus jouer les portes ! La plupart des hommes cependant peuvent en rompre la résistance, et les plus agiles se glissent par les hublots et tombent dans les flots gris. Mais les femmes meurtrissent leurs chairs, se brisent, se déchirent contre ces panneaux immobiles ! Ces cabines seront leurs tombeaux !

Une seulement — une mère — peut sortir... À demi nue, échevelée, elle apparaît sur le pont, avec un cri suppliant, tend son fils au premier matelot qu'elle voit. Celui-ci le prend, le passe à un camarade qui le dépose dans un canot... C'est la dernière embarcation, et déjà elle s'éloigne... Les premiers passagers maîtres des canots se sont égoïstement, inhumainement hâtés de s'écarter de l'épave qui sombre. Mais la jeune mère pousse un soupir de soulagement ; le vent de l'aube glaciale mord sa poitrine et ses bras nus ; elle n'y prend point garde ; elle suit du regard son baby qu'emporte le canot ; il est sauvé, elle peut mourir !

Dix minutes à peine se sont écoulées depuis le premier choc, et déjà, au milieu d'une confusion indescriptible, parmi les cris d'effroi, les coups même, tous les canots disponibles se sont enfuis.

L'*Islander* s'enfonce irrésistiblement ; son avant est entièrement submergé, et son arrière, émergeant brusquement, met à jour l'hélice qui tourbillonne un instant puis s'arrête, non sans avoir, d'une de ses ailes d'acier, pris et rejeté dans les flots, le crâne ouvert, un des naufragés.

A l'intérieur, le bâtiment est empli de clameurs effroyables, que les parois des cabines assourdissent pourtant. Mais l'eau impitoyable, monte, clapotante, de couloirs en couloirs, et une à une les voix affolées, éperdues s'étranglent en râles et s'éteignent.

Les matelots restés à bord ont pourtant fait ce qu'ils ont pu, mais ils n'ont plus de canots à leur disposition. Ils songent à se sauver : ils se munissent de planches et d'espars et se lancent à la nage. Une dizaine de passagers munis de ceintures de sauvetage sont groupés à l'arrière ; ils reculent pas à pas devant les flots envahisseurs, ils ne peuvent se décider à se jeter dans cette eau glaciale. Enfin l'*Islander* disparaît, englouti brusquement dans un remous. Ils s'enfoncent avec lui, puis remontent à la surface. L'un d'eux fait des efforts surhumains pour maintenir auprès de lui sa femme et sa fille qu'il n'a pas lâchées un instant, mais elles ont perdu connaissance et, malgré lui, elles se noient. Leurs corps l'entraînent sous les flots ; l'instinct de vivre lui fait lâcher prise, il revient encore une fois à l'air, il est épuisé ; des matelots le recueillent sur un radeau qu'ils ont improvisé avec quelques épaves rassemblées.

**

Deux autres de ces naufragés qui se maintiennent à la surface, entourés de ceintures protectrices, sont des mineurs qui reviennent du Klondyke avec le trésor si longuement, si péniblement accumulé. L'un a pour trente mille dollars de poudre d'or dans une sacoche agrafée à sa ceinture. Il nage, il nage désespérément, mais ce poids énorme le fatigue, et, de plus en plus, l'attire vers les profondeurs. Alors, d'un coup de doigt rapide, il dégrafe sa bourse, l'or descend seul, et, appauvri, mais allégé, le mineur poursuit sa lente course entre les lames froides. Le second a quarante mille dollars dans un sac qu'une courroie lie à ses reins; il a une bouée sous les aisselles, mais elle est annihilée par le poids d'or; et l'eau vient aux lèvres du malheureux. Il ne veut point lâcher ses dollars, c'est toute sa fortune, il l'a acquise au prix de tant de souffrances, au prix des meilleures années de sa vie! Faut-il donc qu'il meure, plutôt que de s'en séparer? Non! non! un effort encore! Cet or il le portera jusqu'au rivage... Et fébrilement, redoublant de coups de jarrets nerveux, il décroche son sac. Pour délivrer ses reins, il se le passe autour du cou. Ce poids fait alors basculer cet insensé, et le trésor entraîne à jamais son possesseur!...

Le capitaine du steamer ne s'est réservé nul moyen de sauvetage; il nage de son côté courageusement. Le radeau qu'ont assemblé ses matelots et où deux passagers expirants ont été recueillis, passe à sa portée; le capitaine s'y cramponne et s'y hisse. Mais son poids supplémentaire menace de démembrer et de faire sombrer la frêle construction.

— Nous sommes trop nombreux ici, s'écrie-t-il. Alors, au revoir, mes enfants!

Et il se rejette à la nage. Mais, saisi par le froid, il pâlit, balbutie des mots inintelligibles et coule à pic.

Dans ce même instant, sur le radeau un des passagers mourait aussi de froid; ses camarades, pour la garantie de leur propre sécurité, débarrassent leur refuge de ce fardeau inutile.

Ils se hâtent vers le rivage dont ils aperçoivent la ligne basse à l'horizon à travers la brume; ils se hâtent, mais combien lentement, combien douloureusement! Y arriveront-ils? Le reflux de la marée se fait sentir; leurs mains se pèlent sous les embruns glacés, leurs doigts se crispent, se gercent et saignent... Vont-ils être emportés vers la haute mer?...

Non! là-bas sur le rivage, une grande flamme ondoyante a jailli, s'élève et se courbe, ondule en panache sous le vent matinal. Ce sont les passagers du premier canot de sauvetage qui ont allumé ce feu pour réchauffer leurs membres glacés et montrer aux survivants perdus dans les brouillards la route du salut.

Les plus vigoureux ont fait davantage : ils se sont rembarqués et retournent sur le lieu du sinistre; ils arrivent à point pour sauver les naufragés du radeau désemparé.

Mais plus de cinquante êtres humains, des femmes et des enfants pour la plupart, ont péri dans cette journée néfaste. Et dans quel état sont les survivants! Malgré le foyer, constamment alimenté, qui roule des volutes de flamme, beaucoup, à bout de forces, impuissants à se réchauffer, grelottent et sanglotent, sur la terre nue. Et accablés de toutes les souffrances de la mort, ils en implorent l'apaisement.

Quelques matelots alertes sont partis vers Juneau annoncer le désastre et réclamer des secours. Des cadavres flottent déjà sur la crête des vagues ; ils passent près du rivage, entraînés par le courant et s'éloignent, car la marée descend ; ce sont des cadavres de femmes, des cadavres d'enfants...

Peu à peu la carcasse de l'*Islander* apparaît sur les flots abaissés. O les frêles jouets des éléments, que sont les hommes ! Ce vaisseau qui vient de naufrager si dramatiquement sur ces côtes, entraînant avec lui cinquante vies humaines dans un gouffre qui semblait insondable, ce vaisseau est à sec !

Et qu'est-ce qui l'a fait sombrer ? Un glaçon qui fuit, au large, et se dissout, se fond en eau aux rayons du soleil levant !

Le « Primus » explosant dans l'estuaire de l'Elbe

Parti en musique vers Brunshausen, le Primus glissait, sous le ciel clair, comme, sur les eaux d'un lac de légende, une barque enchantée.

Le commerce allemand, servi à l'intérieur par 27 000 kilomètres de voies navigables, utilise les estuaires de ses grands fleuves pour déverser sur le monde entier les produits de l'industrie de l'Allemagne. Une flotte de 1 555 000 tonnes dont 1 171 vapeurs, engloutit dans ses cales les minerais de la Silésie, les pièces métallurgiques d'Essen, les tissus d'Elberfeld et les soieries de Barmen.

Hambourg, complété par l'avant-port de Cuxhaven, possède à lui seul une flotte de 818 navires jaugeant plus de 714 000 tonnes. C'est la seconde ville d'Allemagne par l'importance de sa population et de son trafic. Les rives de l'Elbe, bordées d'appontements et garnies de docks, présentent nuit et jour une animation intense. Ici, le port d'attache des transatlantiques géants et là l'embarcadère des transbordeurs qui, sans cesse, relient les villes riveraines ; partout des cheminées mouvantes empanachées de la fumée des chaudières et, sur l'eau, des milliers de voyageurs, des tonnes et des tonnes de marchandises.

∴

Le 21 juillet 1902, le vapeur *Primus* embarquait 185 passagers, pour la plupart membres de l'Union chorale d'Eilbeck.

A bord, de joyeux concerts s'improvisèrent aussitôt ; des chœurs d'une sonorité douce et d'un rythme berceur s'harmonisaient avec la douceur d'une nuit sereine, baignée de lune.

Ainsi porté en musique vers Brunshausen, le *Primus* glissait, sous le ciel clair, comme, sur les eaux d'un lac de légende, une barque enchantée.

Le *Primus* se trouvait à une encablure du ponton de Nienstedten, lorsqu'il aperçut les feux de position d'un autre vapeur, la *Hansa*, de la Hamburg-America.

D'un coup de barre à gauche le capitaine du transbordeur fit porter son bateau sur la route grand large... Cent cinquante mètres à peine séparaient les deux bateaux...

Des commandements brefs, des clameurs traversèrent la nuit. De tous ses feux la *Hansa* faisait machine arrière pour éviter la rencontre. Trop tard ! Il ne s'était pas écoulé une minute depuis le changement de route du *Primus* que la collision se produisait, sans que rien en eût pu atténuer la violence.

La proue du *Hansa* venait de pénétrer profondément dans les œuvres vives du bateau transbordeur.

Aux tendres mélodies musicales avaient succédé les cris rauques des passagers affolés.

Il était minuit vingt. La clarté lunaire se répandait sur des silhouettes aux gestes déments et donnait à l'Elbe le tragique éclat d'une coulée métallique incandescente.

Dans l'énorme entaille où l'éperon de l'abordeur demeurait fixé l'eau s'infiltrait. Peut-être aurait-il été possible d'éviter une seconde catastrophe si, dans cette position difficile, la *Hansa* avait lentement poussé le *Primus* vers la rive ; mais les commandants, troublés par les clameurs des passagers, avaient perdu leur sang-froid. Ils ordonnèrent : « Machine arrière ! »

Les bateaux, un instant soudés l'un à l'autre, se dégagèrent laissant entre eux l'abîme où déjà des grappes humaines détachées des bastingages sombraient dans l'écume soulevée par les aubes.

A cette minute, le drame se précipite. Dans la blessure mise à nue du *Primus*, l'eau s'engouffre, inonde la machinerie et, par son poids à l'arrière, soulève le bâtiment qui se dresse, se cabre en embardées furieuses. La foule hurlante des passagers se rue à bâbord, instinctivement portée vers la *Hansa* qui lance son canot, jette des bouées et déroule des échelles.

De ce côté est le salut... Non ! ce sera la mort.

Le *Primus*, surchargé, donne de la bande et d'un seul jet précipite 80 personnes dans les flots...

Momentanément allégé il oscille. Son arrière est submergé, les cabines envahies. Et par le double escalier surgissent, compacts, des groupes de femmes surprises dans leur sommeil et qui, au-dessus de leurs têtes, élèvent leurs enfants.

Il n'y a plus aucune direction à bord du *Primus*. La passerelle du capitaine est prise d'assaut. L'unique canot de sauvetage, manœuvré par cent mains inhabiles, culbute sous ses attaches rompues et disparaît, la quille en l'air.

Soixante personnes se disputent et s'arrachent les vingt ceintures de sauvetage que l'imprévoyance de l'administration maintient à bord. (Un canot et vingt ceintures pour un transport moyen de 200 passagers!) A la panique s'ajoute le massacre.

Des malheureux tombent et sont étouffés sur le plancher inondé du pont.

Le déplacement de ce qui reste de la masse de ces passagers modifie à chaque seconde l'équilibre du *Primus*, sinistre épave.

— Hisse à toi!

C'est le canot de la *Hansa* qui frôle la coque.

Trente corps s'y laissent tomber. Vingt disparaissent dans le fleuve.

Par trois fois le patron du canot tente d'accoster, mais des mains surgies des flots s'agrippent à ses avirons, se soudent à sa proue. Les victimes paralysent toutes les tentatives de sauvetage.

Et, d'ailleurs, il est certain maintenant que les derniers passagers sont irrémédiablement perdus.

Des jets de vapeur brûlante sifflent à travers le pont disjoint. La machine est abandonnée, et, des tuyaux, crevés par le choc de l'abordage, s'échappent des jets de vapeur qui ébouillantent, aveuglent les naufragés. Un cri s'élève, fou :

— On va sauter!

Les clameurs n'ont plus rien d'humain. A chaque instant, ne pouvant résister au martyre du feu qui les ronge, des hommes s'abîment dans les flots et des femmes disparaissent tenant, serrés sur leurs poitrines, des enfants.

La folie s'est emparée des passagers du *Primus* : juchés sur les coffres, deux malheureux chantent en soulignant leur chant de gestes grotesques. Ils ricanent, puis sanglotent. Autour d'eux, étouffés par la vapeur qui toujours s'épaissit, des groupes, renversés, agonisent.

Enfin, dans une effroyable rupture de leurs enveloppes, les chaudières explosent. Et c'est sur les flots une pluie indescriptible de membres calcinés, de tôles rougies à blanc, de poutres enflammées, de charbons incandescents.

Le *Primus* éventré est entraîné par le jusant et coule à 100 mètres de la *Hansa* dont l'équipage, privé de moyens de sauvetage, assiste impuissant et pétrifié à cet horrible naufrage.

Le pilote du malheureux bateau transbordeur se maintient sur l'eau. On le sauve, on l'interroge :

« Je me dirigeais, explique-t-il, aussi près de la rive nord que le permettait le peu de profondeur de l'eau lorsque je fus abordé. Je voulais déposer quelques passagers au ponton de Nienstedten, je marchais dans cette direction. Probablement la *Hansa* n'a-t-elle pu voir mon feu rouge qui devait déterminer pour elle la position du *Primus*. Sa voie était plus au nord et la collision ne se serait point produite si la *Hansa* s'était tenue dans sa véritable route. »

* * *

Le nombre des victimes indiqué par le président de l'Union chorale d'Eilbeck fut de 104. — 173 membres de la société ou parents de ces membres avaient pris part à l'excursion du *Primus* ; en outre, 12 personnes étrangères à la société se trouvaient à bord. — 71 personnes seulement échappèrent à cette catastrophe, sur laquelle le tribunal maritime de Hambourg se prononça en reconnaissant comme coupable de fausse manœuvre et de mauvaise direction le capitaine du *Primus* et en infligeant un blâme à celui de la *Hansa* qui avait, dit le jugement, « manqué de prudence ».

Un équipage emporté au large, par une épidémie

> *Maintenant, les enfants, nous sommes seuls...*
> *Si le mal m'emporte à mon tour, donnez de la*
> *toile quand le vent d'ouest soufflera...*

Le trois-mâts chilien *Santa-Rosa* passait à Valparaiso, son port d'attache, pour le plus rapide voilier de la côte.

Haut ponté, finement bâti, joliment gréé, il avait bien des fois échappé aux tornades et autres périls de la navigation. On avait toujours vu la *Santa-Rosa* sortir de la tempête délustrée, lavée, mais ses hunes intactes et ses perroquets droits dans la forêt des étais où claquaient ses voiles.

Depuis onze ans, le capitaine Reuteira l'avait conduite dans tous les ports des deux Amériques, ses cales pleines de minerais et son pont chargé de bois de cyprès et de hêtres.

L'homme et le bateau, connus et recherchés dans les docks et sur les quais américains, jouissaient d'une popularité légitime parmi les gens de commerce soucieux du sort des cargaisons à confier à la mer.

Dans la première quinzaine d'août 1902, la *Santa-Rosa* ayant terminé son plein, quittait Valparaiso, chargée de salpêtre à destination de Victoria (Vancouver).

L'équipage comprenait dix-huit marins et deux mousses.

De tous les matelots aucun ne comptait moins de trente voyages à bord du voilier. C'étaient des gens sûrs, dévoués au capitaine et ardents au service.

Jusqu'à la ligne du tropique, la *Santa-Rosa* eut peu de bon vent et une mer molle. Après le passage, le flot moutonna et, vers Santa Margarita, un puissant vent arrière inclina la membrure et gonfla les voiles.

Le trois-mâts allait rattraper le temps perdu à louvoyer, d'autant que la lame grossissait et que la *Santa-Rosa* ne se comportait jamais si bien que sur une mer agitée.

Un grain passa, les huniers s'entrechoquèrent et deux trinquettes enlevées disparurent. Maigre prise. Cependant, par prudence, le capitaine s'était mis à la barre.

Le trois-mâts filait à voiles pleines, secouant les embruns et chassant les paquets de mer qui s'écrasaient sur l'avant.

Brusquement une saute de vent se produit. La toile s'affaisse, et le bâtiment roule, tournoie, dérouté.

En vain le capitaine lance des commandements et multiplie les ordres. Le pont est désert.

Il appelle, siffle, et menace.

Personne !

Anxieux et stupéfait à la fois, il assujettit la barre, manœuvre les drisses, et se précipite dans l'entrepont à la recherche de son équipage.

Son pied heurte un corps. Il se penche. L'homme est adossé, les bras ballants, et son regard éteint au fond des orbites creuses est le regard d'un agonisant.

Non loin, effondré sur le parquet, un second marin se tord dans une crise atroce et pousse des hurlements de fauve. Ses poings s'écrasent sur les cloisons où des filets de sang suintent. Et puis c'est un troisième, un quatrième, tous...

Le capitaine a compris.

Une épidémie foudroyante de « béribéri », cette épouvantable fièvre particulière à cette latitude et qui brise en quelques instants, dans l'étau de la paralysie ou dans la folie de la douleur l'homme le plus robuste s'est déclarée à son bord...

La peste serait moins terrible. Les matelots de la *Santa-Rosa* sont perdus !

Pourtant, les deux jeunes mousses sont indemnes. Le mal, d'ordinaire, épargne les constitutions jeunes que n'a pas encore éprouvées le surmenage des gens de mer et l'usage de l'alcool.

Reuteira, peut-être, les sauvera, mais les autres ! mais lui-même ? En vingt-quatre heures, la *Santa-Rosa*, devenue le bateau-fantôme des légendes, ne sera plus qu'une sinistre épave emportée au gré des courants jusqu'à l'engloutissement final.

. .

La lutte contre la mort, maîtresse du navire, était-elle possible ?

L'héroïque capitaine ne se le demanda même pas. Avec cette énergie professionnelle qui tient les gens de mer debout tant qu'ils ont en eux un espoir de vie, il voulut tenir tête au « béribéri », au vent et aux flots. Les cordages claquaient et les voiles se déchiraient ; la *Santa-Rosa* n'était plus que le jouet des vagues.

— Là-haut, les mousses !...

Terrifiés, les deux enfants étaient à présent sur le pont et se tenaient au grand mât, par un triple tour de filin qui leur serrait la taille. La mer autrement les eût emportés.

Rompus sous la tension brusque des misaines, les haubans cinglaient l'air, cravachaient les bastingages ; la *Santa-Rosa* était comme fouettée par la main d'un titan.

Reuteira, revenu à la barre, manœuvrait comme il pouvait. La bourrasque emporta le beaupré, brisa la corne d'artimon. La nuit opaque ne laissait rien voir de la mer et du ciel, et, sous les trombes qui l'accablaient, le marin admirait la résistance de son bateau à l'assaut des lames et à l'effort du vent.

Au petit jour, la *Santa-Rosa* apparut, informe, démâtée dans ses hauts ; son pont était encombré de cordages et de voiles dont les lambeaux, au ras du flot, s'agitaient comme pour faire des signaux. A qui ? L'infini était vide. Désespérant de tout secours immédiat, Reuteira abandonna la barre et descendit dans l'entrepont.

Il en revint rapportant un cadavre. Dix fois il fit le chemin, et, à chaque voyage, il ramena un corps.

Aidé des mousses, il les jeta à la mer, puis, reprenant espoir, il confectionna des voiles de fortune et répara les cordages.

Cette journée s'écoula dans un calme relatif. Le vent paraissait porter à la côte. Mieux valait s'échouer que de succomber terrassé à bord par le « béribéri ».

Le lendemain, le capitaine redescendit dans l'entrepont et, comme la veille, en sortit des cadavres, les huit derniers : la mer les engloutit.

« Maintenant, les enfants, dit-il aux mousses, nous sommes seuls. Si le mal m'emporte à mon tour, donnez de la toile quand le vent d'ouest soufflera ; c'est le bon ».

Le calme revenait. La mer s'étalait en nappe glauque. Et c'était pour la *Santa-Rosa* le pire état qu'elle pût souhaiter. Si la tempête toujours mène quelque part, le manque de vent immobilise. La *Santa-Rosa*, maintenant, flottait inerte et lugubre, sans avancer.

Mais d'où venait que le bateau donnait de la bande à tribord, alors qu'on était par grand calme ?

La coque aurait-elle cédé ? Une voie d'eau se serait-elle produite pendant la tourmente ?

Le capitaine s'enfonça dans les fonds. Les flancs du voilier s'étaient disjoints et l'eau, envahissant doucement les soutes, avait transformé le salpêtre en un liquide boueux dont l'instabilité détruisait l'équilibre du bateau au moindre roulis.

A bord de l'épave, aucun moyen humain ne pouvait solidifier à nouveau ces milliers de tonnes de sel décomposé.

C'était la mort inéluctable et toute proche, avec la *Santa-Rosa* s'enfonçant. Et mieux valait en finir ainsi que de se hasarder en canot pour agoniser des jours et des jours si loin de terre. Au moins, ainsi, tout serait mort de la *Santa-Rosa* et on dirait d'elle : « disparue corps et biens ».

Le capitaine remonta sur le pont et dit aux mousses :

« Ce n'est rien... Le chargement décalé se promène ; nous nous promenons aussi... »

Après quoi, tout de même, il voulut jusqu'au bout avoir fait son devoir : il hissa une flamme de détresse et, la nuit venue, tandis que les deux enfants exténués sommeillaient, il lança des fusées d'appel.

Le trois-mâts se penchait un peu plus d'heure en heure...

Reuteira avait calculé que la *Santa-Rosa* pouvait tenir encore dix heures. Froidement, il fit un double de son journal de bord et, l'ayant glissé dans une bouteille, confia à la mer ce document. Mais il était à bout de forces. Vaincu par la fatigue, il s'endormit à son tour, après avoir brûlé sa dernière fusée. Il avait la conviction de ne pas se réveiller. Pendant que dormaient les survivants de l'équipage de la *Santa-Rosa*, le navire allait s'engloutir avec eux...

. .

Il en fut autrement. Sur la mer calme, le trois-mâts tint bon plus longtemps que son capitaine ne l'avait cru.

Le 16 septembre, le vapeur *Ruggia* rencontrait en pleine mer l'épave de la *Santa-Rosa* et la remorquait à Port-Bakeley.

Le capitaine et les deux mousses, recueillis dans un état lamentable, furent sauvés.

Le premier naufrage de guerre du 20ᵉ Siècle

> *La marine militaire allemande a eu les honneurs de la première affaire navale du XXᵉ siècle en détruisant la Crête à Pierrot.*
>
> (Les journaux allemands.)

A ne considérer que la beauté de ses sites et la merveilleuse disposition de ses ports, Haïti, la « Terre des Montagnes », ainsi que l'appellent ses habitants indigènes, mériterait, en poésie, le nom d' « Ile heureuse » si ce que Colomb disait d'elle était encore vrai : « Ses habitants aiment leurs prochains comme eux-mêmes; leur parler, aimable et doux, est toujours accompagné de sourires. »

Mais l'âge d'or de Haïti est passé : les populations pacifiques et candides ont disparu.

Arouagues et Cébuneyes, deux races fortes et courageuses, aux mœurs tranquilles, ont éprouvé dès le début de la pénétration européenne l'irrésistible poussée du vieux monde, dont l'empreinte sur les continents neufs commence par le massacre et l'extermination et aboutit à la décadence.

Les Peaux-Rouges de l'Amérique du Nord, les Patagons de la Terre de Feu, les Australiens de la moderne Queensland et les Canaques des vallons calédoniens ne précèdent-ils pas dans la décrépitude et la déchéance les races africaines et hindoues, contre lesquelles les régies de l'opium et de l'alcool ont plus fait que les expéditions armées.

« L'Ile heureuse » a cessé de l'être depuis déjà plusieurs siècles.

Ses envahisseurs, traitants et boucaniers, écumeurs de mer et flibustiers, lui imposèrent le « régime du nègre », nécessaire à l'exploitation des mines et à la culture des plantations.

Au début du xviiiᵉ siècle, les esclaves noirs du Saint-Domingue français étaient au nombre d'un demi-million, répartis entre trente mille propriétaires de race blanche !

C'était là un équilibre ethnique trop instable pour durer.

Le 1er janvier 1804, Haïti proclamait son indépendance.

Tour à tour colonie soumise, empire, monarchie, république, c'est à ce dernier régime de gouvernement que les Haïtiens se sont arrêtés.

Les constitutions d'Haïti se sont succédé si fréquemment et les partis en lutte les ont si souvent modifiées au gré de leurs intérêts et de leurs caprices que, là-bas, en appeler aux articles constitutionnels passe pour une ironie.

Ainsi gouvernés, les Haïtiens se divisent en catégories de partisans dont les représentants, soit à la Chambre, soit au Sénat, entretiennent des querelles dont le dénouement est d'ordinaire la guerre civile et l'insurrection.

Les chefs se recrutent parmi les centaines de généraux qui commandent à une armée de huit mille hommes dispersés dans les cinq départements qui forment la division administrative du pays.

Le Haïtien adore le changement, et se jette avec ardeur dans les luttes politiques, qui finiront tôt ou tard par amener l'intervention d'une grande puissance désireuse d'assurer une fois pour toutes la tranquillité de ses nationaux.

Et c'est peut-être vers cette solution que la révolution de 1902 a conduit ces turbulents insulaires.

*
* *

Maître de la flotte nationale réduite à deux canonnières, le général Firmin, ancien ambassadeur à Paris, que suivaient quelques milliers de partisans, s'insurgea contre le gouvernement du président Canal.

En quelques semaines la colonie fut à feu et à sang. Le sac, le pillage et l'incendie portèrent sur toute l'étendue du territoire haïtien la désolation et la misère.

Les deux partis passèrent par les mêmes alternatives de succès et de revers, sans qu'aucun pût se dire victorieux.

Les rebelles tenaient les deux villes de Gonaïves et de Saint-Marc, après avoir détruit la pittoresque cité de Petit-Goave.

En mer, l'amiral insurgé Killick croisait dans les eaux haïtiennes à bord de la canonnière *Crête à Pierrot*, bien pourvue et fortement armée.

L'équipage avait été déclaré « pirate » par le gouvernement provisoire de Port-au-Prince, qui fit même saisir 250 tonnes de charbon amenées de New-York par le bâtiment révolutionnaire.

Les représailles ne se firent point attendre, et la *Crête à Pierrot* bombarda Cap-Haïtien, défendue par le général Nord, et fit le blocus des côtes, de Port-au-Prince aux Gonaïves et au Cap.

On assista alors à ce curieux spectacle d'une petite nation d'un million d'hommes, terrorisée et mise en échec par le seul navire de sa flotte !

Se croyant invincible, l'audacieux Killick, pensant ainsi servir l'intérêt de la révolution, donna même la chasse aux navires étrangers.

En août 1902, il sommait le navire américain *Paloma* d'amener son pavillon, mais n'insistait pas davantage devant l'attitude de la canonnière des États-Unis, *Machias*.

La *Crête à Pierrot* fut plus heureuse avec le vapeur allemand *Marcomannia*, dont elle confisqua la cargaison au nom de la doctrine de Monroë.

Il devait lui en coûter cher.

Les puissances n'ayant point reconnu belligérants les partis aux prises, ne reconnaissaient pas davantage le blocus des côtes, et, dès lors, étaient en droit de commercer librement et d'accéder aux ports.

Après l'affaire du *Marcomannia*, le capitaine de corvette Eckermann, commandant la canonnière allemande la *Panthère*, mouillée à Port-au-Prince, reçut l'ordre de capturer la *Crête à Pierrot*.

Et la chasse commença.

Les deux bâtiments étaient sensiblement de même force.

La *Panthère*, canonnière en bois et acier avec entrepont blindé, portait deux canons de 10 à tir rapide et six mitrailleuses.

La *Crête à Pierrot*, plus vieille de cinq ans, possédait un armement de deux canons de 16 et de 12, quatre canons de 10 et six mitrailleuses.

Le capitaine Eckermann avait mis le cap sur les Gonaïves où le corsaire était signalé.

Le jour déclinait lorsque la *Crête à Pierrot* apparut.

La *Panthère* exécute aussitôt le branle-bas de combat, s'approche de l'adversaire et lui signifie par signaux cet ultimatum :

« Je vous accorde un quart d'heure pour amener votre pavillon. Évacuez votre bord et prenez note que je vous attaque immédiatement à la moindre tentative de dispositions de combat. »

Dix minutes s'écoulent. Le pavillon du navire haïtien est amené, et la *Panthère* s'approche sans méfiance dans le but de remorquer sa capture.

Soudain, une épouvantable explosion soulève l'arrière du corsaire. La soute à poudre vient de sauter, et, sans doute, l'avant va à son tour exploser.

L'acte d'hostilité paraît suffisant au commandant de la *Panthère*. Il vire de bord, prend du champ et — à 500 mètres environ — envoie dix obus dans la coque de la *Crête à Pierrot*.

Un paquet de mitraille nettoie le pont, puis une seconde bordée crève les chaudières.

Démâtée et perforée, la canonnière oscille, se couche, découvrant son flanc aux pièces allemandes dont le tir se concentre sur la soute à poudre de l'avant qui saute enfin, broyant le bâtiment pirate.

Un remous, et c'est fini. La *Crête à Pierrot* vient de disparaître dans l'abîme en entraînant l'amiral rebelle et ses hommes.

Après cette affaire, les *firministes* lancèrent de violentes proclamations relatives à la mort du brave Killick, et accusèrent les partisans du président Canal d'avoir déterminé l'Allemagne à combattre.

Les négociants et industriels allemands supportèrent des représailles ; leurs magasins et leurs usines furent pillés et incendiés.

Toutefois, la perte de la canonnière haïtienne enlevait aux insurgés un important élément d'action, et l'incident eut pour premier avantage de les amener à composer. Le contraire aurait déterminé les nations civilisées à s'entendre pour supprimer la République d'Haïti, et soumettre l'ancienne colonie française à la tutelle des États-Unis ou à un contrôle international, comparable à celui qui fut naguère institué en Crète.

La part de la Mer dans les Désastres de la Martinique

> Le destin ment bien rarement quand il nous pronostique des malheurs ; il est aussi certain dans le mal, qu'il est douteux dans le bien. Ah ! quel fameux astrologue serait celui qui se bornerait à prédire toujours de tristes événements !
>
> (CALMÉNON, *Le Songe de la Vie*.)

Ile enchantée, ont dit longtemps les voyageurs qui abordent à la Martinique pour le plaisir de la visiter.

Ile maudite, ont répondu les marins dont le navire jette l'ancre auprès des ruines lamentables, amoncelées par quelque cataclysme : éruption volcanique, tremblement de terre ou cyclone.

Les bouleversements de la nature, les catastrophes, semblent, en effet, s'abattre de préférence sur ce coin de paradis terrestre, comme si la douceur de son climat, l'indescriptible richesse de sa végétation et jusqu'à l'exubérante gaieté de ses enfants, exaspéraient la haine jalouse d'une puissance infernale.

.·.

Le steamer qui, avant la catastrophe de 1902, arrivait, de jour, à la Martinique, ralentissait sa marche à l'approche de la baie de Saint-Pierre, et alors, sous l'intense clarté d'un soleil flamboyant, il y avait, parmi les passagers, une explosion d'admiration, d'enthousiasme, une sensation de bonheur, une ivresse, un enchantement !

A la mélancolique impression que donne l'étendue des espaces océaniens, succédait, sans transition, la vision inoubliable de cette île hérissée de pointes et creusée de baies, apparaissant, de loin, comme une étoffe verte, très soyeuse, que des mains géantes auraient froissée avant de la laisser flotter sur les flots.

Telle était la Martinique... Telle elle est encore, mais notre imagination ne voit que la désolation qui, sur un point de l'île, témoigne du plus épouvantable cataclysme des temps modernes.

Et pourtant, les chaînes de collines boisées, bizarrement crevassées, présentant, de place en place, des affleurements rocheux d'une tonalité métallique et crue, descendent toujours par échelons, du massif central. Elles viennent toujours se perdre sur le rivage de la mer, parmi les cocotiers, les goyaviers, les balisiers gigantesques aux fleurs énormes, et les palmiers dont le tronc élancé est couronné d'une gerbe folle de feuilles géantes, aux folioles étrangement aiguës et longues.

Toute cette végétation puissante, entremêlée de lianes enlaçantes, escalade les pitons, comble les ravins et les gouffres, et crève, dirait-on parfois, les rochers d'où s'échappent des poussées de verdure retombant, comme d'étonnants saules pleureurs, du sommet jusqu'au pied des falaises taillées à pic.

Il semble que la nature, émue à la vue des cicatrices profondes, restées comme les stigmates des cataclysmes préhistoriques de ce centre volcanique, a jeté sur elles son plus riche manteau d'émeraude, diapré des couleurs aveuglantes d'une flore luxuriante jusqu'à l'invraisemblance.

La *Montagne Pelée*, colosse mystérieux, volcan éteint, disait-on encore peu de temps avant sa dernière manifestation, domine le nord de l'île, non loin de l'étendue de terre où fut Saint-Pierre.

Elle paraît être, comme autrefois, une pyramide au sommet arrondi, flanquée d'excroissances monstrueuses, comparables à des tourelles adossées à sa base.

En tout temps, on n'apercevait que très rarement, du large, la cime du volcan, autour de laquelle un brouillard perpétuel formait une couronne de vapeurs lourdes, tenaces, immobiles — sinistre présage !

Le navire entrait dans la rade foraine de Saint-Pierre. Depuis longtemps déjà, les passagers distinguaient les maisons pittoresquement groupées à flanc de coteau de la ville haute, appelée le *Fort*, en souvenir des ouvrages derrière lesquels, en 1635, d'Énambuc, fondateur de la cité, repoussa les attaques furieuses des Caraïbes.

Petit à petit, ils découvraient d'autres maisons s'étageant jusqu'à la rivière Roxelane, puis c'était l'étalement à plat, le long du rivage, au pied d'une muraille de 200 mètres de haut, tapissée d'arbres et de lianes, du *Mouillage*, centre commerçant de Saint-Pierre.

Ici les habitations, très basses, très grises, systématiquement rangées, bordaient des rues larges, droites, symétriques, dont l'aspect eût paru monotone ; mais une foule, toujours animée, les sillonnait du matin au soir.

Quelle activité, quel mouvement, quelle vie !

Les quais bruyants, tumultueux, encombrés de marchandises : balles de café, barils de tafia, « boucauts » de sucre, etc., fourmillaient de monde. Les négociants, les planteurs, les marins y coudoyaient tout un peuple d'ouvriers créoles ou nègres, actifs et laborieux.

La rade, parsemée de voiles blanches évoluant gracieusement dans l'aveuglante clarté du soleil, était comme hérissée des mâts qui piquaient hardiment vers le ciel leurs pointes rangées en longue file auprès des appontements.

Tout cela donnait l'impression d'une activité commerciale intense, le spectacle, rare sous les tropiques, d'un peuple producteur et travailleur.

Le steamer abordait. Le pont était envahi par une nuée de ces portefaix qu'on rencontre à toutes les escales et par d'alertes et gaies mulâtresses, les mains pleines de fruits.

Là, plus que partout ailleurs, l'accueil était franchement cordial. L'hospitalité faisait partie de la nature, du tempérament des habitants et s'exerçait de la façon la plus large.

Ne cite-t-on pas l'histoire de ce voyageur qu'une promenade dans l'intérieur conduisit, quelques jours après son débarquement, dans une habitation créole et qui, séduit par l'accueil qu'il y reçut, demeura là, fêté, choyé, instruisant les enfants, jouissant de toutes les prérogatives d'un ami de la famille, pendant quinze années, sans que personne eût jamais songé à lui demander son nom, si bien qu'à sa mort, survenue brusquement, nul ne fut capable de marquer la place où on l'enterra, autrement que par cette épitaphe :

Ci-gît un voyageur.

Et vous auriez pu quitter Saint-Pierre, longer la rive verdoyante jusqu'à Fort-de-France, ou bien vous enfoncer dans les vallées, hérissées de mornes recouverts de pommiers et de bégonias roses, parmi les vastes massifs de myosotis, les jasmins, les verveines et les rosiers toujours fleuris ; vous auriez pu parcourir cette île de 80 kilomètres de long sur 37 de large, dans tous les sens ; visiter tous ses bourgs nichés aux flancs des collines ou perdus dans les vallées sous les bambous, partout vous auriez retrouvé cette belle insouciance, cette joie de vivre, cette cordialité accueillante des hommes, des plantes, de la terre, de l'air, de tout enfin.... La joie, la beauté, la vie intense, le sourire perpétuel !

Ile enchantée, alors.

Hélas ! non. Ile maudite ! Et son histoire l'atteste.

Que de tristesses dans ces dernières années seulement !

.*.

Pendant la journée du 19 août 1891, un ciel bas, lourd, chargé de nuages presque immobiles, une brume épaisse rétrécissant l'horizon, une atmosphère humide et chaude, accablèrent la Martinique.

Le baromètre tomba tout d'un coup à 736 ; il devait descendre jusqu'à 731.

Derrière le rideau de brume le masquant traîtreusement, arrivait un cyclone. Par coups brefs, répétés, crépitants, le tonnerre retentissait. A huit heures du soir, le météore atteignit la Martinique, et, jusqu'à dix heures, sévit avec une intensité inimaginable, changeant brusquement de direction et revenant sur sa route vers le milieu de sa durée, comme s'il eût voulu demeurer plus longtemps au-dessus de la malheureuse contrée qu'il ravageait. Cinq cents victimes humaines, quarante bourgades rasées, les récoltes et les plantations anéanties, l'île complètement ravagée, telles furent, sur terre, les conséquences de ce phénomène dont les ravages rappelèrent à de très vieilles gens de la Martinique, les récits que leur avaient faits, jadis, leurs grands-parents, des épisodes du terrible cyclone de 1766.

Sur mer, le désastre fut terrifiant. Quelques vapeurs d'un moyen ou fort tonnage purent lever l'ancre et gagner le large. Certains d'entre eux et, notamment, deux steamers de la Compagnie générale Transatlantique, subirent des avaries, mais enfin ils furent saufs, tandis que les voiliers, lents à fuir, les petits caboteurs ancrés près du rivage, furent tous jetés à la côte ou engloutis par un raz de marée formidable.

Douze voiliers français jaugeant de 181 à 665 tonneaux nets, l'*Emma*, l'*Alphonsine-Zélie*, le *H. et L.*, l'*Emmanuel-Auger*, le *Souverain*, le *Nantès*, la *Berthe-Collet*, le *Bienfaiteur*, l'*Arma*, le *Persévérant*, le *Zaphir* et la *Marguerite*, se perdirent corps et biens.

Un voilier italien, l'*Amicizia*, de 153 tonneaux et un voilier américain, le *Ned-White*, de 523 tonneaux, périrent de même, ainsi que les caboteurs *Martin*, *Perle*, *Audacieux* et le remorqueur *Colonel*, de la compagnie Girard.

Ce jour-là, ce fut la rade de Saint-Pierre qui offrit l'abri le moins incertain, et il semble aujourd'hui presque ironique de dire que la protection de la Montagne Pelée lui valut cette sécurité relative, pendant la première phase du phénomène, en raison de la direction nord-est de la tourmente.

Ainsi, le volcan protégea alors la ville et le port qu'il devait anéantir onze ans plus tard, sous un ouragan de feu et de gaz asphyxiants.

.*.

La Montagne Pelée, dont la dernière éruption, d'ailleurs peu considérable, remontait à 1851, commença à fumer dans les premiers jours d'avril 1902.

Tous les phénomènes précurseurs des manifestations de l'activité volcanique se déroulèrent jusqu'au 5 mai, date à laquelle l'ancien cratère laissa échapper une immense coulée de boue et de lave incandescente qui détruisit une rhumerie au bord de la mer et ensevelit une centaine de personnes.

La population de Saint-Pierre et des environs s'affola. On redoutait surtout un tremblement de terre, comme celui qui ravagea l'île en 1839.

Les habitants voulaient fuir et déploraient le petit nombre des navires sur rade, lorsque le *Grappler* affecté à la réparation du câble, et le steamer américain *Roraïma* entrèrent dans la baie. On s'exclama de joie à l'idée que de nouveaux moyens de secours arrivaient. En réalité, c'était un surcroît de victimes que la fatalité amenait au volcan.

Calmes au milieu de l'affolement général, imperturbables comme ils le sont en présence des fureurs de l'Océan, les équipages vaquaient à leurs travaux de débarquement ou d'embarquement.

Les caboteurs effectuaient leur parcours ordinaire, transportant de Fort-de-France à Saint-Pierre les autorités, et, à leur tête, le gouverneur, M. Moutet, qui devait payer de sa vie son excessive obstination à rassurer la population, à l'empêcher de fuir.

Le volcan continuait à faire pleuvoir des cendres et de la terre durcie. Des détonations formidables retentissaient. Quand le soleil avait disparu dans le ciel obscurci de vapeurs, des lueurs sinistres incendiaient jusqu'au matin la cime de la montagne en travail éruptif.

Dans la nuit du 6 au 7 mai, un violent orage s'abattit sur l'île. Les cours d'eau débordèrent. Les habitants des environs de Saint-Pierre, terrifiés, abandonnaient leurs demeures pour se réfugier dans la ville, et ainsi s'aggloméraient ceux que le destin avaient marqués pour la fin la plus épouvantable qui se puisse imaginer.

La lave et la boue coulaient à flots dans le lit des torrents qui descendent de la Montagne Pelée.

On redoutait tout, hormis le fléau caché, l'ouragan qui se préparait!

Le 8 mai, le jour paraît dans l'étincellement d'une belle matinée tropicale. Il semble qu'une radieuse journée s'annonce. Le volcan est toujours en travail, mais la pluie de cendres a cessé. On voit, de Saint-Pierre, des colonnes de flammes et de fumée s'élever par bouffées au-dessus du cratère, et de sourdes détonations viennent de la montagne. C'est terrifiant, mais enfin voilà des jours que cela dure.... On s'habitue à tout, même à l'épouvante. Au début de la journée du 8 mai, la ville est dans l'angoisse, mais comme la veille, comme l'avant-veille, ni plus ni moins. Et on attend.... Quoi? On ne sait pas. Que la mort vienne ou que la montagne cesse de gronder, de trembler, de flamber, de projeter des matières en fusion. Et, au fond, on espère une accalmie prochaine. Oui, on espère…. Et c'est la mort qui va venir, d'un élan, et balayer d'un coup d'aile près de 40 000 vies !

Cependant, au port, les choses vont leur train habituel. Il y a là, au milieu des barques de Saint-Pierre, 8 bâtiments de quelque importance : le *Roraïma*, vapeur américain ; le *Grappler*, vapeur anglais, le petit vapeur martiniquais, *Diamant* ; les voiliers *Tamaya*, de Nantes ; *Biscaye*, de Bayonne ; *Teresa-la-Vico*, *Sacro-Corre*, de Naples, et *Nord-America*, de Sorrente.

Vers sept heures, un vapeur anglais, le *Roddam*, entre dans la rade foraine de Saint-Pierre et s'amarre à une bouée, à environ 1 mille des quais. Il échange avec la terre quelques signaux ; le capitaine salue amicalement, de loin, le *Grappler* et le *Roraïma*, puis se prépare à se rendre en ville. A ce moment, une barque se dirige vers le *Roddam* ; elle amène un agent d'armateurs, M. Joseph Plissonneau, qui doit s'entretenir, pour affaires, sans retard, avec le commandant du *Roddam*. Celui-ci s'accoude au bastingage ; M. Plissonneau reste dans sa barque doucement secouée par la houle, et la conversation commence entre les deux hommes.

Ils s'entretiennent d'abord du volcan.

Le troisième quart, après sept heures, sonne dans Saint-Pierre. M. Plissonneau et le capitaine n'ont pas encore eu le temps de parler commerce…. Il est exactement huit heures moins dix minutes, quand, soudain, une détonation cent fois plus forte que le coup de tonnerre le plus terrible qu'il soit possible d'entendre sur terre, ébranle l'atmosphère, et, de la montagne qui vient de s'ouvrir, de sauter comme une chaudière de l'enfer explosant, arrive en quelques secondes, sur la ville de Saint-Pierre déjà recouverte d'un linceul de cendres, un ouragan de feu.

Ainsi que le dira plus tard le commandant du *Suchet*, sauveur des rares survivants, qu'on imagine la poussée d'air d'un coup de canon fabuleux, et on aura une idée de cette trombe mortelle, qui charrie au milieu d'un nuage de fumée un mélange épouvantable de gaz asphyxiants, de scories incandescentes et de cendres brûlantes.

Le cyclone de feu fauche, renverse, écrase, broie, pulvérise tout à une certaine hauteur, et les cendres, les scories, les gaz achèvent l'œuvre de destruction au ras du sol.

Tout est anéanti, étouffé, brûlé ; la ville flambe ; sur rade, les navires et les barques prennent feu et coulent.

Le *Roddam*, bâtiment le plus éloigné des quais de Saint-Pierre, est enveloppé dans la nuée dévorante, mais moins directement atteint que les navires plus rapprochés du rivage. Il pleut du feu à bord ; et, autour du navire, la mer se soulève, bouillonnante. M. Plissonneau n'a eu que le temps de se hisser sur le pont à la force des poignets ; sous ses pieds sa chaloupe et le matelot qui s'y trouvait disparaissent. Le capitaine du *Roddam* hurle des ordres et, dans sa bouche ouverte, il sent entrer des flammes.

Autour de lui, ses mâts craquent, les agrès tombent calcinés, des marins s'affaissent, asphyxiés, incendiés ou sautent dans l'eau et se noient. Mais d'autres de ses hommes sont encore vivants et l'entendent.... A sa voix, ils ont coupé les amarres, et enfin l'hélice tourne.... Les machines étaient encore sous pression. Le capitaine a saisi la barre, le navire fuit ce ciel enflammé, ce rivage embrasé, cette mer bouillonnante.

Aveuglé, étouffé, brûlé, le commandant du *Roddam* a distingué à travers un voile rouge, dans la fumée et l'incendie, le *Roraïma* prenant feu ainsi que tous les autres bâtiments en rade. Sur la passerelle du *Roraïma* le capitaine était debout et a fait un geste d'adieu !...

Neuf heures après, le *Roddam* arrivait à Port-Castries (Sainte-Lucie), ayant perdu 17 hommes de son équipage, et couvert de cendres, dévasté, misérable, ne portant que des vivants muets d'horreur, tous blessés, noircis, brûlés, le capitaine plus que les autres, admirable de force et de courage jusqu'au bout.

Cependant, devant Saint-Pierre, à huit heures et quart environ, le schooner *Ocean Traveller* arrivait en vue de la rade et s'arrêtait. L'équipage tout entier se crut le jouet d'un épouvantable cauchemar.... Un gigantesque brasier occupait l'étendue de la plus importante ville de la Martinique. Le capitaine fit mettre une chaloupe à la mer. Elle s'approcha du port et assista à l'explosion d'un grand navire — probablement le *Roraïma* — où tout paraissait mort et qui achevait de s'abîmer dans les flots.

Terrifiés par le spectacle horrible de cette ville en feu, les matelots de l'*Ocean Traveller*, respirant à peine un air brûlant chargé de cendres, jugèrent qu'aucune puissance humaine ne pouvait sauver qui que ce fût des malheureux habitants de Saint-Pierre, et regagnèrent leur bord. L'*Ocean Traveller* reprit le large, épouvanté.

Le *Tek*, vapeur anglais, passant un peu après dans les mêmes parages, s'approcha le plus possible et fit résonner ses sirènes.

Rien, absolument rien ne donna signe de vie sur les quais de Saint-Pierre. Tout paraissait mort à terre, hormis, à l'horizon, la montagne infernale d'où le feu et la lave continuaient de jaillir.

*
* *

Quand le croiseur stationnaire le *Suchet* arriva, venant de Fort-de-France, dans l'après-midi du 8 mai, la chaleur dégagée par le foyer de 5 kilomètres de large empêcha d'accoster à Saint-Pierre, et le commandant Le Bris ne put que recueillir quelques survivants des navires qui s'étaient réfugiés sur des épaves.

Le lendemain seulement, on parvint à débarquer des escouades de marins qui déployèrent le courage et le dévouement traditionnels dans notre flotte. Ils réussirent ainsi à retirer des décombres encore fumants une trentaine de malheureux, presque tous appartenant aux navires perdus.

Enfin nos matelots recueillirent, sous la menace du volcan toujours crachant la flamme, la cendre et la mort, les populations des bourgs épargnés. Ils parvinrent, grâce à un travail opiniâtre de jour et de nuit, à assurer le ravitaillement des nombreux réfugiés qui s'étaient dirigés ou avaient été transportés dans le sud de l'île, allant et venant sans répit, de Sainte-Lucie à la Guadeloupe, en quête de vivres.

Le croiseur danois *Valkyrie* et le *Pouyer-Quertier*, de la Compagnie des câbles, prêtèrent aussi un concours dévoué à l'œuvre de sauvetage et de ravitaillement.

Ainsi, dans cette catastrophe que l'histoire comptera au nombre des plus terribles de la vie de l'humanité, la marine eut ses victimes et ses héros.

.·.

Et maintenant, qui peut dire quel sera l'avenir de la Martinique? Ne craint-on pas qu'elle ne sombre tout entière? Elle est un vaisseau de terre et de roc au milieu de l'Océan. Elle lutte depuis des siècles et des siècles contre la mer qui recouvrit, il y a des milliers d'années, l'Atlantide dont les Antilles sont peut-être les vestiges derniers. Ce continent fut condamné. La nature n'achèvera-t-elle pas son œuvre?

En attendant, parmi la couche épaisse de cendres, au milieu des décombres, sous les menaces du volcan grondant encore et s'éclairant, la nuit, de sinistres lueurs, des pousses vertes se font jour, déjà, qui, demain, auront recouvert l'horreur de ce champ de carnage où la brutalité des éléments a vaincu l'homme, — l'homme qui porte en lui les dons divins de l'intelligence, de l'amour et de l'espoir.

Par le sentier dévasté, escaladant péniblement les troncs abattus et noircis, cheminent le créole et le nègre, à la recherche du premier coin de terre qu'ils pourront de nouveau fertiliser. Car ainsi va le monde : la mort passe, la vie suit, et rien ne change sur terre. C'est seulement en nous mêmes que, par le perfectionnement moral, quelque chose peut progresser, qui nous fait meilleurs, plus forts, plus grands — et plus heureux.

**

S'il y a un enseignement à tirer des récits que contiennent ce livre, c'est que, de la première à la dernière des catastrophes ici racontées, le même drame se poursuit, immuable, en ce monde.

Au début du xxe siècle les mêmes scènes se renouvellent qui se déroulèrent, déjà, vingt siècles et beaucoup plus, avant notre ère.

Le navigateur a remplacé les coques de bois par les carcasses de fer, la voile par la vapeur, l'étoile par la boussole; et l'homme croit avoir maîtrisé les flots, dompté les vents, vaincu l'espace. Un jour, la terre s'entr'ouvre, le vent se lève, la mer se gonfle : l'homme est détruit, englouti. Heureux quand, dans ces heures d'épouvante, la primitive sauvagerie ne vient pas, remontée à son cerveau de civilisé, ajouter à l'effroi de la tempête ou du cataclysme l'horreur des plus atroces lâchetés.

A quoi servent à l'homme, dans ces instants terribles, les découvertes et les inventions dont il s'enorgueillit? Que peut-il de matériellement efficace contre le jeu des éléments et la volonté du Destin? Il ne peut rien; il est vaincu d'avance.

Mais, du moins, par l'esprit et le cœur, il a la ressource d'échapper à l'étreinte du sort, s'il a su élever son esprit et fortifier son cœur.

Ainsi fait le véritable marin qui triomphe, comme ce livre le montre, jusque dans sa défaite, en succombant sous le vaste ciel, la sérénité dans les yeux, l'héroïsme dans l'âme, parce qu'il a conscience de la puissance de la Nature et du Destin et qu'il a, tout de même, travaillé, peiné, lutté, tant qu'il a pu, sans rien craindre, ni sans désespérer du sort.

Et c'est là la suprême sagesse.

APPENDICE

Les Grands Naufrages de la Marine de Guerre

Où sont-ils les marins sombrés dans les nuits noires ?
O flots ! Que vous savez de lugubres histoires,
Flots profonds, redoutés des mères à genoux !

(VICTOR HUGO.)

DE 1270 A 1902 — avant cette première date aucun document précis ne renseigne sur les Naufrages de notre Marine de Guerre — la France, dit l'*Almanach du Drapeau* de 1903, a perdu sur les flots, par l'eau, le feu ou l'explosion, plus de 140 Navires, soit 20 ou 25 Bâtiments de Guerre de modèles anciens indéterminés, 57 Vaisseaux, 2 Galères, 26 Frégates, 8 Corvettes, 2 Cutters, 10 Transports, 3 Avisos, 6 Bricks, 4 Goélettes, 1 Batterie cuirassée, 2 Torpilleurs et 1 Contre-torpilleur.

Si l'on veut avoir une idée de la valeur marchande des flottes ainsi anéanties, on peut l'évaluer à 300 millions, mais cette estimation est forcément arbitraire.

Quant aux existences humaines — plus de 50 000 — dévorées par la Mer en furie, qui en dira le prix ?

Nos NAVIRES de GUERRE NAUFRAGÉS en SEPT SIÈCLES

DATE	LIEU DU SINISTRE	NOM DU NAVIRE	NOM DU COMMANDANT	NATURE DU SINISTRE
1270	Sicile	Une partie de l'Escadre de saint Louis dont 18 grandes nefs.	CH. D'ANJOU	L'escadre ramenant les troupes françaises qui venaient d'échouer devant Tunis, après la mort de saint Louis, est en partie détruite par un ouragan dans la rade de Trapani.
1380	Manche	*Sibylle*, corvette.	GILBERT DE FRETUN	Touche sur un rocher après un glorieux combat contre plusieurs nefs anglaises et disparaît corps et biens.
1533	Rade du Havre	*Le Philippe*, vaiss.	Aal ANNEBAUT	Incendie accidentel. Equipage englouti. François Ier, qui est à bord pour inspecter le navire, est sauvé avec ses courtisans.
1565	Floride	3 nefs de guerre	JEAN RIBAUT	Après le naufrage un millier de soldats et de marins français sont massacrés par les Espagnols, au mépris du droit des gens.

DATE	LIEU DU SINISTRE	NOM DU NAVIRE	NOM DU COMMANDANT	NATURE DU SINISTRE
1625	Devant La Rochelle.	La Vierge, vaiss..	C^{ne} DE LAUNAY	Protestant attaqué par 4 navires catholiques, se fait sauter avec eux.
1641	Devant Naples	Le Lion, vaisseau.	C^{or} DE MONTADE	Incendié au moment où il vient de prendre le vaisseau-amiral ennemi, brûle avec lui.
1642	Devant Barcelone	Le Galion de Guise, vaisseau.	A^{al} DE CANCÉ	Incendié accidentellement après le combat.
1669	Bomb^t de Candie..	La Thérèse, galère.	C^{ne} D'HECTOT	Explosion. Perte de tout l'équipage.
1673	Devant Lisbonne	Le Jules, vaisseau.	C^{ne} REYNIER	Perdu corps et biens avec son équipage.
1677	Dev. Civita Vecchia.	L'Heureuse, gal..	N	Explosion. Perte de tout l'équipage.
1677	Attaque de Tabago..	L'Intrépide, vaiss. Le Glorieux, — Le Précieux, —	C^{nes} GABARET ET DE L'HEZINE.	Ces 3 vaisseaux prennent feu et sautent avec 7 navires hollandais.
1678	Devant Curaçao	L'Esc. des Antilles, soit 17 vaiss	A^{al} D'ESTRÉES	Par l'impéritie des pilotes toute l'escadre se jette sur les roches d'Aves. Les équipages sont sauvés.
1679	Devant Belle-Isle	Le Sans-Pareil... Le Conquérant, v.	C^{ne} DE BÉRULLES... C^{ne} DE VILLIERS	Perdus dans une tempête avec leurs 1400 hom. d'équipage.
1680	Saint-Domingue	La Belle, frégate.	C^{ne} DE QUINCÉ	Perdue corps et biens avec l'équipage.
1692	Dunkerque	La Serpente, frég.	C^{ne} JEAN DOUBLET	S'échoue avec une prise en entrant à Dunkerque. 101 hommes se noient.
1697	Détr. de Gibraltar	Le Fougueux, vais.	C^{ne} D'AMFREVILLE	Perdu corps et biens avec l'équipage.
1698	La Manche	L'Adroit, vaiss..	C^{ne} DE SÈVE	Saute avec un navire anglais qu'il vient de prendre.
1704	Raz de Sein	St-Michel, vais..	C^{ne} DE RYBEYRETTE	Ayant manqué un virement de bord, se crève sur un rocher. Quelques hommes seulement se noient.
1709	Ouessant	Le Bristol, vaiss..	C^{ne} DE SABREVOIS	Ex-navire anglais ramené par les Français, mais si éprouvé par le combat qu'il coule avec tout l'équipage.
1711	Açores	Le Magnanime, vaisseau Le Fidèle, vaiss..	C^{ne} DE COURSEVAC.. C^{ne} LA MOINERIE	Ces deux vaisseaux, de l'escadre de Duguay-Trouin rentrant victorieuse après la prise de Rio-de-Janeiro, disparaissent dans un coup de vent avec leurs 1600 hommes.
1711	Rade de Brest	L'Acis, frégate	C^{ne} LA BOILARDERIE.	Défaut de stabilité. Chavire en rade avec tout son équipage et plusieurs personnes de qualité de la ville de Brest.
1713	Mer des Indes	Le Fendant, vaiss.	C^{ne} DE ROQUEMADOR.	Perdu corps et biens avec son équipage.

DATE	LIEU DU SINISTRE	NOM DU NAVIRE	NOM DU COMMANDANT	NATURE DU SINISTRE
1718	Chypre	*La Parfaite*, frég.	C^{ne} DE NANGIS	Perdue corps et biens.
1725	Louisbourg	*Chameau*, corv.	C^{ne} DE ST-JAMES	Perdue corps et biens.
1729	Québec	*Éléphant*, vais.	C^{ne} DE VAUDREUIL	Se crève sur un banc en changeant de mouillage. Tout le monde est sauvé.
1739	Ouessant	*L'Atlas*, vaisseau.	C^{ne} DE SOREL	Se jette sur les roches. 690 hommes sur 700 d'équipage ont la fièvre jaune et le vaisseau coule faute de manœuvre. 80 victimes.
1741	Côtes du Portugal	*Le Bourbon*, vais.	C^{ne} DE BOULAINVILLIERS.	Depuis le départ des Antilles ce navire a une grosse avarie. Au bout de 40 jours il coule avec 560 hommes au moment où on mettait les chaloupes à la mer.
1742	Algérie	*Sibylle*, corvette.	C^{ne} DE CASTILLON	Touche sur un rocher et disparaît avec tout son équipage, sauf 39 h.
1745	Rade de Brest	*Le Fleuron*, vaiss.	C^{ne} DESGOUTTES	Incendie accidentel. Brûle devant toute l'escadre, impuissante à arrêter le feu. 12 victimes.
1745	Ile d'Aix	*Éole*, vaisseau	C^{ne} DE JULIEN	340 hommes de l'équipage étant alités, le vaisseau s'échoue et se crève, faute de pouvoir manœuvrer.
1746	Chandernagor	*Insulaire*, frég.	C^{ne} DE LA BAUME.	7 ou 8 hommes seulement échappent à la mort sur un équipage de 200 hommes, la frégate s'étant échouée dans le Gange.
1746	Mer des Indes	*Duc d'Orléans*, fr.	C^{ne} DE CHAMPLAIN	Se perd corps et biens, 10 hommes seulement sur 250 sont sauvés.
1746	Mer des Indes	*Marie-Gertrude*, frégate.	X	Se perd corps et biens.
1759	Devant Quiberon	*Le Thésée*, vaiss.	C^{ne} DE KERSAINT	Pendant la bataille de Quiberon, chavire dans une rafale, en virant de bord : 20 hom. seulement sur 550 échappent à la catastrophe.
1759	Devant Quiberon	*Le Juste*, vaiss.	C^{ne} DE SAINT-ALLOUARNE.	Après la défaite de Quiberon, se jette sur un banc à l'entrée de la Loire et disparaît avec 600 hommes sur 700 composant son équipage.
1762	Saint-Domingue	*Dragon*, vaisseau.	C^{ne} DU DRESNAY DES ROCHES.	Touche sur une roche en entrant dans la rade du Cap et ne peut être renfloué. Une quarantaine d'hommes se noient pendant le sauvetage.

DATE	LIEU DU SINISTRE	NOM DU NAVIRE	NOM DU COMMANDANT	NATURE DU SINISTRE
1762	Ile de Moganne	Opale, frégate	C^{ne} d'Oisy	S'échoue en voulant doubler l'île. Tout le monde est sauvé malgré un dangereux et dramatique sauvetage.
1762	P^{te} de Penmarck	Barbue, flûte	C^{ne} de Cramahé	Démâtée par l'ouragan, elle est drossée sur les roches de Penmarck où elle manque de se perdre corps et biens.
1762	Côtes d'Angleterre	Zénobie, frégate	C^{ne} Desages	Perdue corps et biens.
1773	Ile de France	Mars, vaisseau	C^{ne} B. de Marigny	Est incendié par la faute d'un calfat.
1777	Ile Bourbon	Hippopotame, flûte	C^{ne} de Fayard	Pris dans une accalmie et poussé par une houle énorme, est jeté à la côte : 1 officier et 2 hommes se noient.
1777	Ile Bourbon	Laverdy, flûte	C^{ne} de Trémigon	Se perd dans les mêmes circonstances que le navire précédent.
1779	Antilles	X.... goélette	C^{ne} de Guernizac	Perdue corps et biens.
1779	Antilles	L'Alerte, cutter	C^{ne} de Capellis	Disparu.
1780	La Martinique	La Diane, frégate	C^{ne} de Chambertrand	Perdue corps et biens.
1780	Devant Sein	La Charmante, fr.	C^{ne} de Mingo	Perdue corps et biens. 200 victimes.
1780	Antilles	Combel, goélette	C^{ne} de Goisbriant	Disparue corps et biens.
1780	Brest	Couronne, vais	X	Incendié par accident dans le port.
1781	Granville	Le Mesnil, frég.	C^{ne} Duclos-Gayot	La frégate est mise en pièces sur les rochers de la côte. L'équipage n'échappe que par miracle à la mort.
1781	Les Glénans	Vénus, frégate	C^{ne} G. de Belizal	Aucune victime.
1781	Saint-Domingue	L'Inconstante, fr.	C^{ne} de Longueval	Sautent avec une grande partie de leur équipage.
		L'Intrépide, vaiss.	C^{ne} Duplessis	
1781	La Dominique	Le César, vaiss.	N	Vaisseau pris par les Anglais, contenant 400 prisonniers et blessés français, fait explosion.
1782	Boston	Vigilant, vais.	C^{ne} de Macarty	Ce vaisseau s'était perdu par la faute d'un pilote américain, les États-Unis offrirent un vaisseau en échange, à la France.
1782	Saint-Domingue	Scipion, vaisseau	C^{ne} de Grimouard	Ce navire, poursuivi par une division anglaise, lui échappe en se réfugiant dans une baie, où, malheureusement, il se brise sur une roche, juste au moment de jeter l'ancre.
1783	Côte de Curaçao	Bourgogne, vais.	C^{ne} de Champmartin	Ce vaisseau se perd par suite de l'insuffisance des cartes. 10 officiers de terre ou de mer et 70 hommes se noient pendant le sauvetage.

DATE	LIEU DU SINISTRE	NOM DU NAVIRE	NOM DU COMMANDANT	NATURE DU SINISTRE
1783	Saint-Domingue	*Dragon*, corvette	C^{ne} de l'Espine	Poursuivi par une escadre anglaise, M. de l'Espine jette son navire à la côte et l'incendie.
1784	Ile de Ré	*Adour*, flûte	C^{ne} du Clot	Aucune victime.
1784	Brest	*Sylphide*, gab.	C^{ne} d'Allemand	Manque à virer de bord et se crève sur une roche.
1785	Audierne	*Clairvoyant*, corv.	C^{ne} de Segonzac	Démâtée par un coup de vent, est poussée sur les roches d'Audierne où elle se brise.
1788	Mers du Sud	*Pénélope*, frégate.	C^{ne} S. de Bras	1 officier et 11 hommes se noient.
1788	Océan Pacifique	*La Vénus*, frégate.	C^{ne} de Thanouarn	Disparue.
1788	Récifs de Vanikoro	*L'Astrolabe*, frég. *La Boussole*, frég.	A^{al} de La Pérouse	Perdues corps et biens. 500 victimes.
1793	Quiberon	*Bellone*, frégate	C^{ne} Bien	Aurait pu être relevée. L'équipage, entraîné par les meneurs révolutionnaires, refuse de travailler.
1793	Goulet de Brest	*Le Républicain*, vaisseau.	C^{ne} Van Dongen	En appareillant, touche sur la roche Mingan et coule quelques instants après. Quelques hommes seulement furent noyés.
1794	Port de Livourne	*Le Scipion*, vaiss.	C^{ne} de Goy	Incendie qui dura 6 heures. 150 hommes d'équipage refusent de quitter le vaisseau et sont engloutis avec leur capitaine.
1795	Devant Fréjus	*L'Alcide*, vaisseau.	C^{ne} Leblond-Saint-Hilaire.	Saute pendant le combat. La Convention décrète que la veuve du Capitaine mort à son poste, donnera le nom d'Alcide à l'enfant qu'elle va mettre au monde.
1795	Côte de Brest	*Le Neptune*, vais.	C^{ne} Tiphaine	Coule par suite d'avaries avec 50 hommes d'équipage.
1795	Golfe de Gascogne	*Le 9 Thermidor*, vaisseau.	C^{ne} Doré	Faisaient partie de l'escadre de Brest. Sont démolis par la mer. Leurs équipages sont sauvés à grand'peine.
1795	Id.	*Le Scipion*, vais.	C^{ne} Huguet	
1795	Id.	*Le Superbe*, vais.	C^{ne} Colomb	
1795	Tréguier	*Assemblée nationale*, corvette.	C^{ne} Courouge	Poursuivie par un vaisseau anglais, se jette à la côte en fuyant. Le commandant et 14 h. se noient.
1795	Atlantique	*Méduse*, frégate	C^{ne} Constantin	Coule par vétusté. L'équipage est recueilli par l'*Insurgente*.
1796	Irlande	*Impatiente*, frég.	C^{ne} Deniau	Jetées à la côte dans la baie de Bautry. Une partie de leurs équipages sont faits prisonniers.
1796	Irlande	*Surveillante*, frég.	C^{ne} Bernard	

DATE	LIEU DU SINISTRE	NOM DU NAVIRE	NOM DU COMMANDANT	NATURE DU SINISTRE
1796	Arcachon	Andromaque, fr.	C^{ne} Morel	Se jette à la côte pour échapper aux Anglais, 20 hommes noyés.
1796	Raz de Sein	Séduisant, vais.	C^{ne} Dufossey	Se brise sur une roche avec une grande partie de son équipage.
1797	Cattégat	Courageux, aviso.	C^{ne} Defraye	Saute pendant un combat. Le capitaine et 40 hommes périssent.
1797	Baie d'Audierne	Les Droits de l'Homme, vaiss.	C^{ne} Lacrosse	Ce navire, après un vigoureux combat contre les Anglais, où il a perdu 260 hommes, coule sous la tempête, engloutissant encore 217 matelots et soldats.
1798	Antilles	Agile, goélette	C^{ne} La Marillière	Chavire dans un grain et disparaît avec la plus grande partie de son équipage.
1798	Aboukir	L'Orient, vais. am^l.	A^{al} Brueys	Saute pendant la bataille, engloutissant 900 personnes.
1798	Alexandrie	Anémone, côtre.	C^{ne} Garibou	10 hommes, dont un général, passager, sont massacrés par les Arabes.
1799	Ile de France	Preneuse, frég.	C^{ne} l'Hermite	S'échoue au moment où poursuivie par 2 vaisseaux anglais elle allait leur échapper. Malgré cela livre un brillant combat.
1799	Sur le Nil	L'Italie, djerme.	C^{ne} Morandi	Entourée par une nuée de barques arabes, se fait sauter plutôt que de se rendre.
1799	Raz de Sein	Le Brûle-Gueule, corvette.	C^{ne} Fréland	Perdu corps et biens.
1800	Flessingue	Carmagnole, frég.	C^{ne} Hubert	Perdu corps et biens.
1802	Algérie	Banel, vaisseau	C^{ne} Callamand	Se jette par temps de brume sur le cap Ténès. 500 hommes sur 900 se noient ou sont massacrés par les Arabes.
1802	Atlantique	Fraternité, frég.	C^{ne} Bernard	Perdue corps et biens.
1802	Saint-Domingue	Desaix, vaisseau	C^{ne} Christy-Pallière	Est jeté à la côte pour ne pas tomber entre les mains des Anglais.
1803	Cap Finistère	Bayonnaise, corv.	C^{ne} Plassan	Naufragée au cap Finistère, puis brûlée.
1805	Cadix	Achille, vaisseau	C^{ne} Deniéport	Se perd après la bataille de Trafalgar.
1805	Trafalgar	L'Indomptable, vaisseau.	C^{ne} Hubert	Échappé à la bataille, il se brise sur les roches, engloutissant 1 200 h.
1806	Dovenson	Malicieuse, corv.	C^{ne} Boissey	Se jette à la côte pour ne pas tomber entre les mains des Anglais.
8106	Saint-Domingue	Phaéton, corv.	C^{ne} Sauls	
	Calais	Dorothée, canon.	C^{ne} Carteau	Est jetée à la côte par le mauvais temps.

DATE	LIEU DU SINISTRE	NOM DU NAVIRE	NOM DU COMMANDANT	NATURE DU SINISTRE
1806	Saint-Domingue	Impérial (ex-Vengeur), vais.	C^{ne} Le Bigot	Est jeté à la côte puis brûlé pour ne pas tomber entre les mains des Anglais.
1808	Ile de France	Hermione, frég.	C^{ne} Mahé	Jeté à la côte.
1808	Sables-d'Olonne	Cygne, corvette	C^{ne} Trobriant	
1809	Guadeloupe	Seine, flûte	C^{ne} V. de Comorre	Jetée à la côte par le mauvais temps.
1809	Rochefort	Tonnerre, vais.	C^{ne} de la Roncière	Affaire des brûlots de l'île d'Aix.
1809	Id.	Aquilon, vais.	C^{ne} Manigon	Id.
1809	Id.	Calcutta, vais.	C^{ne} Lafond	Id.
1809	Id.	Indienne, frég.	C^{ne} Epron	Id.
1809	Id.	Cybèle, frégate	C^{ne} Cocault	Se jette à la côte après une belle défense.
1809	Méditerranée	Le Cerf, transport	C^{ne} Laporte	Disparu.
1812	Chioggia (Italie)	La Flore, frégate	C^{ne} Lissilour	Perdue corps et biens.
1812	Rade de Trieste	La Danaé, frégate	C^{ne} Villon	Saute, sans que l'unique survivant, devenu fou, puisse l'expliquer.
1816	Banc d'Arguin	La Méduse, frég.	De Chaumareys	Se brise sur les roches. Scènes d'horreur entre les passagers réfugiés sur un radeau.
1817	Côtes du Sénégal	Le Serein, aviso	C^{ne} Chair	Perdu corps et biens.
1817	Saint-Domingue	Alouette, gab.	C^{ne} Rigodit	Se perd en entrant au Cap-Français.
1817	Martinique	Caravane, flûte	C^{ne} de Hergrist	Est jetée à la côte par un cyclone. 1 officier et 8 hommes se noient.
1820	Iles Malouines	Uranie, corvette	C^{ne} de Freycinet	Se perd en relâchant sur un récif inconnu.
1822	Nouvelle-Écosse	Africaine, frég.	C^{ne} Epron	Se perd sur l'Ile du Sable par brume. 6 hommes noyés.
1823	Côtes de Portugal	Cornaline, frég.	C^{ne} Lettré	Jetée sur le cap La Roque par le mauvais temps. 5 officiers et 140 hom. se noient.
1823	Minorque	Levrette, goélette	C^{ne} Lefèvre	1 officier et 10 hommes périssent.
1827	Mers du Levant	La Lamproie, brick.	Ens. Bisson	Sur le point d'être pris par les Turcs, Bisson se fait sauter avec eux.
1829	Ile Bourbon	Turquoise, goél.	C^{ne} Marion	Perdue corps et biens.
1830	Côte d'Algérie	Aventure, brick	C^{ne} d'Assigny	Se jettent en même temps à la côte par brume. La moitié des états-majors et des équipages sont massacrés par les Arabes.
1830	Id.	Silène, brick	C^{ne} Bruat	
1832	Levant	Truite, flûte	C^{ne} Tessain	Se jette sur les roches du port de Mandry.
1833	Cherbourg	Résolue, frégate	C^{ne} Lemaitre	
1833	Archipel Grec	Superbe, vais.	C^{ne} d'Oysonville	Est jeté par la tempête sur les roches de Paros. 8 hommes sont noyés.
1833	Groënland	La Lilloise, can.	Lt de Blosseville	Disparue.
1834	Iles d'Hyères	Marsouin, brick	C^{ne} de Clapernon	Se jette à la côte en manquant de virer de bord.
1834	Bône	Rusé, brick	C^{ne} Pierre	Est jeté à la côte en même temps que 6 navires de commerce.

DATE	LIEU DU SINISTRE	NOM DU NAVIRE	NOM DU COMMANDANT	NATURE DU SINISTRE
1835	Côte d'Algérie	Salamandre, corvette.	C^{ne} Duparc	Quelques hommes sont blessés par les Arabes.
1835	Atlantique	Le Fabert, brick.	C^{ne} Pardeilhan	Disparu.
1836	Cette	Rhône, flûte	C^{ne} Fournier	Ce naufrage donna lieu à un sauvetage émouvant.
1840	Philippines	Magicienne, frég.	C^{ne} Roy	Se perd par erreur des cartes.
1841	Id.	La Vedette, canon.	Lt Huché de Cintré.	Disparue.
1841	Archipels Grecs	Algérie, corvette	C^{ne} Gatier	Perdue avec 60 hommes.
1842	Atlantique	Le Dunois, brick.	C^{ne} Vrignaud	Disparu.
1845	Côtes du Maroc	Groënland, corv.	C^{ne}	Plusieurs hommes sont tués ou blessés par les Arabes.
1842	Id.	Le Papin, brick.	C^{ne} Fleuriot	Perdu avec 80 personnes.
1845	Rade de Brest	La Doris, goélette.	C^{ne} Lemoigne	Chavirée avec la moitié de l'équipage au moment où elle rentrait au port après une campagne de 4 ans.
1845	Madagascar	Colibri, brick	C^{ne} Orcel	Perdu corps et bien avec tout son équipage.
1846	La Réunion	Le Berceau, corv.	C^{ne} Gout	Entraînée par un cyclone.
1846	Nouvelle-Calédonie	Seine, corvette	C^{ne} Leconte	L'équipage campe pendant 2 mois au milieu de tribus sauvages sans perdre un homme.
1846	Oyapok	Éridan, aviso	C^{ne} d'Alteyrac	Se perd en descendant la rivière de Cayenne.
1847	Sénégal	Caraïbe, corvette.	C^{ne} Cosnier	23 hommes sont noyés.
1847	Corée	Gloire, frégate / Victorieuse, corv.	C^{ne} Lapierre / C^{ne} Rigault de Genouilly.	Ces deux bâtiments, engagés dans des récifs inconnus, n'eurent pas le temps de virer de bord et s'échouèrent. Les équipages purent être sauvés.
1848	Méditerranée	Cuvier, frégate	C^{ne} Aubry-Bailleul	Est incendiée par la combustion spontanée du charbon. Belle conduite de l'équipage.
1854	Mer Noire	Pluton, aviso	C^{ne} Fisquet	Sont jetés à la côte devant Sébastopol par un coup de vent. Les équipages sont sauvés.
1854	Id.	Henri IV, vais.	C^{ne} Jehenne	
1855	Détr. de Bonifacio	La Sémillante, fr.	C^{ne} Jugan	Brisée sur les roches. 700 personnes noyées.
1861	Chine	L'Étincelle, can.	Lt Hamon	Disparue.
1868	Annam	Le Monge, corv.	C^{ne} Charlemagne.	Disparue dans un typhon.
1869	En vue de Brest	La Gorgone, corv.	Lt Mage	Brisée sur les roches.
1874	Toulon	Magenta, cuir.	C^{ne} Galiber	Brûle et saute en rade. 6 hommes disparaissent.
1875	Iles d'Hyères	Forfait, aviso	C^{ne} Vivielle	Est abordé par le cuirassé Reine-Blanche et coule. Tout le monde est sauvé.
1879	Rade d'Hyères	L'Arrogante, batterie cuirassée.	Le plus ancien officier présent à bord.	Jetée à la côte par coup de vent. 80 victimes dont les 5 officiers du bord.

DATE	LIEU DU SINISTRE	NOM DU NAVIRE	NOM DU COMMANDANT	NATURE DU SINISTRE
1884	Groix	*Bièvre*, transp.	C^{ne} ADAM	Se crève sur une roche dans les Courcaux de Groix.
1885	Madagascar	*Oise*, transport.	C^{ne} THIERRY	Est jeté à la côte par un cyclone. 1 officier et une dizaine d'hommes sont noyés.
1885	Golfe d'Aden	*Renard*, aviso	C^{ne} LAFFON DE LADEBAT.	Disparu dans un cyclone.
1889	Cap de Barfleur	*Torpilleur 110*	Lt VILLERS MORIAMÉ.	Disparu dans un coup de vent.
1893	Madagascar	*Labourdonnais*, aviso.	C^{ne} VUILLAUME	Jeté à la côte dans un cyclone. 22 victimes.
1895	Rade des Trousses	*Torpilleur 20*	Ens. SAUVIRON	Chaviré.
1900	Cap Saint-Vincent	*La Framée*, contre-torpilleur.	L^t DE MAUDUIT DU-PLESSIX.	Abordé par un cuirassé, coulé avec 53 personnes.
1900	Japon	*La Caravane*, transport.	Lt DIACRE	Abordé par un transport japonais, coulé au bout de quelques minutes. L'équipage a le temps de se réfugier à bord du navire japonais. Mais l'officier en second et 2 hommes sont tués par la chute d'un mât.

Explication de quelques Termes Maritimes employés dans ce Livre

Quel que soit le soin que nous ayons pris de rédiger les naufrages rapportés dans ce livre en évitant l'abus des expressions techniques, il était impossible, sous peine d'enlever aux récits leur couleur maritime, de ne pas employer quelques-uns des termes habituels aux marins. La plupart de ces termes, d'ailleurs, sont entrés dans le langage courant.

Si, cependant, certains mots spéciaux déroutaient le lecteur, il trouverait ci-dessous l'explication des expressions dont il pourrait ignorer le sens.

AFFOURCHER. — Laisser tomber les deux ancres.

AIRE DE VENT. — Direction du vent prise sur le compas. On dit *aire de vent du compas*.

APPAREILLAGE. — Départ d'un bâtiment amarré.

ARMEMENT. — Installation d'un navire sortant de l'arsenal pour prendre du service actif.

BABORD. — Côté *gauche* du bâtiment. (Indication prise de l'arrière à l'avant.)

BARRE. — La roue de manœuvre du gouvernail.

BORDÉE. — Division de l'équipage d'un bâtiment. — Ensemble de coups de canon tirés d'un même bord.

BOSSER. — Retenir une *manœuvre* ou une chaîne au moyen d'un cordage appelé « bosse ».

BOSSOIRS. — Pièces de fer ou de bois placées à l'avant, débordant le bâtiment et servant au soutien des mouvements de l'ancre.

BRANLE-BAS. — Lever et coucher de l'équipage. — Signal du combat.

CAMBUSE. — Magasin aux vivres.

CAP. — Direction du navire d'après le compas.

CAPE (Être à la). — Se maintenir avec le bâtiment tout près du lit du vent par les gros temps, en dérivant surtout par le travers.

CARGUER. — Serrer la voile roulée contre sa vergue.

CARRÉ. — Salon. Salle à manger des officiers. Il existe deux carrés à bord des cuirassés, celui des officiers supérieurs et celui des lieutenants et enseignes. Le carré des aspirants est un *poste*.

CHARNIER. — Récipient contenant la provision d'eau attribuée à l'équipage pour la journée.

CHASSER. — Au mouillage, glisser sur les ancres qui dérapent.

COMPAS ou BOUSSOLE. — *Régler ses compas* consiste à faire les corrections nécessaires pour que l'aiguille aimantée donne le Nord.

COQUE. — Corps même du bateau, partie qui porte les passagers et la cargaison.

CORPS-MORTS. — Grosses bouées mouillées à poste fixe au moyen de fortes ancres. On les emploie de deux façons : ou l'on s'y amarre à leurs anneaux, ou l'on relie leurs chaînes aux chaînes d'ancre du fond.

COUPÉE. — Palier de l'échelle donnant accès sur le bâtiment.

COURIR (*à*). — Expression qui signifie faire au plus vite.

DALOTS. — Ouvertures au ras du pont dans le bordage pour l'écoulement des eaux.

DÉRIVE. — Angle dû au vent formé par le sillage de l'axe du bâtiment.

DROSSE. — Cordage reliant la barre au gouvernail.

DROSSER. — Subir la poussée des courants ou du vent malgré soi.

ÉCOUTILLE. — Ouverture au ras du pont donnant accès à l'intérieur et fermée par un couvercle mobile appelé *panneau*.

ÉCUBIERS. — Orifice de sortie des chaînes à l'avant. A l'arrière ce sont des *écubiers de remorque*.

ÉTAMBOT. — Partie de la coque qui se relève à l'arrière.

ÉTRAVE. — Partie de la coque qui se relève à l'avant.

ÉVITER. — Se dit d'un bâtiment qui tourne bout pour bout.

FILER (*la chaîne*). — Laisser échapper la chaîne.

FOC. — Voile triangulaire non enverguée établie à l'avant du navire sur le mât de beaupré.

GABIERS. — Matelots de manœuvre.

GAILLARD. — Partie dominant le pont supérieur dans un navire et dite, à l'avant, *gaillard d'avant*, ou simplement *gaillard* ; à l'arrière, *gaillard d'arrière*, ou dunette.

GRELINS. — Cordages moins gros que les câbles.

HAUBANS. — Cordages de manœuvres, le plus souvent en fil de fer.

HUNE. — Plate-forme à claire-voie, environ à mi-hauteur d'un mât.

JARDIN. — Partie d'un bâtiment à roues placée dans les tambours près des roues.

Laisser porter. — Gouverner un bâtiment de manière à éloigner son axe du lit du vent.

Larguer. — Synonyme de « lâcher ».

Ligne de file. — Dans les évolutions de bâtiments, l'ordre le plus simple, les navires étant l'un derrière l'autre.

Ligne de front. — Ordre où les navires sont placés à côté l'un de l'autre.

Lit du vent. — Direction du vent.

Loch. — Instrument qui permet de vérifier la vitesse de marche.

Loffer. — Gouverner de manière à rapprocher le bâtiment, l'axe dans le lit du vent.

Mat d'Artimon. — A l'arrière sur un trois-mâts ; *mât de beaupré*, placé à l'avant du bateau dans une position voisine de l'horizontale ; *grand mât*, au milieu sur un trois-mâts ; *mât de misaine*, à l'avant.

Mille. — Mesure marine, 1852 mètres. Cette longueur équivaut à une minute d'arc, et dès lors il est plus facile de placer le bâtiment sur la carte lorsqu'on a fait le point.

Mouiller. — Laisser tomber l'ancre. S'arrêter.

Nœuds. — Sur la ligne du loch sont des nœuds. Autant il en coule dans la main du timonier qui jette le loch à la mer dans un temps donné, autant de milles à l'heure.

Passerelle. — Construction centrale dominant le pont où se tiennent l'officier commandant de manœuvre et l'homme de barre.

Pavillons. — Les signaux divers.

Pavois. — Décoration des jours de fête.

Point (*Faire le*). — Déterminer la position du navire sur la carte.

Portemanteaux. — Potences en fer soutenant les embarcations de sauvetage à bord des navires.

Quart. — Division du jour pour le service, en six parties de quatre heures chacune.

Quille. — Pièce principale de la coque, qui s'étend horizontalement, ou à peu près, dans toute la longueur des fonds du navire.

Raguer. — Toucher le fond en continuant d'avancer.

Rencontrer. — Redresser ou changer la barre.

Ris (*prendre un ou plusieurs*). — Diminuer l'action d'une voile en réduisant plus ou moins la surface exposée au vent.

Role. — Tableaux déterminant à bord le service de chacun.

Salut. — Amener trois fois le pavillon à mi-drisse.

Servo-moteur. — Petite machine à vapeur ou électrique actionnant le gouvernail sur certains bâtiments importants.

Stopper. — Arrêter la machine.

Timoniers. — Matelots chargés des signaux, des montres, de la transmission des ordres.

Tirant d'eau. — Fractions de mètre ou mètres du bâtiment plongeant dans l'eau.

Tonnage ou Jauge. — Évaluation du volume intérieur d'un bâtiment.

Tribord. — Côté *droit* du bâtiment. *(Indication prise de l'arrière à l'avant.)*

Venir sur un bord. — Tourner de ce côté.

Vent (*Être sous le*). — Être au côté opposé à celui d'où souffle le vent.

Vergue. — Pièce de bois, plus ou moins voisine de l'horizontale, soutenant une voile.

Le Bureau Veritas

Il n'est pas, aujourd'hui, de sinistre en mer à propos duquel il ne soit question du *Bureau Veritas* et des renseignements maritimes donnés par cette administration sur le navire en danger ou perdu. Quotidiennement, dans les journaux, dans les publications maritimes, on lit ces mots : le *Bureau Veritas* estime... le *Bureau Veritas* certifie... le *Bureau Veritas* fait connaître... — et, sauf les spécialistes des choses de la mer, bien peu de gens savent au juste quelle est la raison d'être, l'utilité, l'importance du *Bureau Veritas*, institution d'intérêt universel.

∴

Dans le Londres du xviie siècle, aux ruelles noires et tortueuses, un cabaret était entre tous renommé et fréquenté.

C'était celui d'Edward Lloyd, où, proche la Tamise, les clients s'assemblaient pour traiter d'affaires plus que pour déguster les bières et les spiritueux du comptoir à l'entablement de chêne sculpté.

Le soir, les armateurs cossus, les capitaines de vaisseau à l'habit flambant neuf, les assureurs au gilet barré de la grosse chaîne d'or s'y donnaient rendez-vous. Et, par les châssis encastrés dans la muraille épaisse, à travers les vitraux étoilés de culs de bouteilles, les rayons du couchant enflammaient de colorations ardentes et de teintes imprévues ces larges et placides visages de négociants, ces figures énergiques de marins.

Sur les tables, entre les pichets et les bols d'ale ou de gin, des feuillets manuscrits circulaient, que chacun consultait avec intérêt. Sur ces listes, tôt jaunies par les doigts qui les froissaient tour à tour, des noms de navires étaient inscrits, — et chaque désignation était suivie de renseignements sur l'âge, les états de service, la solidité du bâtiment nommé ; le tout formant un *état civil* du navire, détaillé et complet.

Ainsi les armateurs apprenaient la valeur du vaisseau qu'ils voulaient acheter, les assureurs savaient jusqu'à quel point ils pouvaient s'engager, enfin les capitaines connaissaient les qualités et les défauts de tel ou tel bâtiment nouveau.

Ce cabaret d'Edward Lloyd est le premier en date des bureaux créés dans le but de donner une classification générale de tous les navires de commerce et de plaisance qui sillonnent les mers, — bureaux dont les deux plus considérables sont : à Londres, le *Lloyd's Register of Shipping* et, à Paris, le *Bureau Veritas*.

Celui-ci, qui nous intéresse plus particulièrement, fut fondé à Anvers le 1er juillet 1828, sous la dénomination modeste de *Bureau des Renseignements pour les Assurances maritimes* — qu'il changea l'année suivante contre celle de : *Bureau Veritas*, en même temps qu'il commença à publier un Registre annuel.

En 1832, lors du bombardement d'Anvers, le siège de la société fut transféré à Paris ; il y est resté depuis, sauf en 1870. A cette époque, les archives durent être transportées momentanément à Bruxelles. La guerre franco-allemande terminée, tous les services furent de nouveau concentrés à Paris, dans l'immeuble même où les premiers gérants du *Bureau Veritas* l'avaient installé en 1832 : place de la Bourse, n° 8.

Le *Bureau Veritas* s'est fait admettre dans tous les pays. Grâce à l'impartialité de ses appréciations, il a progressivement fait son chemin à travers le continent européen d'abord, puis dans les deux Amériques et dans toutes les colonies européennes. Aujourd'hui, le *Bureau Veritas* est représenté dans plus de 200 districts répartis sur tous les points du globe et comprenant au moins 1500 ports.

On concevra sans peine ce qu'il a fallu de temps et d'efforts pour former un personnel d'experts, aussi nombreux, capables de mériter par leur probité et leur science professionnelle la confiance universelle.

Mais le plus difficile n'était pas d'installer sur tous les points du globe des experts dignes de confiance ; il fallait aussi vaincre la répugnance naturelle que bien des armateurs éprouvaient à laisser visiter leurs navires. Cependant, lorsque l'expérience eut démontré les services que les sociétés de classification pouvaient rendre au commerce maritime, tous les assureurs et chargeurs du monde entier les prirent pour guides de leurs opérations ; à partir de ce jour la nécessité de produire un certificat de cote pour obtenir du fret et de bonnes conditions d'assurance engagea les armateurs soucieux de leurs intérêts à faire visiter et classer leurs navires.

Dès lors, les assureurs bénéficiaient d'une sécurité qui leur avait manqué jusque là, en même temps que les armateurs soigneux de leurs navires avaient l'avantage d'obtenir des primes plus réduites et un meilleur fret.

En 1851, le *Bureau Veritas* reconnut la nécessité de préciser les bases de ses classifications en traçant les règles que devraient suivre, dans leur construction, les navires en bois pour mériter une cote. Vers 1867, il établit des règles pour la construction des navires en fer; peu de temps après, il s'occupa aussi, spécialement, des machines, en stipulant les conditions à exiger des aciers employés, puis édicta d'autres prescriptions visant tous les détails de la construction, de l'armement, etc.

Depuis 1890, le *Bureau Veritas* a été officiellement reconnu comme société de classification par le *Board of Trade* et a reçu de cette institution les pouvoirs nécessaires pour déterminer et marquer la ligne de charge des navires soumis à la loi anglaise.

Il n'est pas inutile d'expliquer en quelques mots le principe de classification du *Bureau Veritas* et la manière dont sont obtenus et contrôlés les renseignements qu'il publie.

Pour les navires en bois, la cote dépend en premier lieu de la nature des essences employées dans la construction, certains bois durs comme le chêne ou le teak, par exemple, ayant une durée supérieure à celle du bouleau et du sapin. La commission de classification tient compte encore de la *salaison* du bois qui en prolonge la résistance, de la qualité des chevilles, enfin de la surveillance exercée pendant la construction. Le navire est alors classé dans un *type* représentant le nombre d'années pendant lesquelles il peut conserver sa valeur primitive moyennant un bon entretien.

Pour les navires en fer, on n'a pas à se préoccuper de la déchéance que le temps produit sur le bois. L'expérience n'a pas encore permis de déterminer d'une façon précise la durée moyenne des constructions métalliques de la marine. Les distinctions à établir ne portent donc que sur la valeur intrinsèque des matériaux utilisés et sur la perfection de la construction.

Enfin, le *Bureau Veritas*, par une lettre annexée à la cote, définit le genre de navigation que le navire peut affronter : petit ou grand cabotage, Atlantique, long cours, navigation de plaisance.

Et par la suite, après chaque visite périodique, chaque passage au bassin sec, chaque avarie, le dossier s'augmente d'une note y afférente, et, au fur et à mesure que, pour une cause quelconque, le navire entre en déchéance, il y a modification de la cote.

C'est le résumé du dossier de chaque unité qui est publié dans le *Registre* et qui sert à renseigner les affréteurs, les chargeurs, les assureurs, et tous ceux qui ont besoin de savoir ce que vaut le navire auquel ils confient leurs intérêts.

Le *Bureau Veritas*, outre la publication de son *Registre*, qui est sa principale raison d'être, fait paraître chaque année, depuis 1870, un *Répertoire général de la Marine marchande* donnant la liste complète de tous les navires de mer à voile et à vapeur du monde entier avec des renseignements descriptifs sommaires : nom du capitaine, de l'armateur, du constructeur, port et année de construction, tonnage, gréement, force motrice, pavillon, lettres de signaux, etc., etc.

Enfin le *Bureau Veritas* publie chaque mois la liste des sinistres maritimes survenus dans toutes les mers. Cette liste ne forme pas, comme on en peut juger, la principale des publications du *Bureau Veritas*, mais elle en est, sans contredit, la plus répandue dans le public. Elle est aussi, au point de vue de ce livre, celle qui nous intéresse.

Elle paraît régulièrement depuis 1866.

Grâce à cette liste, nous avons pu évaluer le nombre et la nature des sinistres survenus jusqu'à l'année 1902 non comprise, depuis 1883, soit donc pendant dix-neuf ans.

De 1883, où 1572 sinistres furent enregistrés — 1572!... que de drames dans ce chiffre ! — jusqu'en 1901, en passant par 1892 qui fut l'année la plus clémente et par 1891 presque aussi terrible que 1883, 23152 navires ont été détruits par suite d'accidents en mer.

La moyenne est environ de 1200 par an ; la cause de perte la plus fréquente est l'échouement, la moins répétée, l'incendie.

1200 ! c'est beaucoup sans doute, mais il faut songer qu'en chiffres ronds, 142000 bâtiments marchands, voiliers et vapeurs, et bateaux de pêche de quelque importance couvrent les mers du globe ; il faut ajouter à ce nombre 1600 navires et torpilleurs des marines de guerre de tous les pays, soit donc, au total, 143600 bâtiments.

Si, dans une année, 1200 disparaissent, c'est presque minime. Sur 119 chances de navigation, cette proportion en donne *une* de perte en mer...

En vérité, les flots et les vents ne sont pas pour nous aussi cruels que notre faiblesse nous le fait croire.

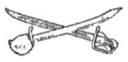

Sources bibliographiques et principaux Ouvrages consultés

J. Barrachin. — *Histoire de la Marine française.*

Chevalier. — *Histoire de la Marine française sous la première République, le Consulat et l'Empire.*

Ch. Deslys. — *Naufrage de la Méduse.*

Desmarquetz. — *Mémoires chronologiques pour servir à l'Histoire de Dieppe et la Navigation française.*

Deperthes. — *Histoire des Naufrages.*

A. Desprez. — *Les Naufrages célèbres.*

Durassier et Valentino. — *Aide-Mémoire de l'Officier de marine.*

Elback. — *Histoire des Naufrages qui ont désolé la Marine française.*

D'Entrecasteaux. — *Voyages.*

Eyriès. — *Histoire des Naufrages.*

Forneron. — *Histoire de Philippe II.*

G. Geslin. — *Expédition de la Jeannette au pôle Nord.*

L. Guérin. — *Les Navigateurs français. — Histoire maritime de la France.*

Hérodote. — *Histoire.*

Hubner (Baron de). — *Incendie du paquebot la France.*

V. Hugo. — *Légende des Siècles.*

R. d'Isle. — *Les Naufrages célèbres du XVIIe siècle à nos jours.*

Joanne. — *Géographie.*

Journaux. — *Journal Officiel, Moniteur de la Flotte, Army and Navy, Journal des Débats, Petit Journal, Éclair, Matin, Times, Daily Telegraph, Heraldd, New-York-Herald.*

Kerguelen. — *Relation des combats et événements de la guerre maritime de 1778.*

La Pérouse. — *Voyage autour du Monde.*

Lerot. — *Récits de Naufrages.*

Loir. — *Livre d'Or de la Marine française.*

Michelet. — *La Mer.*

Ministère de la Marine. — *Archives.*

Parelon. — *Le vaisseau le Vengeur, Aboukir.*

Pasqueril (Ch. de). — *Les Naufragés du Jason.*

Périodiques divers. — *Almanach du Drapeau, L'Illustration, La Marine française, Revista maritima, Statistiques du bureau Veritas.*

Prévault. — *Les Naufrages les plus célèbres.*

Reclus. — *Géographie.*

J. Richepin. — *La Mer.*

Roncière (C. de la). — *Histoire de la Marine française.*

Schrader et Cel Prudent. — *Atlas de Géographie moderne.*

Soé. — *Notions sur la Marine.*

E. Sue. — *Histoire de la Marine française.*

Trousset. — *Histoire des Grands Naufrages.*

Zurcher et Margolli. — *Les Naufrages célèbres.*

TABLE DES MATIÈRES

Table des Matières

Au Lecteur	1
La Mer battue de verges détruit quatre cents voiles	4
Espagne contre Angleterre. L'*Invincible Armada*	8
L'odyssée du *Corbin* et du *Croissant*	20
Charles-Quint et la Croix vaincus sur mer par Barberousse et le *Croissant*	27
Le tragique mystère de l'*Astrolabe* et de la *Boussole*	35
L'*Orient* en feu à Aboukir	48
L'inoubliable martyre des naufragés de la *Méduse*	60
Un navire isolé brûlant dans la nuit	70
La *Marne* jetée sur la côte algérienne	76
L'engloutissement du *Colibri*	80
La *Doris* naufrageant au port	86
La perte terrible de la *Sémillante*	89
Le *Duroc* échoué en plein Pacifique	94
Le *Borysthène* perdu la nuit, au large d'Oran	99
L'*Ermak* brisé dans les glaces	103
Le *Jean-Baptiste* sombrant, l'équipage se sauve en pleine tempête	110
La *Junon* emportée dans un cyclone	115
L'admirable énergie d'un survivant du *Parangon*, perdu près de Berk	121
L'aéronaute Prince tombé en mer	125
Le *Northfleet* abordé, coulé au port	129
En six minutes six cents vies englouties avec l'*Atlantic*	134
La collision par temps clair de la *Ville-du-Havre* et du *Loch-Earn*	138
Les suppliciés du *Cospatrick*	144
Comment moururent les quatre lieutenants de l'*Arrogante* et 80 matelots	149
L'expédition de la *Jeannette*	156
Le paquebot la *France* brûlant chargé de poudre	169
Le *Canrobert* abordé par le *Hoche*	176
Le *Labourdonnais* brisé sur l'îlot Madame	180
Le *Victoria* coulant dans la tombe verte	183
Le Torpilleur 20 chaviré et perdu	188
Le *Drummond Castle* en fête se perd à Ouessant	191
La perte du *Vaillant* à Terre-Neuve	197
Toute une guerre dans deux naufrages : le *Maine* et le *Merrimac*	201

TABLE DES MATIÈRES

Un choc dans la brume et la *Bourgogne* engloutie.	207
Le naufrage du *Saint-Paul* en Islande.	215
Des navires naufrageant dans le port de New-York en flammes.	223
La *Framée* abordée par le *Brennus*.	228
Le transport la *Caravane* coulé dans la Mer de Chine.	234
La frégate allemande *Gneisenau* brisée à Malaga.	239
La *Russie* échouée tient cinq jours contre la tempête.	242
Un naufrage au pays de l'or.	250
Le *Primus* explosant dans l'estuaire de l'Elbe.	254
Un équipage emporté au large, par une épidémie.	258
Le premier naufrage de guerre du xxe siècle.	262
La part de la mer dans les désastres de la Martinique.	266
Appendice.	275
Les grands naufrages de la marine de guerre.	277
Explication de quelques termes maritimes employés dans ce livre.	287
Le Bureau Veritas.	291
Sources bibliographiques et principaux ouvrages consultés.	295

3853-02. — CORBEIL. Imprimerie Éd. CRÉTÉ.

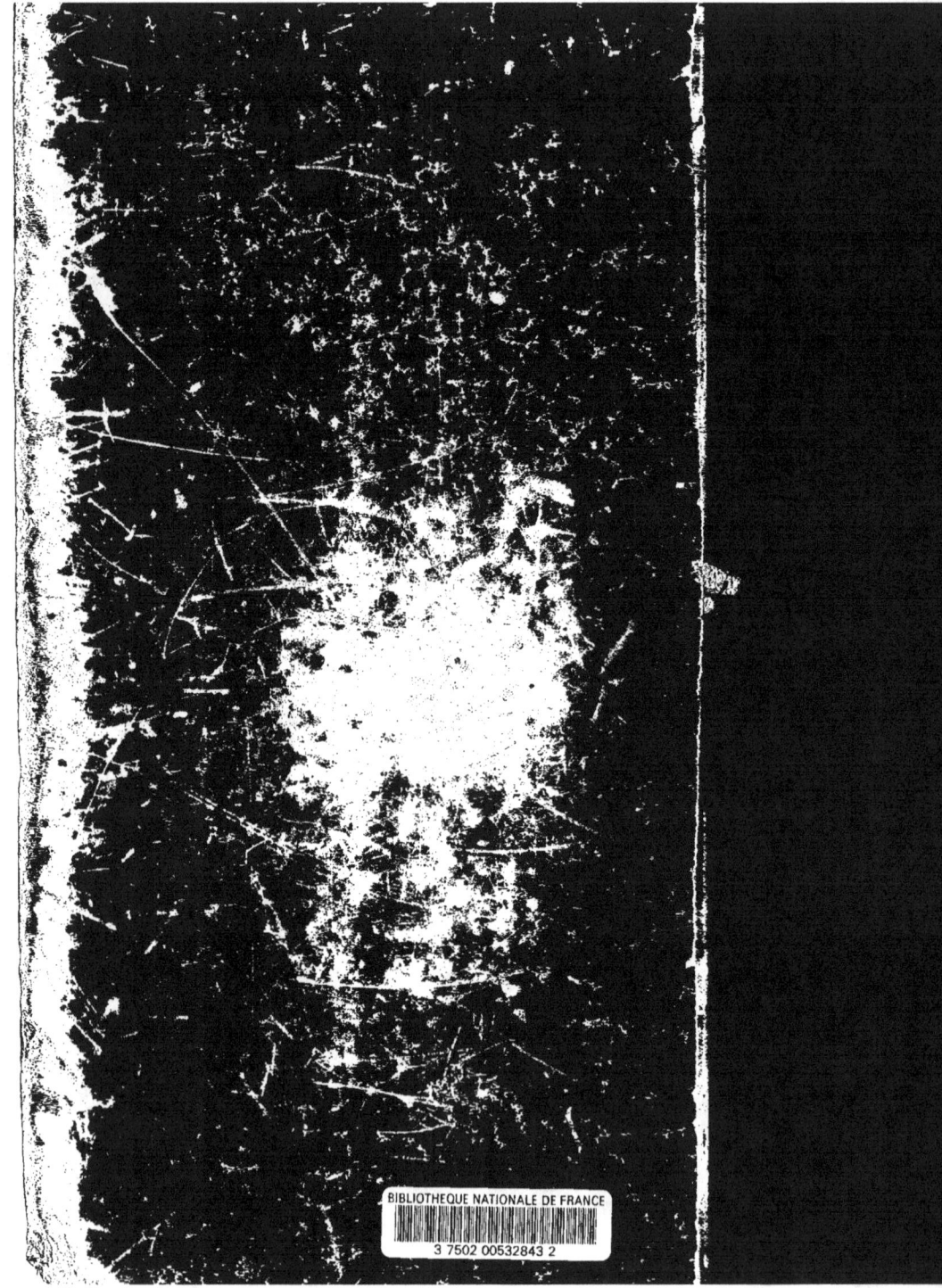

www.ingramcontent.com/pod-product-compliance
Lightning Source LLC
Chambersburg PA
CBHW072006150426
43194CB00008B/1017